이주여성 문화적응 생애담 스토리텔링:

중국 출신 결혼이주여성의 이야기

사회통합 총서 14

이주여성 문화적응 생애담 스토리텔링:
중국 출신 결혼이주여성의 이야기

2023년 3월 25일 초판 인쇄
2023년 3월 31일 초판 발행

지은이 | 김영순 · 황해영 · 남정연 · 문희진 · 박봉수
교정교열 | 정난진
펴낸이 | 이찬규
펴낸곳 | 북코리아
등록번호 | 제03-01240호
주소 | 13209 경기도 성남시 중원구 사기막골로 45번길 14
우림2차 A동 1007호
전화 | 02-704-7840
팩스 | 02-704-7848
이메일 | ibookorea@naver.com
홈페이지 | www.북코리아.kr
ISBN | 978-89-6324-994-0(94300)
978-89-6324-636-9(세트)

값 25,000원

사회통합 총서 14

이주여성 문화적응 생애담 스토리텔링: 중국 출신 결혼이주여성의 이야기

김영순 · 황해영 · 남정연 · 문희진 · 박봉수

북코리아

서문:
치유와 희망의 이주생애 내러티브

중국은 우리와 접하고 있는 가까운 나라임에도 문화 차이는 먼 나라임에 틀림없음을 이민자는 자신의 생활세계에서 쉽게 경험한다. 한국 사회 이민자 수의 절반 이상이 중국 출신이라는 점을 감안한다면 학문적 관심은 지대해야 타당하다. 물론 우리 학계에서 중국 이민자에 관한 연구는 다른 문화권 출신 이민자 연구에 비해 우위를 점하고 있다.

그럼에도 중국 출신 결혼이주여성들이 이주 후 다양한 삶의 현장에서 정주민 간의 관계 양상, 갈등, 조절을 위한 노력 그리고 그들의 삶의 굴곡을 담아내는 심층적 연구는 비교적 미흡한 편이다. 집필진은 이주여성들의 목소리를 우리 사회에 공유하고자 했다. 우리 모두 다문화사회의 구성원으로서 한국 사회의 지속가능성을 도모하고 현실적으로 직면하고 있는 다문화 생활세계를 이해하도록 공감을 이끌어내는 데 기여해야 한다.

이런 맥락에서 본 저술은 중국 출신 결혼이주여성의 이주생애 내러티브를 탐색했다. 이들의 이야기는 단지 경험의 다양성 표출만이 아니라 연구참여자들에게 치유와 희망의 모티브를 제공한다. 나아가 이들과 같은 환경에 놓인 모든 결혼이주여성에게도 치유와 희망을 선사할 것이다.

결혼이주여성의 내러티브 탐구는 다문화사회와 그 구성원을 연구하는 연구자는 물론 실천가들을 위한 지침 역할을 할 것이다. 이 작업은 이주민의 집단적 특성이나 개별적 내러티브를 간과하고 그들을 단지 주류와 다른 이질적 집단으로 묶어 이해하려는 문화이해의 태도와는 구분된다. 그들이 지닌 문화 다양성에 대한 그릇된 이해는 지속가능한 다문화사회를 위한 사회통합 실천의 방해요인이다. 그러므로 이 저서에서는 그들의 고유한 문화를 바탕으로 이야기를 풀어나갔으며 내러티브를 재구성하는 데 중점을 두었다.

최근 이주학 연구자들은 이주노동자, 결혼이민자, 이주민 자녀 등 다문화가정 구성원의 차별과 편견을 없애고, 그들의 권리를 보장하기 위해 노력해왔다. 아울러 동화주의를 넘어설 수 있는 '사회적 소수자 존중', '외국인·이민자와 더불어 사는 열린 공동체' 사회를 만들어나가기 위한 시민윤리의 정립과 실천을 주장했다. 이런 맥락에서 본 저서는 결혼이주여성의 경험을 활용해 우리 사회 구성원들에게 타자지향성을 갖도록 하는 데 기여한다. 중국 출신 결혼이주여성은 현재 한국 사회 다문화가정 중에서 가장 큰 비중을 차지하고 있다. 따라서 그들에 대한 연구 역시 다양한 삶의 모습을 있는 그대로 인정하고 바라보는 질적연구 수행이 요구된다고 본다.

캐슬과 쉬에룹(Castles, S., & Schierup, C. U., 2010)은 이주에 관한 일반 이론은 가능하지 않을 뿐만 아니라 바람직하지도 않다고 했다. 또한 이주 연구를 현대사회에 관한 좀 더 일반적인 이해에 토대를 두고 사회과학 분야를 가로질러 더욱 광의적인 사회변화 이론들과 연계시켜야 한다고 강조한다. 이주학 분야에서 각광받고 있는 문화적응이론은 문화 간 이동과 접촉

과정에서 발생하는 적응 문제에 대한 보편적이고 광범위한 이론적 프레임이다. 본 저서는 이 프레임을 통해 결혼이주여성들이 한국 사회에서 살아가기 위한 다양한 행위에 대한 기초적인 단초를 제공한다.

본 저술은 연구 개요와 더불어 모두 12장으로 구성되었다. 1장 '중국 출신 결혼이주여성에 대한 이해'에서는 중국 출신 결혼이주여성의 현황과 실태 그리고 결혼이주여성의 문화적응에 대한 연구 경향을 기술한다.

2장 '초등학교 검정고시로 시작해 대학까지 가다'에서는 학업을 통해 어려움을 극복하고 성장하는 결혼이주여성의 모습을 기술한다.

3장 '좋은 날만 있는 것도 나쁜 날만 있는 것도 아니다'에서는 중국과 한국을 오가면서 아들 하나만 바라보며 다시 삶의 의지를 불태우는 결혼이주여성의 이야기를 기술한다.

4장 '준비한 뒤에 시작하는 것이 아니라 하면서 완성하는 것이다'에서는 낯선 한국에서 자기만의 방법을 찾아가면서 꿈을 이루는 이주여성의 이야기를 기술한다.

5장 '차별 속에서도 당당히 꿈을 키워가다'에서는 차별, 그리고 시댁과의 갈등 상황 속에서 자기만의 목표를 세우고 올곧이 삶을 살아가는 강인한 결혼이주여성의 삶을 기술한다.

6장 '학구적인 그녀, 평등을 지향하다'에서는 평등한 자신의 권리를 끊임없는 배움을 통해 확장해나가는 이야기를 기술한다.

7장 '우울증을 극복하고 새로운 비전을 품다'에서는 끝없는 삶의 무게 속에서 우울증을 경험하지만 아들을 보면서 다시 삶의 의지를 불태우는 이주여성의 능동적인 삶의 이야기를 기술한다.

8장 '자기성찰적인 삶을 살아가다'에서는 말도 많고 탈도 많은 이주여성의 삶 속에서 새로운 희망을 디자인해나가면서 미래를 향한 소망을 품는 이야기를 적는다.

9장 '공장 생산직에서 시작하여 이중언어코치가 되다'에서는 재혼여성에서 결혼이주여성으로, 다문화가정 엄마로 다층적인 삶을 디자인해가면서 자신의 강점인 중국어를 활용하여 해당 분야에서 인정을 받기까지의 노력을 기술한다.

10장 '적극적이고 진취적인 삶을 살아가다'에서는 중국과 한국을 넘나드는 삶 속에서 이중언어 장려자로 이중언어교육에 자신의 정성을 쏟는 한 결혼이주여성의 삶을 기술한다.

11장 '다문화가정에 도움되는 사람이 되고 싶다'에서는 불법체류 시절의 아픔을 딛고 이중언어코치로 어려운 처지의 이주여성을 돕는 봉사의 삶을 살아가는 이주여성의 이야기를 적는다.

마지막 12장 '중국 출신 결혼이주여성 생애담의 특성'에서는 끝없는 배움과 성장을 통해 다양한 삶의 불편함과 어려움을 극복해나가는 결혼이주여성들의 삶을 종합하여 서술한다.

이 저서는 중국 결혼이주여성들이 한국 사회에서 진취적이고 능동적으로 살아가는 경험담을 담고 있어서 이들이 한국 땅에서 어떻게 뿌리를 내리고 살아가고 있는지를 생생하게 보고, 듣고, 느낄 수 있을 것이다. 우리 집필진이 전하고자 하는 메시지는 우리 사회에 결혼이주여성을 향한 편견과 차별이 여전하다는 것이다. 단지 외국인이라서, 생김새가 달라서, 한국어가 서툴다는 이유만으로 편견과 차별의 대상이 된 결혼이주여성들은 이러한 상황 속에서도 꿋꿋이 자기만의 방식으로 문화적응을 수행하고 있다.

우리는 자신에게 주어진 길을 걸어가기 위해 매일 새로운 가치를 부여하고 세상에 적응해나가고 있으며, 타인과 어우러져 함께 살아간다. 중국 출신 결혼이주여성들 역시 그러하다. 이들은 새로운 삶에 대한 기대를 안고 결혼을 통해 한국이라는 새로운 환경으로 이주한다. 언어, 문화, 가치관, 주위의 모든 것이 낯설고 두렵지만, 인간이기에 살아남기 위해, 행복한 삶을 위해 다양한 시도를 하고 정체성을 새롭게 재구성해가며 관계를 맺고 일상을 살아가고 있었다. 이 저술은 바로 이런 점을 드러내고자 했다.

나아가 이 저서는 모든 이주여성에게 '긍정적인' 치유의 기회를 주고자 했다. 중국 결혼이주여성의 내러티브는 상처 치유 과정이다. 이주 이후 고난과 역경을 헤치며 자긍심을 가지고 부끄럽지 않게 살았고, 자녀들의 성장 과정에서 삼켰던 눈물을 다시 쏟아내고, 가슴에 담고 있었던 응어리진 한(恨)을 풀어내는 과정이었다.

이 저서를 통해 우리 사회가 이미 다문화사회라고 말하지만, 과연 우리에게 진정으로 그들을 향한 배려와 공감이 있었는지 되묻는 계기가 되기를 바라는 마음이다. 말이 아닌 상호문화실천이 중요한 시점이다. 소수의 의견을 듣고, 소수의 의견이라 경시하지 않고, 함께 고민하고 실천해나갈 때 우리 사회는 더욱더 '좋은' 사회가 되지 않을까 생각한다. 어머니로서, 여성으로서 주체성을 갖고 살아가는 용기 있는 그들에게, 대한민국을 함께 발전시켜나갈 그들에게 진심 어린 박수를 보낸다.

2023년 3월
연구자와 집필자를 대표하여
인하대학교 다문화융합연구소장 김영순

CONTENTS

CONTENTS

CONTENTS

연구 개요

1. 연구의 필요성
2. 연구의 목적
3. 자료수집 및 정리

1.
연구의 필요성

본 저서는 인하대학교 다문화융합연구소에서 진행한 한국연구재단 인문사회분야 토대연구지원사업 "글로벌 시대 에스노그래피를 활용한 다문화가정 구성원의 디지털 아카이브 구축 및 지속가능한 다문화사회를 위한 사회통합에 관한 연구" 결과를 토대로 집필되었다. 연구 결과물인 중국 출신 결혼이주여성의 생애담 인터뷰 자료를 토대로 스토리텔링 기법을 활용하여 생애사를 보존하고 공유함으로써 중국 출신 결혼이주여성을 위한 후속 연구에 기초자료를 제공하고자 한다.

교통통신 등 첨단 과학기술의 발달은 시간적·공간적 이동의 간극을 좁혀 그동안의 일국주의적 세계화의 흐름을 변형시키고 있다(김영순 외, 2019). 과거의 이주는 모국에서 새로운 국가로의 이주 후 이주국에 동화되어 이주국의 주류사회에 편입되는 양상을 보여왔다. 이와 같은 일국주의적·일방향적 이주는 이제 국가와 지역의 경계를 가로지르는 초국적 이주로 변화했으며, 모국과 이주국 사이에서 어떤 한 국가 및 주류문화의 정체성만을 소유하는 것이 아닌 모국과 정주국의 이중적 정체성을 소유하는 등 과거와는 다른 양상을 보이고 있다. 이에 초국적 이주는 그동안의 사회통합 패러다임을 바꾸어놓고 있다. 1990년대 이전 이주민의 문제는 송출국과는 별개의 정주국 내 사회통합 문제로 분석할 수 있었던 반면, 현대사회에서 초국적 이주와 함께 벌어지고 있는 이주민의 문제는 그들의 모국과 정주국을 넘나드는 사회공간적 변화를 만들어내는 복잡 다변성을 띠고 있다(김영순 외, 2019).

다문화융합연구소에서 수행한 연구과제는 현재 한국 사회가 직면하고 있는 다문화 관련 사회적 이슈들을 효과적으로 해결하고, 다문화 구성원(결혼이민자, 외국인 근로자, 외국인 유학생, 재외동포 등)과 내국인과의 사회통합을 이루기 위해 다문화 구성원의 에스노그래피(ethnography)를 활용한 생활세계 디지털 아카이브 구축 및 이들의 사회통합을 위한 총서를 발간했다. 이를 통해 주류사회로부터 각종 사회제도에서 소외되고 타자화되어 있는 결혼이민자를 비롯한 다문화 구성원의 근원적인 삶과 고통을 이해하고, 더 나아가 이들 역시 우리 사회의 일원으로서 공존할 수 있는 미래 지속가능한 사회를 위한 새로운 패러다임을 확립하여 사회통합의 실천방안을 모색하는 데 중점을 두었다.

현행 다문화정책은 사회적 혜택뿐 아니라 그들의 문화적 맥락까지 동일하게 조정하려고 한다는 문제점이 제기되고 있다. 다문화 구성원을 다수 주류문화집단과 동등하게 놓기 위해 종족 정체성의 다양성을 강제로 통합하려는 이러한 기존 사회의 단일접근법은 결과적으로 새로운 구성원의 정체성을 묵살하거나 그들만이 지닐 수 있는 문화 다양성의 가능성을 부정하는 결과로 이어질 것이다. 아울러 다문화 구성원의 문화 정체성에 대한 부정은 종족적 소수에 대한 차별을 불러와 민주적 평등 원칙을 훼손하는 결과를 초래할 뿐 아니라 민주주의 운영을 주도하는 사회의 안정적 발전을 위협하는 잠재적인 사회적 갈등 요인이 되고 있다(김용신, 2011: 98; 설동훈·이병하, 2012: 180; 장인실·박영진, 2015: 96).

또한, 각 구성원이 갖고 있는 개별적 내러티브에 관계없이 그들을 집단으로 묶어 이해하려는 태도는 다양한 문화를 하나의 문화로 인식하려는 문제의 소지가 다분하다. 명확한 기준 없이 다문화에 대한 그릇된 이해에 의해 모든 다문화 구성원을 단일한 대상으로 삼을 경우 지속가능한 사회통합 실천에 대한 타당성과 적합성이 현저히 떨어질 것이다. 현재 한국사회는 글로벌시대에 국제이주로 발생하는 문화의 충돌을 예방하고, 문화 다양성을 유지하면서 외국인과 내국인의 사회통합을 이룰 방안이 절대적으로 필요한 상황이다.

본 저서에서 추구하는 다문화 구성원과 내국인의 사회통합은 이러한 세 가지 개념을 포괄하는 의미로서 모든 사회구성원을 한 공동체의 틀에 맞게 조정하려는 노력이 아니라, 한 공동체가 다양한 개인을 수용하려는 노력을 의미한다. 즉, 한 공동체의 사회 규범에서 동떨어진 소수자일지라도 그들에게 사회 규범을 수용하고 잘 적응하도록 하는 것이 아니라 공동체가 그들의 문화를 인정하고 구성원 간의 "왜곡되지 않은 이상적인 의사소통"(Habermas, 1981: 228)을 이끌어 합의점을 도출해나가야 한다. 사회 내 갈등과 협상의 변증법으로 인한 원심력과 구심력 간의 긴장과 타협을 통해 일종의 "전체 사회를 새롭게 재구성하는 상호작용"(고상두·하명신, 2012: 236)을 위해서는 그들의 삶의 경험과 그 경험에 부여하는 의미에 대한 이해가 선행되어야 한다.

2.
연구의 목적

본 저서의 이주민 목소리 기록 그리고 해석작업은 이주민 집단 내부의 민족적 동질성을 소멸시키고, 민족 간의 차이나 경계가 더 이상 존재하지 않는 '단선적인 동화과정'이 아니다. 본 저서의 가치는 이주민 집단 내부의 민족적 동질성을 유지한 상태에서 공동체가 다양한 문화적 배경을 가진 개인을 수용하려는 노력을 의미하므로 문화 다양성을 존중하는 데 있다.

본 저서는 중국 출신 결혼이주여성들이 이주 후 다양한 삶의 현장에서 내국인 간의 관계 양상, 갈등, 조절을 위한 노력 그리고 그들의 삶의 굴곡을 담아내는 작업이 되겠다. 그들의 목소리를 공유함으로써 개인적인 성장, 더 나아가 다문화 구성원이 현실적으로 직면하고 있는 생활세계에 대한 문화를 내국인이 이해하고 인정할 수 있도록 공감을 이끌어내며 사회통합정책의 방향성 제시에 기초자료로 활용될 수 있기를 기대한다. 이러한 기초자료는 다문화 구성원을 연구하는 다양한 현장에서 이를 응용하여 활용할 수 있을 것이다. 이 작업은 이주민의 집단적 특성이나 개별적 내러티브를 간과하고 그들을 단지 주류와 다른 이질적 집단으로 묶어 이해하려는 문화이해의 태도와는 구분된다. 그들이 지닌 문화 다양성에 대한 그릇된 이해는 지속가능한 다문화사회를 위한 사회통합 실천의 방해요인이다. 설동훈(2017)도 이주노동자, 결혼이민자, 이주민 자녀 등 다문화 구성원에 대한 차별과 편견을 없애고, 그들의 권리를 보장하기 위해 동화주의를 넘어설 수 있는 '사회적 소수자 존중', '외국인·이민자와 더불어 사는 열린 공동체' 사회를 만들어나가기 위한 시민윤리의 정립과 실천을 주장했다. 다문화사회의 새로운 사회통합을 논의하기 위해서는 다문화 구성원을 하나의 집단으로 바라보는 관점을 넘어 그들의 개별적·집단적 생활세계를 이해할 필요가 있다. 다문화 구성원이 만들어나가고 있는 생활세계는 이주에 의해 만들어지는 문화 다양성에서 파생된 생활세계이기 때문이다. 따라서 본 저서를 통해 주류사회의 각종 사회제도에서 소외되고 타자화되어 있는 다문화 구성원의 근원적인 삶과 고통을 이해하고, 더 나아가 이들 역시 우리 사회의 일원으로서 공존할 가능성을 발견할 수 있을 것이다.

현대사회는 '초국적 이주의 시대' 또는 '다문화의 시대'로 불리고 있다. 한국 사회의 다민족·다문화 현상은 빠른 속도로 증가하고 있고, 이를 반영하듯 다문화사회로의 전환을 위한 다양한 연구물이 쏟아져나오고 있다. 하지만 이러한 다문화사회에 대한 연구는 체계적·질적 발전이 미흡한 상태에서 주로 양적 증대 중심으로 확대됨에 따라 연구 인력과 지원의 중복과 낭비가 초래되고 있다(최병두, 2018). 따라서 질적 인터뷰 연구자료의 보존과 제공은 관련 연구를 수행하는 학문 분야 간 연계와 연구 성과의 공유에 도움을 주고 상호 소통과 협력에 기여할 수 있다.

중국 출신 결혼이주여성은 현재 한국 사회 다문화가정 중에서 가장 많은 비중을 차지하고 있다. 따라서 그들에 대한 연구 역시 가장 기초적인 이론에 기반을 두고 다양한 삶의 모습을 있는 그대로 인정하고 바라보아야 한다. 캐슬과 쉬에룹(Castles, S., & Schierup, C. U., 2010)은 이주에 관한 일반 이론은 가능하지 않을 뿐만 아니라 바람직하지도 않다고 하면서 그럼에도 우리는 이주 연구를 현대사회에 관한 좀 더 일반적인 이해에 다시 뿌리를 두고, 이를 사회과학 분야를 가로질러 더욱 광의적인 사회변화 이론들과 연계시켜야 한다고 강조한다. 문화적응이론은 문화 간 이동과 접촉 과정에서 발생하는 적응 문제에 대한 보편적이고 광범위한 이론으로 결혼이주여성들이 한국 사회에서 살아가기 위한 다양한 행위에 대한 기초적인 단초를 제공할 수 있다.

3.
자료수집 및 정리

다문화융합연구소에서 진행한 "글로벌시대 에스노그래피를 활용한 다문화가정 구성원의 디지털 아카이브 구축 및 지속가능한 다문화사회를 위한 사회통합에 관한 연구"에 참여한 중국 출신 결혼이주여성은 모두 35명이다. 연구에서는 다문화 구성원의 한국 사회 통합 과정에 대해 에스노그래피를 활용하여 생활세계 디지털 아카이브를 구축했으며, 이를 통해 생활세계에서 경험하는 것들이 자신의 모국문화권에서의 경험과 어떻게 연결되는지, 그리고 이들의 문화공존 과정에 초점을 두고 한국 사회에서의 경험을 관찰하고 기록했다. 에스노그래피란 인문사회과학의 인류학/민속학의 주요 연구방법으로 '문화기술지'로 번역되며, 개인 혹은 민족집단에 관한 일상생활의 기록으로 참여관찰, 심층 인터뷰가 자료수집의 핵심을 이루는 연구방법 및 연구 결과로서의 기록물을 의미한다. 이러한 문화기술지는 하나의 문화 또는 사회집단이나 체계에 대한 기술과 해석을 하는 과정으로, 본 저서에서는 다문화 구성원의 행동, 관습, 생활방식 등을 관찰하여 이를 통해 그들의 생활세계에서 상호작용의 의미를 찾아내고자 했다.

다문화융합연구소에서 수행한 연구에서 1차년도 중국 출신 결혼이주여성 연구참여자 선정 기준은 다음과 같다. 한국에 거주한 지 1~5년 미만, 5년 이상으로 분류하고, 각 그룹당 20명을 선정하여 생활세계에서의 사회문화적 속성을 파악하고자 했다. 거주 기간을 두 그룹으로 나눈 이유는 5년 이내는 초기 정착기로, 5년 이후는 안정기로 간주했기 때문인데, 이를 기준으로 이들의 니즈도 달라지기 때문이다.

본 저서에서는 수집한 인터뷰 자료 중 10년 이상 거주하여 그들의 문화적응 과정이 잘 드러나 있고 구술 자료가 풍부한 10명의 이야기를 선별하여 생애담을 요약하고 인터뷰 자료를 분류했다. 또한 중국 출신 결혼이주여성에 대한 총체적인 이해를 돕기 위해 중국 출신 결혼이주여성의 개요, 그들의 문화적응 양상에 대한 선행연구 고찰, 그리고 그들의 삶의 이야기를 스토리텔링 기법을 활용하여 기록했다. 먼저 중국 출신 결혼이주여성들이 이주민으로서 한국 사회에서 살아가는 모습에 대해 인터뷰 내용을 녹취록에 기반하여 재구성하고, 다음에 현장 그대로의 대화 내용을 사실대로 보존하여 수록했다. 본 저서는 한국의 다문화사회로의 변혁기를 살아온 결혼한 지 10년 이상 된 여성들의 삶과 생각을 직접 듣고 공감을 나눈 결과들로 이루어진 질적연구 자료로, 결혼이주여성들의 문화적응사와 가족문화 연구 및 이주민을 위한 한국어 교육을 위한 연구에서도 유의미한 기초자료로 활용될 수 있을 것이다.

1장

중국 출신 결혼이주여성에 대한 이해

1. 중국 출신 이주여성 개요
2. 중국 출신 결혼이주여성의 문화적응

1.
중국 출신 이주여성 개요

국내에서 외국인 여성과의 국제결혼은 1980년대 통일교의 국제합동결혼을 통해 일본, 필리핀 여성과의 결혼이 증가하면서부터 시작되었다. 또한, 1980년대 국가가 '농촌총각 장가보내기' 등의 사업을 정책적으로 추진하면서부터 본격적으로 등장했다. 1990년대 초에는 중국동포의 취업이주 및 농촌총각 결혼문제 해결이 맞물려 서서히 한국 사회에 자리 잡게 되었다. 1990년대 중반 이후에는 한국 사회에서 결혼하는 데 어려움을 겪고 있는 농어촌이나 도시 저소득층 출신의 한국인 남성이 경제력이 약한 아시아권 국가 출신 여성과 결혼하여 국제결혼의 비중이 점차 증가하기 시작했다(한건수, 2006). 이주의 양상은 시대적 배경에 따라, 지리적 위치에 따라 매우 다양한데, 최근 이주의 여성화는 전 지구적 차원의 현상으로 인지되고 있다(Castle & Miller, 2003: 67).

이주의 여성화 개념은 우선 양적인 측면에서 국가 간 노동이동 중 다수가 여성 이주자에 의해 구성되는 현상을 의미하며, 질적인 측면에서는 여성이 남편을 따라 이주하는 '동반이주자(tied movers)'가 아니라 스스로 주체적인 노동자의 신분으로 이주하는 취업이주자가 많아졌다는 것을 의미한다(이혜경 외, 2006: 259). 그러나 실제로 이주의 여성화가 진행되는 과정은 이보다 훨씬 복잡하다. 이주자 개인의 동기나 배경, 가족 단위의 생존 전략, 국민국가 수준의 정책, 그리고 아시아 지역경제나 지구화의 흐름 등이 복잡다기하게 얽혀있기 때문이다. 국제적 이주 흐름에서 성별 구성에 영향을 미치는 요인들로는 수용국의 이민 법률, 성별에 따라 선택적인 외국인 노동 수요, 그리고 출신국에서의 젠더 관계 변화 등을 들 수 있다(Carling, 2005). 다음 〈표 1〉에서 볼 수 있듯이 결혼이주여성의 출신 국가는 주로 개발도상국으로 초기에는 중국(한국계 포함) 여성들이 가장 많았으나 베트남 여성이 증가하면서 2016년부터는 전체 외국인과의 결혼에서 베트남 국적의 여성과 결혼하는 비율이 중국 출신 여성보다 더 많아짐을 알 수 있다.

〈표 1〉 중국 출신 혼인 비중(2008~2020)

(단위: 건, %)

연도	2008	2009	2010	2011	2012	2013	2014	2015	2016	2017	2018	2019	2020
건수	36,629	33,862	35,098	30,659	29,224	26,948	24,387	22,462	21,709	21,917	23,773	24,721	16,177
전체[1)]	100	100	100	100	100	100	100	100	100	100	100	100	100
한국	20.4	21.3	19.0	20.9	22.2	23.5	24.4	23.3	19.8	20.0	18.8	17.7	19.2
외국[2)]	79.6	78.7	81.0	79.1	77.8	76.5	75.6	76.7	80.2	80.0	81.2	82.3	80.8
중국	38.6	37.8	33.1	30.3	29.9	29.0	29.5	27.9	26.9	25.0	21.6	20.3	21.7
베트남	22.6	21.4	27.6	25.2	23.2	22.6	20.9	23.1	27.9	27.7	30.0	30.4	23.5

주: 1) 국적 미상 제외
2) 귀화자는 귀화 이전 출신 국적, 외국인은 혼인 당시 외국 국적으로 분류
출처: 통계청 다문화인구 동태 통계 보도자료 재구성(2011, 2013, 2015, 2017, 2020)

2021년 출입국 외국인정책 통계월보에 따르면 결혼이주여성(국민의 배우자*)은 전체 16만 8,638명 중 중국 출신이 5만 9,697명으로 전체 국민의 배우자 중 35.4%를 차지하며, 그중 중국동포는 2만 2,373명인 것으로 집계되었다. 지역별 분포를 살펴보면 경기도에 1만 2,635명(34%), 서울특별시에 6,351명(17%), 인천시에 3,210명(8%) 순으로 분포되어 있었다(법무부 출입국 외국인 정책본부, 2021). 즉 다음 〈표 2〉에서 확인할 수 있듯이 국내 거주 결혼이주여성 중에서 중국 출신 여성이 가장 많음을 알 수 있다.

〈표 2〉 국적별·성별 현황

(단위: 명, %)

구분 \ 국적	총계	중국[1]	한국계	베트남	일본	필리핀	태국	캄보디아	미국	기타
전체	168,638	59,671	22,373	42,386	14,947	12,008	6,359	4,604	4,473	24,190
	100	35.4		25.1	8.9	7.1	3.8	2.7	2.7	14.3
남자	31,623	13,882	8,374	3,494	1,266	515	118	529	3,158	8,661
	(18.8)	13,882	8,374	3,494	1,266	515	118	529	3,158	8,661
여자	137,015	45,789	13,999	38,892	13,681	11493	6,241	4,075	1,315	15,529
	(81.2)	45,789	13,999	38,892	13,681	11493	6,241	4,075	1,315	15,529

주: 1) 한국계 포함
출처: 출입국 통계월보(2021. 9)

결혼이주여성의 증가는 국제적 현상인 이주의 여성화와 관련이 있다. 이주의 여성화는 이주에서 여성의 참여가 증가하는 것으로, 2010년

* 국민의 배우자: 2009년 이전(F-1-3, F-2-1), 2010년 이후(F-2-1, F-5-2), 2011년 12월 이후(F-2-1, F-5-2, F-6)

현재 전체 이주자의 49%가 여성이며, 특히 동아시아와 남미에서는 여성 이주가 남성 이주를 추월하고 있다. 이러한 이주의 여성화는 노동이주의 여성화, 역내 이주의 증가, 다문화가족과 초국적 가족의 증가, 지역공동체의 해체와 글로벌 공동체의 재구성, 그리고 이 과정에서의 젠더 불평등의 발생과 고착화 등 다양한 현상을 초래하고 있다(남승석, 2022). 대다수 결혼이주여성들이 자국의 빈곤에서 벗어나기 위해 또는 새로운 삶에 대한 기대감을 지니고 이주를 선택한다. 한국에 거주하는 결혼이주여성은 상당 부분 아시아권 개발도상국의 여성들로서 경제적으로 좀 더 윤택한 생활을 위해 임금 수준이 높고 인력 수요가 많은 나라로 이주하고자 하는 빈곤의 여성화(feminization of poverty)에 따른 이주의 여성화(feminization of migration) 현상으로 볼 수 있다(충남여성정책개발원, 2006). 이러한 여성들이 또 다른 새로운 삶을 위한 도전으로 국제결혼을 선택하는 것이다. 이들은 결혼중개업체를 통해 아시아 선진국인 한국 남성과 국제결혼을 선택한다. 또한, 결혼이주여성 가족의 동반이주, 지인 소개 등을 통해서도 결혼이주 현상이 가속화되고 있으며, 이 밖에도 세계화의 영향으로 유학, 해외 취업 등을 통한 접촉과 만남을 통해 다양한 유형의 국제결혼이 이루어지고 있다.

국제결혼의 증가 이유를 보면, 배우자에 대한 개인적 결혼관이 중요한 결정 요인이 되겠지만 사회구조적인 요인의 영향도 크기 때문에 국제결혼이 증가하는 원인에 대한 다양한 측면에서의 연구가 필요하다. 개인적 선택이라는 측면에서 살펴보면 가난한 나라의 여성들이 자국의 빈곤으로부터 탈피하여 국제적으로 지위가 더 높은 나라로 이동하여 지위 상승과 함께 자아실현을 하고 모국에 경제적 지원을 하기 위한 수단으로 결혼이주를 선택하는 것이다(강현, 2012). 하지만 그 이면에는 국가 간의 불균등한 발전에 따른 임금의 차이, 경제적 수준이 낮은 후진국 정부에서는 자국 여성의 송출을 방관하고, 출산 감소에 따라 노동력 재생산 수단으로 외국에서 오는 여성의 충원을 무시하는 선진국 정부, 여성을 가사노동을 제공하는 성적 대상으로밖에 보지 않는 남성 중심의 가부장적 가치관, 국제결혼중개업체의 무분별한 증가 등 여러 가지 사회적 요인이 작동하고 있다(설동훈 외, 2005; 김영란, 2006; 김오남, 2008). 더불어 특정한 기술이 없는 여성에게 반영구적 거주를 보장하고 더 나은 경제적 수준을 제공하는 점에서 국제결혼은 노동이주보다 안전하고 중개업소를 통한 접근이 쉽다는 이점이 있다.

국내 결혼이주여성의 증가로 다문화가정의 문제점들이 쟁점으로 떠올랐다. 이에 2005년부터 정부는 여성가족부, 법무부, 행정안전부, 문화체육관광부, 교육부 등 범제처 차원에서 결혼이주여성을 대상으로 한국 내 적응과 한국어교육지원사업을 실시하면서 이민자의 사회통합을 위한 정책을 도입했다. 2006년 국정과제회의에서 범정부 차원의 「여성결혼이민자 가족사회통합 지원 대책」을 수립하고 추진했다. 보건복지부에서는 '다문화가족 생애주기별 맞춤형 지원 강화대책(2008~2010)'을 발표하여 2008년 10월 30일 결혼이민자와 그 자녀 등을 포함하는 다문화가족의 사회통합 지원 관련 정책을 발표했다. 이것은 2~3년간의 정책들로 구성되었고, 다문화가족 지원을 위한 보건복지가족정책 전체를 포괄하는 내용들이다. 여성가족부에서는 「다문화가족지원법」 제3조 2항에 따라 5년마다 다문화가족정책 기본계획을 수립해오고 있다(다문화가족지원법 제3조의2).

정부는 「재한외국인처우기본법(2007. 5. 17)」, 「다문화가족지원법(2008. 3. 21)」 등을 제정하여 국내 거주 외국인의 처우개선을 위해 세 번에 걸쳐 기본계획을 개정했다. 구체적인 비전과 목표 그리고 정책과제는 다음 〈표 3〉과 같다.

〈표 3〉 다문화가족정책 기본계획 비교

구분	비전 및 목표	정책과제
제1차 (2010~2012)	"열린 다문화사회로 성숙한 세계국가 구현" • 다문화가족의 삶의 질 향상 및 안정적 정착 지원 • 다문화가족 자녀 지원 강화 및 글로벌 인재 육성	① 다문화가족지원정책 추진체계 정비 ② 국제결혼중개 관리와 입국 전 검증시스템 강화 ③ 결혼이주여성 정착 지원 및 자립역량 강화 ④ 다문화가족 자녀의 건강한 성장환경 조성 ⑤ 다문화에 대한 사회적 이해 제고
제2차 (2013~2017)	"활기찬 다문화가족, 함께하는 사회" • 사회발전 동력으로서의 다문화 가족 역량 강화 • 다양성이 존중되는 다문화사회 구현	① 다양한 문화가 있는 다문화가족 구현 ② 다문화가족 자녀의 성장과 발달 지원 ③ 안정적인 가족생활 기반 구축 ④ 결혼이주여성의 사회경제적 진출 확대 ⑤ 다문화가족에 대한 사회적 수용성 제고 ⑥ 정책추진체계 정비
제3차 (2018~2021)	"참여와 공존의 열린 다문화사회" • 결혼이주자의 사회·경제적 참여 확대 • 자녀성장 지원	① 다문화가족 장기 정착 지원 ② 결혼이주자의 사회·경제적 참여 확대 ③ 다문화가족 자녀의 안정적 성장지원과 역량 강화 ④ 상호존중에 기반한 다문화 수용성 제고 ⑤ 협력적 다문화가족 정책운영을 위한 추진체계 강화

출처: 여성가족부(2021)

〈표 3〉을 통해 정책 초기에는 주된 목적이 결혼이주여성의 조기 정착, 안정적 생활 유지, 국민의 다문화사회 이해 증진 등 이주민의 정착에 있었음을 확인할 수 있다. 즉 결혼 과정에서 인권 침해, 결혼과 입국 이후 생활에서 가족갈등과 자녀의 성장환경 문제 등이 사회적 관심사와 정책 과제가 되었다. 시간이 지남에 따라 다문화가족 구성원, 특히 남편의 연령

상승으로 인한 노후대책, 결혼이주여성의 취업욕구 증대, 학령기 자녀들의 학교생활 부적응, 한국인과 결혼 이전 본국 거주 자녀(중도입국자녀)의 입국, 이혼과 사별로 인한 가족해체의 문제, 국민의 인식 부족 등이 새로운 문제로 떠올랐다.

제3차 다문화가족정책과 기존 1·2차 정책의 차이점을 요약하면 다음과 같다. 첫째, 가정폭력피해 이주여성 종합상담소의 신규 설치다. 둘째, 한국 국적 배우자 유무와 관계없이 한국 국적 자녀를 양육하는 한부모 외국인에 대한 근로·자녀 장려금 지원이 가능하다. 셋째, 성장배경이 특수한 중도입국자녀 지원을 강화한다. 넷째, 일반 국민을 대상으로 찾아가는 다문화 이해교육 활성화 및 부처 간 이해교육 협업체계를 강화한다. 다섯째, 다문화가족정책위원회와 외국인정책위원회 간 연계를 강화한다. 이 밖에도 수용성 제고 관련 미디어 환경조성을 위한 조치에는 방송통신심의위원회가 인권 및 문화 다양성 관점에서 차별적 요소를 시정하기 위한 심의 기능을 강화하는 내용을 2차 기본계획 토대 위에 추가로 보완했다. 결혼이주여성과 미성년 자녀가 주요 지원대상이며 배우자와 그 가족, 국민에 대해서는 상호문화 이해 제고를 위한 교육의 대상으로서 추진대상에 포함되어 있다. 특히 다문화 이해 교육을 일반 국민을 대상으로 찾아가는 맞춤형 교육으로 확대했다는 점이 눈에 띈다. 추진방법은 1·2차 기본계획과 마찬가지로 기본계획 수립(다문화위원회), 매년 소관 주요 시책의 시행계획 수립, 각 부처의 연차별 시행계획을 종합하여 '다문화위원회'에 보고(여가부), 매년 기본계획에 대한 추진실적을 점검하여 다음 연도 시행계획에 연동하여 반영, 부처별 집행실적과 추진성과 등에 대한 점검과 평가(다문화위원회)의 흐름으로 추진한다. 지역별 다문화가족의 수요를 반영하여 건강가정지원센터와 다문화가족지원센터의 통합을 추진하고, 다문화가족지원센터의 서비스 역량 제고를 위해 컨설팅, 평가지표 개선 및 개발, 종사자 처우개선, 기본사업 및 특화사업 재편방안을 마련하는 등 다문화 가족 지원체계의 내실화가 세부 과제로 수립되었다.

김영순 외(2017)에 따르면, 기존의 서구 및 한국 사회의 사회통합정책은 일방향적인 정책으로 동화주의 입장에서 이민자를 내국민화하고자 하는 반쪽짜리 다문화사회통합정책이다. 따라서 올바른 다문화사회로의 이행을 위한 새로운 사회통합정책으로서 이주민의 문화권 보장, 다문화적 역량을 계발할 수 있는 다양한 문화적 주체들의 가치와 이해, 존중 기반 상호문화적 문화실천 프로그램 확산 등 사회적 포용을 넘어선 응집성을 실현할 수 있는 정책이 요구된다. 설동훈(2017)도 이주노동자, 결혼 이민자, 이주민 자녀 등 다문화 구성원에 대한 차별과 편견을 없애고, 그들의 권리를 보장하기 위해 동화주의를 넘어설 수 있는 '사회적 소수자 존중', '외국인·이민자와 더불어 사는 열린 공동체' 사회를 만들어나가기 위한 시민윤리의 정립과 실천을 주장했다.

다문화사회의 새로운 사회통합을 논의하기 위해서는 다문화 구성원을 하나의 집단으로 바라보는 관점을 넘어 그들의 개별적·집단적 생활세계를 이해할 필요가 있다. 다문화 구성원이 만들어나가고 있는 생활세계는 이주에 의해 만들어지는 문화 다양성으로부터 파생된 생활세계이기 때문이다(김영순 외, 2019).

2.
중국 출신 결혼이주여성의 문화적응

1) 문화적응

문화적응은 둘 혹은 그 이상의 문화집단과 그 속의 개인 구성원이 접촉하면서 그 결과로 생긴 문화적·심리적 변화의 어원적인 과정이다(Berry, 2005). 베리(1980)에 의하면 개인의 문화적응은 크게 세 가지로 나눌 수 있다. 첫째는 자문화와 새로 접하는 타문화에 대한 개인적 성향 또는 지향이며, 둘째는 문화적응 과정에서 변화되는 행동적 측면이며, 마지막으로 문화적응 스트레스다. 또한, 문화적응 과정에서 나타나는 네 가지 유형으로 동화, 분리, 주변화, 통합을 제시했는데(Berry, 1997), 이는 문화적응 과정 내에서도 입국 시기, 언어 구사 능력, 나이, 성격뿐 아니라 머무는 기간 및 신분에 따른 다양한 요소가 스트레스와 적응에 영향을 미친다고 볼 수 있다. 이처럼 문화적응은 하나의 기준으로 설명될 수 없으며 여러 가지 요인이 복합적으로 섞이고, 그에 따른 적응과정과 유형이 다양하게 나타나게 된다. 즉 개인의 상황에 따라, 또 시간의 흐름에 따라 문화적응 유형이 달라질 수도 있으며, 무엇보다 이민자들이 인지하고 선호한 문화적응 유형을 실제 사회에서 어느 정도 선까지 받아들일 수 있느냐에 따라 그 양상이 달라진다는 것이다(노하나, 2006).

한국보다 이미 앞선 다문화사회를 이루고 살아가는 타 국가의 문화적응 선행연구를 살펴보면 결혼이주여성보다 이민자 집단을 대상으로 진행한 연구들이 다수를 차지한다. 가장 많은 연구가 이루어진 나라는 미국이었는데, 미국은 주로 학생들의 문화적응을 다루었다. 라니아 하마드와 카르멘 리(Rania Hamad & Carmen Lee, 2016)는 소통과 문화적응의 통합 이론을 활용하여 유학 프로그램의 회기가 개인의 민족 및 문화 정체성, 문화 간 소통에 참여하려는 의지, 문화 간 소통 역량 및 문화적응에 영향을 미치는 정도를 연구했다. 연구 결과 유학 프로그램 기간은 문화적응과 상관관계가 없는 반면, 프로그램의 회기는 문화적·민족적 정체성의 변화와 관련이 있다는 것을 보여주었다. 게다가, 주최 문화의 구성원과 소통하려는 의지는 문화 간 의사소통 능력뿐만 아니라 문화적 정체성과도 관련이 있음을 시사했다.

히스패닉 청소년의 문화 간 적응, 즉 그들의 의사소통 패턴, 기능적 적합성, 심리적 건강에 관해 연구한 켈리 맥케이 세믈러와 김영윤(Kelly McKay-Semmler & Young Yun Kim, 2014)은 미국 내 다문화사회의 일면을 잘 보여주는 연구라 할 수 있다. 궁극적으로 히스패닉 청소년이 미국 공립학교에 내재된 지배적인 문화적 가치와 관행에 적응하는 데 있어 의사소통의 역할을 조사한 이 연구에서는 김영윤의 통합 커뮤니케이션 이론과 교차 문화적응 이론에서 확인된 네 가지 이론적 구조, 즉 호스트 커뮤니케이션 역량, 호스트 대인 커뮤니케이션, 심리적 건강, 기능적 적합성 사이의 긍정적인 상호관계를 예측한 7개의 가설을 통해 진행되었다. 연구참여자는 미국 중서부 상부 지역에 거주하는 112명의 히스패닉 청소년이었으며, 반구조화된 질문을 통한 대면 인터뷰로 자료수집을 했다. 연구 결과 구조적 방정식 모델링 결과는 일곱 가지 가설을 모두 뒷받침했는데, 이는 더 큰 호스트 커뮤니케이션 능력을 가진 히스패닉 청소년이 미국 공립학교 및 미국 사회와 관련하여 호스트 대인 커뮤니케이션에 더 적극적으로 참여하고 더 큰 심리적 건강 및 기능적 적합성을 누리고 있음을 알 수 있었다.

소셜 네트워크 사이트 및 국제 학생의 교차문화 적응을 연구한 루이지앤 레이몬드와 왕화(Rui, J. R., & Wang, H., 2015)의 연구는 흥미롭다. 이 연구에서는 국제 학생들의 교차문화 적응에 대한 소셜 네트워크 사이트(SNS)의 큰 잠재력을 보여주었지만, SNS 사용의 특정 차원이 교차문화 적응과 어떻게 관련될 수 있는지에 대해서는 설명하지 못했다고 밝혔다. 따라서 이 연구에서는 불안/불확실성 관리(AUM) 이론을 확장하여 문화적 기원과 지리적 위치로 구분되는 SNS에서의 사회적 유대에 대한 새로운 선례를 추가하여 교차문화 적응에 SNS 사용이 어떤 역할을 하는지 파악하고자 했다. 온라인 설문조사의 경로 분석 결과(N=156)는 SNS를 통한 직접 소통은 불확실성 감소와 긍정적으로 연관되지만, 지역 공동조사와의 소통은 불확실성 감소와 부정적으로 연관되어 SNS의 지역관계 발전과 유지에 효과가 있음을 시사했다. 전반적으로, 이 연구의 결과는 교차문화 적응에 대한 SNS 효과가 개인의 호스트 언어 숙련도, 그들이 SNS를 통해 누구와 소통하고 어떻게 소통하느냐에 달려 있다는 것을 보여주었다.

한편 미국의 문화적응이 주로 학생들에게 맞추어져 연구되었다면 스페인의 경우 우리나라와 마찬가지로 다문화가정, 즉 결혼이주민 파트너에 초점을 맞추었다. 주르디예비치와 로카 지로나(Djurdjevic, M., & Roca Girona, J., 2016)는 최근까지 수행된 국제결혼에 관한 연구들이 주로 이주민 배우자의 적응 전략에 초점을 두고 있어 정주민 배우자에 대한 연구는 부족한 실정임을 밝혔다. 이에 따라 이 연구에서는 170명의 국제결혼 부부를 대상으로 심층면담을 진행하여 상호문화 간 적응과정 경험을 살펴보았다. 그 결과, 상호문화 간 적응 경험은 결혼생활에서 많은 스트레스를 가져오는 것으로 나타났으며, 연구참여자 중 일부는 내국인보다 외국인을 좀 더 존중하는 것으로 나타났다.

결혼이주여성의 다른 문화로의 이동은 단순히 지역적인 이동을 말하는 것이 아니라 새로운 행동과 사고를 요구하는 과정이다. 자신이 성장했던 사회와 완전히 다른 사회로의 문화적인 변화와 결혼으로 인한 가족문화의 변화는 개인에게 문화적응 스트레스를 경험하게 하고, 이주 이후 정착하는 지역의 특성에 따라 문화적응 스트레스 정도와 대처전략에도 차이가 날 수 있다. 새로운 문화적응 과정은 결혼이주여성에게 새로운 삶의 기회를 제공하여 긍정적인 변화를 기대해볼 수도 있으나 대개 개인의 정체성 혼란으로 발생하는 어려움에 대한 대처능력이 떨어져 심리적인 고통에 처하게 된다(이영남, 2011: 27). 함진옥(2016: 2)은 결혼이주여성들이 자국의 익숙한 환경을 떠나면서 경험하게 되는 상실감과 한국 사회에서 이들을 대하는 부정적인 시각으로 인한 차별과 편견, 적대감과 소외감, 외로움과 향수병 등의 문화적응 스트레스를 경험하고 있다고 밝히고 있다.

한국 사회의 결혼이주여성들은 여러 나라의 여성들로 각자 자신들의 모국문화에도 차이가 있을 것이며, 그들 각자의 문화와 한국 사회 문화와의 격차로 인한 문화적응 스트레스에도 차이가 있을 것으로 예상된다(이영남, 2011: 27). 또한, 결혼이주여성은 한 가족의 주부와 아이 엄마로서의 역할을 해나가며 음식과 주거양식의 차이, 시부모·남편과의 불평등한 관계 속에서 일방적으로 시댁 습관을 따라 생활해야 한다. 또한 한국어에 미숙한 결혼이주여성은 남편 및 그 가족들에게 전적으로 의존해야 하는 상황에서 임신과 출산을 겪게 되므로(Bollini, Pampallona, Wanner & Kupelnick, 2009; 유현희, 2015: 8) 결혼이주여성의 문화적응 스트레스가 더욱 높다고 할 수 있다. 또한 결혼이주여성들에게 여러 가지 형태의 어려움이 등장하는데, 특히 의사소통의 어려움, 가부장적 가족문화와 일상생활 문화 차이, 경제적 어려움, 자녀양육 및 교육의 어려움, 국적 취득 문제 등의 어려움이 존재한다(이민자, 2016: 11).

현재 우리나라에 거주하고 있는 결혼이주여성들은 일방적으로 한국 문화 또는 사회적응을 요구받는 입장에 놓여 있다고 볼 수 있다(박선태, 2012).

실제로 한국 일반 국민의 다문화 수용성은 52.81점으로 2015년에 비해 1.14점 하락했고, 다문화 수용성 이외에 다문화 지향성, 난민 및 세계 문제에 대한 태도 등 이민 다문화사회와 관련된 인식 수준도 2015년에 비해 전반적으로 하락했으며, 이민자 규모에 대한 태도 등에 있어서도 다소 부정적인 방향으로 전개된 것으로 나타났다(한국여성정책연구원, 2019). 이주민에 대한 이러한 국민의 차가워진 시선은 정주를 목적으로 살아가는 결혼이주여성들에게는 큰 어려움이 될 수 있다. 여성가족부 실태조사에서도 결혼이주여성의 사회적 관계 '없음' 비율이 높게 나타나고 있었다.

결혼이주여성의 국가 간 이주는 여성 개인의 삶을 주변인으로부터 시작하게 만든다. 김태원(2012)은 주변인(marginal man)의 개념을 "한 사회나 집단의 중심적 가치에 동질성을 느끼지 못하거나, 두 사회 또는 문화적 집단에서 어느 사회에도 동질성을 느끼지 못하고 떨어져 있는 사람"으로 정의했다. 이는 여성가족부(2022)의 실태조사를 통해서도 여실히 드러난다. 결혼이주여성들은 사회적 관계 가족을 제외하고 한국에 자신이나 집안의 어려움을 의논할 사람, 일자리 관련하여 의논할 사람, 자녀교육 관련하여 의논할 사람, 여가나 취미생활 같이할 사람, 몸이 아플 때 도움을 요청할 사람, 코로나19 등 긴급상황 시 자녀를 돌봐줄 사람 등이 있는지 여부를 살펴보면, 항목별로 30~40%가량이 가족을 제외하면 의논하거나 도움을 요청할 상대가 한국에 '없다'고 응답했다(여성가족부, 2022). 다음 [그림 1]에서 볼 수 있는 것처럼 저학력층·저소득층일수록 배우자와 이혼·별거·사별 상태에 있는 이들의 사회적 관계가 더 취약함을 알 수 있었다.

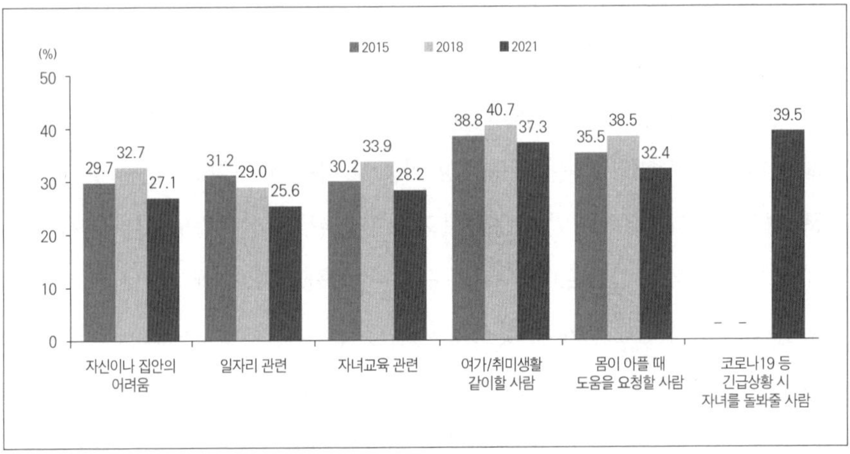

[그림 1] 도움·의논 상대 '없는' 결혼이민자·기타 귀화자 비율

또한, 문화 차이에서 응답자의 52.4%는 지난 1년간 부부간 문화적 차이를 경험했다고 응답했으며, 이는 2018년(55.9%) 대비 3.5% 감소했지만, 여전히 많은 사람이 부부간 문화차이를 경험하고 있음을 알 수 있었다. 이를 구체적으로 살펴보면, '식습관'이 52.7%로 가장 높았고, 그다음으로 의사소통 방식(43.4%), 자녀양육 방식(29.0%), 가족의례(24.1%), 가사분담(14.2%)

순으로 나타났다. 이러한 결과를 통해 다문화가족 부부간 문화적 차이는 식습관과 의사소통 방식에서 크게 나타나는 것으로 알 수 있다.

2) 중국 출신 결혼이주여성의 문화적응

먼저 결혼이주여성을 대상으로 한 국제 학술논문을 살펴보고자 한다. 국제 학술논문은 각 국가의 문화적 특성이 반영되어 있으므로 국내 결혼이주여성들과 비교·분석하여 적용하는 데는 한계가 있다. 하지만 해외 결혼이주여성 연구 동향을 파악함으로써 결혼이주여성들이 처한 본질적 상황을 이해하는 데 도움이 된다. 또한, 국내 학술논문의 동향과는 또 다른 국제 학술논문 동향을 통해 결혼이주여성에 대한 새로운 시각을 가질 수 있다. 결혼이주여성을 대상으로 한 국제 학술논문은 다음과 같다.

프랭크 황치추 외(Frank Huang-Chih Chou, et, al., 2010)는 대만에 거주하는 결혼이주여성들과 대만 기혼 여성들 사이의 삶의 질(QOL)과 우울증 유병률을 비교했다. 그 결과, 대만에 거주하는 결혼이주여성은 대만 현지 여성(8.9%)보다 우울증 유병률(3.5%)이 낮았다. 또한, 대만 현지 기혼 여성에 비해 스트레스 수치가 낮았고, 우울증을 가진 결혼이주여성이 적은 것으로 나타났으며, 삶의 질이 높은 것으로 나타났다.

춘위린(Chun-Yu Lin, 2012)은 국제결혼정보회사가 대만인 남성과 대만으로 이주해올 여성을 중매하는 방법을 탐구했다. 그 결과, 대만인 남성과 이주여성의 불평등한 관계는 결혼정보회사에 의한 것으로 나타났다. 결혼정보회사는 이주여성을 마치 팔리기를 기다리는 상품처럼 만들고, '복종'하게 만들었다. 또한, 결혼정보회사는 이주여성이 날씬한 몸을 유지하도록 하고, 남성에게 미소 짓게 하는 등의 다양한 방법을 통해 대만인 남성의 기대에 부응하도록 이주여성을 '제조'하고 가치를 높이는 과정을 통해 상업적 이익을 얻은 것으로 나타났다.

최육평 외(Choi et al., 2012)는 네트워크 참여, 사회적 지지, 사회적 통제가 홍콩 거주 결혼이주여성 배우자의 폭력에 미치는 영향에 대해 조사했다. 이를 위해 2007년 홍콩에 거주하는 492명의 국제결혼 부부와 379명의 현지 부부를 대상으로 설문조사를 실시했다. 조사 결과에 따르면 결혼이주여성은 현지 여성에 비해 배우자 폭력에 더 취약하고, 사회적으로 더 고립되어 있었으며, 결혼이주여성의 배우자 또한 현지 여성의 배우자에 비해 사회적으로 더 고립되어 있는 것으로 나타났다. 그리고 활발한 네트워크 참여는 배우자의 폭력성을 낮아지게 하지만, 사회적 통제는 배우자의 폭력성을 높아지게 만드는 요인인 것으로 나타났다.

이토 마유코(Itoh, Mayuko, 2017)는 호주에 거주하는 일본 결혼이주여성의 법적·정치적·사회문화적 경계를 넘는 경험을 탐구했다. 연구 대상은 호주에 거주하며 호주 시민 또는 영주권자와 결혼한 일본 결혼이주여성 16명이고, 심층 인터뷰를 통해 자료를 수집했다. 그 결과, 일본 결혼이주여성은 일본에서 구축된 사회-법률 시스템에 대한 인식과 호주에서 새로 경험한 사회적 현실의 협상 경계를 넘나들며 각자의 방식대로 살아가고 있었다. 이를 통해 개인이 결혼과 이주로 경계를 넘을 때 그들의 관행은 둘 이상의 민족국가 간의 초국가적 관계를 구성하는 것을 알 수 있었다.

세미라 로트피와 세나 포르수크(Sayra Lotfi & Sena Porsuk, 2021)는 터키에 거주하는 이란 이주여성들의 사회·경제적 지위 및 교육 수준을 조사했다. 조사 결과에 따르면 이란 이주여성의 절반 이상이 기혼자이고 대부분 학부 학위가 있지만, 정규직으로 채용되지 못하는 것으로 나타났다. 또한, 취업에 어려움을 겪고 있고, 사회지원을 받지 못하고 있는 것으로 나타났다. 따라서 터키에 거주하는 이란 이주여성들은 언어, 교육, 사회경제적 지위와 관련하여 어려움을 겪는 것으로 나타났다.

중국 출신 결혼이주여성에 대한 국내 연구는 유형별로 중국동포 출신 결혼이주여성에 대한 연구와 같은 국가 출신의 중국 출신 결혼이주여성이라는 용어로 동질 집단으로 분석한 연구들이 있다.

최금해(2007)는 한국에서 생활한 지 1년 이상 된 기혼 중국동포 여성 17명을 연구참여자로 선정하여 심층면담과 참여관찰을 통해 스트라우스와 코빈(Strauss & Corbin, 1998)이 제시한 근거이론 패러다임 모형에 따라 한국인 남성과 결혼한 중국 조선족 여성들의 한국 생활 적응유형에 대해 살펴보았다. 연구의 개방코딩에서는 74개의 개념과 21개의 하위범주, 11개의 범주가 도출되었다. 축코딩의 경우 패러다임 절차에 따라 분석한 결과, 한국 남성과 결혼한 조선족 여성들의 한국 생활 적응에서의 인과적 조건은 '국제결혼 선택'이었고, 중심현상은 '스트레스 경험'이었다. 이 현상에 영향을 미치는 맥락적 조건은 '문화적 차이', '정체성 혼란', '경제적 기대와 현실 간 차이'로 나타났고, 작용/상호작용 전략으로는 '자기실현 욕구', '자기 자신과 결혼에 대한 인식의 변화'였다. 이런 흐름 속에서 작용/상호작용 전략을 촉진하거나 감소시키는 방향을 작용하는 중재적 조건은 '자기개발에 영향을 미치는 여건', '스트레스 대처'와 '사회적 지지'로 나타났으며, 그 결과 한국 남성과 결혼한 조선족 여성들의 한국 생활 적응은 '삶의 주인이 되고자 함'으로 나타났다. 선택코딩에서는 한국 남성과의 결혼을 선택한 조선족 여성들의 한국 생활 적응을 범주의 속성과 차원뿐만 아니라 결혼 계기, 경제적 지위, 한국에서의 체류 기간, 학력 및 시댁 식구들과의 관계 등 한국 생활 적응과 관련된 객관적인 조건들에 대한 분석을 통해 '지속 노력형', '불가피 순응형', '긍정적 인내형', '변화 시도형'과 '유동형' 등 다섯 가지 유형을 도출했다. 이러한 연구 결과를 토대로 한국인 남성과 결혼한 중국 조선족 여성들에게 유형별 사회복지서비스를 제공하기 위한 구체적인 방안을 제시했다.

중국 국제결혼이주여성의 문화적응 스트레스를 인지한 사회적 지지와 문화적응 유형을 중심으로 알아본 노하나(2007)의 연구에 의하면 중국 이주여성의 문화적응 유형에서 사회통합 수준은 다른 나라 여성들보다 높다고 한다. 노하나(2007)는 "중국 이주여성에 대한 우호적 태도, 이용 가능하고 유용한 사회적 지지와 문화적응 유형(동화, 통합, 분리, 주변화) 등이 문화적응에 영향을 미치는 주된 요인"이라고 했다. 분석 결과에 따라 중국 이주여성의 문화적응 유형은 '통합'이 가장 높은 수준이고, '주변화'가 가장 낮은 수준에 해당했다. 보건복지부(2005)의 조사에 따르면, 중국 한족 여성들의 경우 직접 만남을 통해 결혼한 경우가 다수였고, 또한 최근에는 유학을 온 중국 여성들이 한국 남성과 결혼하여 한국에 정착하는 사례도 증가하고 있다고 한다. 따라서 과거 결혼중개업체의 소개를 통한 결혼이민자와 달리 학력이 높은 중국 이주여성들은 부부관계 및 결혼생활 만족도가 높을 것으로 예측할 수 있다. 이러한 측면에서 중국 이주여성들과 동남아시아 이주여성들은 조금 다르다고 볼 수 있다.

왕치앤(Wang Qian, 2012)은 중국 이주여성들이 한국 사회에서 정착하고 적응하기 위해서는 개인적 자원(본인의 개인적 자원과 결혼 전 가족, 친정과의 관계), 가족적 자원(부부관계, 자녀와의 관계), 사회적 자원(가족 외적인 관계)이 요구된다고 밝혔다. 심리적 어려움은 이주여성들의 인지된 차별 및 우울감을 포함하고 있다. 이러한 어려움은 사회활동 참여를 억제할 뿐만 아니라 한국인과의 관계 형성에도 부정적 영향을 미칠 것으로 예상된다. 한국 사회에서 겪는 차별이나 무시가 이주여성들의 사회활동 참여를 저하시킨다는 것은 다수의 선행연구에서도 밝혀졌다.

황해영 · 김영순(2017)은 장기거주 중국동포 결혼이주여성들의 생애과정 속 인정투쟁의 경험을 탐구했고, 연구를 통해 연구참여자들은 10년 넘는 결혼생활을 통해 언어적 · 문화적 동질성을 이용하여 한국 문화에 적극적으로 동화하려는 노력을 기울이고 있음을 밝혀냈다. 중국동포 결혼이주여성들은 한국인과 외국인의 경계 긴장감을 안고 살고 있었으며, 한국인 지향적인 동화형 모습으로 살아가고 있었다. 그럼에도 주류사회의 차별과 편견으로 인한 상처들, 무시의 경험들 그리고 중국에 대한 향수를 느끼며 한국인도 아니고 중국인도 아닌 경계의 위치에서 2% 부족한 한국인이라는 생각을 지닌 경계인으로 살아가고 있는 반면, 자녀들은 100% 한국인으로 거듭나길 희망하기도 했다고 밝혔다.

두문영 · 조진경(2017)은 2명의 중국 결혼이주여성의 생애사를 연구했는데, 그 결과 첫째, 결혼 선택에 있어 부부 쌍방의 적극성과 서로를 향한 애정 및 신뢰가 결혼생활 만족도에 매우 중요한 영향을 미치고 있었다. 둘째, 중국계 결혼이주여성은 교육정보에 대한 접근성 부족과 서툰 한국어로 인한 자녀교육의 어려움을 극복하기 위해 자녀교육 지원 프로그램의 개발과 성공 사례를 갈급해하고 있다. 셋째, 중국계 결혼이주여성들의 더욱 적극적인 한국 내 사회참여를 위한 직업교육과 더불어 한국인의 타문화 이해를 돕기 위한 다문화교육이 시급하다. 마지막으로 한국의 사회통합을 위해 결혼이주여성들이 겪는 어려움을 고려한 정책 마련이 시급하다. 이를 통해 중국 결혼이주여성의 문화적응 과정을 더욱 구체적으로 밝혔음을 시사했다.

김정희(2018)의 연구에서는 중국계 결혼이주여성 35명을 심층 인터뷰하여 이들이 한국에서 경험하는 일반적이고 보편적인 문화적응 양상의 경향성을 파악했다. 이를 통해 중국계 결혼이주여성은 주로 '동화' 또는 '통합'을 지향한다는 것을 밝혔다. 그 가운데 특히 '통합'이 결혼이주여성의 삶을 건강하게 하는 데 긍정적인 영향을 미친다고 보고, '통합'을 가능하게 하는 의미화 방식과 전략을 살폈다. 연구 결과를 통해 중국계 결혼이주여성 A는 ① 삶의 여러 국면에서 맞닥뜨리게 되는 고난을 '극복 가능한 고난'으로 의미화하고, ② 실현 가능한 일을 통해 행복감을 얻으며, ③ 스스로를 '선한 인간'으로 규정하며 이를 위해 나아가는 길을 가치 있게 여기는 인식적 특성을 보였다. 또한 중국계 결혼이주여성 B는 ① 자신에게 상대의 그 어떤 비난 또는 폄하로도 훼손되지 않는 가치가 있다고 의미화하고, ② 갈등이 발생해도 상대에게 자신의 신념에 대해 표현하는 데 주저하지 않으며, ③ 스스로 주위에 도움이 되는 존재로 거듭나기 위해 노력하는 모습을 발견했다. 이들의 이와 같은 의미화와 행동 방식은 문화적응 과정에서 통합을 지향하는 전략으로서의 의의를 가진다고 볼 수 있다.

이일정 · 이채원(2021)은 중국 여성 결혼이민자의 문화적응 스트레스에 영향을 미치는 요인에 대해 분석했는데, 중국 여성 결혼이민자의 자아존중감, 사회적 지지, 사회활동 참여는 문화적응 스트레스에 긍정적인 영향을 미치고 있음을 확인했다. 세부적으로 인구사회학적 특성의 하위영역에서 유의미한 예측 변인이었으나 거주기간, 종교 유무, 가구 월평균소득이 유의미하게 있었다. 반면 학력, 한국어 수준, 직업 유무는 유의미하지 않았다고 밝히고 있다.

선행연구를 통해 결혼과 이주를 인생의 전환점으로 선택한 결혼이주여성들은 정체성의 혼란, 그리고 주변의 다양한 관계와의 어울림 속에서

문화적응의 스트레스를 경험하고 있음을 알 수 있었다. 하버마스(Habermas, 1987) 역시 사회통합을 생활세계의 문제로 이해했다. 생활세계 통합의 필수적인 조건으로 '왜곡되지 않은 이상적인 의사소통'을 이야기한다. 다문화 생활세계에서의 이상적인 의사소통은 바로 의사소통에 참여하는 이주민과 정주민 모두의 동등한 관계와 합의를 전제로 이루어지는 의사소통을 말한다. 곧, 이주민과 정주민의 양방향적 의사소통이 이루어질 수 있는 상호문화적 의사소통 공간의 형성이 바로 본 연구에서 추구하는 다문화 생활세계 공간이다. 본고의 중국 출신 결혼이주여성들의 생생한 인터뷰 현장은 그들의 치열한 삶의 기록이기에 그들에 대한 공감과 이해의 폭을 확장시킬 수 있는 공론의 장을 마련할 수 있다. 이 저서를 통해 중국 출신 결혼이주여성들이 한국 사회에서 살아가면서 10년간 다문화 정책의 변화 속에서 겪은 문화적응 과정을 세세히 살펴볼 수 있으며, 이주민의 생생한 목소리를 담은 현장자료로 많은 연구자에게 기초자료로 제공될 수 있을 것이다.

2장

초등학교 검정고시로 시작해 대학까지 가다

1. 내가 아닌 남편과 아들을 위해 살다
2. 초등학교 검정고시부터 대학까지
3. 나이 많은 한국 남자와 결혼한 이주여성들
4. 전사록 요약

연구참여자의 남편은 한국의 가족들에게 알리지 않고 연구참여자와 중국에서 결혼했다. 그 사실을 알게 된 시어머니는 충격을 받아 쓰러지셨다. 그녀가 한국에 오기 전에는 한국어를 전혀 몰랐기 때문에 가족들과 의사소통이 잘되지 않아 이 부분이 가장 힘들었다. 하지만 가족들은 이러한 그녀를 이해해 줬다. 시어머니는 유독 잔소리가 많았고 집안일을 많이 시켰는데, 시어머니의 잔소리가 자신을 위해서라기보다 남편과 아들을 위한 것이라는 느낌을 받았다. 시댁에서는 제사가 1년에 13번씩 있었다. 한국 음식을 만들 줄도 모르는 그녀가 제사 음식을 다 만들어야 했다. 동서가 있긴 했지만 아이를 3명 낳아서 키우느라 늦게 와서 일도 하지 않고, 돌아갈 때는 제사 음식을 다 싸가서 마음이 좋지 않았다. 그래도 10년간 지내왔기 때문에 요즘은 동서의 행동을 이해하려고 한다.

그녀가 한국에 처음 와서 가장 먼저 시작한 것은 한국어 공부였다. 다문화가족지원센터 방문교육 서비스나 학교에서 운영하는 한국어 수업 등 1년 반 동안 한국어 공부를 했다. 그리고 국가평생교육진흥원 검정고시지원센터에서 초 · 중 · 고등학교 검정고시를 3~4년 동안 공부해서 고등학교 졸업장을 취득했다. 긴 시간 동안 공부했지만, 쉬지 않고 바로 대학교 중어중문학과에 들어갔다.

한국어를 배우고 있을 당시 한국어 선생님이 ○○대학교에 의료코디네이터 교육과정이 있다는 것을 알려줘서 공부를 시작했고, 자격증을 취득한 후에 바로 취직이 되었다. 현재는 의료코디네이터로 일했던 경험을 발판 삼아 미용 시술 관련해서 사업을 하고 있다. 대부분 스마트폰을 이용해서 홍보하고 사업을 진행한다. 예전에는 남편이 사업을 더 확장하지 못하게 방해한 적도 있었다. 그녀가 종일 스마트폰만 들여다보는 것을 탐탁지 않게 여겼기 때문이다.

연구참여자와 남편은 나이 차가 많다. 곧 50이 되는 남편이 퇴직 후 일자리를 찾지 못하고 경제적인 어려움에 처할까 봐 벌써부터 걱정된다.

[주제어] 시어머니, 동서와의 갈등, 직업, 의료코디네이터, 검정고시

1.
내가 아닌 남편과 아들을 위해 살다

남편의 결혼 소식에 시어머니는 쓰러지셨다

남편은 한국의 가족들에게 말하지 않고 중국에서 바로 나와 결혼했다. 남편은 집안의 장남이었는데, 그런 장남의 도둑 같은 결혼 소식에 시어머니는 충격을 받고 쓰러지셨다. 나는 남편과 사랑해서 결혼한 것이 아니었다. 다만 한국에서의 생활이 불안해서 빨리 아기를 가지고 싶었다. 그런데 생각보다 아기는 빨리 생기지 않았고, 결혼한 지 1년 만에 아기가 생겼다.

친정에는 1년에 두세 번 정도 가는데, 아이는 놔두고 남편이랑만 간다. 중국은 아동 유괴가 많고 교통사고의 위험도 있어서 잘 데려가지 않는다. 남편도 일 때문에 2~3일 정도만 중국에 있고, 아이도 이제 학교에 다니기 때문에 예전처럼 자주 가지 못하고 방학 때만 같이 갈 수 있다.

동서와 눈에 보이지 않는 갈등이 있다

한국에 처음 와서 가장 힘든 것은 언어였다. 한국어를 하지 못한 채 한국에 왔기 때문에 시댁 식구들과 의사소통이 어려웠다. 하지만 가족들은 이러한 나를 이해해줬다. 신혼 초에 시댁에서 살았는데, 시어머니는 잔소리가 많은 편이었다. 이거 하면 안 되고, 저거 하면 안 되고, 아기한테 그렇게 하면 안 되고, 친구 만나지 말고 집에 빨리 들어오라는 등 잔소리가 많았다. 그래도 시어머니께서 집안일을 많이 알려주셨는데, 나를 위해서라기보다 남편과 아들을 위한 것이라는 느낌을 받았다.

한국에 온 지 한 달이 지난 후 집을 구해 이사했다. 시어머니 집 바로 옆으로 이사했는데, 남편은 일이 많아서 아침 7시에 출근해서 밤 10시에 퇴근했다. 그래서 아이를 나 혼자 키웠다. 그 당시 시어머니가 우리 집에 자주 왔는데, 도움을 주려고 오신 것이 아니라 말로만 알려주시면서 쉬지도 못하게 계속 일을 시켰다. 심지어 아기 기저귀도 일회용이 아닌 빨아서 쓰는 천 기저귀를 사용하게 해서 너무 우울했다.

시댁은 제사가 1년에 13번씩 있었는데, 한국 음식을 만들 줄도 모르는 내가 제사 음식을 다 만들어야 했다. 동서가 있긴 했지만, 아이를 3명 낳아서 키우느라 늦게 와서 일도 하지 않았고 제사 음식을 다 싸가서 짜증이 났다. 지금은 동서 아이들이 많이 커서 이제는 동서 혼자서 일을 다 한다. 나에게 의견을 물어보지도 않고 혼자 일 다 하고 시어머니께 칭찬도 받고 예쁨도 받고 음식도 다 가져간다. 동서는 나와 대화하려고 하지 않는다. 이 상황이 억울하고 괴롭힘을 당하는 기분이었다.

대부분 결혼이주여성은 동서 간의 사이가 좋지 않은 걸로 안다. 한국 문화를 잘 모르는 외국 며느리를 시어머니가 아기처럼 잘 돌봐주고 잘 가르쳐주기 때문에 동서들이 질투하기 때문이다. 내 경우에도 내가 뭘 하려고만 하면 동서가

"형님은 중국 사람이니까 이런 거 못한다"

고 하고, 뉴스에서 중국에 관한 내용이 나오면

"중국 사람들은 이상하다"

고 말하면서 대놓고 무시했다.

2.
초등학교 검정고시부터 대학까지

아들은 학교생활에 잘 적응하고 있다

아이는 올해 초등학교에 입학했다. 어느 날, 같은 반 중국 엄마가 오늘 참관수업이라고 연락이 왔다. 나는 아이가 말해주지도 않았고 남편도 가지 않아도 된다고 해서 안 가려고 했는데, 알고 보니 남편이 내가 중국인이라는 것이 알려질까 염려되어 학교 가는 것을 반대했던 것이다. 그래서 나는 친구의 연락을 받고 학교에 갔다. 아이는 학교에서 친구들과 잘 지내고 있었다. 말수가 적은 편이지만, 장난기가 많은 아이였다. 학부모 참관수업을 하고 나서 담임선생님과 특별한 상담은 하지 않았지만, 담임선생님이 아이들을 좋아하는 게 느껴졌다.

하루는 아들이 학교에서 중국인에 대해 안 좋은 말을 듣고 나에게 그런 말을 해서 혼을 낸 적이 있다. 그 일이 있고 난 후에 아들 친구가 집에 놀러 왔는데, 나는 아이들에게 중국노래와 동영상을 보여줬다. 아들 친구는

"너희 엄마가 중국 사람이라서 좋다"

고 말했고, 아들은 엄마가 중국 사람이라고 자랑했다. 아들은 동네에 친한

친구가 2명 있는데, 아이들 덕분에 집안끼리도 친한 편이다. 아이들 셋 모두 외동이라서 주말에도 셋이서 같이 노는데, 서로의 집에서도 잘 노는 편이다. 엄마들끼리 같이 식사도 하고 차도 마시면서 친해졌다. 만약에 아이가 집에 없으면 서로 연락해서 어느 집에 있냐고 할 정도로 왕래가 잦고 친숙하다.

한국에서 살아갈 아들이기에 중국어를 가르치지 않는다

집에서는 아들과 한국어로 대화한다. 어차피 아이는 한국에서 계속 살아갈 것이기 때문에 따로 중국어를 가르치지 않는다. 중국어를 가르쳐 주고 싶기는 하지만, 가르칠 시간도 없고 아이를 돌보는 것도 피곤하고 힘들어서 어린이집에 일찍 보냈다. 가정에서 중국어를 많이 사용하면 아이가 어린이집에서 한국어를 헷갈려할까 봐 사용하지 않았고, 시어머니께서도 집에서 중국어를 하면 어린이집 선생님이 아이가 한국어가 서툴다고 생각할 수 있다고 하셔서 집안에서는 한국어만 사용했다. 내가 조금만 노력하면 아이의 한국어 실력에 도움이 될 거라고 생각했다.

어떨 땐 중국어를 가르칠까 생각이 들기도 하지만, 지금은 이미 아이가 커버려서 중국어로 대화하려고 하지 않는다. 그리고 중국어뿐만 아니라 한국어로도 나와 대화를 하지 않으려고 한다.

아들은 학교생활도 잘하고 또래 친구들과의 관계도 좋은 편이지만, 나와는 대화하려고 하지 않는다. 집에서는 게임을 하거나 유튜브를 보면서 춤을 추기도 하는데, 내게 깊은 속 얘기를 하지는 않는다. 그래서 억지로 대화하려 하기보다는 아들이 좋아하는 노래방에 자주 가서 노래도 부르고 춤도 추면서 논다. 남편과는 나이 차이가 있는 편이라서 밖에 놀러 다니는 것을 좋아하지 않는다. 그래서 아들과 둘이서 종종 밖에서 논다.

남편과 아들이 유일하게 함께 가는 곳은 놀이터다. 놀이터에서 큰 아이들이 아들을 괴롭힐까 봐 걱정되어 남편은 아들이 놀이터에 갈 때 꼭 같이 나간다. 아들은 나보다 아빠와의 관계가 더 좋은 편인데, 아빠와도 대화보다는 게임을 주로 하면서 시간을 보낸다. 아빠와 게임하지 않으면 혼자 휴대폰만 본다. 휴대폰으로 유튜브도 보고 노래도 듣고 만화도 본다. 아이가 휴대폰을 너무 많이 해서 하루에 1~2시간 정도만 할 수 있도록 제지하고 있다.

초등학교 검정고시부터 시작하여 대학교까지 입학하다

한국에 처음 와서 시작한 것은 한국어 공부였다. 다문화가족지원센터 방문교육 서비스*나 학교에서 운영하는 한국어 수업 등 1년 반 동안 한국어 공부를 했다. 그리고 국가평생교육진흥원 검정고시지원센터**에서 초·중·고등학교 검정고시를 3~4년 동안 공부해서 합격했다. 긴 시간 동안 공부했지만, 쉬지 않고 바로 대학교에 들어갔다. 남들이 보기에는 힘들어 보일 수 있는 과정이겠지만, 집에서 하는 일 없이 지냈던 나는 차라리 공부하는 게 좋았다. 대학교 합격도 단번에 된 것은 아니다. 임신 중에 대학입시를 준비했는데, 첫 번째는 떨어졌다. 그리고 두 번째는 아이를 낳고 모유 수유를 하고 있을 때 준비했다. 두 번째 만에 ○○대학 중어중문학과에 입학할 수 있게 되었다.

이렇게 열심히 대학 준비를 하게 된 것은 결혼식 날 한국어 선생님께

---

* 다문화가족지원센터 방문교육 서비스는 집합교육 참여가 어려운 지역 및 가정환경 등으로 인해 서비스에서 소외되는 결혼이민자 등이 없도록 하는 방문교육 서비스다(정부24).

** 국가평생교육진흥원 검정고시지원센터는 정규학교의 교육과정을 마치지 못한 분들에게 학력을 인정받을 기회를 제공하는 '검정고시'를 지원하는 기관이다. 저학력 학습자의 학력 인정을 위해 교육 프로그램 운영비를 지원한다(NAVER 블로그, 국가평생교육진흥원).

서 해주신 말 때문이었다. 결혼식이 끝나고 잠깐 선생님과 이야기를 나눌 시간이 있었는데, 그때 선생님께서 나와 남편에게 결혼이주여성이 한국에서 일을 구하려면 고등학교 졸업장은 있어야 한다고 말씀하셨다. 그 말을 듣고 중국 학력을 조회했는데, 초등학교 5학년까지만 학교에 다닌 것으로 되어 있어서 초등학교 검정고시 공부부터 시작했다. 국가평생진흥원에서 학비를 지원해준 덕분에 경제적 부담 없이 공부할 수 있었다.

대학에 입학한 후 가장 어려웠던 것은 한국어 공부만 하는 것이 아니라 다른 교양 과목 공부까지 해야 하는 것이었다. 중국어 전공 공부는 힘들지 않았는데 교양 과목인 고전문학, 세계사, 한국사 등의 과목에서 성적 미달로 졸업이 미뤄졌다. 하지만 나는 포기하지 않았다. 초등학교 공부부터 다시 시작해온 나는 초등학교 수학도, 국어 속담도 어려웠지만 포기하지 않고 공부를 계속하다 보니 대학까지 왔다. 그래서 검정고시 공부를 하면서 포기하지 않는 것이 중요하다는 것을 알게 되었다.

공부할 때 포기하지 않고 어려움을 극복할 수 있었던 것은 남편의 지원이었다. 아무리 작은 책이라도 도움이 되는 책은 사주었고, 한국 속담 중에서 내가 어려워하는 부분이 있으면 인내심을 가지고 가르쳐주었다. 그리고 합격을 목표로 두지 않고 하나씩 하나씩 문제를 해결해나갈 수 있도록 도와줬다.

의료코디네이터*의 경험으로 사업을 시작하다

한국어를 배울 당시에 한국어 선생님이 네이버 밴드**에 외국인 어학

---

* 의료코디네이터는 병원에서 환자 관리, 병원 홍보, 인사관리, 고객상담, 진료 접수 및 안내, 예약 관리, 수납 등의 업무를 수행한다(고용노동부 워크넷).

** 네이버 밴드는 네이버 주식회사에서 출시한 폐쇄형 소셜 네트워크 서비스다. 처음에는 대학생들의 각종 조 모임용으로 기획됐지만, 출시와 함께 소규모 그룹 형태로 인기를 누리다가 동창 찾

생들을 위한 좋은 정보가 있으면 그때그때 바로 업로드해주셨다. 그중 ○○대학교에 의료코디네이터 교육과정이 있다는 것을 알게 되었고, 6개월 과정 공부를 한 뒤에 바로 취직이 되었다. 60명 수료생 중에 20명만 취업이 되었는데 의료코디네이터로 교육받은 내용보다는 주로 통역하는 일이 많았고, 인터넷에 한국어를 중국어로 번역한 홍보 글 올리는 일을 주로 했다. 이곳에서 일하면서 결혼이주여성들을 많이 알게 되어서 많은 인맥을 쌓을 수 있었다.

의료코디네이터는 재교육이나 보수교육이 이루어지지 않고 있다. 그리고 결혼이주여성이 의료코디네이터를 직업으로 삼기에는 어려운 부분이 많은데, 나를 포함한 3명의 사례를 통해 알 수 있다.

먼저 나의 경우에는 어린 자녀가 있었기 때문에 일주일에 이틀만 일을 나갔는데, 그마저 남편은 일이 늦게 끝난다는 이유로 반대했다. 그리고 한 달에 20~30만 원밖에 받지 못했기 때문에 오랫동안 일을 지속하지는 못했다.

한 결혼이주여성의 경우에는 의료코디네이터 교육을 받지 않은 채 산부인과에 취업해서 통역을 했는데, 일하던 도중에 출산하게 되어서 일을 그만두었다. 출산한 뒤로 일을 다시 찾지 못하고 있다.

또 다른 1명은 나와 같이 의료코디네이터 교육을 받아서 ○○대학병원에 취업했는데, 몇 개월 후에 결혼했다. 결혼했다는 이유로 재계약이 되지 않았다.

외국인이라서 월급이 적거나 차별을 받는 것이 아니라 외국인 중에서도 한국어를 잘하면 월급을 더 많이 받기도 한다. 한국어를 잘하고 사회

기 등의 서비스 추가로 급속도로 확장되었다(위키백과).

성도 좋으면 좀 더 높은 월급을 받고 일할 수 있다.

현재는 의료코디네이터로 일했던 경험을 발판 삼아 미용 시술 관련해서 사업을 하고 있다. 대부분 스마트폰을 이용해서 홍보하고 사업을 진행한다. 위챗*으로 종일 광고를 올리고 문의 메시지에 답변한다. 예전에는 남편이 사업을 더 확장하지 못하게 방해한 적도 있었다. 종일 스마트폰만 보는 것을 탐탁지 않게 여겼기 때문이다.

내가 하고 싶었던 사업은 중국에서 한국에 온 손님을 공항에서부터 같이 이동해서 다시 공항으로 돌아갈 때까지 완전한 서비스를 하는 것이었다. 손님에게 호텔, 렌터카, 병원, 의사 등을 소개해주고 원하는 대로 스케줄을 계획해서 제공하는 사업이었는데 남편이 못 하게 했다.

---

* 위챗(Wechat)은 한국의 카카오톡과 비슷한 기능으로 중국 최대 인터넷 기업인 텐센트가 서비스하는 모바일 메신저이며, '웨이신'이라고도 부른다.

3.
나이 많은 한국 남자와 결혼한 이주여성들

결혼이주여성에게 필요한 교육은 무엇일까

요즘은 마냥 어린 여성보다는 서른 살이 넘은 결혼이주여성이 많기 때문에 대학진학을 권유하는 것보다 고등학교 학위를 취득해서 취업할 방법을 알려주는 것이 실질적인 도움이 될 거라고 생각한다. 직업훈련이나 피부관리, 미용 쪽의 국가 자격증을 딸 수 있도록 도와주는 취업 성공 패키지 교육을 제공한다면 결혼이주여성이 한국에서 좀 더 쉽게 적응해서 살아갈 수 있을 것이다. 왜냐하면 중국에서 높은 학위를 취득했더라도 한국에서는 인정해주지 않기 때문이다.

미래에 대한 고민이 있다

나와 남편 사이에도 생각 차이로 문제가 생긴 적이 있다. 나와 남편은 나이 차이가 많이 나는 편인데, 남편은 나를 믿지 못해 밖에 나가지 못하게 한다. 그래서 나는 밖에 나가지 못한다. 답답하고 우울해서 다문화가족지원센터에 부부상담을 예약했다. 하지만 남편이 가지 않아서 상담을 받지 못했다. 남편은 우리 사이에 문제가 생기더라도 우리 집 안에서 해결해야지 상담을 받으러 가는 것은 창피하다고 했다. 그리고 문제를 해결하려고 대화하는 것보다는 무조건 미안하다고 해서 항상 답답하다. 주변 한국 부부들도 나와 비슷한 시기에 결혼한 사람들은 자주 싸운다고 해서 그냥 결혼생활 10년까지는 부부싸움 하는 기간이라고 생각하려고 한다.

현재 제일 고민되는 것은 남편이 50대가 되어가는데 나중에 퇴직하고 일을 찾지 못하면 어떻게 살아가야 할지 하는 거다. 지금은 내가 사업을 하기 때문에 아이 교육비와 내게 필요한 용돈 정도는 스스로 벌어서 쓰는데, 나중에 남편이 퇴직하고 취직이 되지 않았을 때의 생활비가 걱정된다.

4.
전사록 요약

〈연구참여자 정보 및 특성〉

출생연도	1983년생	이주연도	2008년
국적(이주 전/현재)	중국(한족)/중국(한족)	학력	○○대 재학
가족	남편, 아들	직업	미용 사업

▶ 나와 남편의 결혼 소식을 듣고 시어머니는 쓰러지셨다

[조사자: ○○○ 씨 인터뷰 시작하겠습니다. ○○○ 씨 애기가 벌써 몇 살?] 우리 애가 올해는 음… 여덟 살 됐어요. (초등학교) 1학년이에요. [조사자: 허어어 이야, 세상에 ○○○ 씨 애기 없다고 고민 많이 했는데, 그때. 그쵸?] 너무 급해서 그때는 빨리 낳고 싶었어요. [조사자: 아니, 결혼하고 얼마 만에 애기가 생겼죠?] 한 1년 정도? 급해서 결혼하고 바로 애기 낳고 싶어서. [조사자: 누가? 시어머니가? 남편이?] 아, 저도. 하하하, 남편하고 사랑해서 결혼한 것이 아니라 불안하지요. 신랑이 엄마가 반대하는 결혼했어요. 엄마한테 갑자기 중국에 간다고 하더니 중국에서 결혼했잖아. 우리 남편 장

남이야. 그래서 시어머니 쓰러졌어. 시어머니 나 안 좋아해. 그래서 빨리 애기 낳고 싶었어. 지금은 좋아요. [조사자: 하하하 어어. 그래서 그 친정에는 자주 왔다 갔다 해요?] 음… 1년에 한두 번, 세 번? [조사자: 1년에 한두 번? 남편이랑 애기랑 같이 가요?] 아, 한 번 두 번씩 갔다 오니까 그냥 저기 해서 애기는 많이 다니다가 위험할 수 있어서. [조사자: 왜 위험해요?] 중국에서 뭐 애기 잡아가는 나쁜 사람 많아서. 그래서 땅이 넓어서. [조사자: 유괴?] 음, 아무튼 위험해요. 차도 이렇게 여기 아파트처럼 차가 뭐 막히는 길은 말고 저 먼 쪽에도 차 막히는 길은 말고 밖에서 보면 차가 맘대로 다니게 돼 있어서. 밖에 어디서 뛰고 다니면 위험해서 그래서 뭐 나쁜 사람도 있고. 계속 옆에 지켜야 해. 근데, 가도 남편은 같이 가면 한 이틀 삼일 가. 근데 남편 오래 못 있어. 삼일 동안. [조사자: 회사 때문에?] 어어. 이제 애기도 학교 가니깐 바빠서 그 시간 낼 수 없어요. 방학 때는 생각해볼게요.

▶ 아들은 한국에서 살기 때문에 중국어를 못해도 상관없다

[조사자: 애기하고 지금 집에서 중국어로 해요? 아니면 한국어로 해요?] 한국어로, 하하. [조사자: 하하, 그럼 애기 중국어 할 줄 알아요? 몰라요?] 음, 조금은 알아요. 사실 많이 몰라요. [조사자: 왜요?] 일단 어렸을 때부터 다른 한국 애기 생각해서 한국에서 살기 쭉 생각해서 중국에 뭐. 중국말 그냥 그거 많이 안 했어요. 하하. [조사자: 근데 지금 그거에 대해 어떻게 생각해요? 어, 중국어를 잘 못한다는 거에 대해.] 음, 지금도 가르쳐주고 싶은데 시간이 많이 없어요. 사실. [조사자: 주위에서도 그 친구들 애기들 중국어 잘해요?] 예예. 보고 잘하는가 봐요. [조사자: 음… 그런데 ○○○ 씨 애기는…?] 아, 제가 어렸을 때나 그 시어머니 옆에 같이 살았어요. 시어머니

가 뭐 다른 애가 다른 친구가 보니까 어렸을 때 둘이 같이 애기랑 같이 살기 때문에 엄마 말 잘 듣고 엄마랑 같이 뭐 맨날 다니고 뭐 그렇게 애기한테도 중국말 배웠어요. 그런데 제가 어렸을 때는 음, 애기는 일찍 다른 사람보다 조금만 일찍 유치원 보냈어요. [조사자: 음, 왜요?] 볼 수 없어서 피곤해서. 힘들어요. [조사자: 아, 애기를 볼 수 없어서?] 응. 힘들어서. 그래도 일찍 유치원에서 보내니까 일찍 유치원을 보내면 한국 애기랑 같이 있으면 선생님도 한국 사람이니까. 그때는 만약에 중국말 많이 하면 애기 헷갈려요. 그래서 한국말 안 할 수 있어요. 응. 그래서 뭐 시어머니 얘기나 지금 뭐 중국말 하면 애기는 못 알아들으니까, 한국말 못 알아들으니까 딱 그 선생님은 이 애기는 말 안 해도 뭐 바보 같은 애야. 그래서 그거 때문에 그때는 많이 얘기 안 했어요. 그때 어렸을 때 많이 얘기 안 했어요. 딱 한국말 계속했어요. 아니면 제가 또 그때는 만약에 정말 결심하면 지금도 많이 따라갈 수 있으니까 우리가 좀만 더 잘하면 된다고 생각했어요. [조사자: 그래서 지금도 그거 생각하니깐 어때요?] 음, 저는 상관없어요. 애기가 쭉 한국에 있으면 제가 중국에 친척이 많이 없으니까. 친정이 없으니까. 쭉 한국에 살아요. 그래서 아기도 중국말 안 해도 괜찮아요.

▶ 남편은 내가 학교에 가는 것을 꺼린다

[조사자: 음, 하하. 애기는 지금 학교생활은 잘해요?] 네, 잘해요. [조사자: 음, 그러면 학교에 1년에 한두 번씩, 한 학기에 한두 번씩 엄마들 오시라고 하잖아요? 그러면 자주 가요? 학교에?] 제가 한 번 갔어요. 왜냐면 우리 애기 올해 입학했어요. 우리 애기 1학년이야. 부모님 참관수업 있잖아. 부모님 가도 되고 안 가도 돼요. [조사자: 그래서 가서 보니까 어때요? 애기?] 어, 애기는 친구랑 잘 놀아요. 친하고. 근데 음, 뭐 약간 조금 말 많이 하기 싫

어요. 얘기 많이 안 해요. 근데 장난치고 많이 심해요. 하하. [조사자: 아, 학교에서? 어, 그러면 선생님 그 참관수업 하러 갔을 때 선생님이 참관수업 끝나고 보통 애기 엄마들하고 이야기하잖아요. 그때 애기에 대해 뭐라고 얘기했어요?] 아, 솔직히는 많이 얘기 안 했어요. 선생님도 바빠. 엄마끼리 잘 몰라요. 잘 모르는 사이예요. 애기도 좀 더 친한 애기가 있고 안 친한 애기도 있어서 잘 몰라요. 사실 애가 어렸을 때부터 다들 외동끼리 놀아요. 그래서 애가 이 근처 동네에 외동 친구 2명 있어요. 셋이 맨날 같이 주말에도 모여서 놀았는데. [조사자: 그러면 그 아이들도 집에 오고 ○○○ 씨 애기가 그 집에도 가고?] 응, 애기끼리 왔다 갔다 해요. [조사자: 응, 그러면 그 애기 엄마도 만나봤어요?] 네, 같이 식사도 하고 차도 먹고 그래요. 친해지고. [조사자: 그러면 지금도 그 애기들 엄마하고 모임이 있어요?] 지금은 모임 없어요. 근데 애기끼리 세 집이 왔다 갔다 많이 모여요. 애기끼리 지금 서로 연락처도 있고. 근데 우리 엄마끼리는 엄마들끼리 언제 연락하냐면 애기 못 찾을 때. 하하. [조사자: 하하하하. 아, 애기 어디 있는지 모를 때?] 하하하. 어떤 집에 있냐고? [조사자: 하하하, 그러면 뭐 애기들이 학교에서 어떻게 지내는지 이런 정보를 어떻게 알아요?] 음, 그 거의 학교에서 메시지 와요. 메시지 오는데 무슨 행사 있으면 활동 있으면 지난 가을에서도 운동회 했어요. 운동회 애기들 운동회에서 단체 춤을 췄어요. 그래도 사진 찍어서 많이 보니까. [조사자: 응, 그러면 이제 엄마보고 오늘 참관수업 있으니까 오세요. 해서 갔잖아요?] 아, 거기는 옆에 같은 반 애 엄마가 중국 사람 있는데. 어, 갑자기 아침에 연락해서 어 오늘 참관수업이 있는데. 애기는 나한테 알려주지도 않았어요. 깜빡했나 봐요. 애 아빠가 아는데도 아빠가 안 가도 된다고 했어요. [조사자: 아빠가? 어, 왜?] 몰라요. 아마 내가 화장 많이 하고 가는 거 싫어요. 그리고 내가 가면 애들이 내가 중국 사람이라는 거 알게 될까 봐 그랬던 거 같아.* [조사자: 어, 그래서 그날 옆에 친구가 알려줘서 갔다 왔어요?] 네. [조사자: 음, 그 선생님 만날 때 우리 애기 뭐 물어봐야지 이런 거 생각하고 갔어요?] 선생님 만날 때는 어, 그때는 수업이 하고 있잖아요. 어, 선생님도 우리 따로따로 애기 아니고 예전에처럼 학교 따로따로 모여서 얘기 말고 그 이런 종이로 쓰이는 거 선생님의 수업이 어떠냐고 뭐 있어요. 느낌하고 뭐. 이 선생님은 능력이 어떠하고 하는. 학교에서는 어, 그 우리 부모님들 보고 부모님의 입장 보고 선생님이 어떻게 하는가 조사하는 거예요. [조사자: 평가?] 어, 평가. [조사자: 그런데 그 선생님 어땠어요? 우리 아들을 가르치는 선생님으로서 만족했어요?] 괜찮았어요. 네, 그 젊은 선생님이기 때문에 애기를 많이 좋아해요. [조사자: 응. 애기가 엄마 오늘 학교에서 무슨 일이 있었어. 나 오늘 선생님한테 칭찬받았다 뭐 이런 학교 얘기도 많이 해요?] 음, 그거 약간 좀 부족했어요. 우리 애가 약간 좀 지금은 게임하고 싶고. 게임 좋아서. 게임하고 음, 자기 생각, 느낌 많이 안 얘기해요. 게임하고 뭐 그림 그리고, 그 서치 이런 거 그리고 또 유튜브 보다가 그 유행하는 노래 있잖아요? 그거 따라서 춤추는 거 되게 좋아해. 미치겠어요. 유튜브 보고 케이팝 음악 보고 따라서 해요. 따라서 그 저랑 주말에도 노래방 갔는데. 자기 노래 나보다 더 많이 줄 수 있는데. [조사자: 아아, 아들하고 둘이 노래방에 가요?] 네, 노래도 하고 춤도 추고. [조사자: 아아, 그러면 아들이 꿈이 가수가 되는 거예요?] 아직 그 꿈이 안 될 거 같애요. 하하. [조사자: 그러면 노래방을 둘이 가요? 아니면 아빠랑 셋이 가요?] 우리 둘이만 갔다 왔어요. 아빠는 아니고. [조사자: 아빠는 왜 같이 안 가고?] 에휴. 나이 차이가 있으니까. 우리 남편은 별로 밖에서 노는 거, 다니는 거 싫

* 남편은 ○○○ 씨가 중국인이라는 것이 알려질 것을 염려하여 학교에 가는 것을 반대함.

어해요. 만약에 애기가 놀이터에 가면 그러면 따라가고 지키고. 큰 애가 있으니까 괴롭힐 수 있어서 따라가는 거야.

▶ 한국에서 공부를 다시 시작하다

[조사자: 응. ○○○ 씨는 중국에서 한국에 왔잖아요. 한국에 와서 한국어 공부할 때 생각해보세요. 한국어를 얼마나 배웠어요?] 하. 한국어? 한국어를 시작할 때부터 계속 배우니까 반년 정도 배운 다음에 선생님 따라서 여러 가지 학교 다니잖아요. 그 공짜 수업 받을 때 집에서 오는 선생님도 시키고. 그거 때문에 다문화센터에서 뭐 새로 서비스 바로 신청해서 방문 서비스. 그것도 했어요. 그러다가 한 반년 배운 다음에도 또 그 거기 검정고시 공부 시작했어요. [조사자: 어 그러니까 검정고시도 했잖아. 평생학습원에서. 그쵸?] 네. 그래서 제가 친구 별로 많이 없어요. [조사자: 왜요? 공부만 해서?] 아니, 제가 하는 공부는 토픽하고 다르니까 한국어 초급·중급·고급 다르니까. 내가 공부는 그 공부는 대학 가는 길이기 때문에. 대학 가려고 하는 거니까 별로 같이 공부하는 사람 별로 없어요. [조사자: 그 ○○○ 씨는 그러면 검정고시를 한국에서 봤어요?] 네, 봤어요. [조사자: 응, 그러면 고등학교 과정?] 네, 다 했어요. 대입. [조사자: 이제 그 자격증을 가지고 대학교에 들어간 거죠?] 네, 대입 끝나고 나서. [조사자: 어어. 헤에! 힘들지 않았어요?] 힘들지 않아요. 별일 없으니까. 하는 일이 없어서 집에서도 있으니까 답답해서 차라리 공부 잘하는 게 좋았어요. 그때는. [조사자: 하하하하. 어, 맞아요.] 그때는 애기 임신 중이었어요. 대입할 때는 대입 검정시험은 한두 번 했어요. [조사자: 아, 첫 번에는.] 네, 첫 번째는 떨어지니까. 대입 어려우니까. 그때는 임신하고 음, 두 번째 할 때는 애기 벌써 낳았어요. 모유하고 있어요. 그때는 허락받았어요. 그때는 대학 가니까.* [조사자: 어어. 아니, 그

런데 사실 그게 쉬운 일이 아니거든요.] 아, 결심하면 돼요. 하하하하. [조사자: 아, 물론 결심하면 되는데 하기가 어렵죠. 그런데 왜 검정고시 하필이면 토픽 중급·고급도 아니고 검정고시를 선택했어요?] 그때요? 그때 그 선생님이 얘기하면 그때 우리 결혼식장 갔다 와서 만났잖아요. 그때 남편하고 같이 있었어. 결혼식 끝나고 어떤 한적한 길이 있어서 선생님이 남편한테 얘기하니까 선생님이 한마디 했어요. 선생님의 경험으로는 음, 우리 외국 결혼이민자가 약간 고등학교 졸업도 못 한 분이 많아서 한국에서도 뭐 일 찾으려면 고등학교 정도 해야 된다고 그 얘기했죠. 응, 제가 남편한테 얘기했죠. 학교 다닐 수 있게 도와달라고. 응. 그때 내가 중국에서는 초등학교 끝나고 나서 2년 뭐 무슨 기술학교 비슷해요. 거의 2년 다니고. 그거 다니다가 그때 컴퓨터도 뭐 하고. 그래서 제가 알아보니까 초등학교 5학년까지 다닌 거로 되어 있었어요. 그런데 차라리 새로 시작하는 게 나아요. 그래서 여기서 한국에서 다시 해야 돼요. 응, 한국에서 인정 안 해서. 다시 해야 돼요. 그래서 그때는 검정고시 초등학교 거, 중·고·대입 다 했어요. [조사자: 공부 엄청 열심히 했네요. 요즘에 젊은 사람도 잘 안 해요. 내가 남편도 잘 아니까 그렇게 얘기했는데 진짜로 검정고시 해서 대입 합격했다는 얘기 저도 들었거든요. 몇 년 공부했어요? 그때? 3년? 4년?] 네, 그래서 시작할 때부터 계속 해야 되는 거예요. 우리 남편도 해라 열심히 해라. 흐흐흐흐. 2년, 2년에 다 끝난 건데. 그 맨날 하니까 그 선생님도 너무 좋아요. 그 수업이 다 공짜였어요. 대입할 때는 다른 데서 했는데 거리도 멀고 돈도 내니까 불편해서. 그리고 임신해서 다니다가 보니까 불편해서 인터넷으로 수업 몇십만 원 그거 사서. [조사자: 응, 중국에도 이런 거 다 무료예요? 이런 거

---

* 검정고시에 합격하고 방송통신대학에 입학.

있어요?] 없어요. [조사자: 아아 에휴. 음, 그 지금 이제 대학교를 그 대입검정고시를 치러서 ○○대 들어갔어요? 무슨 과로?] 아, 하하 중어중문학과. [조사자: 아아, 그래 졸업했어요?] 하하, 아 제가 그 좀 2년 전에 졸업해야 되는데, 근데 미뤘어요. [조사자: 아아, 왜요?] 바빠서 시간 없어서…. [조사자: 아, 그러면 졸업만 남았어요? 몇 학년 다니다가?] 4학년 다니다가 끝났어요. 근데 졸업은 제가 몇 과목 몇 개 떨어진 과목 있어서 다시 해야 돼요. 점수가 약간 좀 부족했어요. 성적 부족해서. 졸업성적 부족해서. [조사자: 그러면 검정고시를 하고 ○○대 들어갔잖아요? 뭐가 가장 어려웠어요? 학교 공부할 때?] 학교 공부할 때 어려운 거는 사실은 우리 한국 사람이 아니니까 갑자기 한국어만 공부하는 거 말고. 대학에서 공부는 다른 것도 많이 이해해야 하고. 한국어 기초도 있어야 할 수 있어야 졸업할 수 있는데, 제가 아직 그 정도 아니에요. [조사자: 응, 그래서 뭐가 어려웠어요? 뭐 중어중문이니까 중국어 쪽은 쉬웠겠고.] 제가 지금은 그 수준이 대화 수준 아니에요. 그래서 졸업이 조금 힘들어요. 왜냐면 그 우리 중어중문학과는 주로 주로는 중국어 중문을 배우잖아. 한자 뭐 이런 거. 중국에서 쓰는 한자 말고 한국어로 적는 한자니까 그거도 배워야 하고 그거는 너무 어렵지 않아요. 나한테 중국 사람한테. 어려운 거는 교양 과목. 네, 교양 과목 그거 저나 고전문학 이런 거, 세계사 이런 거, 세계역사 뭐 이런 거, 한국사 이런 거 다 있잖아요. 그런 과목은 어떤 정도는 책이 요만큼 읽어야 해요. 한국 사람처럼 어렸을 때부터 계속 읽어야 지식이 좀 쌓이잖아요. 지식이 쌓여야 졸업할 수 있어요. 아니면 책을 완전히 뒤집어다가 다 읽은 다음에 이해하는 정도로 하는데, 계속 그 검정고시처럼 계속 문제가 풀어서 뭐 할 수 합격할 수 있는 거 아니에요. 문제만 풀어서 하는 거 말고 이해해야 돼요. 뭐든 철학이나 뭐 세계에서 유명한 철학 쓰는 거, 철학 뭐 이런 거, 유명한 거 사람이 다 뒤집어 알아야 해요.

▶ 한국에 사는 결혼이주여성에게 필요한 것

[조사자: 그러면 그런 그 새로 공부하는 사람들을 위해 우리가 어떻게 하면 좋을까요?] 새로 공부하는 사람 위해? 이런 과제는 시작할 때부터는 저는 결심 먹고서 포기하지 말고 쭉 가야 하는 거야 목표 세워서. 왜냐면 그 자기 대학 끝나고 고등학교 끝나야 되고, 뭐 그 목표를 세워야 해요. 사실은 맨 처음에는 뭐 초등학교 수학도 수업이 되게 어려워요. 국어 뭐 이런 거 다 속담 들어가고. 우리 제가 한 반년 정도 배우는 사람보고 이거 왜 이렇게 어려워 그랬어요. 하하하. [조사자: 그때 그 어려운 거를 어떻게 극복했어요?] 그때 우리 남편 많이 도와줬어요. 우리 남편은 요만큼 공부하는 책에도 샀어요. 그 무슨 문제지였어요. 문제지. 그래도 한국어는 그 모르는 거는 물어보고 다 알려줘요. 속담은 어려운 거 다 알려줘요. 인내심 갖고, 그리고도 제가 또 뭐 검정고시 수업이나 평균점수 되면 돼요. 다 하나씩 하나씩 합격하는 거 말고. 그래서 떨어지는 거도 괜찮아요. 뭐 높이는 점수 받는 거 잘하면 돼요. 제가 영어, 수학 잘하니까 영어, 수학은 한국어 많이 안 쓰니까 네 그냥 체크 체크 하는 거잖아요. 근데 고등학교에서 대입 검정고시 하면서 고등수학 있어요. 그거 고등학교에서 배우는 거 고등수학 그거 제일 어려워요. [조사자: 어어 아아, 그랬구나. 그러면 이렇게 공부 안 하고 온 사람들이 한국에서 공부할 기회가 많이 있잖아요? 검정고시도 있고, ○○고등학교 다 있잖아요? 중국에도 있어요?] 사실에는 그 공부하는 생각 없어요. 첫 번째는 공부하는 생각 없어요. 두 번째는 시간이 날 수 없어요. 아줌마들 다들 급해서 일 찾고 싶어서 돈을 벌고 싶어서요. [조사자: 그러면 일 찾고 싶어요, 돈 벌고 싶어요 하는 사람들한테 뭐가 필요할까요?] 음,

뭐가 필요하냐면 직업 찾는 쪽에서 어 뭐 훈련이나 직업 전문 쪽. 피부관리, 미용 쪽에서 국가 자격증 있는 거 따는 거. 취업 성공 패키지 하면 그게 더 나은 거 같아요. 왜냐면 공부 많이 해서 와도 여기에서 인정 안 해줘요. 필요 없어요. 그리고 여기서 결혼해도 나이가 서른 돼서. 요즘은 어려서 오는 사람 별로 없잖아요. 어려서 오는 사람이나 또 그 공부 생각 없는 사람 이거저거 일해야 하고. 그래서 아마도 이제는 대학공부는 말고 고등학교까지 알려주면 아마 갈 수 있어요.

▶ 동서와 보이지 않는 갈등이 있었다

[조사자: 아아, ○○○ 씨 처음 왔을 때 뭐가 제일 힘들었어요?] 제일 힘들어 제일 힘든 거? 음, 언어 제일 힘들어요. 그전에 한국말 잘 못하니까 의사소통 어려워요. 한국말 기초 배워야 해요. [조사자: 그때 뭐 언어 때문에 시어머니하고 뭐 조금 안 좋거나 이런 일 있었어요?] 아니요, 우리 가족들 많이 봐줬어요. [조사자: 음, 그 주위 친구들은 막 시어머니하고 갈등도 있고 남편들하고 갈등도 좀 있고 하잖아요?] 우리도 갈등 있어요. 하하, 뭐 다 편하게 사는 건 아니고 갈등 있어도 의사소통의 갈등 말고 성격이나 무슨 일이 하고 싶으냐 이런 의견 정도. [조사자: 어떤 갈등이 있었어요?] 잔소리 많아요. 이거 안 된다고, 저거 안 된다고. 애기 그렇게 하면 안 된다고. 친구 만나지 말고 빨리 오라고. [조사자: 그러면 그때는 어떻게 극복했어요?] 음, 잘 설명하고 어 뭐 많이 얘기하면… 해결할 수 있어요. 지금 다 잊어버렸어요. 예전에 너무 오래된 일이라. 그때 우울했어요. 하하. [조사자: 그때 언제 우울했어요?] 우울한 거는 음 남편 바쁘니까 예전에 회사에서 뭐 10시 퇴근 많아요. 요즘은 괜찮은데 아침에 7시에 가니까 애기는 혼자서 키웠어요. [조사자: 시어머니 계셨잖아. 시아버지도 계시고.] 아, 우리 시어머니 그

때는 왔다 갔다 했어요. 왔다 갔다 하니까 그때는 도움 많이 하는 거 아니고 우리 집에 와서 많이 하는 거 아니고. 밥을 주든지, 일을 알려주지만 근데 친정엄마처럼 너는 쉬어 내가 일할게 이런 거 아니고. 계속 알려주기만 줘요. 쉬지도 못하고 알려주고 이렇게 해야 돼. 나중에도 이렇게 해야 돼. 애기한테 위해 기저귀도 일회용은 안 쓰고. 애기 아플까 봐 빨아 쓰는 거. [조사자: 응, 헝겊 기저귀 사용하고?] 응, 애기 위해 헝겊 기저귀 사용하고. 나를 위해 오는 거 아냐 다 애기 위해. 아가야 쉬어가 아니고 애기 어떻게 키워야 하는 게 좋다고 알려주기 위해 오는 거야. 너무 힘들어요. 나 삐졌어. [조사자: 지금 생각해보면 그때 시어머니가 그렇게 했던 게 맞다고 생각하세요?] 어휴… 시어머니 입장에서 보면 맞는데… 나한테는 좀 힘들어요. 내가 결혼해서 한 달 동안 시어머니하고 같이 살았어요. 한 달 살다가 우리가 집을 사서 이사했어. 옆에 바로 옆에 2호야. 근데 한 달 살 때는 또 나한테 집안일 많이 알려줬어. 그거 나 잘살기 위해 아니고 아들, 남편 잘살기 위해서야, 그죠? [조사자: 그래, 남편 잘살기 위한 거 며느리도 혼자 사는 거 아니잖아. 남편 다 똑같은 거지. 그때는 막 어머님이 김치도 다 담아주고 제사도 좀 있었던 거 같은데 지금은 어때요?] 제사 이제 많이 안 지내요. 줄었어요. 예전에는 1년에 13번씩 지냈어요. 정말 죽을 뻔했어요. 근데 이제는 2, 3번씩 명절 명절하고 뭐 남은 제사 하나씩. [조사자: 그러면 제사 음식도 다 했어요?] 에휴, 제사 음식 다 만들어야 해. 맨 처음에는 우리 집 약간 좀 이상해. 맨 처음에는 제가 한국에 올 때는 애기 없을 때는 나 음식 할 줄 몰라요. 그때 음식 내가 다 했어. 엄마가 이거 하라고 하면 이거 하고. 그런데 우리 작은 며느리, 동서가 아기를 계속 낳아. 1년에 하나씩 낳아. 3명 낳았어. 늦게 와서 일도 안 하고 제사 음식 다 싸가지고 집에 가. 어휴 짜증났어요. 동서 이제는 애기 다 낳아서 애기도 컸어요. 이제는 뭐 여유가 생겨서 주방에서 일하는 거 잘해요. 그런데 나한테 물어보지 않아. [조사자: 아 하하, 일하는 거 잘해요?] 아, 일하는 거 뺏어가서 해요. 나 빼고 일해요. [조사자: 아, 그거 좋은 거 아니에요?] 그거 좋은 거 아니에요. 제사는 뭐가 나한테 물어봐서 해야 하는 거야. 그거 아니고 혼자서 다 하는 거야. 설거지도 혼자 하고. 나한테 물어봐야지. 내가 큰며느리잖아. [조사자: 왜? 말이 안 통해서?] 말을 별로 안 해요. 말은 별로 안 하는데, 자기 일 많이 하면 시어머니한테는 칭찬도 받고 예쁘기도 하고 그리고 갈 때는 많이 싸가요. 음식 많이 싸가요. [조사자: 아, 그렇게? 아, 그러면 동서하고 얘기해봤어요? 그런 얘기?] 아니요. [조사자: 그러면 이해해요? ○○○ 씨가?] 결혼한 지 10년 됐어요. 이제 이제 많이 풀었어요. [조사자: 응, 풀었어요?] 옛날에 너무 억울했어요. 말도 안 하고 이렇게 나를 괴롭히는데. 그런데 이제는 괜찮아요. 맘대로 해라 내가 일 안 하면 더 좋지라고 생각하니까 편해요. [조사자: 하하하하, 주위에도 이렇게 한국 문화 막 제사나 이런 거 때문에 힘들어하는 친구 있어요?] 어, 물어보니까 있어요. 거의 다 동서끼리 별로 별로예요. [조사자: 어어, 왜요? 외국 사람이라서 잘 몰라서? 아니면?] 음, 질투도 있고, 시어머니는 외국 며느리한테 진짜 애기처럼 잘 봐줘요. 가르치기도 많이 가르치고 완전히 애기처럼요. 그러니까 동서 질투해요. 그리고 내가 뭐 하려고 하면 형님은 중국 사람이니까 이런 거 이해 못 한다고 하고, 중국에도 이런 거 있냐고 하고, 텔레비전에서 뭐 뉴스 나오면 중국 사람들은 이상하다고 하고. 많이 있어요. [조사자: 애기하고 무슨 언어로 대화해요?] 한국어. 기본은 알아들어요. [조사자: 애기가 사실은 애기가 엄마하고 계속 중국말을 했으면 참 좋았는데. 그쵸?] 에효, 계속했어도 제가 또 중국에서 살 생각 없어요. [조사자: 중국에서는 안 살아도 그냥 지금이라도 애기한테 중국어를 좀 가르쳐야지 이런 생각은?] 아니, 있어요. 있어요. 근데 이제 애기 이제 엄마 말 잘 안 들어요. 이제 완전히 어른처럼 생각해요. [조사자: 계속 한국말만 사용해요, 애기하고는? 밖에서도 집에서도?] 맞아요. 근데 집에서도 별로 뭐 많이 말하지 않아요 애기 잘 안해요. [조사자: 그럼 애기는 아빠랑은 통해요?] 아빠도 별로… 아빠는 통하기는 통하는데, 주로 게임만 하고 대화 안 해요. [조사자: 게임? 아들이? 남편이?] 둘이가 같이 게임해요. 핸드폰게임 말고 뭐가 그 요즘 유행하는 캐릭 뭐 이런 거 이기는 거. 바둑도 하고. [조사자: 애기랑 둘이 같이?] 남편, 애기랑 둘이 같이 해요. [조사자: 어휴, 좋은 거예요. 응, 왜냐면 사실은 엄마도 그 게임을 알아야 애기하고 얘깃거리가 좀 돼요.] 그게 놀아줘야 핸드폰도 안 해요. 안 놀아주면 계속 핸드폰 해요. [조사자: 아~ 그 게임을 같이 안 해주면 핸드폰 해요? 핸드폰으로 뭐 해요?] 핸드폰 안에서 유튜브 뭐 안에서 여러 가지 항상 보고 노래도 배우고 만화도 보고. [조사자: 그거 안 좋게 생각하세요? 아니면 괜찮다고 생각하세요?] 하루에 한 시간 두 시간만 하면 돼요. 너무 오래 그러면은 안 돼요.

▶ 하고 싶은 일을 반대한 남편

[조사자: 그러면 ○○○ 씨는 지금 사업을 하잖아요? 대부분 그 핸드폰으로 스마트폰으로 사업하는 거예요?] 맞아요. 제가 핸드폰 하는 시간이 다른 사람보다는 되게 많아요. 근데 예전에는 맨 처음에 화장품 할 때는 더 많았어요. 핸드폰 지금보다 더 많았어요. 지금은 노는 거 많고 예전에는 되게 바빠서 질문받고 뭐 이런 거 했어요. 뭐 계산끼리 돈을 보내는 일이 많았어요. 근데 이제는 덜 바빠졌어요. 지금은 그냥 핸드폰 옆에 친구처럼 있어요. [조사자: 아, 하하 그래요? 그 스마트폰을 그 뭐 미체? 위챗*으로 해

* 위챗은 중국어로 '웨이신'이라고 부른다.

요? 아니면 바이뚜* 이런 거에다가 광고도 올려요?] 아니요. 위챗만 하고. 위챗. [조사자: 어, 하루에 몇 시간 정도 하는 거 같아요?] 제가? 음 하루 종일 해요. 하루 종일. [조사자: 하하, 하루 종일.] 핸드폰을 항상 옆에 두고 메시지 오면 바로바로 보고. 이제 메시지 많이 오는데 그 메시지 없을 때는 뭐 게임이나 놀아요. [조사자: 게임도 하고?] 네, 게임도 하고. [조사자: 아, 남편하고는 하루에 몇 시간 얘기해요?] 남편… 음 에휴, 남편은 낮에는 한두 번 통화해요. 통화할 시간 있으면 통화해요. 통화 시간 없으면 집에서 별로 할 일이 없어요. 왜냐면 지금 애기가 되게 질투해요. 내가 남편과 많이 친해지면 화내요. [조사자: 하하하, 질투해요? 애기가?] 네, 막아요. 우리 말하면. [조사자: 어어, 나가요?] 네, 나가요. 어떤 날 우리 무슨 진짜 좋아하는 일이 있으니까 얘기 좀 하고 그러면 애기가 계속 안 들어오고 우리 괴롭히고. [조사자: 어 하하, 그러면 지금 ○○○ 씨는 사업을 스마트폰으로 하고 있잖아요? 근데 남편이 조금 방해하거나 하지 못하게 하거나 이런 거 없어요?] 음, 그 시절 지났어요. [조사자: 아, 전에는 있었어요?] 전에는 다 불편해요. 제가 하루 종일 하는데. [조사자: 어떻게 말했어요?] 일이 어떻게 일이 하는지 좀 정확하게 알려주었어요. 이런 일이 어떻게 하는지. 어떻게 음 어떻게 사업하는 과정인지. 처음부터 시작할 때부터 같이 거래처 어떻게 했는지 알려줬어요. 남편이 이해 못 하면 이 사업 못 해. 하나부터 열까지 설명하니까 이해했어요. 사실 지금도 좀 발로 뛰고 다녔는데 좀 알려주고 이해 안 해요. 이해 안 해요. 사실 네 지금 이해 안 해요. 제 사업이 크게 할 수 있는데 남편이 못 하게 하기 때문에 좀 영향 있어요. 많이. [조사자: 아, 이해를 안 해줘서 사업을 더 크게 할 수 있었는데?] 그래요. 제가 원한 일

---

* 바이두(중국어: 百度, 병음: bǎi dù, 나스닥: BIDU)는 중국의 검색 포털사이트다. 중국 최대의 검색 사이트로 유명하며, 알렉사닷컴 트래픽 측정 기준으로는 세계 상위권에 있다(위키백과).

은 사실 손님을 공항에서 같이 데리고 호텔에서 예약한 것 같이 차를 보내서 그날 끝날 때까지 계속 모셔야 되는데. 동료 옆에 있어서 같이 쇼핑하고. 이런 거 일하고 하면서 서비스하면 완전히 서비스 전체 해야 돼. 외국에서 사람이 오니까 한국에 사람이 와서 어떤 병원 찾았는지 병원 먼저 연락하고, 어떤 과목 해야 하든지. 성형 빼고 다른 거 뭐 어디 안주하는데. 우리 배우는 거는 여러 가지 알아야 하는 거야. 그 병원 어떤 과목에서 제일 잘하는가? 어떤 의사 제일 잘하는가? 그거 다 알려주고 여기 소개하고, 알려주고 태워주고, 그쪽에서는 손님이 원하는 거. 차를 빌려야 해요, 원하는 차를 빌리고. 가는 시간 스케줄 스케줄 해줘야 돼요. 그리고 호텔도 어느 정도 호텔도 차이 나니까 어떤 호텔 어느 종류인지 알려주고. 뭐 그 장부들 보내 그 중간에서 계속 핸드폰 써야 해요. 의사소통 필요하니까 생각하는 거까지 핸드폰 써야 하는 거야. 외국에서 오면 다 꿈이 없어. 편하게 그냥 그때는 우리 그냥 많이 왔다 갔다 해야 되는 거야. 검색도 하고. [조사자: 근데 그거를 남편이 못 하게 했어요?] 네, 그 일이 못 하게 했어요.

▶ 결혼이주여성 취업과 재취업의 현실

[조사자: 아니, 사실은 그 의료코디네이터 과정을 ○○대학교에서 공부했잖아요. 그러면 ○○대학교에서 한다는 그 의료관광코디네이터라는 정보를 어떻게 얻었어요?] 아, 그것도 (한국어) 선생님이 알려줬어요. 거기 선생님이 그때는 밴드 하잖아요. 지금은 없어졌어요. 그 맨 처음에 밴드 선생님이 보고 전부가 다 봤어요. 그래서 물어보니까 제가 어울리는 거 같아서, 하하. [조사자: 사실은 제가 밴드를 하나 운영했어요. 그런데 그 만약에 이렇게 우리 학생들에게 이렇게 좋은 정보가 있으면 거기에 바로바로 올려줬어요. 그래서 우리 학생들이 그거를 공부하게 되었는데, 몇 개월 과정으로 했어요?] 6개월.

[조사자: 6개월? 그 6개월 끝나니까 바로 취직이 된 거예요?] 바로 됐죠. [조사자: 음, 그게 도움이 많이 됐어요?] 네, 많이 돼요. 거기 취직하는 거는 인맥은 많이 쌓았어요. [조사자: 음, 인맥?] 응, 인맥. 그 아는 사람도 많이 생겼어요. 새로운 친구. 왜냐면 우리는 결혼이민자 공부하는 거는 같은 결혼이민자들끼리. 사실은 넓지 못해요. 사회성을 넓게 펴지 못해요. 그래서 어디서 공부하냐? 뭐 사회생활 하면 맨 처음에 중요해요. 먼저 짝이 자기 조금 모르면 돈 내고 공부시켜요. 투자해야 돼요. [조사자: 음, 그래서 거기서 한국 사람을 많이 사귀었어요?] 한국 사람은 별로 많이 안 사귀었어요. 왜냐하면 사실 의료관광코디네이터는 주로 일본과 중국과 원어민을. 많이 좀 높았어요, 취직률이. 근데 한국 사람들은 결혼하고 사실 우리 외국 결혼이민자들한테 같은 꿈을 가져가는 거야. 거기도 애기 키우고 나서 사회생활 좀 틀어져서 그래서 다시 공부하고 또 일 찾고 싶었는데 사실 그 공부는 한국 아줌마들 잘 어울려요. [조사자: 잘 안 어울려?] 네, 잘 안 어울려요. 왜냐면 한국 아줌마들은 아무래도 한국어는 잘해도 외국어는 못하니까. 의료관광코디네이터는 주로 외국사람 서비스해주니까 외국어 필요해요. 초반에 주로 외국어 해요. 그래서 학교에서 60명 학생 중에서 취직하는 사람이 아마도 20명밖에 안 되는 거 같아요. [조사자: 음, 그러면 그 의료코디네이터 그 과정을 6개월 공부하고 병원에 바로 취직했어요? 그런데 그 의료코디네이터 과정에서 배운 것을 그대로 병원에 취직해서 활용하게 돼요?] 음… 어 그 병원에서는 사실에는 주로 통역하는데 많이 공부한 거는 많이 활용 많이 안 했어요. 그 인터넷에 그 중국어로 썼어요. 우리는 중국어·한국어 쓰니까 통역·번역 많이 해요. [조사자: 아, 번역.] 응, 번역 인터넷에. [조사자: 아, 인터넷에다가? 그 병원을 홍보하는 거를 올려요? 그러면 외국에서 그거를 보고 전화 오고 하는 거예요?] 사실 그쪽에서 일이나 어 약간 좀

사고방식 때문에 그쪽에서는 어 사업 시작 같이 얼마 안 되는데 그래도 너무 값이도 좀 비싼 제품이었어요. 그 치과에서는 연구소 열었어요. 그 연구소 안에서는 그 코 고는 거, 이빨 교정하는 거보다는 코 고는 거 예방하는 장치 만들어요. 잘 때 코 골면 시끄러우니까 이거 하면 안 시끄러워요. 응, 코골이 예방하는 장치 있어요. 그 어… 가짜 이빨하고 똑같애. 이빨 없고. [조사자: 아, 틀니?] 음, 어떻게 생겼는지… 음, 그렇게는 근데 완전히 손으로 만들었어요. 왜냐하면 완전히 자기 이빨과 똑같은 거. 사람이 다 달라서 만드는 거 비싸요. 한 80만 원, 입에만 해도. 근데 중국 사람한테 아주 비싸요. 한국 사람도 많이 살 수 없어요. [조사자: 어쨌든 그렇게 의료코디네이터 과정을 6개월 거치고 병원에 취직도 하고, 지금은 어쨌든 자기 사업을 하는 거잖아요, 그쵸? 그러면 의료코디네이터를 공부해서 지금 사업하고 연결이 된 거네요?] 도움이 많이 받았어요. 왜냐하면 이거 그 의료관광코디네이터는 사업이 많아요. 여러 가지 많아요. 이거는 음 그거 어떻게…? 이거는 사실 의료관광 서비스였어요. [조사자: 아, 하나하나가 다 모여서.] 네, 모여서 이렇게 된 거예요. 네, 학교에서 공부는 완전히 다 공부하면 이거 되어서 일이는 많이 이해해요. 아니면 이해 아니면 그중에서 한 가지만 할 수 있어요. [조사자: 그러면 ○○○ 씨, 지금 의료코디네이터 과정을 6개월 공부했고, 그리고 병원에 취직도 했고, 지금은 자기 사업을 하고 있잖아요? 그러면 의료코디네이터를 수료한 사람들의 재교육 같은 것도 있어요?] 재교육? [조사자: 어, 보수교육, 재교육.] 음, 이거 안 들어봤어요. 못 들었어요. [조사자: 다시 의료관광코디네이터 과정이 끝났다고 그래서 끝이 아니라 '이 사람들이 어떻게 일하고 있어요. 이 사람들이 필요한 게 또 뭐가 있어요'라는 조사를 해서 다시 모여서 그거에 대해 공부도 가르쳐도 주고 토론도 하고 해요. 그런 것 없어요? 그럼 그때 60명이 배워서 20명 정도 취직했잖아요? 그럼 그 사람들하고는 연락해요? 네트워킹을 해요?] 음, 어떤 친구가 1명 있는데, 그애는 음 에휴 어떻게 얘기하면 복잡해요. 여자끼리. [조사자: 그러면 좀 더 그거보다도 의료코디네이터에서 뭐 어떤 게 더 필요해요? 사실은 더 많이 했으면 좋겠어요. 이런 것들 있어요?] 없어요. 그 이 공부 끝나고 나서 계속 연락 안 했어요. 근데 제가 거기서 취직한 다음에는 제가 더 문제가 있어요. 사실 우리 남편은 "너무 늦게까지 일하면 안 돼"라고. 그때 애기 어리니까 그래서 제가 일을 찾았을 때는 한 달에 뭐 돈을 많이 버는 것도 아니고. 가서 통역 맨날 해도 한 일주일에 두 번씩 해요. 한 달에 한 20만 원, 30만 원 받아요. 그런 일이었어요. 음, 아르바이트처럼 사실은 취직 못 해요. 왜냐면 남편은 애기 있으니까 나가서 늦게 오면 안 된다고 반대해요. [조사자: 남편이 반대해서? 아니면 원래 의료코디네이터라는 일이 계약직이라서?] 아뇨. 그 자기 일 채용서 있잖아요. 그 일하는 시간 원하는 거 쓰는 거 있어요. 근데 제가 아르바이트 썼어요. 왜냐하면 애기 어리니까. 그때 애기 어리니까 그래서 하루 종일 공부 못 해서. 내 친구는 이거 공부 안 해도 거기 병원에서 통역했어요. 병원에서 통역했어요. 어떤 산부인과에서 또 선생님 학생 같은데요. ○○○ 씨요. [조사자: 네, ○○○.] ○○○ 씨는 공부 안 했어도 병원에서 통역했대요. 근데 또 애기 낳아서 일이 그만두었는데 다시 일 못 찾았대요. [조사자: 아, 그래요? 음.] 음, 그거 같은 꿈이야. 한국에서 살면. 애기 낳고 그죠? 제가 같이 공부하는 중국 여자 1명 있어요. 친한 친구인데 어 그래도 음… 공부하고 나서 ○○대 병원에 취업했어요. [조사자: 아, ○○대학병원.] ○○대학병원 거기서 취업했는데, 근데 몇 개월 후에는 결혼했어요. 결혼하고 계약도 안 해주고 그냥 사표 냈어요. [조사자: 아, 결혼하면 계약도 안 되고?] 네, 한국에서는 이래요. [조사자: 그러니까 애기 낳으면 그냥 일이 끊어지고, 결혼하면 재계약이 안 되고?] 네, 그래요. 제가 일 잘해요. 맨 처음에 ○○에서 일이 하다가 우리 같은 공부했으니까 그 아가씨니까 그 결혼하기 전에 ○○성형외과에서 공부하다가 뭐 사실은 어디에서 공부를 해도 제일 좋은 거는 중국말, 한국말, 일본어 이런 거 잘하니까 실적도 많았어요. [조사자: 혹시 뭐 외국인이라서 월급이 적거나 차별을 받거나 이런 적은 없었어요?] 그거 외국인 때문에 아니고, 한국말 수준이 달라서. [조사자: 아~ 한국말을 잘하면 월급을 많이 받아요?] 네, 한국말 수준하고, 또 능력은 사회성도 능력이에요. 사교능력이 음… 사교적인 능력이 있으면 잘해요.

▸ 남편과의 갈등을 해결하고 싶지만 남편은 무조건 양보만 한다

[조사자: 자, 이제 마지막으로 뭐 지금 새로 오는 사람들 고민이 뭐예요?] 새로 오는 사람들? 음… 지금은 제가 생각하는 거는 한국 사회 생활하는 거는 한국에 만약에 결혼하면 두 가지 고민이 있죠. 음… 첫 번째는 집안, 집안에서 고민. 네, 집안에서 고민. 어떻게 남편하고 사이좋게 지내는지, 어떻게 시어머니와 사이좋게 지내는지, 어떻게 친척들과 사이좋게 지내는지, 그런 주로 고민들. 두 번째 고민은 나중에 잘살기 위해 취직이나 일이 하고 싶은 거. 어떻게 돈을 버는지, 어떻게 집에서도 도와줬는데, 친정도 도와줘야 되는 고민 두 가지. 가정생활, 사회생활. [조사자: 그러면 가정생활에 문제가 있을 때 상담 같은 거를 전문적으로 해주는 데가 있어요?] 있어요. 근데는 남편도 같이 따라가야 문제를 해결할 수 있어요. 우리 남편 안 갈려고 해요. [조사자: 음… 한 번 받아본 적 있어요?] 음… 제가 예약한 적이 있는데. 우리 남편 안 따라가요. 그래서 지웠어요. [조사자: 왜?] 아니, 살다가는 싸울 때 있잖아요. [조사자: 아니, 왜 남편이 안 따라가?] 창피해요. 하하 그냥 우리 집에서 해결해. [조사자: 그래서 해결했어요?] 무조

건 양보하죠. [조사자: 누가?] 남편이. [조사자: 남편이?] 네, 남편이 양보하는데 내가 마음이 안 풀어요. 진짜로 이해 하나도 못 했어요. [조사자: 아, 남편은 무슨 일이 있을 때 그거를 완전히 풀려고 하는 게 아니라 그 싸우지 않으려고 그냥 양보하고…. 그러면 ○○○ 씨는 어때요?] 제가 안 되죠. 그 해결하면 진짜로 이해하면 좋겠어요. 그래서 며칠 걸려요. [조사자: 그러면 그거에 대해 진지하게 얘기해보거나 누구한테 도움을 받아보거나 이런 적 없어요?] 이런 적 없어요. 그냥 서로 해결하죠. 음… 이 다른 사람이 물어보고도 다 남편 문제지. 하하하 남편 문제는 제가 알려주고 뭐 자기 해결해야 하는데, 근데는 상담 받으냐 그때는 제가 마음이 알고 싶어서 하하하. [조사자: 음… 아, 근데 남편이 안 가요?] 안 가요. 하하하 왜냐면 우리 일은 상담 많아요. 다문화센터에도 있어요. 심리 뭐 부부상담 가게도 많아요. [조사자: 그런데 무슨 일 때문에 가려고 했어요?] 우리 나이 차이 많이 있어요. 그래서 생각 달라요. 나 밖에 나가요. 믿지 못해요. 그래서 나 밖에 안 나가니까 답답하고 우울해요. 나 이해 안 해줘요. 그래서 예약했어요. 그런데 남편 창피해요. 안 가고 미안하다고 했어요. [조사자: 그래도 혼자라도 가서 얘기해본 적 있어요?] 아니요. 같이 가야 되는데, 그 부부상담 같이 가야 돼요. 다른 친구 그 한국 아줌마한테도 물어보니까 사이 안 좋아요. [조사자: 아, 한국인 부부들도 사이 안 좋아요?] 네, 애기 엄마들은 비슷하는데, 뭐 결혼 시간 기간이 비슷해요. 딱 그 싸우는 기간이야. 하하하 같은 기간 사람들. [조사자: 하하하, 아 지금 ○○○ 씨의 최대 관심사와 최대 고민은 뭐예요?] 제가 최대 고민? 음 최대 고민 거는 나중에 좀 남편과 나이가 차가 많아서 지금 50대 가니까. 만약에 먼저 퇴직 되면 일이 못 찾으면 제가 생활이 어려우니까 그때 어떻게 살지 고민이죠. [조사자: 지금 ○○○ 씨 돈 많이 벌잖아요?] 아, 제가 또 좀 벌고 남편도 뭘 하면 좋겠어요. [조사자: 아, 내가 궁금해요. ○○○ 씨 지금 돈 많이 벌잖아?] 아니, 아니에요. [조사자: 그럼 그 돈을 남편한테 다 공개해요?] 네, 줘요. 많이 주는 거 아니고 좀 많이 도와줘요. 이제 애기 크니까 애기 교육비도 많이 들어서요. 그래도 제가 생활 스스로도 부담해요. 남편 카드 별로 안 쓰고, 내 현금카드 많이 쓰는데요. 그정도 됐어요. 하하하하. [조사자: 음… 그러면 애기에 대해서는 뭐 고민 없어요?] 애기는 잘 놀고 잘 크면 자연스럽게 키우고 싶어서 그래서 나중에도. [조사자: 애기 뭐 혹시 우리 엄마가 중국인이야 해서 주위에서 뭐 이런 거는 없어요?] 그때 애기 한두 번 했는데. [조사자: 뭐라고 얘기했어요?] 그냥, 아니 화나고 막 했어요. [조사자: 응? 뭐 어떻게?] 하하. 음, 어떤 날 뭐 엄마가 중국 사람이니까 뭐 하는데 제가 많이 화나서 좀 혼내줬어요. [조사자: 음… 왜 중국인이 뭐 어때서? 아들이 뭐라고 말했어요?] 학교에서 무슨 나쁜 말 듣는 것 같았어요. 음… 중국인 안 좋은 말. 그래서 그 말 들으면 제가 많이 혼내주고 막 했어요. [조사자: 음… 어떻게 혼냈어요?] 음, 혼낸 거 혼내는 거 애기 혼내는 거 다 똑같죠. 소리 지르고 하하. 근데는 다음 날 생각하면 또 애기 친구가 집에 올 때는 제가 또 중국에 좋은 노래도 동영상 셋이 같이 봤어요. 그래서 애기 친구가 "너, 너희 엄마 중국 사람 너무 좋아." 그런 소리 들으니까 애기도 자랑하는데 "응, 우리 엄마 중국 사람이야" 그랬어요. [조사자: 아, 그래요? 지금은 그런 얘기 없죠? 그래서 엄마가 선생님도 자주 만나고 해야 하지 않을까요?] 선생님? 에휴, 몰라요. 헤헤 아직 일이 안 생기니까 만나기 싫어서…. [조사자: 남편도 학교 선생님 만난 적 있어요?] 아마도 없어요. 음… 뭐 저도 이제 일이 안 생기니까. 저도 우리 아이 특히 특별히 봐주세요 하는 거 안 하면 좋겠어요. [조사자: 아, 특별히?] 응, 특별히 하지 말고 중등학교 다니는 애처럼 똑같이 제가 또 티 안 나고 해 선생님 아마도 뭐라 잘 몰라요. [조사자: 네. 감사합니다. 저한테 뭐 하고 싶은 얘기 없어요?] 제가요? 흐흐. 우리? [조사자: 아니, 이 연구를 하는 데 도움 되는 말? 이런 말.] 선생님 위챗 잘 안 쓰면 다른 거 뭐 자주 쓰는 거 있어요? [조사자: 저는 그냥 카카오톡.] 아, 카카오톡. [조사자: 음, 페이스북을 하기는 하는데, 저는 거의 들어갈 시간이 없어요. 그래서.] 이제는 그 정보세상 때문에 우리는 맨날 삶의 메트론*에서 다들 울어요. [조사자: 아, 메트론에 다 올려요?] 네, 다 올려요. 맨날 뭐 하는데, 근데 여기서 광고 많이 해요. 제가 모모**도 있어요. 모모 모모에서도 자기 정보도 음. [조사자: 많이 올리고?] 네, 동영상도. 제가 홍콩도 세 번 갔다 왔어요. 올해는 그래서. [조사자: 그 수술하러?] 음… 일 그. [조사자: 아, 일 때문에?] 일도 하고 놀러도 가요. 그래서 이쪽에서도 동영상도 할 수 있어요. 동영상 보고 홍콩에서도 동영상 보고. [조사자: 저도 자주 이용하겠습니다. 오늘 시간 내줘서 감사하고요. 2017년 11월 7일, 지금 시간은 4시입니다. ○○○ 씨 모시고 인터뷰했는데, 여기에서 끝내겠습니다.]

---

* 애니메트론(Animatron)은 누구나 쉽게 영상마케팅, SNS 홍보 동영상 등을 제작할 수 있는 프로그램이다.

** 모모(陌陌, Momo)는 무료 소셜 검색 및 인스턴트 메시징 모바일 앱이다. 이 앱을 통해 사용자는 근처에 있는 친구 및 낯선 사람과 채팅할 수 있다(위키백과).

3장

좋은 날만 있는 것도, 나쁜 날만 있는 것도 아니다

1. 중국과 한국을 오가며 아이를 키우다
2. 삶을 포기하고 싶었지만 아들을 생각하며 다시 살아가다
3. 한국 종교 경험, 그리고 결혼이주여성들에게 전하고 싶은 말
4. 전사록 요약

연구참여자는 중국 산둥성 웨이하이시에서 살았다. 중국 회사에서 남편을 만나 결혼하고 아들이 네 살 될 때까지 중국에서 살다가 한국으로 왔다. 한국에서 혼자 육아하는 것이 힘들어 1년 동안 한국과 중국을 오가며 아이를 키웠다. 중국에서 남편을 만났기에 남편의 환경을 잘 모른 채 시집을 왔는데, 시어머니와 갈등이 심해져 월세로 분가해서 살고 있다. 현재는 시어머니와의 관계가 좋아진 편이라 가끔 찾아뵙기는 하지만, 모텔 청소 아르바이트를 하느라 힘들어서 자주 찾아뵙지는 못한다.

아들이 다섯 살 되던 해, 남편이 술과 도박으로 모아놓은 돈이 없다는 것을 알고 연구참여자는 자살을 기도했다. 자살 기도로 상담을 받게 되었고, 매일 상담 선생님이 연구참여자의 집에 와서 상담했다. 상담을 진행하면서 연구참여자와 남편, 그리고 아들도 긍정적으로 변화했다. 연구참여자의 아들은 공학에 관심이 많아 고등학교에 들어가서 빨리 취업하고 싶어 한다. 그리고 연구참여자도 그런 아들을 지지한다.

[주제어] 상담, 부모-자녀 관계, 고부 갈등, 교육, 종교

1.
중국과 한국을 오가며 아이를 키우다

한국에서 아이를 키우는 것은 쉽지 않다

나는 중국 산둥성 웨이하이시*에서 살았다. 남편을 처음 만난 것은 중국에 있는 회사에서 일할 때였다. 남편을 만나 결혼하고 아들이 네 살 되던 해까지 중국에서 살다가 한국으로 왔다. 한국에서 육아하는데 아무도 도와주지 않아서 중국으로 자주 갔다. 중국에는 엄마도 계시고 가족들이 있으니 한국에서 육아하는 것보다 힘들지 않았다. 한국에서는 매일 혼자서 집안일을 하느라 아이를 돌보기도 힘들었고, 일도 하지 않아서 거의 1년 동안 대부분 시간을 중국에서 아이를 돌보며 보냈다.

남편의 가정환경을 모른 채 한국에 오다

예전의 중국 결혼이주여성들은 한국에 있는 남편의 가정 상황 및 주

* 중국 산둥성 위해시는 중국어로 '웨이하이(중국어: 威海, 병음: Wēihǎi)'라고 불린다. 옛 명칭 웨이하이웨이(중국어: 威海卫, 병음: Wēihǎi Wèi로도 알려짐)는 산둥성 동부에 있는 도시다. 산둥성의 가장 동쪽의 항구이고 황해에 접해 있다. 인구는 300만 명, 면적은 5,436 km^2다(위키백과).

변 환경을 모른 채 중국에서 먼저 결혼해서 한국으로 왔다. 그 당시에는 한국어를 전혀 하지 못해도 결혼이 가능했다. 반면에 요즘 중국 결혼이주 여성들은 여행 비자로 한국에 와서 남편의 가정 상황 및 주변 환경을 다 파악하고 결정한 다음 한국으로 온다. TOPIK* 1급도 취득해야 해서 기초적인 한국어는 할 줄 안다.

중국에서 남편을 만났기에 남편의 환경을 잘 모른 채 시집을 왔는데, 집에는 시어머니, 이혼한 시아주버니, 조카들과 함께 살고 있었다. 그러다가 시어머니와 갈등이 심해져 월세로 분가해서 살고 있다. 현재 시어머니는 거동이 불편하셔서 간병인이 평일 오후 2시부터 5시까지 도와준다. 예전에는 침대에서 내려오시지도 못했지만, 지금은 일상생활은 가능할 정도라서 주말에는 간병인 없이 생활하신다. 가끔 시어머니를 찾아뵙긴 하지만, 모텔 청소 아르바이트를 하느라 힘들어서 자주 찾아뵙지는 못한다. 시동생도 서울에서 직장 생활을 하고 있기 때문에 자주 오지는 않는다. 같이 살던 시아주버님께서 갑자기 돌아가시는 바람에 시어머니께서는 작은 아들과 함께 생활하고 있다. 원래 살던 전셋집에서 월셋집으로 이사를 가셔서 시어머니께 경제적인 도움을 드려야 한다. 지금 우리 집도 월세 사는 형편이라 시어머니 월세까지 감당할 수 없어서 가족들끼리 모아서 드리고 있다.

주변 중국 결혼이주여성들의 남편은 가족들에게 다 잘해준다. 나만 이렇게 사는 것 같다. 남편은 아들 학교에 한 번도 안 갔지만, 다른 집들은 모두 남편이 학교에 상담을 간다. 우리가 아들에게 해주는 게 없다. 하지

---

* TOPIK 한국어능력시험은 한국어를 모국어로 하지 않는 재외동포 및 외국인을 대상으로 한 한국어능력시험이다. 급수는 초급(1~2급), 중급(3~4급), 고급(5~6급)으로 1~6급까지 총 6개 수준으로 나누어져있다(TOPIK 한국어능력시험 홈페이지).

만 오히려 아들은 항상 나에게 도움을 줘서 미안하다. 속상한 일이 생기더라도 아이가 방에서 혼자 소리 내지 않고 우는 것을 보면 마음이 아프다. 엄마가 아는 것이 없어 스스로 하는 것이 많은 아들이다.

2.
삶을 포기하고 싶었지만 아들을 생각하며 다시 살아가다

술과 도박에 빠진 남편과 살고 싶지 않다

남편은 중장비 기술자로 월수입이 800만 원 정도 되었다. 그러나 아이가 다섯 살 되던 해 술과 도박으로 집에 월급을 가져다주지 않아 생계가 어려웠다. 5개월 동안 월세와 가스비를 내지 않아 가스가 끊겼다. 나는 통장을 개설하는 방법조차 몰랐고, 돈 관리는 남편이 했다. 아들을 키우느라 중국과 한국을 오가는 동안 남편은 한국에서 쉬는 날이면 나가서 밤새 도박하다가 돈이 떨어지면 자동차를 담보로 하면서까지 도박을 했다. 그러나 나는 그 사실을 꿈에도 몰랐고, 그 모든 것을 알았던 날 맥주병을 깨 자살을 기도했다. 이 장면을 본 남편은 놀라서 119에 신고했고, 나는 병원으로 실려갔다. 왜 안 죽었는지 후회가 된다. 그때 아들 나이는 여섯 살이었다.

상담을 통해 우리 가정에 긍정적인 변화가 생기다

자살 기도로 상담을 받게 되었다. 매일 상담 선생님이 우리 집으로 와서 내 얘기를 들어주고, 남편을 만나서 상담도 하면서 남편이 도박에서 손을 떼기 시작했다. 상담 선생님의 딸은 서울에 있는 ○○대학교 재학생이었다. 선생님께서 우리 집에 올 때 딸도 데려왔다. 선생님의 딸은 아들에게 영어를 가르쳐줬고 영화도 같이 보러 가고 생일 때 케이크도 사 오는 등 많은 도움을 주었다. 그래서 아들이 선생님의 딸을 친누나처럼 잘 따랐다. 현재는 취업해서 우리 집에 자주 오지는 않지만, 특별한 날에는 집에 들러서 아들에게 용돈을 주곤 한다.

상담 선생님께서는 정신적인 도움뿐만 아니라 경제적인 도움도 주었다. ○○구청에 우리 집안 사정을 말해줘서 구청에서 직접 우리 집에 와서 상황을 살폈고, 이후로 매달 쌀과 생활용품을 3년 넘게 지원받고 있다.

과거에는 아들이 아빠한테 싫은 소리를 해서 걱정했지만, 요즘은 잘 지낸다. 남편은 현재 베트남에 파견 나가 있고, 매달 생활비를 잘 보내준다. 고혈압으로 술도 마시지 않는다. 상담으로 가정에 긍정적인 변화가 생긴 것이다.

아들은 내가 한국 사람이기를 바란다

아들은 곧 중학교에 올라간다. 원하는 중학교에 진학하지 못할까 봐 걱정이긴 하지만, 담임선생님과 상담했을 때 아들이 학교에서 친구들하고 잘 지내고 있다고 해서 걱정이 덜하다. 학교 수업이 끝나면 친구들과 영화도 보고 노래방도 가는 등 친구들과 잘 어울린다. 친구들을 직접 본 적은 없고 사진으로만 봤는데, 여자 남자 두루두루 친한 것 같다. 공부도 잘하는 편이다. 학원에 가서 공부하고 집에서도 공부하다가 모르는 것이 있으면 컴퓨터 검색을 하거나 친구에게 전화해서 물어볼 만큼 공부에 적극적이다.

주변 친구들은 아들이 다문화가정이라는 것을 아직 모른다. 엄마가 외국인이라는 것을 부끄러워하여 친구들한테 말하지 않았기 때문이다. 다른 친구들의 엄마는 한국 사람이라서 국어 문제도 잘 알려주는데, 나는 한국어를 잘 모르기 때문에 알려주지 못한다. 그럴 때마다 아들은 다른 친구들은 엄마가 한국 사람이라서 좋겠다고 말한다. 그래서 내가 한국 사람이었으면 좋겠다는 말을 자주 한다.

학교에서 타 지역으로 가는 행사의 경우 학부모 참여가 가능하지만, 한국어도 잘 모르고 출근도 해야 하기 때문에 참여하지 못했고 공개수업에도 참석하지 못했다. 그런 일이 있을 때마다 아들은 외로움을 느낄 것 같다. 내가 유일하게 참여한 것은 학부모 상담이었다. 선생님께서는 아들이 집에서 어떻게 공부하는지, 어느 학원에 다니는지, 평일에는 뭘 하는지 등을 물어보셨다. 한편 나는 아들이 학교에서 수업을 잘 듣는지, 친구들하고 잘 지내는지를 물어봤다. 아들은 학교에서 친구들과 잘 지내고 수업도 잘 듣고 숙제도 모두 제출한다고 하셨다.

다문화가정 환경에서 스스로 성장해가는 아들

아들의 취미는 집에 있는 기계를 수리하는 것이다. TV, 컴퓨터, 와이파이(Wi-Fi) 등이 고장 나면 대부분 스스로 수리한다. 이번에는 와이파이 설치도 혼자 했다. 관련 업체에 설치 문의를 해야 하는데, 나와 남편도 잘 몰라서 아들이 스스로 설치했다. 와이파이 설치가 처음이라 잘되지 않았는지 울면서 새벽 2시까지 설치했다. 기계 관련하여 끈기가 대단한 아이다. 이렇듯 집에 있는 TV, 휴대폰 등이 고장 나면 아들이 직접 수리하는 편이다. 아들은 앞으로 게임 프로그램을 개발하는 것이 꿈이다. 그래서 꿈을 이룰 수 있도록 공학 관련 학교로 보낼 예정이다. 아들은 고등학교를 졸업하면 스스로 돈을 벌 수 있다고 생각해서 빨리 고등학교에 진학해서 회사에 들어가고 싶어 한다. 진로상담을 받아볼 수도 있지만, 아들이 스스로 진로를 결정할 수 있을 거라 믿고 있다. 아들이 항상 모든 것을 자신이 결정하기에 아빠도 이런 아들의 의견에 별다른 이견은 없다.

의젓해 보이는 아들이지만, 집에서는 아이 같은 모습도 많다. 학교에서 마음에 들지 않는 일이 있었으면 집에 와서 짜증을 내기도 하고, 공부하다가 모르는 것이 있으면 엄마는 왜 이것도 모르냐면서 짜증을 내기도 한다. 공부하다가 모르는 부분은 컴퓨터로 검색해보거나 친구들에게 물어본다. 친구한테 물어보았는데도 문제가 해결되지 않을 때도 나에게 짜증을 낸다.

친구와의 관계에서는 많이 참는 편인 것 같다. 친구와 놀다가 자신의 옷을 더럽히거나 맞아서 화가 나더라도 같이 싸우지 않고 참고 집에 와서 울거나 소리 지르기도 한다. 아들이 많이 참는 것 같아서 마음에 있는 말을 충분하게 할 수 있도록 집에서 대화를 많이 하는데 그럴 때마다 빨리 돈 벌고 싶다며 집이 월세인 것도 싫고, 집이 좁아서 친구들을 데려올 수 없는 것도 싫고, 엄마가 중국 사람이라는 것도 싫어서 엄마를 학교에 못 오게 한다고 한다. 둘이서 얘기하고 나면 아들은 밤에 혼자 울면서 스트레스를 푼다. 착한 아들은 항상 나를 이해하려고 노력한다. 집에서 청소도 하고 설거지도 한다. 어떨 때는 퇴근해서 집으로 돌아오면 아들이 엄마는 누워만 있으라고 하면서 어깨도 주물러주고 혼자 휴대폰으로 레시피를 찾아서 요리를 만든다. 라면도 나보다 더 잘 끓인다.

중국어를 싫어하는 아들과 중국어로 대화하는 이유

아들을 위해 한 가지 해주고 싶은 것이 있다면 큰 집에 사는 것이다. 왜냐하면 아들이 친구네 집에서 하룻밤 자고 오곤 하지만, 우리 집은 작아서 친구들을 데리고 오지 못하기 때문이다. 하루는 아들에게 친구들을 집에 데리고 오라고, 엄마가 맛있는 거 해준다고 했는데도 아들이 우리 집은 작아서 놀 데도 없다며 괜찮다고 했다. 그러고는 내가 집에 없을 때 친구를 집에 데려왔다. 친구들 집은 크고 잘사는데, 우리 집은 좁으니까 내가 생각해도 창피할 것 같다. 그래서 아들은 우리 언제 이사 가냐고 빨리 가고 싶다고 한다.

내가 한국어를 잘 모르기 때문에 아들과 대부분 중국어로 대화한다. 아들이 네 살 되었을 무렵 한국으로 왔다. 네 살이 될 때까지 중국어만 사용했고 한국어는 몰랐다. 그래서 어린이집에 보냈는데, 2개월 만에 한국어를 잘 사용하게 되었다. 여전히 나와는 중국어로 대화하기 때문에 회화는 잘하지만 쓸 줄은 모른다. 집 밖에서도 중국어로만 대화하는데, 아들이 어떨 땐 밖에서는 한국어를 하라며

"엄마가 자꾸 중국어만 하니까 한국어를 못하는 거야"

라고 말한 적이 있다. 그때 난 괜찮다고 엄마가 모르는 건 아들이 알려주면 된다고 했다. 아들은 중국어를 싫어하고 일본어를 좋아해서 혼자 일본어 공부를 많이 한다. 그리고 매일 일본 만화를 보면서 일본에 가고 싶어 한다. 나중에 일본에 가서 일본 여자 만나서 결혼하고 싶다고 했다. 나도 아들의 의견을 지지한다.

3.

한국 종교 경험, 그리고 결혼이주여성들에게 전하고 싶은 말

교회에 처음 가다

누가 우리 집 현관문을 노크했다. 문을 열었는데 대화하다 보니까 조선족 사람이었다. 친절하기도 했고 그 당시에 친구가 없기도 해서 같이 교회를 다니게 되었다. 교회를 갔는데, 십자가도 없고 어떤 교회인지도 몰라서 무서웠다. 교회에 갈 때마다 돈을 가지고 가지 않으면 용돈이 없냐고, 아들 과자도 사지 말라고 여기에 돈을 내야 한다고 하면서 매번 돈을 요구했다. 이 교회는 영원히 함께 가는 곳이기 때문에 꼭 믿어야 한다고 했다. 이 교회를 믿지 않으면 남편도 잘되지 않고, 사고도 난다는 등 돈을 내지 않으면 나중에 안 좋은 일만 생길 거라고 했다. 남편은 불교를 믿었기 때문에 교회를 가지 못하게 했다. 교회를 갔다 오는 날엔 집에서 남편과 싸웠고, 남편이 저녁에 집에 안 오기도 했다.

중국의 종교와 종교에 대한 나의 생각

한국어 공부를 위해 학교에 다니면서 그 교회에 다니지 않게 되었다.

중국에도 교회는 많다. 내가 한국에 오기 전까지는 교회가 없었는데, 요즘은 많이 생긴 편이다. 중국도 종교에는 자유가 있어서 절이나 교회에 가고 싶으면 간다. 그리고 한국처럼 전도사도 있다. 중국 교회를 한 번도 가본 적 없고, 중국 친구들도 불교를 믿는 사람들이 많아서 중국 교회에 대해서는 잘 모른다. 중국에서 불교를 믿었기 때문에 한국에서도 시간이 있으면 절에 자주 가는 편이다. 나는 교회에 가면 이상하게 머리도 아프고 마음도 답답한데, 절에 가면 마음이 편해져서 자주 간다. 남편도 아들도 같이 간다. 아들도 교회에 가면 머리가 아프고 가슴이 답답한데, 절에 가면 시원하고 좋다고 한다. 그리고 절은 가고 싶을 때 가고 시간 없으면 안 가도 되고, 돈도 있으면 내고 없으면 안 내도 되어서 눈치 보지 않고 다니기 좋다.

힘든 상황에 있는 결혼이주여성들에게 하고 싶은 말

예전에는 남편이 술, 도박 중독에 집에 돈을 보내지 않아 힘든 나날을 보냈다. 하지만 이제는 남편이 생활비도 보내주고 아들도 잘 자라고 있다. 한때는 정말 죽을 만큼 힘들었다. 지금 예전의 나처럼 힘든 사람이 있다면

"사람이 살다 보면 좋은 일만 있는 것도, 나쁜 일만 있는 것도 아니기 때문에 마음가짐이 중요하다"

고 말해주고 싶다. 매일 부정적인 생각만 하면서 살면 힘들다. 건강이 가장 중요하다. 내가 움직일 수 있어야 돈도 벌 수 있고, 하고 싶은 것을 하면서 살 수 있어야 행복하다. 그리고 상담을 추천하고 싶다. 주변 지인들에게 상담 선생님을 소개해줬는데, 상담을 많이 받고 현재 잘살고 있다. 주변 중국 지인들이 매번 나에게 전화 상담을 요청해서 일하고 있는 모텔

사모님께서 화를 내신 적도 있다. 이렇게 상담 선생님께 도움받은 것을 바탕으로 다른 사람들에게 베풀며 살아가고 있다.

4.
전사록 요약

〈연구참여자 정보 및 특성〉

출생연도	1969년생	이주연도	2004년
국적(이주 전/현재)	중국(한족)/중국(한족)	학력	고졸
가족	남편, 아들	직업	청소 아르바이트

▶ 아들은 내가 한국 사람이기를 바란다

[조사자: ○○이가 벌써 열세 살이에요? 내년에 중학교 가요?] 지금부터 걱정이에요. 어떤 중학교 가면 되는 건지. [조사자: 뭐가 걱정돼요?] 그 좋은 중학교 졸업하면 좋은데 이쪽으로 뒤에 학교 얘기 들어서요. 학생들이 담배도 피고 무슨 깡패도 있어요. [조사자: 그런데 ○○중학교는 괜찮아요?] 여기 ○○중학교 들어가면 마음에 들어요. [조사자: ○○중학교 보내고 싶어요? 왜?] 집도 가깝고 또 학교도 좋아요. 들었어요. [조사자: ○○이 지금 학교생활 잘해요?] 잘해요. 걱정 없어요. [조사자: 선생님은 자주 만나요?] 선생님 자주 못 만나요. 시간도 없고 선생님도 바빠요. ○○ 걱정 없어요. 선

생님 상담했을 때 만났어요. 근데 선생님 얘기 들으면 걱정도 없어요. 친구들하고도 잘 어울려요. 잘 놀고. 요즘에 친구들하고 영화도 보고 노래방도 가고. [조사자: 누구랑?] 친구들 같이 가요. 누구인지 몰라요. 남자 여자 친구인지 몰라요. [조사자: 친구들 집에 자주 데려와요?] 아니요. 시간 없어요. 학원 때문에. 맨날 밖에 나가서 만나요. 서울도 같이 가고 무슨 이름은 잘 몰라요. 축제 있으면 친구들 같이 가요. [조사자: 친구들은 봤어요? ○○이 친구들?] 사진 봤어요. 사진에 남자, 여자 있어요. [조사자: 공부도 잘하고?] 공부도 잘해요. [조사자: 자랑 좀 해봐요.] ○○이 때문에 나는 다시 살았어요. [조사자: 공부 어떻게 잘해요? 얘기해주세요. 시험은 잘 봤어요?] 시험은 잘 봐요. 진짜 어떻게 내가 진짜 가르칠 수 없으니깐 맨날 학원 스스로 학원 가고 집에서 스스로 공부해요. 집에서 컴퓨터도 하고 얘가 게임도 하고. [조사자: 그런데 시험만 보면 다 백점이야?] 시험 봐도 잘해요. [조사자: 국어도 잘해요?] 국어도 괜찮아요. 맨날 80점? 90점? [조사자: 그런데 수학을 걱정하는구나.] 수학, 영어, 과학 다 잘해요. [조사자: ○○이는 주변에서 친구들이 다문화가정이라는 거 알아요?] 몰라요. [조사자: ○○이가 얘기 안 했어요?] 네, 없어요. [조사자: 왜 얘기 안 하는 거 같아요?] 자세히는 몰라요. 엄마 외국 사람인 거 몰라요. [조사자: 근데 엄마 외국 사람인 거 몰라서 서운하지 않아요? 왜 ○○이 엄마 외국 사람이라고 얘기 안 하는지?] 내 생각에는, 그냥. 부끄러워요. 엄마 외국 사람이기 때문에 자꾸 엄마 한국 사람이면 좋겠다고 했어요. [조사자: 언제 그런 말을 했어요?] 지금은 자주 어떤 거 공부 모르는 거 문제도 있어요. 어쩔 때 엄마한테 물어보면, 엄마 몰라요. 엄마가 어떻게 알아요. 친구들 엄마는 한국 사람이어서 좋은데. 어쩔 때 국어 문제 틀렸어요. 나한테 물어보면 내가 어떻게 알아요. 내가 몰라요. 그러면 ○○이가 얘기해요. 다른 애들은 엄마가 한국 사람이라서 좋겠다고요. [조사자: 그럼 어떻게 해결해요?] 혼자서 컴퓨터로 다 찾아요. 혼자 찾아요. ○○이 그냥 게임을 안 해요. 컴퓨터로 공부하고 컴퓨터로 중국 역사도 많이 봐요. [조사자: 뭐로?] 스마트폰으로. [조사자: ○○이는 중국어 잘하죠?] 중국말은 괜찮은데 글자에서 안 돼요. [조사자: ○○이가 네 살 때 한국에 왔어요?] 네 살. [조사자: 그때는 100% 다 중국어만 사용했어요?] 원래 한국어 하나도 몰라요. [조사자: 근데 한국에 와서 어린이집 가서 한국어 배운 거예요?] 네, 두 달. 두 달 이후 아예 한국어 금방 배웠어요. [조사자: 그런데 지금은 애가 중국어를 어떻게 옛날처럼 잘해요?] 말하는 건 괜찮아요. 엄마 한국말 모르니깐 자꾸 중국말로 얘기하니깐. 그래서 들으면서 얘기는 괜찮은데 쓰는 거는 못해요. [조사자: 그러면 ○○이 친구들이 ○○이 중국어 잘하는 거 알아요?] 아는 사람도 있고 모르는 사람도 있어요. 다는 아니에요. [조사자: 얼마나 좋아?] 힘들어요. ○○이. [조사자: 왜요?] 에휴, 엄마 한국 사람이면 다 할 수 있어요. 친구들 같이 이리저리 갈 수 있는데 내가 모르니깐요. 어쩔 때 엄마랑 같이 가야 돼요. [조사자: 어디를 같이 가요?] 지난번 서울 갔을 때, 친구 갔을 때, 친구들 엄마들도 같이 가는데 내가 일 때문에 못 가니까 그래서 친구 엄마가 따라갔어요. [조사자: 그런 데는 엄마들도 반드시 가는 거예요?] 어쩔 때 엄마들 걱정하니깐. 지난번 엄마들 안 갔어요. 반 친구들 같이 갔어요. [조사자: 그 1년에 한 번인가 두 번인가 담임선생님이 "엄마들 오세요" 해서 공개수업도 하고 상담도 하고 그러잖아요.] 그냥 상담만 갔어요. [조사자: 그러면 선생님한테 뭐 물어봤어요?] 선생님이 집에서 어떻게 공부하고, 어느 학원 다니고, 또 평일에 어디 가는지 물어봤어요. [조사자: 선생님이? 그러면 ○○○ 씨는 ○○이에 대해 궁금한 거 없었어요? 그냥 대답만 해주고 왔어요?] 그냥 내가 선생님한테 ○○이 학교생활 어떻게 하는지 궁금해요. "선생님, 친구들하고 잘 놀아요?" 제가 여쭤보고 "공부시간, 선생님 가르치는 시간 잘 들어요?" 이런 거 물어보고. [조사자: 그럼 잘한다고 해요?] 숙제, 학교에서 숙제 내주면 안 하는 거 없어요. 다 집에서 다 해온다고 했어요. [조사자: 숙제도 다 하고?] 숙제 검사도 하고. [조사자: ○○이는 취미가 뭐예요?] 취미는 진짜 우리 집에서 TV 하고 컴퓨터 고장이 나면 다 혼자 고쳐요. 혼자 고치면서 무슨 부품 알 수 없을 때, 그냥 조금 무슨 문제 있으면 어디 고쳐야 하는지 다 알아요. 내가 몰라요. 혼자 다 해요. [조사자: 다 고쳐요?] 그 와이파이(Wi-Fi)도 혼자 만들었어요. [조사자: 와이파이를?] 그 웹에 회사 불러서 사람이 와서 어떻게 만들어야 해요. 그거를 다 혼자 해요. 난 몰라요. 어떻게 알아요. 아빠도 몰라요. 집에서 무슨 TV, 핸드폰 만드는 거 우리 몰라요. 아빠도 몰라요. 다 ○○이가 해요. 어떤 거 좋아한 거, 어떻게 쓰고 다 해요. 앞으로 무슨 게임 프로그램 하고 싶어 해요. 그래서 그런 쪽으로 학교 보내고 빨리 꿈이 이루어질 수 있도록 도와주고 이런 것 있어요. ○○이는 빨리 고등학교 가고 싶어요. 스스로 돈을 벌 수 있다고 생각해서요. [조사자: 그러면 ○○이가 프로그래머를 하고 싶어 하잖아요. 근데 아빠는 반대 안 하세요?] 아빠는 결정 못 해요. ○○이가 그냥 스스로 결정해요. 맨날 앞으로 좋은 회사 들어갈 거예요. 엄마 걱정하지 마세요. 의사하고 변호사 이런 거 싫어요. 무슨 이런 프로그래머 집에서 진짜 어떻게 내가 더 몰라요. 어떻게 스스로 이런 거 다 알아요. 지난번 와이파이에 우리 집 안 좋아하니깐 고장 났어요. 그래서 내가 이마트 가서 샀어. ○○이가 설명서 보고 지가 만들어요. 그날 내가 자다가 열두 시 넘어서 일어났어요. ○○이 아직도 안 자고 그거 고치고 있었어요. 내가 "빨리 자야 돼요. 내일 학교 가야 돼요." "아 내가 오늘 이거 안 만들면 절대로 안 자요." 그래서 내가 또 잤어요. 새벽 2시 반까지 내가 좀 있어요. "엄마, 어떤 거 만지지 마요." 2시 반까지 다 만들고 잤어요. [조사자: 그리고 해놨어? 완성해놨어요?] 응, 완성했어. [조사자: 대단하다.] 완성 안 되면 잠 못 자요. 혼자 "내가 왜 바보야. 머리야. 잘 안 쓰고 어떻게 만들어. 왜 안 돼요" 하면서 울었어요. 처음에. [조사자: 안 돼서? 속상해서요?] 속상해서. "오늘 내가 꼭 완성해야 돼요. 안 되면 오늘 못 자요."

▶ 술과 도박에 빠진 남편이 달라지다

[조사자: 아빠하고는 잘 지내요?] 지금은 잘 지내요. 9월, 아니 8월달 말 며칠 동안 왔어요. [조사자: 전에는 ○○이가 아빠한테 싫은 소리도 막 해서 걱정했잖아요.] 요즘엔 없어요. [조사자: ○○아빠도 괜찮고?] 지금은 아빠 월급 꼬박꼬박 이쪽으로 보내요. 요즘엔 술도 안 먹고 술 먹으면 안 되어요. 끊으려 하고 있어요. 건강 때문에 못 마셔요. 맥주도 맥주만 먹어도 토해요. [조사자: 그 정도예요? 병원은 가봤어요?] 가봤어요. 약을 3개월 고혈압약을 샀어요. [조사자: 고혈압만 있는 거예요? 다른 데는?] 고혈압 때문에 술 먹으면 머리 아파요. [조사자: 아니, 조금 더 일찍 ○○아빠가 정신 차렸으면 고생 덜했을 텐데.] 지금은 도박 안 해요. 술도 안 마시고 월급도 꼭 보내줘요. 좋아요. [조사자: 그러니까 얼마나 좋아. 그 이제 사실 이런 얘기 물어보기 미안한데, 아빠 때문에 고민을 많이 했잖아요. 처음에 진짜 죽을 정도로 힘들었던 것 같은데. 처음에 ○○이 몇 살부터?] 다섯 살 정도. [조사자: 네 살 때 한국에 왔는데 다섯 살 때 그렇게 힘들었어요?] 힘들었어요. 진짜 월세도 못 냈어요. 몇 달. 세 달, 다섯 달 정도. 가스비도 안 내서 가스도 끊겼어요. 가스회사 와서 가스도 끊었어요. [조사자: 가스비를 못 내서요?] 다섯 달 정도? 내가 몰라요. 아무것도 몰랐어요. 무슨 통장 어떻게 만드는지도 몰랐어요. 돈 다 ○○아빠가 관리했어요. 그래서 물세도 3개월 안 냈어요. 이 정

도예요. 얼마나 진짜 스트레스받아서 엄청 힘들었어요. [조사자: 그때 시어머니도 같이 살지 않았어요?] 아니요. 그 당시 이쪽으로 원룸 살았어요. [조사자: 그럼 언제부터 시어머니하고 같이 살았어요?] ○○이 세 살 전에 같이 사는 건 아니에요. 그냥 중국에 갔다 와서 한 달, 두 달 정도? 많이 살아야 세 달 같이 살았어요. 맨날 중국에 있어요. [조사자: 중국에서 ○○아빠는 무슨 일을 했어요?] 아니요. ○○아빠는 안 가고 맨날 ○○이랑 둘이. ○○아빠는 한국에 여기 있었어요. 그래서 돈 벌어서 혼자 다 쓰고, 친구 만나서 놀고. 내가 몰랐어요. ○○아빠가 돈 다 쓰고 없는 줄 몰랐어요. [조사자: 그때 왜 ○○○ 씨는 ○○이하고 중국에 가 있었어요?] ○○ 때문에요. 애 키우는 게 혼자 힘드니깐 여기에서는 아무도 도와주지 않아요. 중국에 가면 엄마도 계시고 다 같이 있으니깐 힘 안 들어요. 그래서 중국 자주 갔어요. 여기 혼자 ○○ 맨날 혼자 있어요. ○○ 봐도 집안일 때문에 애기 못 봐요. 맨날 여기 한국에 있어도 둘이 집에 있어요. 일도 안 다니고 그래서 맨날 중국 갔어요. [조사자: 그러면 상담사 선생님은 언제 만난 거예요?] 언제 만나 그것 다섯 살? ○○ 여섯 살 때 만났어요. 그때 남편이 도박으로 돈 다 쓰고 돈이 없으니까 자동차 친구한테 주고 돈 빌렸어요. 그래서 내가 죽는다고 맥주병을 깨서 내 여기 팔을 찔렀어요. 그래서 피가 많이 나왔어. ○○아빠가 놀래서 구급차 불렀어요. 병원에 갔어. 그때 왜 안 죽었어요. 후회했어요. 그때 죽었어야 해요. [조사자: ○○이 여섯 살 때 죽는다고? 애기 두고.] 그게 여섯 살 때 만났어요. [조사자: 그럼 그때부터 지금까지도 상담을 다 도와주고 하고 있어요? 그때 상담은 어떻게 받았어요?] 그 상담 우리 선생님이 우리 집에 왔어요. 오실 때 사무실 가서 내가 어려워서 문제 있으면 얘기하고. 네, 진짜 감사해요. 처음에 선생님이 그 상담 선생님, ○○○ 선생님 소개해 주었어요. 그 선생님 매일 우리 집에 와서 내 얘기 들어주고, 남편 만나서 얘기하고, 남편 좀 바뀠어요. 도박 안 하려고 했어요. 그 선생님 딸이 서울에 있는 ○○대학교 다녔어요. 영어 잘해요. 그 선생님 우리 집에 올 때 딸도 같이 와요. 딸은 ○○한테 영어 가르쳐주고, 누나처럼 얘기 많이 해주고, ○○하고 영화도 보러 가고, 생일 때 케이크도 사 오고. ○○이가 누나 좋아해요. 진짜 내가 한국 와서 좋은 선생님 만났어요. 감사합니다. 그때는 뭐. 진짜 선생님이 친구들 얘기 잘 듣고 우리는 선생님 잘 만났어요. 진짜 선생님 안 만났으면 내가 지금 한국에 없어요. [조사자: 그렇지도 않아요. 저 안 만났어도 다른 선생님들도 그렇게 했을 거예요. 그런데 상담을 전공하지 않았잖아요. 그러니깐 내가 상담을 해줄 시간도 없고 해줄 수도 없고. 그러니깐 그 선생님한테 만나달라고 부탁을 했는데, 그 선생님도 또 마음이 따뜻한 선생님이라.] 그래도 좋은 선생님 소개를 했어요. 선생님 만나서 진짜 많이 도와주셨어요. [조사자: 그 어떻게 도와줬는지 한 가지만 말씀해주실 수 있어요?] 내가 어려우니깐 ○○구청에 얘기했어요. 그래서 ○○구청에서 한 번 두 번 와서 보고 가고. 무슨 쌀도 주고 부품 한 달 한 달 꼬박꼬박 2년 동안, 3년 넘었어요. 김치도 주고 진짜 많이 와주셨어요. [조사자: 이렇게 도와주는 게 중국에도 있어요?] 중국 내가 거기 살았을 때 없어요. 중국 있으면 어떤 그 무슨 명절 쇨 때 어려운 사람이 돈 받아요. [조사자: ○○○ 씨는 정말 ○○○ 선생님이 상담도 해주고 ○○이한테 영어도 가르쳐주고.] 네, 선생님 딸 돈도 안 받고 영어도 가르쳐주고. 그래서 ○○이 영어도 잘해요. [조사자: 지금도 가르쳐줘요?] 지금은 아니에요. 선생님 시간이 없어요. [조사자: ○○이가 보고 싶다고 안 해요?] 그 누나가 시간 있으면 와요. 무슨 날이면 꼭 와요. [조사자: 집으로?] 집으로. 선생님 딸 지금 취직했어요. ○○이 용돈도 주고 맨날 와서 용돈도.

▶ 아들은 모든 것을 스스로 해낸다

[조사자: 중국에서 지금 오는 사람들도 있잖아요. 옛날만큼은 많지 않지만, 근데 지금 오는 사람들도 어려움이 많이 있을 것 같아요. 그런 사람들 위해 어떻게 해주면 좋을까요, 무엇을 어떻게 할까요?] 내 생각에는 지금 우리처럼 철없이 결혼하는 사람 없어요. 지금 중국 사람 한국에 편하게 올 수 있어요. 우리는 옛날에 결혼 먼저 하고 여기 왔어요. 지금은 그렇게 안 해요. 지금 사람은 먼저 여기 와서 가족도 보고, 사람도 보고, 그 사람에 대해 다 알면 결혼해요. 지금은 여행비자 만들어 와서 남자 집에 어떻게 사는지 보고 다시 결정해요. [조사자: 다른 나라 사람들도 그렇게 해요?] 다른 나라 못해요. [조사자: 다른 나라는 그렇지 않은데 중국 사람들은 결혼해서 한국에 오는 게 아니라 남자네 집에 먼저 와서 보고?] 다 알면 결혼해요. 또 "한 달 얼마 어떻게 벌어요?" 시집 사람들, 친척들 다 알면 와요. [조사자: 그러면 그때 왔을 때 말이 안 통하는데 어떻게 알아요?] 소개하는 사람이 같이 오고, 아마 남편 데리고 집에 가서 보고. [조사자: 소개하는 사람이 여자를 데리고 남편 집에 가서 보여주고 통역도 해주고? 그렇게 바뀌었어요?] 옛날 진짜 아니요. 옛날에는 중국에서 만나서 먼저 결혼하는데, 원래 말 못 해도 결혼도 할 수 있어요. 지금은 한국말 하나도 모르면 결혼 못 해요. 그거(TOPIK) 1급은 받아야 돼요. 지금은 이주여성이 한국 남자 만나면 먼저 여행비자 만들어요. 지금 여행비자 안 비싸요. 싸요. 중국에서 싼 비행기표 있어요. 비행기표 만들어서 여기 와서 남자 만나요. 그리고 결정해요. 우리 왔을 때는 남자가 시골에 사는지 도시에 사는지 몰라, 그냥 와서 알아요. 지금은 먼저 알았어요. 지금은 도시 살았어요. 결혼해요. (아들의 전화) [조사자: 아들 학원 갔다 온 거예요? 아들이 곧 중학교 가기 때문에 고민이 많잖아요. 그런데 이런 고민을 어디에다 상담을 받아본 적 있어요?] 없어요. 지금은 그런 것

할 수 없어요. 우리 마음대로 학교 정할 수 없어요. [조사자: 아니, 그래도 애가 이렇게 프로그래밍을 하고 싶어 하는데, 이거를 내가 어떻게 해주면 빨리 좋은 쪽으로 상담하는 거 없어요? 진로상담?] 몰라요. 이거 상담도 있어요? [조사자: 찾아봐야죠. 몰라요? 그럼 정보를 몰라서 상담을 안 하는 거예요? 아니면 아들이 혼자서 잘하니깐 안 하는 거예요?] 내가 생각하기엔 혼자 스스로 해요. 내가 부모라고 "이렇게 해. 저렇게 해" 스트레스 받아요. 아들 혼자 스스로 내가 믿어요. [조사자: 학교에서 하는 멘토링 이런 것도 있잖아요. 그런 거는 잘해요?] 시간이 없어요. 요즘엔 안…. [조사자: ○○이네 학교에는 다문화가정 아이들이 있어요?] 있어요. [조사자: 걔네들도 이렇게 잘해요?] 잘은 몰라요. 그냥 다 중국 사람이 아니어도. 한국말 몰라요. 머리에 이런 거 써요. [조사자: 파키스탄?] 아, 맞는 것 같은데. 애가 한국말도 못 해요. 내가 물어봤어요. "공부 어떻게 해요?" 그냥 가만히 앉아요. [조사자: 그냥 가만히 앉아 있어요? 근데 그런 친구들을 위해 해주는 거 없어요?] 내가 생각하기엔 없어요. [조사자: 그럼 어떻게 해야 돼요? 그런 사람들을 위해?] 내가 생각하기엔 그 사람이 부부가 다 외국 사람 같아요. 남편 일 때문에 한국에 있는데 일 끝나면 또다시 나가요. [조사자: 시어머니는 지금 어떻게 지내세요?] 지금은 걱정 없어요. 시어머니 걸어 못 다녀요. 간병인 신청해서 월요일부터 금요일까지 2시부터 5시까지 그 사람이 와서 도와줘요. [조사자: 그래서 주말에는 혼자서도 잘 계세요?] 토요일, 일요일에는 집에 혼자 있어요. 지금은 어머니 원래보다 몸이 괜찮아졌어요. [조사자: 건강해졌어요?] 네, 혼자 일어나서 침대 위에서 내려서. 원래는 침대에서 내려오지도 못해요. 다시 살아났어요. [조사자: 어머니하고 사이는 괜찮아요. 요즘?] 네, 시간 있으면 가요. [조사자: 전에는 시어머니가 자주 찾았잖아요?] 근데, 이제 나도 점점 더 늙었어요. 자주 찾지만 자주 가지 못해요. 전에는 내가 김치하면 가지고 가고, 반찬해서 가지고 갔는데 지금은 그렇게 할 수 없어요. 나도 오전에 모텔에서 청소하고, ○○이 학교에 있을 때니까요. 4시에 퇴근하면 너무 힘들어. 잔소리해도 어쩔 수 없어요. [조사자: 시동생은 들어왔어요?] 딸? 딸 서울 있으니깐 너무 멀어요. 출근 때문에 자주 많이 안 와요. [조사자: 아주버님은요?] 아주버님은 돌아가셨어요. 갑자기 심장마비로 돌아가셨어요. 그러니깐 작은아들이 어머니하고 같이 살아요. 지금은 이사 갔어요. 여기 똑바로 가면 가까워요. 주유소 뒤에 거기 있어요. [조사자: 집을 사서 간 거예요?] 아뇨, 아뇨. [조사자: 원래 그게 할머니 집이었잖아요?] 전세, 전세요. 지금은 월세예요. [조사자: 누가 월세를 내요?] 힘들어요. 우리가 조금, 조카가 조금 그렇게 해요. 우리도 월세를 내는데 어려워요. 시어머니 월세까지 다 낼 수 없어요. [조사자: 아, 한국어 공부할 때 뭐가 가장 어려웠어요? 얼마나 공부했어요?] 내가 계속 공부 아니야, 맨날. [조사자: 그래도 오래도록 했잖아요?] (전화) 아들. [조사자: 왜, 뭐라고 해요, ○○이?] 오늘 머리 잘라야 해요. 지난주에 잘라야 하는데 못 잘랐어요. 그래서 오늘 머리 자른다고. [조사자: 머리 자르는데 엄마한테 허락 받고 가요?] 친구들하고 게임하고 싶은데 사서 설치해야 해요. 머리 자르고 설치한다고. [조사자: 아, 설치한 후에 머리 자르고.] 내가 먼저 머리 자르고 다시 집에 들어와서 설치해요. ○○아 먼저 이것 하게 하고 싶어요. [조사자: 무슨 일이 있으면 이렇게 엄마한테 다 얘기해요? 학교에서 있었던 얘기도 다 하고? 학교에서 무슨 일이 있어요, 이렇게?] 학교에서 마음에 안 드는 일이 있으면 집에 와서 짜증 많이 내요. (전화) [조사자: 조금만 더 하고. 오늘 뭐가 학교에서 마음에 안 들었다고 그런 얘기 뭐가 마음에 안 들었대요?] 짜증나게 어쩔 때 공부 모르면 짜증나요. "나는 왜 이런 거도 못 해요. 엄마는 왜 이것도 몰라요" 하면서 짜증내요. [조사자: 그러면 그걸 어떻게 해결해요?] 집에 와서 얘기하고 뭐 때문에 내가 할 수 없어요. "엄마 모르니깐 내가 컴퓨터에서 찾아볼게요" 하고. 또 어쩔 땐 친구들한테도 물어보는데 친구 잘 안 가르쳐줘요. 그래서 짜증내요. 또 친구들 놀다가 다투면 집에 와서 울었어요. [조사자: 왜, 왜요?] 친구가 옷을 더럽히거나 친구가 때려서 화났어요. 놀다가. 그러면 ○○이도 때리고 같이 싸우지 않아. 참고 집에 와요. 집에서 혼자 울고 소리지르고 해요. 학교에서는 싸우지 않아요. [조사자: 그럼 ○○이도 스트레스가 좀 많이 있겠네요.] 네, 있어요. 스트레스 안 받는 외국 사람 없어요. [조사자: 그럼 ○○이가 마음에 있는 말을 충분하게 할 수 있도록 상담을 해주고 그런 거 안 해봤어요?] 상담 없어요. 우리 둘이 집에서 대화 많이 해요. 내가 달래주면 "엄마, 나 빨리 돈 벌고 싶다"고 해요. 아들은 집이 월세라는 것도 싫고, 좁아서 친구들 데리고 올 수 없는 것도 싫어요. 그리고 내가 중국 사람이라는 것도 싫어서 이제 학교도 못 오게 해요. 그래서 둘이만 얘기 많이 해요. 저도 참으라고 해요. 밤에 혼자 울어요. [조사자: 그러면 풀어져요?] 풀어져요. ○○이가 착해서 엄마 이해 많이 해요. 집에서 청소도 하고 설거지도 하고. 어쩔 때 퇴근 시간에 오면 "엄마, 빨리빨리 누우세요. 오늘 밥 만들지 마. 내가 알아서 해요" 하면서 어깨도 주물러주고, 혼자 핸드폰 요리 설명서 보고 무슨 요리를 만들어요. 라면도 잘 끓여요. 나보다 잘 끓여요. [조사자: 다 컸네요. 무슨 걱정이 있어. 아들이 이렇게 착한데. 애들이 이제 지금은 초등학교지만 중학교 가고 고등학교 가면 또 애들이 바뀔 수 있어요. 그럴 때는 엄마가 혼자서 고민하지 말고 빨리 주위의 누구한테 도움을 청하거나 그렇게 해야 돼요.] 내 생각엔 ○○이 친구들하고 금방 어울려요. [조사자: 그렇지, 근데 애들이 사춘기가 오거든요. 요즘에는 그러면 힘들어하는 다문화가정이 없겠네요. 그러면 아기 키우는 엄마들한테 해주고 싶은 말 없어요? 중국 동생들이 "이럴 때 어떻게 해?" 이렇게 물어보는 동생들도 많잖아요. 그럴 때 뭐라고 말해요?] 동생들 나보다 잘살아요. [조사자: 아니 경제적으로 잘사는 게 아니라 경제적으로는 잘살지만 애들 때문에 속상해요. 가정 남편 때문에.] 없어요. 주변에 진짜 없어요. 남편이 다 잘해요. 나만 이렇게 사는 거 같아요. 우리 남편은 ○○ 학교에 한 번도 안 갔어요. 그런데 다른 남편들은 학교 상담 남편들이 다 가요. [조사자: 아, 자기가 상담 안 가고 남편이 가요?] 아침에도 남편이 딸 학교 보내고. 우리 남편은 그런 거 없어요. [조사자: 누구요? △△ 아들요?] △△이는 운동도 잘하고, 우리 ○○이보다 다 잘해요. 영어도 중국어도 ○○이보다 더 잘해요. 영어도 잘해요. 엄마 영어 아니깐 학원도 안 가고 엄마가 가르쳐요. ○○이는 △△보다 더 잘해요, 진짜. 진짜 열심히 공부해요. ○○이는 맨날 혼자서 "엄마, 내가 이거 해야 돼. 저거 해야 돼." 절대로 안 돼요. 스스로 해요. 우리 아들은 맨날 나를 가르쳐요. 엄마 오늘은 이거 해야 돼, 이것은 쓰면 안 돼요. 이렇게요. 내가 아들한테 정말 미안해. 아들이 소리 내지 않고 우는 것을 보면 내 가슴 아파요. [조사자: ○○이가 엄마를 위로하고 가르쳐요?] 같이 얘기하다 반대로 내가 교육 받아요. 무슨 엄마 이렇게 교육 안 돼요. 엄마가 이거 해야 돼, 저것 해야 돼. 이거 안 돼요. 내가 다 스스로 해야 돼. 내가 잘할 수 있어요. 걱정하지 마세요. 이거 꼭 할 거야. 저거 꼭 해야 돼. 내가 스트레스 받아. 그래서 내가 "○○아, 생각해봐. 엄마가 가르치지 못해. 학원 갈까 말까" 하면 학원도 혼자 찾아가서 알아보고 혼자 결정했어요. 지난번 내가 보낸 학원 진짜 안 돼요. 집에 와서 "엄마, 그 학원 선생님보다 내가 더 잘해요. 그 선생님 잘 못 가르쳐요. 나 학원 싫어요. 그 선생님 안 좋아. 잘 못 가르쳐." 그러면 어떻게 해? "그만둬요", 그만두면 어떻게 해? "엄마 내가 다음에 학원 가서 알아보고 선택할게요. 먼저 선생님 보고 그 학원도 보고 내가 마음에 들면 거기 가요." 그러면서 이번에도 혼자 골랐어요. [조사자:

걔는 지가 직접 가서 상담해서 고르는 거예요? 아니면 친구한테 물어봐서?] 우리 몇 번 학원 갔는데 시간도 물어보고 선생님도 보고 돈도 보고. 우리 짠돌이, ○○이는 정말 짠돌이에요. 비싼 것은 안 사고, 사실 비싼 거 사달라고 할까 봐 걱정이지만 알아서 비싼 것은 쳐다보지도 않아요. 엄마가 힘들게 고생하는 거 알아서. 그런 거 보면 나는 속상해요. 다른 사람들 한국에 와서 다 잘사는데 나는 왜 이렇게 살아야 하나 생각하면 정말 죽고 싶어요. 하지만 아들 때문에 죽지 못해요. [조사자: 그러면 어떻게 그렇게 아들을 잘 키웠어요?] 어떻게 잘 키워요. 우리 ○○이 스스로 많이 다 스스로 해요. [조사자: ○○이를 위해 한 가지 해주고 싶은 것 있다면 뭐 해주고 싶어요?] ○○이 이렇게 스트레스 안 받게 빨리 우리 집 사야 해요. 큰 집에 사야 해요. [조사자: 집 사고 싶어요?] 집을 사고 싶어요. 빨리 이사 가면 ○○이 친구들 집에 와서 놀고 좋지요. ○○ 자꾸 친구들 집에 가서 놀아요. 그날도 친구들 집에서 하루 자고 왔어요. 친구들 몇 명 같이 그 집에 있어요. 그런데 우리 ○○이는 친구들 데리고 오지 못하잖아요. [조사자: 그러면 "○○아, 그래도 친구들 하루 집에 데리고 와. 엄마가 맛있는 거 해줄게" 이렇게 해봤어요?] 했어요. "엄마 쉬는 날 친구들 우리 집에 와서는 엄마 맛있는 거" "에이, 우리 집 너무 작으니깐 놀 데도 없어요. 하지 마요." 어쩔 땐 내가 집에 없을 때 친구 집에 데려왔어요. 그냥 컴퓨터 하고. 내가 생각해도 창피해요. 다른 친구들 집에 가서 집에 크고 잘살고 우리 지금 창피해요. 내가 생각하기에는. 그래서 집에 안 데려와요. "엄마 빨리 우리 이사 가. 언제 이사 가? 빨리 이사 가고 싶어요" 그래요. [조사자: ○○이하고는 집에서 중국말로만 해요?] 그래요. 내가 한국말 못 하니깐. [조사자: 밖에 같이 가다가도 중국어로 하고 해요?] 어쩔 때 내가 중국어 하면 "엄마 밖에 있으면 한국말 하세요. 엄마가 자꾸 중국말 하니깐 한국말 못하는 거예요." [조사자: 그러면 그때 뭐라고 말해요?] "괜찮아요. ○○아, 엄마 모르는 것은 니가 가르쳐도 돼." [조사자: ○○○ 씨는 교회도 좀 다녔죠?] 원래 다녔어요. [조사자: 중국에서?] 중국 아니요. 여기 한국 와서 다녔어요. [조사자: 교회는 어떻게 해서 가게 되었어요?] 문 똑똑똑 우리 집에 와서 열었는데, 한국말 모르니깐 같이 얘기하다 중국 사람이야. 조선족 사람이야. 그래서 얼마나 친절하고 내가 친구도 없고 그래서 같이 교회 갔는데 얼마나 무서워요. [조사자: 왜 무서워요?] 그냥 십자가 없어요. 무슨 교회인지 잘 몰라요. 얼마나 힘들게 해서 빠져나왔어요. [조사자: 어떻게 힘들게?] 맨날 거기 가서 돈 줘야 돼. [조사자: 갈 때마다. 헌금?] 또 돈 안 가져왔어? 용돈 없어요? 아들 과자도 사지 마. 여기 돈 내야 돼. 여기 앞으로는 영원히 가는 곳이야. 여기 꼭 믿어. 이거 안 믿으면 남편도 잘 안 되고, 사고도 나고. 너무 시끄럽고 무서워서. 무슨 교회예요? 왜 이런 교회도 있어요? 꼭 돈 내고 무슨 여기 안 믿으면 나중에 잘 안 살고 나쁜 일만 생긴다고 나쁜 말만 해요. [조사자: 그래서 오래도록 다녔어요? 얼마만큼?] 학교 가기 전에. [조사자: 아, 한국어 배우기 전에?] 그래서 빠져나왔어요. [조사자: 그래서 어떻게 빠져나왔어요? 그래도 매일?] 우리 남편이 못 가게 해요. 우리 남편은 불교 믿어요. 여기 왔다가 집에 가서 자주 싸워요. 저녁에 안 와요. [조사자: 그랬더니 괜찮다고 그래요? 근데 사실 중국에서도 기독교가 많이 있죠?] 요즘에 많이. 원래 내가 오기 전에 많이 없어요. 요즘에 많이 있어요. [조사자: 근데 공산당에서 기독교 믿는 사람들 안 좋게 보거나 이런 거는 없어요?] 자유. 지금 중국 자유예요. 불교 가고 싶으면 가고, 교회 가고 싶으면 가요. [조사자: 근데 중국에는 종교를 어떻게 해요?] 집에도 와서 교회 가요. [조사자: 그렇게 한국처럼 전화하고 두드리고 그렇게 전도해요?] 있어요. 그것도 있어요. [조사자: 한국에 오는 사람들은 그게 조금 불편하다고 하는데 좋은 방법이 없을까요?] 무슨 좋은 방법…? [조사자: 중국 교회하고 한국 교회하고 다른 점 있어요?] 중국 교회 한 번도 못 봤어요. 안 가봤어요. [조사자: 얘기도 안 들어보고?] 몰라요. 그런 친구는 동창 친구. 교회 다니는 사람보다 불교 많아요. 나도 불교 믿었어요. [조사자: 그럼 한국에서 절에는 가봤어요?] 여기도. 흥륜사 자주 가요. [조사자: 요즘도?] 시간 있으면 가고. [조사자: 가면 좋아요?] 좋아요. 내가 그게 좋아요. 교회 가면 머리 아파요. 이상해요. 교회 가면 마음이 답답해요. 머리 아파요. 거길 가면, 불교 가면 마음이 풀어져요. 내가 진짜 그래서. 자주 가요. [조사자: ○○아빠도 종교 있어요?] ○○아빠도 불교. [조사자: 그럼 ○○이도 같이 가요?] ○○이도 교회 가면 머리 아프고 답답해. 절에 가면 시원하고 좋아요. 절은 가고 싶을 때 가고, 시간 없으면 안 가도 되고, 돈도 있으면 내고 없으면 안 내도 눈치 안 보고 좋아요.

▶ 살다 보면 좋은 일만 있는 것도, 나쁜 일만 있는 것도 아니다

[조사자: 오늘 시간 내줘서 정말 감사하고요. 그 새로 오는 사람들을 위해 좀 좋은 말 한마디만 해주세요. 다른 사람들 요즘에는 통 안 만나고요?] 시간도 없고 새로 만나는 사람 1명도 없어요. [조사자: 친구들은 근심, 걱정, 좋은 일 이런 거 없어요? 그 아까 ○○○도 행복하지 않다고 했잖아요. 제가 볼 땐 엄청 좋아 보이던데. 그 친구의 최고의 고민은 뭘까요?] 그런데 그 우리보다 행복해요. 남편 나이 너무 많이 차이 나요. 어디 가면 맨날 남편 무슨 핸드폰 영상통화해요. 확인하려고요. 다 집집마다 걱정이 있어요. [조사자: 남편이?] 네, 걱정해요. 나이도 젊고 좀 예뻐서 걱정해요. [조사자: 네, 우리 다문화가정 사람들을 위해 이런 거 있었으면 좋겠어요. 이런 거 없어요?] 기회 있으면 자주 내가 같이 만나서 이야기도 하고 스트레스도 풀고 이렇게 하면 좋아. 제일 좋아. [조사자: ○○이 학교에서 중국어를 지금 공부 안 하잖아

요. 근데 그런 거에 대해서는 어떻게 생각하세요?] 우리 ○○이 중국어 싫어해요. 일본어 그쪽. 지금 혼자 일본어 공부 많이 알아요. [조사자: 그래서 일본어도 잘해요?] 맨날 일본 만화 봐요. 많이 알아요. 맨날 일본 가고 싶어해요. 중국 안 가고 싶어 해요. [조사자: 왜 일본 가고 싶대요?] 몰라요. 이건 몰라요. 이상해요. [조사자: 그럼 ○○이가 중국어하고 관련된 일을 했으면 좋겠다. 이런 생각은 안 해봤어요?] 없어요. 중국어 책은 많이 있는데 내가 더 잘 몰라. 지금도 ○○이는 "나중에 내가 일본 가서 일본 여자 만나서 결혼할 거야" 그랬어요. [조사자: 그렇게 얘기해요?] 어, 맨날 엄마, 내가 일본 가고 싶어요. 내가 진짜 가고 싶어요. [조사자: 그렇게 얘기하면 뭐라고 했어요?] 알았어. "빨리 일본 가." [조사자: 사실 지금은 이제 막 ○○○ 씨가 남편도 정상적으로 월급도 보내주고 아들도 공부도 잘하고 이러지만, 한때는 진짜 진짜 힘들었잖아요. 죽는다고 할 만큼. 그런데 이제 지금 그런 사람이 옆에 있다면 그 사람한테 뭐라고 얘기해주고 싶어요?] 사람이 살다 보면 좋은 일만 있는 거 아니고 나쁜 일만 있는 거 아니야. 사람은 마음이 중요해. 맨날 "아유, 왜 내가 이거 왜 안 돼요, 왜 내가 돈 없어요, 왜 내가 예쁜 옷이 없어? 나는 왜 이렇게 가난해" 이렇게 살면 힘들어요. 살려면 내가 지금 만족하려면 그 어려운 사람하고 비교하고, 나보다 몸이 안 좋은 사람 건강 안 좋은 사람하고 비교하면 우리 행복해요. 처음에는 건강이 제일 중요하고, 건강하고 내가 움직일 수 있어야 돈 벌 수 있어요. 마음대로 할 수 있어야 행복해요. [조사자: 그럼 상담하는 선생님들한테 소개시켜주고 찾아가봐라 얘기해주고 싶어요? 만약에 이제 누가 되게 힘들잖아. 너무 힘들면 그러면 이 사람한테 어디 한국에는 이런 상담하는 데가 있으니깐.] 내가 그 상담 선생님을 소개해주었어요. [조사자: 누구한테 소개한 적 있어요?] 내가 ○○도 소개해주고. 내가 상담 선생님 소개했어요. 그 ○○○도 소개했어요. [조사자:

그 사람들은 어떻다고 해요?] 지금은 잘살아요. [조사자: 그 ○○○ 선생님 만나서 상담받아서 그런 거예요?] 네 상담, 상담 많이 받았어요. 근데 지금 잘살아요. 전화도 없고 몰라요. [조사자: 아, ○○가 힘들었을 때 언니 맨날 찾아왔는데, 지금 잘사니까 전화도 없어요?] 진짜 우리 집에도 자고, 힘들었을 때 내가 진짜 많이 도와주었어요. 우리 집에서 밥 먹었어요. 진짜 어려웠을 때 새벽에 전화 와서, 몇 시인지도 몰라요. 내가 "이혼하지 마" 맨날 "이혼하지 마" 하면서 남편도 만났어요. [조사자: ○○○ 씨가?] 그날 이혼하지 마, 지금은 딸 보고 살아. 이혼하지 마. 내가 아무리 어려워도 그냥 참고 살았어. 지금은 너 혼자도 돈도 잘 벌고 나보다 네가 얼마나 잘살아. 시간 지나면 괜찮아. 그러지 마. 아니, 진짜 친구들 다 알아요. 내가 상담 선생님 같아요. 맨날 일하다가 전화 받아서 모텔 사모님도 나한테 화냈어요. [조사자: 지금은 잘살고 있고요?] 잘 몰라요, 전화도 없고. [조사자: 언니가 이렇게 많이 도와줬으니 잘살지.] 우리 집에 왔을 때 가방 메고 왔어요. 가져왔어요. [조사자: 여기서 잔다고요?] 응, 내가 비자 때문에 중국 가야 해. ○○이 비자 만드는데 전화 왔어요. "언니 집에 있어요?" "아니, 지금 내가 ○○마트." "내가 지금 언니 집에 가고 있어." "갑자기 왜 우리 집에 와요? 나 ○○마트니까 조금만 기다려. 금방 내가 집에 갈게." 내가 버스 안 타고 택시 타고 집에 갔어요. 우리 문 앞에 큰 가방이 3개, 4개, 2개 있었어요. 내가 멀리서 "왜 그래요?" "아, 내가 이혼하고 싶어요." 그래 그냥 아유 진짜 천천히 하고 그날 우리 집에 잤어요. 갈 데가 없어요. 우리 집은 작아도 누가 어려울 때 다 우리 집에 와요. 어느 날 ○○○도 그날 남편하고 싸웠어요. 가방 들고 우리 집에 와서 깜짝 놀라 "왜 그래?" "싸웠어요." 아무튼 중국 사람들이 싸우면 다 우리 집에 와요. (전화가 또 온다) [조사자: 전화가 많이 오네요.] 죄송합니다. 가야 해요. [조사자: 얘기를 못 하겠네. 오래

시간 내줘서 정말 감사하고요. 지금 5시 30분이죠. 여기서 인터뷰 마치겠습니다. 감사합니다.]

4장

준비한 뒤에 시작하는 것이 아니라 하면서 완성하는 것이다

연구참여자는 어렸을 때부터 부모님과 파룬궁 수련을 했다. 당시 부모님께서는 페인트공이셨는데, 페인트의 독한 냄새 때문에 만성병이 생기셨다. 파룬궁 수련을 시작한 후부터 정신 및 신체 건강이 좋아지시는 것을 본 후로 함께 파룬궁 수련을 시작하게 되었다.

중국에서 유아교육학과를 졸업한 후 유치원 교사로 일할 때 현재 남편을 만나 연애결혼을 했다. 첫째 아이를 가졌을 때 남편이 먼저 한국으로 떠났다. 한국에 처음 왔을 때 무엇보다 힘든 것이 언어였다. 남편과 중국어로 일상대화는 가능했지만, 감정에 대한 소통이 어려워 다문화가족지원센터에서 한국어를 배우게 되었다. 한국 문화를 잘 모르는 상황에서 한국에 맏며느리로 시집오게 되었다. 음식을 준비하는 문화부터 젓가락을 사용하는 문화까지 중국과 한국은 너무 달랐다. 중국에는 없는 문화인 데다가 알려주는 사람도 없어서 모든 것이 서툴렀다. 연구참여자의 남편은 20대 초반에 회사를 설립하여 상장회사가 될 정도로 회사를 키웠다. 그래서 그런지 과소비를 하는 편이다. 소비 스타일이 달라 부부싸움을 하기도 했다. 다문화가정의 이점인 이중언어 환경에서 아이를 키우고 있기 때문에 아이들과는 집에서 중국어로 대화하는 편이다. 연구참여자는 자녀교육에 있어서 인지적으로도 인성적으로도 잘 키우고 싶은 마음이 있다.

앞으로 배우고 싶은 것은 컴퓨터와 다문화 강사 자격증을 취득하는 것이다. 학교 방과 후 중국어 강사가 되고 싶은 꿈이 있다.

[주제어] 국제결혼, 이주, 중국, 다문화가정, 이중언어, 취업 준비

1.
한국으로 먼저 떠난 남편

중국에서 홀로 태교를 하다

유아교육학과를 졸업한 후 유치원 교사로 일할 때 현재 남편을 만나 연애결혼을 했다. 첫째 아이를 가졌을 때 남편이 먼저 한국으로 떠났다. 주변에 가족도 친척도 없었기에 외로웠다. 유치원에서 아이들과 함께 노래를 듣거나 책을 읽으며 외로움을 달랬다. 그런 영향 때문인지 둘째보다 첫째가 언어능력이 훨씬 뛰어나다.

남편 따라 중국에서 한국으로 오다

한국에 처음 왔을 때 무엇보다 힘든 것이 언어였다. 남편과 중국어로 일상대화는 가능했지만, 감정에 대한 소통이 어려워서 다문화가족지원센터에서 3년 동안 한국어를 배우게 되었다. 한국어를 배우면서 가장 어려웠던 것은 문법과 발음이었다. 중국과 한국의 문법이 다르기도 하고 중국어에는 없는 발음이 한국어에는 있기 때문이다. 그리고 불규칙도 어려운 부분 중 하나다. 쓰기는 한국어 선생님께서 기초부터 튼튼하게 가르쳐줬고 본문 문제를 다 쓰는 연습을 했기 때문에 어렵지 않았다.

한국에서 임신과 출산을 겪으면서 정신적으로 힘들었지만, 심리상담을 받으러 가야겠다는 생각이 없어서 혼자 참고 해결하려고 했다. 그런 힘든 상황 속에서 도움이 되어준 사람은 요리 선생님이었다. 한국 요리를 만드는 것이 서툴러 가정방문 요리 수업 서비스를 신청했는데, 요리 방법을 가르쳐주신 것뿐만 아니라 심리적으로도 많은 도움을 주셨다. 한국어는 서툴렀지만, 선생님께서 얘기도 잘 들어주시고 대화를 통해 가정 문제나 스트레스를 풀 수 있었다. 집에 어린아이가 있었기 때문에 외출할 수 없어서 선생님께서 집으로 와야만 많은 이야기를 할 수 있었다. 이주민을 위한 이런 한국의 방문교육지도사* 제도가 너무 좋았다. 중국에는 이런 제도가 없어서 문제가 생기더라도 스스로 해결해야 하기 때문이다.

* 방문교육지도사는 결혼이민자 방문교육사업으로 부모교육 및 자녀생활지도서비스를 진행하고 있다. 자녀 양육 지원을 위한 부모 교육, 가족상담 및 정서지원 서비스, 기타 한국생활에 필요한 정보 제공 등의 부모교육과 인지영역, 자아 · 정서 · 사회영역, 문화역량강화영역, 시민교육영역 지도 등의 자녀생활교육을 진행하고 있다.

2.
낯선 한국에서 나만의 방법으로 살아가기

한국은 꼭 밥을 먹어야 한다

한국 문화를 잘 모르는 상황에서 한국에 맏며느리로 시집왔다. 음식을 준비하는 문화부터 젓가락을 사용하는 문화까지 달랐다. 중국에는 없는 문화이고 알려주는 사람도 없어서 모든 게 서툴렀다.

그리고 나는 중국 북쪽 지방 사람이라서 식사를 면으로 많이 하는 편인데, 한국 사람은 밥을 꼭 먹어야 하는 것도 달랐다. 특히 중국에서 손님을 대접하는 음식은 만두인데 남편은 왜 밥을 안 주냐면서 만두를 먹은 다음에 또 밥을 해달라고 하기도 했고, 시어머니께서는 매일 아이들에게 영양가 없는 국수와 만두만 먹인다고 하시기도 하셨다. 이런 문화갈등*이 있을 때마다 나는 차근차근 설명해준다. 왜냐하면 이런 오해가 생기는 이유는 한국 가족들이 중국 문화를 모르기 때문이라고 생각했기 때문이다. 시어머니는 내 이야기를 듣고 이해해주시지만, 남편은 좋지 않게 받아들이

---

* 문화갈등이란 서로 다른 문화들이 같이 공존할 수밖에 없는 상황에서 발생하는 문제를 말한다(교육부 공식 블로그).

는 편이다.

다문화가정의 이점인 이중언어 환경에서 아이를 키우고 있기 때문에 아이들과는 집에서 중국어로 대화하는 편이다. 처음에 아이들에게 중국어를 가르쳐줬을 때는 남편이 한국어도 아직 서툰 아이들에게 중국어를 같이 공부시키면 헷갈려할 것 같다는 이유로 반대했다. 그런데 전공이 유아교육이기 때문에 남편의 의견은 뒤로 미뤄둔 채 중국어로 대화했다. 아이가 태어나자마자 중국어로 말을 걸고 중국어 노래를 틀면서 놀아주고 동네 도서관의 다문화 도서 코너에서 중국어 동화책을 빌려 읽어주기도 했다. 친정 부모님께서도 한국에 계셨기 때문에 중국어에 노출된 환경이어서 이중언어 환경을 마련하기가 더 좋았다. 이중언어 환경을 마련하기 위한 나의 요령은 어렸을 때부터 중국어로 말하기, 중국어 동요 틀어주기, 중국어 동화책 읽어주기, 중국어 카드 만들어서 놀이하기 등 놀면서 중국어 공부를 하는 것이다. 아들이 성인이 된 이후에는 미국이나 캐나다에서 일했으면 좋겠다. 한국에서 남자로 살기에는 너무 힘들 것 같기 때문이다.

나는 아이들에게 중국어를 가르치지만, 주변 중국 다문화가정 아이들을 보면 중국어를 못하는 경우가 있다. 그 이유로는 두 가지 정도가 있는 것 같다. 먼저 다문화가정 자녀인 것을 숨기고 싶어 한다. 아이가 어렸을 때 이중언어를 배우는 것이 언어 습득하기에 가장 좋은데도 아이가 커서 스스로 제2외국어를 공부하기 바란다. 지금 당장 중국어 공부를 시켜서 또래 친구들에게 다문화가정 자녀인 것을 알게 하고 싶지 않기 때문이다. 그리고 엄마가 경제활동으로 바쁘기 때문에 아이에게 중국어를 가르쳐주지 못하는 경우도 있다. 이런 아이들을 위해 다문화가정의 엄마들이 다문화가족지원센터에서 진행하는 이중언어교육에 참여해 이중언어가 중요하다는 것을 인식하고 실천해야 한다고 생각한다.

걱정과 달리 아들은 학교생활을 잘하고 있다

첫째 아이가 초등학교에 들어가게 되면서 담임선생님과 학부모 상담을 하는 날이 찾아왔다. 내가 궁금한 것은 공부가 아닌 인성이었다. 공부는 나중에 잘하게 될 수도 있지만, 습관과 인성은 어렸을 때 제대로 확립되지 않으면 나중에 안 좋은 영향을 끼칠 수 있기 때문이다. 그리고 다문화가정의 자녀이기 때문에 다른 애들보다 한국어가 느릴까 봐 걱정되었고, 친구들과도 잘 지내고 있는지 염려되었다. 친구 자녀의 경우, 학교에서 엄마 나라 언어를 사용했다는 이유로 또래 친구들에게 놀림을 받았다고 한다. 그 뒤부터 그 아이는 엄마 나라의 언어를 사용하지 않는다고 한다.

주변에서 들려오는 이야기들과 내 머릿속에서 드는 걱정들을 가지고 학교에 갔다. 하지만 내 생각과 다르게 우리 아이가 친구와 사이좋게 지내고 있고, 책을 좋아해서 오히려 언어적으로는 다른 아이들보다 조금 뛰어나다고 선생님께서 말씀하셨다. 그리고 학교에서 다문화교육으로 다문화가정은 틀린 게 아니라 다른 거라고 주기적으로 교육하고 있기 때문에 다문화가정 자녀라고 해서 차별받는 것은 없다고 하셨다. 그 얘기를 듣고 학교 오기 전에 했던 수많은 걱정을 덜게 되었다.

나는 자녀교육에 있어서 인지적으로도 인성적으로도 잘 키우고 싶은 마음이 있다. 그래서 먼저 영어를 가르치고 있다. 한국의 영어학원은 비싸기 때문에 필리핀 선생님이 가르치는 영어학원에 보냈는데, 학부모 공개수업 때 필리핀 방언을 사용하는 것을 알게 되었다. 그래서 현재는 아이에게 직접 영어를 가르치고 있다. 그리고 요즘 아이들이 점점 인성적인 부분에서 문제가 많이 발생하는 것 같아서 봉사활동이나 기부를 하는 등 인성적으로 올바르게 자랄 수 있는 교육을 할 예정이다. 그런데 아직 아이들과 함께할 수 있는 봉사활동이나 기부단체에 대한 정보가 없기 때문에 계획만 하고 있다. 예전에 다문화가족지원센터에서 중국어 강사 교육을 받은 후에 아동센터나 도서관에서 재능기부를 한 경험은 있지만, 아직 아이들과 봉사활동을 한 적은 없다.

전공을 포기하고 새로운 공부를 시작하다

나는 중국에서 유아교육학과를 나와서 유치원 교사까지 했지만, 한국에서는 유아교육에 관련된 공부를 하고 싶지는 않다. 왜냐하면 한국어를 한국 사람만큼 잘하지 못하기 때문에 유치원 교사로 일하게 된다면 아이들의 언어에 문제가 생길 수 있기 때문이다. 그래서 한국에서 석사로 유아교육을 공부하더라도 일할 수 있는 곳이 없기 때문에 계속해서 공부할 생각은 없다.

내가 중국에서 유아교육 외에 배운 것은 영어다. 필리핀 선생님께 전문적으로 6개월간 영어회화를 공부했다. 1주일간 기숙사에서 같이 살면서 영어로 대화하며 생활하기도 했다. 한국에 와서도 아이들을 위해 꾸준히 영어 공부를 하고 있다. 전문적으로 영어학원을 다니는 것은 아니지만, 영화를 보거나 필리핀 사람을 만나서 영어로 대화하고 매일 회화를 연습할 수 있는 영어책으로 공부하고 있다. 일상생활에서 간단하게 대화할 수 있는 회화를 공부한 날에는 아이들에게 가끔씩 영어로 대화를 유도하는 편이다.

한국에서 8년 동안 살면서 한국어·중국어 강사 자격증, ○○한어 교육원 어린이 중국어 자격증, 다문화 강사, 운전면허 자격증 수업 등 다양한 교육을 받았다. 중국어 강사 과정은 여성회관에서 무료로 2개월 동안 매일 5시간씩 교육을 받았고, ○○한어 교육원 어린이 중국어 자격증은 수강비를 낸 후 20시간 동안 교육을 받았다. 이 교육을 통해 중국어 과외를 하고 있고, 앞으로 운전을 할 예정이다.

이주민들을 위한 복지제도가 개선되었으면 좋겠다

한국에 거주하는 이주민들을 위한 정보 제공 기관 및 사이트가 있기는 하지만, 여러 개로 나눠져 있기 때문에 찾기가 힘들다. 그래서 한국어, 중국어, 영어 등 다양한 언어로 제공된 통합 사이트가 있었으면 좋겠다. 이주민들을 위한 교육정보도 제공되어 다양한 교육을 받을 수 있었으면 좋겠다. 지금까지 다문화 강사와 중국어 강사 등 교육을 받은 것도 다문화가족지원센터 선생님께서 알려준 것이 아니라 책상에 올려져 있는 전단지를 보고 교육을 신청하게 되었다.

앞으로는 이주민들을 위한 복지제도가 더 원활하게 이루어졌으면 좋겠다고 생각한다. 중국에서 유아교육 공부를 했기 때문에 한국에서 교육상담이나 직업상담 쪽으로 전공을 살리고 싶은데 그렇지 못해서 그런 부분들이 개선되었으면 좋겠다. 오랫동안 공부를 해온 것인데 포기하기는 아쉽기 때문이다.

또한, 이중언어 환경에 있는 자녀들이 이중언어를 체계적으로 교육받을 수 있는 시스템이 만들어졌으면 좋겠다. 예를 들면 이중언어교육을 받은 아이들은 이후에 직업으로까지 발전시킬 수 있는 교육을 지원하는 것이다. 물론 다문화가정 자녀들이 대학을 지원할 때 가산점이 있기는 하지만, 어렸을 때가 가장 중요한 시기라고 생각한다. 다문화가정 자녀들은 다른 가정의 자녀보다 경쟁력을 더 가질 수 있는 환경인데, 이런 아이들을 대상으로 한 이중언어교육이 없는 게 아쉽다. 이중언어 환경을 제공하기 위해 어렸을 때부터 기초입문반 수업으로 시작해서 중국어 역사나 문화를 깊이 있게 배울 수 있는 교육기관이 제공되었으면 좋겠다.

3.
더 많은 배움으로 나만의 특기를 살린 꿈

한국에서 많은 것을 배웠지만 더 배우고 싶다

앞으로 배우고 싶은 것은 컴퓨터와 다문화 강사 자격증이다. 컴퓨터는 아이들을 위해 배우고 싶다. 그런데 시간이 없어서 아직 배우지 못했고, 배울 수 있는 곳도 아직 찾지 못했다. 몇몇 기관에 물어보기도 했지만, 다문화가족지원센터에는 아직 컴퓨터 강좌가 없는 것으로 알고 있다. 그래서 한국에서 산 지 오래되었는데도 아직도 원하는 정보를 얻는 것이 쉽지 않다. 그리고 다문화 강사 자격증을 취득하고 싶다. 그 이유는 다문화 가정을 대상으로 중국어 강사를 할 수 있기 때문이다.

컴퓨터 교육을 받기 위해 고용노동부에서 제공하는 국민내일배움카드*를 발급받아 교육을 받아보려고 했지만, 이전에 비해 조건이 까다로워졌다. 예전에는 취미생활 관련된 교육도 무료로 받을 수 있었지만, 현재는

---

* 국민내일배움카드란 기술발전에 적응하고 노동시장 변화에 대응하는 사회안전망 차원에서 생애에 걸친 역량개발 향상 등을 위해 국민 스스로 직업능력개발훈련을 실시할 수 있도록 훈련비 등을 지원하는 제도다(고용노동부).

취업을 위한 교육만 무료로 제공되기 때문에 중국어 강사와 관련된 강좌는 무료로 지원되지 않고 있다. 그리고 컴퓨터 관련 강좌도 그 강좌를 들은 후 관련 업종에 취업해야 하는데, 취업하기 힘들기 때문에 무료로 강좌를 들을 수 없다. 다문화 강사 자격증 또한 올해 다문화가족지원센터에 프로그램이 없기 때문에 공부를 할 수 없다. 내년에 프로그램이 개설될지 안 될지도 정확하게는 알 수 없고, ○○대학교에 강좌가 개설되었지만 멀어서 수강이 불가능하다. 이런저런 배우고 싶은 것은 많지만, 현재로서는 배울 수 없는 것들이 많은 상황이다.

방과 후 중국어 강사가 되고 싶다

앞으로 학교 방과 후 과정 중국어 강사가 되고 싶다. 중국어 강사가 되기 위한 자격증, 한국어 수준은 준비되어 있다. 처음에는 나도 한국어 때문에 걱정했다. 그런데 다른 선생님들과 이야기하다 보니 소통에는 문제가 없다고 생각한다. 누구나 모든 것을 준비한 다음에 시작하는 것이 아니라 직접 경험해보면서 완성하는 것이라고 생각한다. 그래서 지금 시작해도 괜찮다고 생각하기 때문에 시작하려 한다.

4.
전사록 요약

〈연구참여자 정보 및 특성〉

출생연도	1986년생	이주연도	2009년
국적(이주 전/현재)	중국(한족)/중국(한족)	학력	대졸
가족	남편, 아들, 딸	직업	주부

▸ 중국에서 홀로 태교하다

[조사자: 첫째가 여덟 살, 딸? 아들? 첫째는 누구 닮았어요?] 첫째요? 저를 참 닮았어요. [조사자: 그럼 엄마 닮았으면 공부 잘하겠네.] 아이~ (웃음) [조사자: 공부하는 걸 좋아하겠네요.] 좋아해요. 책을 읽는 것을 좋아해요. 왜냐하면 저도 책을 읽는 것을 좋아하기 때문에 애들도 같이 책도 읽어주고. [조사자: 학교생활도 잘하고요?] 음, 지금 잘되어 있어요. 친구들도 우리 첫째는 성격이 남자지만 성격이 순해요. 그래서 친구도 잘 사이좋게 지내고 선생님 면담을 했을 때 선생님도 그렇게 말씀하셨대요. [조사자: 그러면 ○○ 씨도 그 첫째 아이 학교에 선생님 만나러 상담하러 갔어요? 그러면 그 담

임선생님이 ○○ 씨보고 뭐라고 말했어요? 아들에 대해?] 선생님 말씀에 따르면, 다른 애들보다 문제도 없고 그러고. 우리 애가 조금 책을 좋아하니깐 그래서 언어적으로는 다른 애들보다 조금 좋아요. [조사자: 언어적으로 뛰어나요?] 네, 언어적으로 뛰어나요. 태교 때문에 영향 있을 것 같은데요. 그때는 계속 외로워서 임신했을 때 우리 남편이 한국에 미리 왔어요. 그래서 혼자 중국에서 혼자 있었어요. 그래서 너무 옆에는 누가 친구 그리고 친척도 없기 때문에 그래서 애들하고 계속 얘기도 하고 노래도 틀어주고 계속 그래서 같이 또 책을 읽어주니깐. 아마 그때 영향이 있기 때문에. 우리 둘째보다는 뭐가 공부했을 때 좀 더 빠르고. 둘째보다 빨라요. 말하기도 빠르고 공부 새로운 단어만 집에서 중국어를 같이 공부해요. 새로운 단어 듣자마자 바로 말할 수 있어요. 근데 둘째는 조금 느려요. (웃음) 달라요. [조사자: 이제 선생님이 "오늘은 학부모 상담 날이에요. 오세요" 했을 때 ○○ 씨는 뭐가 궁금했어요?] 제가요? 그거 우리 애가 혹시 공부하는 거 아니고요. 습관. 성격? 인성? 그쪽으로 뭐가…. 왜냐하면 공부는 나중에 또 모를 수 있어요. 나중에 또 잘할 수 있어요. 근데 습관은 어렸을 때부터 잘하지 못하면 나중에 영향 미칠 수 있어서. 그래서 그쪽으로 관심이 가요. 그리고 또 우리 다문화가정 때문에 제가 한국어 조금 잘 못해요. 저희 애가 다른 애들보다 한국어 못하고 느릴까 봐 걱정되어요. [조사자: 그런 걱정을 하고 갔어요?] 네. [조사자: 그랬는데, 선생님이 그렇게 말씀하셔서…. 그러면 선생님 말만 듣고 왔어요? 아니면 ○○ 씨가 우리 애에 대해 뭐 질문하고 왔어요? 상담?] 저요? 상담했을 때 제가 일단 우리 애가 혹시 다른 애들과 잘 지내는지. 그리고 학교에서 학교 애들 싸움, 충돌 발생했을 때 우리 애들 어떻게 잘하는지. 포용적으로? 아니면 어떻게? 그것도 물어보고 지금 제일 국어, 언어 발달, 그쪽에 혹시 다른 애들보다 느리거나 혹시 제가 집에서 조금 더 공부시켜야 할지. "선생님, 어떻게 제가 어떻게 해야 국어에서 도움을 될 수 있는 방법을?" [조사자: 그랬더니?] 그런 거. 다른 거는 좀 아직도 어려워서. [조사자: 혹시 애들 사이에서 다문화가정이라고 해서 어떻게 그런 거….] 차별? [조사자: 그런 거 있다고 해요?] 그거 물어봤어요. 근데 우리 동네는 우리 애가, 그 학교 다문화교육 잘 시켰기 때문에 그 환경과 반에서 다문화가정 있었어요. 그것 때문에 차별 적어도 조금 걱정되어요. 왜냐하면 아는 친구 아기가 그런 경험이 있었어요. 자기 아기 엄마는 외국인이기 때문에 애들이 "아, 너네 엄마는 외국 사람이지." 그래서 엄마 말을 했을 때 외국어로 했잖아요. "어우, 무슨 이상한 소리하는 거야? 뭐지?" 그래서 그 아기가 그때부터 엄마 모국어는 말하지 않아요. 왜냐하면 조금 다른 애들과는 차이가 있기 때문에 그저 놀려서…. 그래서 저도 선생님한테 물어봤어요. 혹시 우리 애들도 엄마가 외국인이기 때문에 차별을 당하거나 놀림당하거나 있는지 없는지 물어봤어요. 그런데 다행히도 있는 것은 그 학교에서 계속해서 틀린 게 아니라 다른 거라고 교육시키기 때문에 그런 거 없어요. [조사자: 네, 좋네요. 선생님을 참 잘 만난 것 같아요. 아기한테는 어떤 교육을 시키고 싶으세요?] 저요? 지금요? 조금 두 가지. 지식적으로는 영어, 근데 영어는 학원이 너무 비싸요. 그리고 영어학원에서 다 원어민 아니고 필리핀 사람이, 근데 필리핀 사람이 우리 수업을 할 그 선생님 보니까 그 필리핀 방언, 티가 너무 많이 나요. 그래서 오늘 그것 경제적으로도 생각하고 그것 때문에 원어민 아니기 때문에 차라리 보낼까 말까 고민하고 있어요. 그래서 제가 지금 영어를 가르치고 있어요. 그리고 두 가지는 우리 아기들 조금 더 나중에 지금 보니깐 애들 나중에 크면 문제가 많아요. 뭔가 성격이 이상하고. 우리 애들 조금 인성적으로 그런 교육을 그런 경험을 많이 있으면 뭔가 봉사활동. 다른 사람한테 기부하는 것, 그런 거 있으면 인성적으로 조금 착하게 그런 교육. [조사자: 그런 데는 찾아봤어요?] 아직은 안 해봤어요. 이런 계획도 그런 정보를 제가 더 모르고, 그리고 또 아직 아이들이 어려요. 그래서 뭔가를 할 수 있는 봉사활동? 지금 없을 것 같은데요. [조사자: 봉사활동 이런 것은 아이 혼자만 보내면 너무 아직 어리고 위험하고 하니깐, 혹시 엄마가 봉사활동에 관심이 있어서 아이하고 같이 그런 봉사활동도 생각해봤어요?] 아뇨. 아니, 해봤어요! 제가 또 예전에 제가 무슨 봉사활동 할 수 있는지도 모르고, 그래서 지금은 그거 다문화 그거 중국어 강사 교육을 받은 다음에 제가 아동센터 아니면 도서관에서 재능기부 이런 것, 그런 것 할 생각이 있었어요. 아주 조금 전에 그래서 그거 했어요. 그래서 애들 같이 하는 것 그쪽으로 선생님 말씀하기 전에 생각은 해봤어요.

▶ 남편의 반대에도 자녀에게 이중언어를 가르치다

[조사자: 그럼 이제 그쪽으로 생각해볼 거예요? 좋아요. 아까 얘기 중에 중국어는 아기하고는 중국어로 대화해요?] 네, 집에서는 다 중국어로 대화해요. [조사자: 둘 다? 애기 둘 다? 그러면 뭐 특별한 방법이 있었어요?] 네, 그 방법이 좋은 방법은 아니지만 제가 혹시 도움이 될 수 있으면 제가 처음에 애들 중국어를 가르쳐주었을 때, 우리 남편도 반대했어요. 애들 아직 혹시 한국어도 잘하지 않는데 다른 국어를 같이 공부하면 혹시 헷갈릴까 봐. 그것 때문에 조금 반대했어요. 근데 제 전공은 유아교육인데, 유아교육이라 무시하고 계속해서 출산하자마자 계속 애들 중국어로 대화를 했어요. 그래도 같이 어렸을 때부터 중국어 노래를 틀어서 놀면서도 그냥 틀어놓고 틀어주고 그런 식으로…. 또 중국어 동화책 이런 것 우리 좀 제가 운이 조금 너무 좋아 근처 다문화 도서 이런 거 많아요, 중국어. 그래서 같

이 빌리고 같이 읽어주고. 그리고 우리 엄마 아빠 여기 계시니깐 그런 환경이 있기 때문에. 그래서 계속해서 음, 제일 제가 조금 유효한 방법은 어렸을 때 계속해서 말하기, 계속 중국어 노래 간단한 거 틀어주기, 시간이 있으면 동화책도 많이 읽어주기, 중국어로. 그리고 카드, 집에서 시간 있으면 중국어 카드도 만들어주고 같이 놀이로 화투처럼 그것도 같이 놀면서 같이 공부해요. [조사자: 그럼 애들이 지루해하지 않고?] 지루해하지 않고 그냥 놀이처럼, 카드처럼, 화투처럼, 단어카드로. 아, 맞다. 그거 제가 좋은 동영상에서 한국어 '코비' 있잖아요. 그거 중국어 되어 있는 것 있어요. 그거 우리 애들 계속 다 무료이기 때문에 만화, 이런 거 카툰, 카툰 좋은 거 추려서 보여줘요. 다른 방법이. [조사자: 그러면 이렇게 ○○ 씨 같은 경우에는 애들 교육도 그렇고 언어도 그렇고 다 유아교육에서 배운 방법대로 교육하고 있잖아요. 그런데 다른 친구는 아기들하고 아까 그 친구 같은 경우에는 학교에서 친구들이 중국말을 했더니 "너 이거 무슨 말이야?" 해서 이제 안 했다고 한 친구는 그 친구는 어떻게, 그 친구를 위해 이 방법을 소개해줘봤어요?] 제가 그 친구는 만나본 적이 없어요. 그런데 주변에 같은 중국 엄마들 있어요. 그런데 자기 애들 중국어를 못하는 애도 있어요. 그런데 그런 엄마는 제가 지금 얘기하다 보니깐 그것도 처음에는 애들 어려서 두 가지 언어를 가질 수 없기 때문에 시기를 놓쳤어요. 애들 크면 조금 자기가 알아서 제2외국어 그래서 공부를 하고 싶지 않아 해요. 그리고 또 어떤 엄마는 이런 생각을 하고 있어요. 애들 다른 사람 앞에서 엄마가 외국인이라서 튀게 하고 싶지 않아 해요. [조사자: 엄마가 외국인이라서 아이들 친구들한테 엄마를 보여주고 싶어 하지 않아요?] 아니요. 엄마도 자기 애가 다른 애들한테 우리 애가 외국 사람 아기인 거 들키게 하고 싶지 않고 숨기고 싶어 해요, 그런 신분을. 그래서 만나는 친구들 중에… 그래서 그런 거 조금 이해하기 어려워요. [조사자: 그 친구는 학교에서 그러면 아이들한테 이렇게 왕따 그런 것도 당하나 봐요?] 왕따는 아니고요. 만약에 그냥 말하다가 엄마가 말하다가 옆에 친구가 "너 지금 무슨 이상한 소리 하는 거야? 무슨 이해하지 못하겠어." 그 한마디가, 애들도 왕따 아니지만 그 한마디가 와! 그것 때문에 친구들 상처받을 수 있기 때문에 거부감이 생겨요. 두 가지 이유가 그리고 또 어떤 엄마 이런 거 중국 시간이 필요해요. 엄마가 바쁘기 때문에 그것도 못 하고 여러 가지가 원인이 있기 때문에. 그래서 그거 조금 애들한테 중국어를 가르쳐주지 못했어요. [조사자: 그러면 그런 아이들을 위해 우리가 할 수 있는 것은 무엇이 있을까요?] 우리가 할 수 있는 것은 지금 다문화센터에서 이중언어 교류가 그런 서비스가 있었어요. 그거 다문화가정 엄마들한테 도움이 조금. 제가 참석하지 않아서 그거 서비스 어떻게 되어있는지 잘 몰라서. 그런데 보니깐 엄마 애들 같이 놀면서 모국어를 그런 식으로 하는 것 같아서 아마 다문화가정 엄마들한테 도움이 될 수 있을 것 같은데요. 왜냐하면 이런 프로그램 생기면 엄마가 이 수업을 들어가면 그런 의식을 숨겨요. 의식을 숨기면 나중에 그 행동이 바로 생길 수 있잖아요. 그런 의식이 없으면. [조사자: 아까 자녀의 상담은 선생님하고 잘 받아봤잖아요. 그런데 자녀한테 어려운 점은 없었어요? 집에서 자녀에게 이런 문제가 생겼어요. 그러면 이런 문제를 가지고 다른 데 가서 상담받아본 적 있어요?] 없어요. 근데 선생님 그때 선생님 면담을 했을 때, 제가 선생님한테 물어봤어요. 우리 애가 지금 동생이 있기 때문에, 동생 때문에 우리 애가 첫째 애가 스트레스는 조금 받아요. 왜냐하면 동생한테 양보해주고 돌봐주고 그거 선생님도 그거 애가 있어요. 어떻게 하면 애를 스트레스를 조금 덜, 풀릴 수 있게 하는 방법을 그렇다 해서 물어봤어요. 그런데 얘기하다가 보니깐 어쩔 수 없어요. 왜냐하면 밑에 동생이 있기 때문에 그러한 스트레스가 꼭 생겨요. 어떻게 조금 줄일 수 있지만 없앨 수는 없어요. 그것.

▶ 다양한 교육을 받고 싶지만 현실적인 벽에 부딪히다

[조사자: ○○ 씨는 처음에 중국에서 연애결혼하고 오셨죠? 몇 년 전에 한국에 왔어요?] 6년 조금 넘었어요. [조사자: 처음에 왔을 때 생각해보세요. 한국어 잘했어요?] 아니요. [조사자: 그러면 한국어를 어디서 공부했어요?] 다문화센터에서요. 아니, 주로 다문화센터에서요. ○○구 다문화센터요. 처음에는 ○○구, 그다음에는 ○○구, ○○구, 그리고 지금도 ○○구. 프로그램 여러 가지, 처음에는 한국어 수업이, 그다음에도 교육을 시키는 거, 교육을 받은 거. 그리고 운전 수업을. [조사자: ○○ 씨 욕심쟁이네, 욕심쟁이.] 욕심쟁이 아니고, 아직 토픽 시험을 못 봤잖아요. [조사자: 아니에요, 좋은 뜻이에요. 그 처음에 왔을 때 어려운 문제 좀 있었어요? 뭐가 제일 어려웠어요?] 언어. 아마 다 이주여성들은 공통적으로 언어, 언어 때문에. [조사자: 남편이 중국어를 잘하셨어요?] 잘하지만 그래도 그냥 회화적으로. 만약에 감성적으로 얘기하고 싶으면 소통할 수 없어요. 중국어로도 한국어로도 소통이 안 되어요. 언어적으로 제일. [조사자: 언어를 그러면 몇 년 정도 배운 거예요?] 제가? 했다가도 중단했기 때문에. 거의 3년? 3년 동안 수업을. [조사자: 그러면 ○○ 씨는 임신도 하고 출산도 했잖아요. 그때 상담을 받아본 적 있어요?] 없어요. 이런 것은 어디서? 다문화센터에 상담센터가 있지만. 그런데 다 자발적으로 신청해야잖아요. 그리고 상담은 그런 의식이 없어요. 제가 만약에 문제 생기면 상담 선생님한테 찾아서 상담도 그런 의식이 없어요. 그래서 안 찾았어요. [조사자: 혼자서 해결했어요?] 혼자서 참고. 근데 그런데, 제가 그때 요리 선생님 집으로 오는 서비스를 신청했어요. 그때 제가 진짜 그 선생님한테 정신적으로 도움을 많이 받았어요. 그때 처

음에는 할머니 요리 선생님이 잘해도 주고, 한국어는 서툴렀지만 같이 얘기도 하고 들어주고. 그리고 제가 교육 선생님이 아기 교육 집에 와서 같이 얘기도 하고 집에서 담고 있는 문제, 스트레스가 같이 얘기하기 때문에 풀렸어요. 어차피 집에 사람이 와야 해요. 제가 그때 아기 가지고 있기 때문에 밖으로 못 나가요. 그래서 제가 못 나갔기 때문에 다른 사람이 선생님이 와야 해요. 그래야 같이 만나고 얘기하고. [조사자: 그러면 우리나라는 다문화가정이나 결혼이주여성들한테, 밖으로 나와서 공부를 못하는 사람들한테 가정방문 교사를 신청해서 하는데, 중국에도 이런 제도가 있어요?] 없어요. 그래서 한국, 중국 이주이민자한테 그런 복지제도, 진짜 좋아요. 중국에는 없어요. 스스로 해야 해요. 해결해야 해요. [조사자: 혹시 처음 한국에 왔을 때, '나 외국인이라 차별받아' 이런 느낌 있었어요?] 아마 있었을 거예요. 아마 그때 제가 한국어도 서툴러서 나가서 말하고 싶은 것도 못 하고 오해 생길 수 있잖아요. 그 사람이 하는 말을 제가 이해할 수 없기 때문에 그래서 다른 말을 대신해서 오해도 생길 수 있잖아요. 그때 차별, 그 사람이 외국인이기 때문에, 외국인이에요. 근데 심한 것은 없어요. [조사자: 다른 친구들은 혹시 그런 경험을 했다고 해요?] 제가 아는 친구가 있었어요. 그 친구가 애들 같이 지하철 탔을 때, 애기가 둘 있는. 그때는 사드, 한국 중국 간 사이가 나빴을 때. 그 친구가 애들까지 데려가 지하철 탔을 때 그 친구가 전화 받을 때 중국어로 얘기하잖아. 옆에 할아버지 1명이 "중국어 사람이야?" 그래서 그 친구가 들어서 나는 중국 사람이니깐 "왜요?" 그래서, 갑자기 그 사람이 큰소리로 그래서. 옆에 한국 아줌마가 그 우리 친구 잡고 "신경 쓰지 마." 그래서 그런 일이 있었어요. [조사자: 그 ○○ 씨는 중국에서 유아교육과 나왔잖아요. 그런데 혹시 한국에서 유아교육에 관해 공부하고 싶은 마음은 없으세요?] 지금요? 없어요. 왜냐하면 유아교육 나오면 한국어 한국 사람처럼 잘할 수 없잖아요. 아니, 진짜 그 말투가 어려워요. 한국 사람처럼 말투가. 지금 제가 생각하기에는 없을 것 같은데요. 제가 만약 그 길을 가면 유치원이나 한국 유치원 갈 수 없잖아요. 왜냐하면 애들 어렸을 때 한국어도 똑바로 해야지. 근데 선생님도 한국어를 똑바로 말해야지. 말할 수 없기 때문에 누가 선생님한테 애를 맡겨줘요. 그래서 한국 유치원도 들어갈 수 없어요. 아니면, 그 뭐지 석사를 공부해도 어디서 일해요? [조사자: 그런 걸 생각해보지 않은 거예요? 아니면, 아예 '나는 외국인이라서 안 될 거야'라고 포기한 거예요?] 지금 이 길에서 조금 생각해서. 근데 어디서? 만약에 제가 이 길을 쭉 가면 어디서 일해요? 유치원도 일할 수 없고 일할 수 없는데. [조사자: 왜 없다고 생각하세요?] 유치원에서 한국어를 잘 못하고, 부모님이 애들 어렸을 때 한국어를 똑바로. [조사자: 유치원에 필리핀 선생님도 있고 중국어 선생님도 있잖아요.] 근데 그 필리핀 선생님, 우리 지금 한국 유치원에서 그 필리핀 선생님 있어요. 그 선생님 영어 가르쳐줘요. 그쵸? 근데, 아 그래서 지금 선생님 말씀하신 유치원에 중국어 선생님이 중국어를 가르쳐줘요. 그쵸? 그래서 제가 지금 중국어 강사, 중국어 강사는 유치원에 들어가서 중국어를 가르쳐줘요. [조사자: 만약에 중국에서 유아교육과를 나왔는데 한국에서 유아교육과 나온 그것을 그대로 사용할 수 있으면 좋겠다?] 저도 그렇게 생각하는데, 일할 데가 없잖아요. [조사자: 혹시 중국에서 학교 외에 배워본 적 있어요? 교육?] 영어. 영어 대화. 회화 그쪽. 필리핀 사람들 그 선생님한테 전문적으로 회화를 공부했어요. 거의 6개월 동안 같이 만나고도 그때 직접, 그때 직접 수업 같이 1주 동안 한 기숙사에서 살고, 계속 영어로 대화하고. [조사자: 그럼 한국에 와서 영어를 계속 공부하고 있어요?] 네, 왜냐하면 애들 때문에. [조사자: 어떻게, 어떤 방법으로 공부하고 있어요?] 제가 지금 그 책으로. 어떤 때는 그냥 영화, 전문적으로는 아니고 영화 보고. 또 제가 찾아가요. 필리핀 사람이 있으면, 만날 수 있다면 영어로도 이야기하고. 그러고 또 어른 엄마 영어책 습관적으로 매일매일 말할 수 있는 그런 거 있잖아요. 그 책을 보고. 그리고 제가 집에서는 말할 수 있는 영어. 일은 영어로 애들에게 영어로 얘기해요. 그래서 만약에 '일어났다' 영어로 어떻게 하는지 그거 핸드폰을 보면서 찾아요. '일어났다' 영어로. '아, 그래 일어나!' 이렇게 그런 쪽으로. 그냥 가끔씩 가끔씩. 한마디 한마디. [조사자: 그럼 애들도 중국어도 잘하고 영어도 잘하고?] 영어는 잘하지. 조금 입문, 아주 초급, 입문. [조사자: 그럼 ○○ 씨는 한국에 와서 8년 동안 살면서 무슨무슨 교육을 받아봤어요?] 제가 처음에는 한국어. 그리고 그다음에는 ○○구에서 중국어 강사 과정, 두 달 동안 매일 5시간, 하루에 5시간. [조사자: ○○구 어디에서요?] 여성회관. 저기 ○○구 프로그램 되게 많고 좋아요. [조사자: 그럼 거기 무료였어요?] 네, 무료였어요. [조사자: 모두 결혼이주여성들이고?] 아니요. 그때는 중국어 강사 대상 모집하기 때문에 우리 반에서 한국 사람들 3명? 4명. 나머지 16명은 다 중국 사람이에요. [조사자: 그러면 그 자격증도 이렇게 다 주고…. 수료증?] 수료증도 다 주고. 그다음에 ○○ 한어 교육원 어린이 중국어 자격증과 전문적으로 어린이한테…. [조사자: 그건 무료예요?] 아니에요. 그건 돈 내고. [조사자: 누가 하는 거예요? 중국 사람이, 한국 사람이?] 한국 사람이 해요. 그거 학교 들어가기 위해. [조사자: 몇 년? 얼마나 배워요?] 20시간. [조사자: 그렇게 하고 또?] ○○구에서도 한 달 동안 다문화 강사. 그리도 또. [조사자: ○○구 어디? 다문화가정지원센터?] 그쪽에는 회사출강. 어린이, 어린이 대상. 다 마치고 그리고 ○○구 다문화센터에서 제가 운전수업을 마쳤어요. 그래서 지금 학원 가야 해요. 필기시험은 다 봤어요. [조사자: 이렇게 많은 교육을 받았는데, 지금 진짜 활용하는 것은 무엇이 있어요?] 한국어. 그리고 또 중국어 강사. 과외하고 있어요. 그리고 운전은 나중에 아마 하면 할 수 있을 것 같아요. [조사자: 그리고 또 배우고 싶은 것 있어요?] 영어. 내 아기 때문에. 그리고 컴퓨터. [조사자: 컴퓨터 배우고 싶어요? 그런데 시간이 없어서 못 배우는 거예요, 아니면 가르쳐주는 곳이 없어서?] 가르쳐주는 곳이 없어서. 몇 군데 물어봤는데 다문화센터에서 이런 곳은 없을 거 같은데요. 그런데 다른 데는 있어도 제가 정보는 조금 찾기 어렵기 때문에 되게 어려운 거 정보 찾기. 찾을 수 없기 때문에 공부하고 싶어도 아직 못 해요. 그리고 제가 또 다문화 강사 공부를 하고 싶어요, 다문화 강사. 왜냐하면 중국어 강사 다문화가정 관련한 게 있기 때문에 자격증 따면 그런 쪽으로도. 지금 이런 것 두 가지 생각하고 있어요. [조사자: 컴퓨터 무료로 배울 수 있는 곳은 고용노동부. 가봤어요?] 근데 그 고용노동부 저기 말씀하신 것, 카드. 그것 근데 그것 좀 어려워져서, 취업하기 위해서만 공부할 수 있어요. 그전에는 공부하고 싶으면 공부할 수 있지만, 근데 지금은 꼭 이거 자기 취업하는 직업에 관련 있는 것. 근데 제가 지금 그쪽이나 미용도 아니고, 자격이 없기 때문에. 저쪽에는 중국어 강사 이런 거는 무료 프로그램 없어요. 그런데 제가 컴퓨터 공부하고 싶으면 제가 또 나중에 관련 있는 직업을, 그것 이런 거는 제출 서류는 없기 때문에. [조사자: 컴퓨터를 배우면 반드시 그런 관련 업종에 취직해야 하는 것이군요? 그래서 무료 컴퓨터를 배울 수 없어서?] 네, 다문화 강사는 지금, 다문화센터에서 이런 계획이 올해는 없어요. 내년에는 있는지도 없는지도 정확하게는 몰라요. ○○대는 있는데 너무 멀어서. 그래서 좀 다니기 힘들어요.

▶ 한국에서 잘살아가기 위해서는 한국어와 강한 마음이 필요하다

[조사자: 중국에서 남편 만났잖아요. 처음 한국에 왔을 때 혹시 문화나 중

국 음식 이런 거 때문에 고생한 거 없어요?] 우리 남편은 중국 음식 원래 좋아해요. 그런데 문화충돌 좀 있었어요. [조사자: 어떻게 문화충돌이 있었어요?] 제가 한국 문화 모르잖아요. 제가 한국에 와서 시집을 갔을 때, 저도 장남 며느리예요. 그래서 음식 준비했을 때 예의! 중국에는 그런 것 없어요. 젓가락 어떻게 이렇게 하면 안 되고 저렇게 해야 하고 저렇게 알려주는 사람도 없고. 그래서 저도 잘 몰랐잖아요. 그것 때문에. 그리고 중국 사람이 한국 사람이 꼭 밥을 먹어야? 근데 나는 제가 또 북쪽 사람이에요. 면 많이 먹었잖아요. 그러면 또 바쁘잖아요. 그러면 집에서 우리 남편 만두, 특히 손님 왔을 때 우리는 만두 해주면 중국은 대접하는 건데. 전 그거 대접해주는 거예요. 근데 한국에 와서 나는 만두 해주는…. 그럼 우리 남편 "너는 왜 밥을 안 줘요. 손님한테 밥을 안 줘요." 근데 만두 먹은 다음에 또 밥을 해달라고…. 그리고 우리 남편 또 우리 시어머니한테 그 사람 매일 애들한테 면, 국수 이런 거. 만두 먹여주고. 그래서 우리 부모님 영양이 없다고 왜 애들한테 그런 거…. [조사자: 그럼 그런 걸 어떻게 극복했어요?] 저는 그래서 우리 시어머니한테 천천히 설명해줘요. 왜냐하면 그 상대방은 모르기 때문에 이거 오해잖아요. 그래서 천천히 얘기도 해주고 우리 시어머니한테. 그런데 우리 남편은 천천히 이해하지 못해요. 좋게 이해하지 않아요. 그래서. [조사자: 그래서 싸웠어요?] 싸우지는 않았어요. 그렇게까지는 아니고 그냥 만두는 좋아요. 시어머니한테 좀 좋게 얘기하고 충분히 얘기해서 설명해주고 남편은 그냥 얘기해주고 통보해주고. "나는 그렇게 할 거야." 그래서 제가. [조사자: 그러면 살면서 가장 어려웠던 적이 있어요?] 가장 어려운 거. 돈 때문에. 왜냐하면 저는 우리 남편은 막 쓰는 스타일이에요. 남자들 다 그렇지 않아요. 좋아해서 돈 가격 보지 않고 막 쓰는 그런 습관 있어요. 그런데 저는 원래 어렸을 때 같이 가면 좋아하지 않아서 아껴 쓰고 그리고 중국에서도 돈이 다 여자한테 관리하는 거 아니에요? [조사자: 여자가 관리해요, 중국에서? 그럼 한국에서는?] 우리 남편이 관리해요. 그리고 우리 남편 말이 또 "저를 아내 말을 잘 따라야 잘되어요." 근데 우리 남편 말이 나보다 나이 좀 많고 경험이 있어서요. [조사자: 무슨 경험?] 우리 남편 예전에 아주 젊었을 때 20대 초반에서 자기 회사도 설계도 하고 아주 잘되었어요. 그래서 그때 상장회사까지 잘되었기 때문에 자신감이 있어요. 그래서 자기가 나도 "너는 경험 없는 애야" 그래서 조금 또 고집이 있어요. 남의 말을 들어주지 않아요. 그래서 그것 때문에 섭섭하기도 하고 화도 나고 돈 때문에 둘이 소비스타일이 좀 틀려서 좀 싸웠어요. [조사자: 그때 누구한테 도움을 받은 적 있어요?] 없어요. 해결할 수 없어요. 왜냐하면 돈을 우리 남편이 관리하고 있잖아요. 그래서 지금 그냥 제가 처음에는 답답하고 섭섭하고 근데 지금 둘이 7년? 8년까지 살기 때문에 나도 틀린 데 있어야 부부. 누가 잘 맞으면 누가 틀리냐는 중요하지 않아요. 다 인내하고 서로 양보해야 같이 갈 수 있어요. 그래서 양보해야지. [조사자: 지금은 주위에 어려운 사람들이 많이 있잖아요. 시어머니, 남편하고 어려운 주위의 이런 친구들한테 해주고 싶은 얘기 있어요? 지금 잘 적응해서 살고 있잖아요.] 제가 지금 만약에 하고 싶은 말이 있으면, "자기가 잘해야, 도움을 제공할 수 있는 데가 많지만 한국어 때문에 정보 찾기 어렵기 때문에 아마 서비스 받는 게 어려워요. 그래도 일단 한국 것, 한국어 잘해야 그것 다음에 마음이 강해야 해요. 이런 것은 다른 사람 도움을 받을 수 있지만, 근데 최종은 자기 마음이 강해야 이거 시간이 문제예요. 제가 보기에는 시간이 문제예요. 싸우고 부딪히고 알 수 있을 것 같아요.

▶ 준비한 다음에 시작하는 것이 아니라 하면서 완성하는 것이다

[조사자: ○○ 씨는 앞으로 무슨 일을 하면서 살고 싶어요?] 제가요? 중국어 강사? [조사자: 학교에서? 아니면 개인적으로?] 지금 보기에는 학교에서. 방과 후. [조사자: 학교에서 하려면 꼭 필요한 게 뭐가 있어요, 중국어 강사로서?] 지금 거의 준비 다 되어 있어서, 자격증? 그리고 한국어 언어 수준. 그런데 저도 처음에는 한국어 때문에 걱정했어요. 그런데 다른 선생님 얘기하다 보니 이 정도면 소통은 문제없기 때문에. 누가 다 준비한 다음에 시작하는 것 아니에요. 그래서 하면서 완성하는 거예요. 그래서 지금 시작해도 괜찮다고 했어요. 지금 시작하려고요. [조사자: 처음으로 돌아가서 다문화가정지원센터에서 한국어를 배웠잖아요. 그때 가장 어려웠던 게 뭐 있었어요?] 그때요. 저한테는 문법 가장 어려워요. [조사자: 중국하고 한국하고 달라서?] 다르고요. 아직은 제가 발음이 시옷 발음을 정확하게 말할 수 없어요. 싸과. 싸과. 그거 몇 가지가 그런 발음이 중국어 속에서 없기 때문에 발음이 어려워요. 그리고 문법. 불규칙. 아직은 문법 제일 어려워요. 쓰기는 그때 선생님이 그 본문 문제 다 풀어야 해서 도움 많이 되었어요. 제가 또 다른 데는 가면 수업이 마음대로. 우리 그때 본문도 써야 하잖아요. 다른 선생님은 그렇게 학습할 때 시키지 않아서 쓰기가 어려울 수 있어요. 어려울 수 있을 것 같아요. 근데 선생님 그때부터 기초 튼튼하게 가르쳐주시기 때문에 쓰기는 어렵지 않았어요. [조사자: 감사해요. 혹시 우리 연구가 이제 결혼, 한국에 이주하는 이주민의 아카이브를 구축하는 것인데, 혹시 하고 싶은 얘기 있어요?] 조금 우리 정보 어떻게 이런 것, 정보 제공 어떻게 우리한테 알려줄 수 있는 기관 아니면 사이트. 왜냐하면 사이트 여러 가지 있기 때문에 찾기 힘들잖아요. 혹시 한 군데! 들어가면 뭐든지 다 나올 수 있게. [조사자: 한국어로만 올라가 있어도 다 이해해요?] 지금 이 정도는 간단한

거는 이해해요. [조사자: 그러면 처음에 온 사람들도 이러한 정보가 필요할 텐데, 그러면 그 사이트 한국어-중국어, 한국어-영어, 같이 있는 거!] 같이 있는 거. 지금 이렇게 있는 사이트. 다문화 취지, 공부, 교육, 같이 들어있는 사이트 없을 것 같은데요. 이런 정보 우리한테 우리가 알면 찾아갈 수 있잖아요. 근데 지금 이런 정보도 알 수 없어요. [조사자: 그러면 지금까지 다문화 강사도 공부했고, 중국어 강사도 공부했고, 이런 정보는 어떻게 알았어요?] 다문화센터에서, 다문화센터에서 선생님이 알려주신 거 아니고요. 다문화센터 책상 전단지 있잖아요. 제가 알아서 봐야 해요. 그래서 제가 그것 때문에 다문화센터 가면 전단지 자주 봐요. 제가 꺼내서 봐요. 특별히 선생님이 알려주지 않아요. 왜냐하면 전단지가 다 있기 때문에. [조사자: 오늘 정말 제가 깜짝 놀랐어요. 한국에 온 지 8년 만에 한국어를 이렇게 잘해요.] 제가 한국어를 잘하지 않아요. 우리 대만에서 진짜 한 6개월만 와도 대만 사람이 잘해요. 대만 친구 중국어 강사. [조사자: 아니에요, 잘했고. 오늘 시간 내줘서 정말 정말 감사하고 자주 만날 수 있으면 좋겠는데. 꼭 이렇게 이런 일로 연락하게 돼서 미안하고 감사하고.] 아니에요. 아니에요. [조사자: 지금은 11시 40분입니다. 그래서 인터뷰를 마치려고요. 마지막으로 해주고 싶은 얘기는요?] 조사 진짜 끝난 다음에 복지제도가 더 원활할 수 있으면 좋겠어요. [조사자: 그럼 지금 복지나 제도가 조금 부족하다고 생각하는 거죠?] 우리 요즘 이주여성들이 다른 사람보다 특별히 뭐가 없어. 제가 조금 궁금해요. 만약에 제가 중국에서 유아교육이잖아요. 그럼 한국에 와서 제가 유아교육 제가 맡을 수 있는 교육상담 아니면 직업상담 있으면 좋겠는데 그런데. [조사자: 유아교육을 전공하고 왔는데, 그 유아교육을 한국에서 그대로 받아들일 수 있는?] 아니면 혹시 관련 있는 일을 제가 할 수, 공부한 거 포기하면 조금 아까워요. 그거 조금 근데 그리고 또 없어. 아니요, 있는데 제가 또 모른 걸 수도 있어. [조사자: 그런 게 필요하다는 거죠? 중국에서 유아교육을 전공했는데, 한국에 와서 유아교육을 전공하는 일을 계속 연결해서 할 수 있으면 좋겠는데 지금 그런 시스템이나 제도가 미흡하다는 거죠?] 있으면 꼭 하고 싶어요. [조사자: 그렇죠. 그것을 계속 가지고 있어야지 좋은 거 맞습니다. 정말 감사해요. 그럼 마치겠습니다. 지금 ○○ 씨 2017년 11월 2일이었고요. 우리 10시에 만났죠? 감사합니다.]

인터뷰가 끝났는데, 갑자기 연구참여자가 또 말해서 녹음함.

▶ 다문화가정 유아를 위한 이중언어교육이 필요하다

네, 다문화가정 애들 조금 어렸을 때부터 자연스럽게 두 국어를 가지기 때문에 혹시 이 대상으로 뭔가 특별한 교육 시스템은 없나요? 왜냐하면 다른 애들보다 장점은 아니지만 어렸을 때부터 이미 가지고 있잖아요. 그래서 혹시 이 장점을 조금 더 발달 그런 교육은 없나요? [조사자: 그러니깐 ○○ 씨의 애기처럼 어렸을 때부터 이중언어를, 모국어가 그 아이는 2개인 셈이에요. 엄마 나라 언어를 지금 다 하고 있기 때문에, 아주 어렸을 때부터, 엄마 배 속에 있을 때부터 엄마의 언어를 배우고 나왔잖아요. 그런데 그 아이들을 계속 그 이중언어를 지속적으로 공부할 수 있게 그런 시스템을 원한다는 거죠?] 계속 그 시스템을 그 언어를 배울 수 있는 시스템도 필요하고, 그리고 이 장점을 조금 더 나중에 사용할 수 있게 직업교육 계획 있으면…. [조사자: 학교에서 그런 거 있어요. 다문화가정 자녀이고 이런 입시에 플러스 몇 점 이런 게 있긴 있는데 지금.] 근데, 지금 특별한 교육은 없어요. 왜냐하면 어렸을 때부터 제일 진귀한 시기잖아요. 어렸을 때부터 그런 교육을 받으면 혹시 나중에 크면 받을 수 있는, 어렸을 때부터 받으면 조금 낫지 않을까. 너무너무 아까워요. 애들 생각을 하기 때문에. [조사자: 그런데 이기적인 게 아니에요. 가장 중요한 거예요. 경쟁력을 가지려면 자녀가 중국어를 잘 해야 해요.] 근데 지금 집에서, 이렇게 말할 수 있지만서도 그 뭐가 공부를 더 있어야 나중에 이쪽으로 그냥 말할 수 있으면 안 되어요. 뭔가 문화, 경제, 언어 조금 더…. [조사자: 전문적인 지식을 일상생활 언어를 넘어서 전문적인 지식을 가르칠 수 있는 교육이 필요하다는 거죠?] 어렸을 때부터요. 성인 아니고요. 성인은 나중에, 지금도 있어요. 중국인 유학을 가면 될 수 있지만 그땐 성인이잖아요. 어렸을 때부터, 지금 보니까 초등학교 일찍 마치고 그럼 1시간, 30분 그 국가에 대해 뭐 역사, 그 선생님이 중국어 선생님도 되고, 중국어 지금 관광권은 중국어를 가르쳐줘요. 아니면 다문화 애들 대상으로 중국어로 아니고 잘하는 애는 그 국가 역사. [조사자: 그러면 이중언어로 한국에 대한 문화와 역사 아니면 중국에 대한 문화, 중국에 대한 역사.] 중국에 대한. 왜냐하면 한국에 대해 역사는 나중에 학교에서 있잖아요. 근데 중국에는 특별히 공부할 기회가 없어요. 그럼 어렸을 때부터 중국에 관한 지식, 입문, 역사 이런 것 가르쳐주면 어렸을 때 좀 그런 거 많이, 나중에 크면 다른 것 공부할 수 있잖아요. 근데 아마 학교에서 중국어를 가르치는 선생님도 필요하고. 그래서 중국 문화를 가르쳐주는 선생님도 아마 필요할 거예요. 그리고 학생도 중국어를 말할 수 있는 이중언어. [조사자: 예를 들어서, 중국어를 배우는 입문반하고 중국어를 다 아는 고급반하고 해서 입문반에는 중국어를 '니하오' 이런 거를 가르쳤지만, 고급반에서는 중국어의 역사나 문화를 깊이 있게 가르칠 수 있는 그런 기관이 필요하다는 거죠. 어렸을 때부터?] 네, 어렸을 때부터. 근데 아마 이거 중국에서 깊이 공부 들어가면 다 중국 사람 이야기예요. [조사자: 네, 감사합니다. ○○ 씨하고 계속 얘기해야겠는데요? 좋은 아이디어가 많아서. 아빠는 아기가 나중에 한국에서 일하기를 원해요? 아니면 중국에서 일하기를 원해요?] 자기 원하는 대로? 저요? 저는 미국 아니면 캐나다. [조사자: 왜요?] 한국에 경쟁이 너무 심해서…. 사람이 너무 스트레스 많아요. 한국 남자 살기 너무 힘들어요. [조사자: 남편 보니 알겠어요?] 네.

5장

차별 속에서도 당당히 꿈을 키워가다

연구참여자는 중국 하얼빈에서 태어났다. 대학을 졸업하고 중국 하얼빈에 있는 한국 회사에서 일했다. 회사에서 친해진 동료가 한국 남자를 소개해 주었는데 그 남자가 지금의 남편이다. 한국에 처음 왔을 때, 외국인 여자가 한국에 오기 위한 목적으로 나이 많은 남자와 결혼한다는 편견이 있다는 것을 알게 되었다. 그녀는 단순히 한국이 좋고 지금의 남편이 좋아서 연애결혼을 한 것이기 때문에 크게 상처받지는 않았다. 그녀가 한국에 처음 왔을 때 한국어 때문에 특별히 힘든 점은 없었다. 하지만 시부모님과 함께 사는 집에 시누이가 자주 와서 힘들었다. 임신을 한 데다 친구도 없어서 외롭고 힘들 때 종교에 의지하는 마음이 더 강해졌다. 그래서 집에 불화(佛畫)를 붙여놨는데, 시어머니께서 찢어서 버렸다. 그녀가 한국에서 유일하게 의지할 것이 그거 하나밖에 없었는데, 시어머니가 연구참여자와 상의도 없이 찢어버린 것이다.

연구참여자는 한국에서 아이들을 낳고 키우면서, 아이들이 어느 정도 자라고 나니 점점 허전함을 느꼈다. 그래서 뭔가 배워야겠다는 생각에 이중언어강사 공부를 시작해서 6년째 이중언어강사를 하고 있다. 첫째는 중국에서 태어나 친정부모님이 키워주셨기 때문에 중국어를 잘하고, 둘째는 기본적인 의사소통만 가능한 정도다. 아이들이 한국어와 중국어를 모두 잘할 수 있는 환경에서 자라기를 바라지만, 그녀는 한족이기 때문에 한국어가 많이 부족해서 두 가지 언어 모두를 완벽하게 가르치는 것은 불가능하다. 그래서 아이를 중국으로 2~3년 정도 유학 보내려고 한다. 그리고 그녀도 깊이 공부할 기회가 되면 영어를 배우려고 한다.

[주제어] 교육, 이중언어, 복지, 차별, 종교

1.
한국 남자를 만나 연애하다

대학 전공보다 한국어 공부에 흥미를 느끼다

나는 중국 하얼빈시*에서 태어났다. 지금 한국에 살고 있는 지역과 하얼빈의 기후가 비슷한 편이다. 아마 해안가 지역이라서 그런 것 같다.

내가 대학을 다닐 당시에는 한국어 전공이 많이 없었기 때문에 한국어를 배우려면 한국인 유학생이나 조선족 선생님들을 통해서만 배울 수 있었다. 하지만 나는 거의 독학으로 한국어 공부를 했다.

대학 전공은 회계전산학이었지만 머리가 좋지 않아서 그런지 전혀 흥미가 없었다. 전공 공부보다 한국어 공부에 관심이 많았고, 그래서 졸업한 후 하얼빈에 있는 한국 기업에 취업했다.

---

* 하얼빈시는 동경 125°42′~130°10′, 북위 44°04′~46°40′에 위치하며, 헤이룽장(黑龍江)성의 성도이자 중국 둥베이(東北) 북부 지역의 정치 · 경제 · 문화의 중심이다(인천광역시청 홈페이지 > 국제교류).

회사의 친한 동료에게 한국 남자를 소개받다

회사에서 친해진 동료가 한국 남자를 소개해주었는데, 그 남자가 너무 좋았다. 그 소개받은 남자가 지금의 남편이다. 남편이 좋았던 이유는 나이가 많고 나에게 잘해줬기 때문이다. 나는 나이 많은 남자가 이상형이기 때문에 대학교 다닐 때도 연애를 해본 적이 없었다. 그래서 지금의 남편이 좋았고, 연애하면서 결혼까지 하게 되었다. 결혼 이후 한국에 오게 되었다. 처음에 한국 음식이 입에 맞지 않아 20kg 정도 살이 빠졌다. 시간이 지나 첫아이 임신 때까지 여전히 한국 음식이 입에 안 맞아 몸이 많이 힘들었다. 그래서 중국 원정 출산을 결정했다. 첫째 아이 출산 후 2~3개월 정도 중국에 더 머물다가 한국에 돌아왔다. 중국에서 출산과 산후조리하는 동안 남편이 중국과 한국을 오가느라 고생했다.

2.
시댁과의 갈등을 겪으며 살아가다

시누이가 남편과 아이를 자주 데리고 오다

한국에 처음 와서 한국어 때문에 특별히 힘든 점은 없었다. 하지만 시부모님댁에서 사는 건 불편했다. 시부모님께서는 온화한 성격으로 잘 해주셨지만, 시누이가 집에 자주 와서 나를 힘들게 했다. 문화 차이일 수도 있지만, 중국은 결혼하면 며느리가 시부모님이랑 같이 살더라도 내 집이라고 생각하며 사는데 한국은 좀 다른 것 같았다. 한국에 오기 전에 한국 드라마를 통해 시누이가 눈칫밥을 주는 걸 본 적이 있었다. 그 정도까지는 아니었지만 시누이 성격이 강한 편이라 대하기가 어려웠고, 시누이의 남편과 아이들이 자주 와서 살았기 때문에 불편한 적이 많았다. 나는 한국에 온 지 얼마 되지 않은 데다가 임신 초기여서 마음이 불안하고 외로웠다. 그래서 시누이의 행동이 더 크게 다가왔던 것 같다. 이런 문제를 하소연할 친구도 없었고 그 당시에는 다문화가족지원센터가 있는 줄도 몰랐기 때문에 혼자 끙끙 앓았다.

벽에 붙여놓은 불화(佛畫)를 시어머니께서 찢어버리다

한국에 처음 왔을 때 시댁의 경제적 형편이 좋지 않아서 15평 정도 되는 공간에서 생활했다. 임신하기도 했고 친구도 없어서 외롭고 힘들 때 종교에 의지하는 마음이 더 강해졌다. 그래서 절에 가보았는데 중국의 절과 많이 달랐다. 불상의 생김새뿐만 아니라 불경도 달랐다. 불경을 펴보면 다 한국어라서 이해할 수 없었다. 그래서 절에 가기 위한 목적으로 1년에 두세 번 정도 중국을 방문했는데, 그때마다 시댁에 아이를 맡겨야 하고 가면 1~2주 정도 소요되는 번거로움이 있었다. 결국 한국 집에서 부처님을 모시게 되었다. 신앙이라는 것은 나라를 가리지 말았어야 했는데, 이상하게 가리게 되었다. 문화 차이 때문에 마음이 안 갔던 것 같다.

시댁은 성당에 다니는 집안이다. 시어머니께서 내게도 성당에 다니기를 권유했는데, 그냥 불교를 믿겠다고 했다. 시어머니께서도 내 의견에 동의하셔서 종교로 크게 부딪히는 일은 없었다. 집에서 부처님을 모시기 때문에 중국에서 가져온 불상을 테이블에 올려두고 불화는 벽에 붙여놓았는데, 시어머니가 불상이 무섭다고 하셔서 중국 가는 길에 불상을 다시 중국 집에 가져다놓았다. 임신했을 때 입덧과 한국 음식이 적응되지 않아 잠시 중국에 가게 되었는데, 그때 불상도 함께 가져갔다.

한국에 다시 돌아왔을 때 집에 붙여놓은 불화가 감쪽같이 사라진 걸 발견했다. 남편한테 물었지만, 남편은 모른다고 했다. 시어머니한테 물어보니 시어머니가 찢어서 버렸다고 하셨다. 한국에서 의지할 것이 유일하게 그거 하나밖에 없었는데, 시어머니가 나와 상의도 없이 버려서 기분이 몹시 상했다. 나는 시어머니를 배려하기 위해 불상도 중국에 다시 놓고 왔는데, 시어머니는 나의 그런 마음도 몰라주고, 나에게 묻지도 않고 불화를 찢어버려서 화가 났다. 그래도 참고 남편과 이야기했다. 그런데 남편은

"그거 가지고 뭘 그러느냐? 다시 사면 되는 거 아니냐"

고 대수롭지 않게 말했다. 참지 못하고 시어머니께 가서 이건 아닌 것 같다고 따졌다. 시어머니는 그냥 쓸모없다고 생각해서 버리신 거라고 했다. 그 당시에는 한국어도 못했고 친구도 없고 다문화가족지원센터도 몰랐기 때문에 답답한 마음을 풀 방법이 없었다. 그래서 베트남이나 중국은 대다수가 불교를 믿는데, 한국에도 모국에서의 편안함을 느낄 수 있도록 모국의 스님이나 불경이 있었으면 좋겠다고 생각했다.

아이들과 다문화가족지원센터에 가다

처음에 살던 곳은 다문화가족지원센터와 거리가 멀어서 관련된 정보를 얻지 못했다. 3년 정도 살다가 다른 곳으로 이사했는데, 그곳 친구를 사귀면서 다문화가족지원센터를 알게 되었다.

다문화가족지원센터에서 아이들을 위한 교육 프로그램과 다양한 활동을 했기 때문에 많은 도움이 되었다. 단기 프로그램도 있고 장기 프로그램도 있는데, 현재는 5개월 정도 되는 장기 프로그램에 참여하고 있다. 주중에 한 번 하는 미술치료 프로그램인데, 명칭은 미술치료이지만 치료보다는 친구들과 노는 분위기라서 아이들이 좋아한다.

아이들 담임선생님과 상담하다

첫째 아이의 담임선생님은 아이들에 대한 관심도 많고 교육에 열정이 많으신 분이었다. 그래서 상담받으러 갔을 때 우리 아이에 대해 객관적으로 말씀해주셨다. 우리 아이는 공부에는 관심 없지만, 친구 관계가 좋은 편이고 고집이 센 편이라고 했다. 고집이 센 것은 아마 나를 닮아서일 거라고 예상한다.

둘째 아이의 담임선생님에게는 기대할 만한 상황이 아니어서 상담받으러 가지 않았다. 왜냐하면 공개수업 때, 수업 분위기가 엉망이라서 학부모들이 충격을 받았기 때문이다. 수업 활동 때 아이들이 잘 따르거나 선생님에게 집중해야 하는데, 집중력 좋은 몇몇 아이를 제외한 대다수의 나머지 아이들은 수업에 집중하지 못하고 있었다. 둘째 아이가 같은 반 친구에게 뺨을 맞았다는 말을 듣고 객관적인 상황 파악이 필요했다. 그래서 담임선생님과 상담하려 했지만, 공개수업 끝나고 얼마 후에 병가를 내셨고 학교에 나오지 않아 상담은 못 했다. 담임선생님께 상담을 요청했지만, 학원에서 있었던 일이라 선생님이 나설 수 있는 상황이 아니라고 하셨다. 그래서 우리 아이를 때린 아이 엄마한테 내가 직접 연락했다. 자기 아이는 그런 아이가 아니고, 다른 아이를 보호하기 위해 우리 아이를 때렸다고 주장했다. 너무 황당하고 당황스러웠지만, 나는 끝까지 사과를 받아냈다.

허전한 마음에 이중언어강사 교육을 받다

한국에서 아이를 낳고 키우고, 또 낳고 키우면서 아이들을 어느 정도 키우고 나니 너무 허전했다. 그래서 뭔가 배워야겠다는 생각에 이중언어강사 공부*를 시작했다. ○○교육대학교에서 900시간 강의를 들었다. 900시간 강의 안에는 다양한 과목이 있었는데, 6년 전에 배운 거라 기억이 잘 나지 않는다. 솔직히 말하면 이중언어강사를 하기 위해 필요한 과목도 있기는 했지만, 굳이 이런 거를 배워야 하는지 의문이 드는 과목도 많았다. 예산 낭비한다는 생각이 들었다. 나라 지원을 받고 공부하는 입장이라 의견 내세우기 어려웠지만, 지금 와서 생각해보면 나라 입장에서는 현

* 이중언어강사 양성교육: 교양, 교직, 전공, 교육 실습 등 900시간 과정(서울교대 다문화교육연구원)

실 상황을 잘 모르기 때문에 그럴 수 있다고 생각한다.

이중언어강사 교육을 강의하는 선생님 중에는 책임감을 가지고 가르치는 분이 있는가 하면, 시간 때우기용으로 대충 가르치는 분도 있었다. 아무리 외국인이라도 느낄 수 있는 부분이었다. 한 과목당 과제가 최소 3~4개 정도 되었는데, 우리한테 필요하지 않은 과제도 많았다. 6년 전에 배웠지만, 틀림없이 지금까지도 이런 형식으로 교육이 진행될 거라 생각한다. 교재도 꼭 필요하지 않은 부분인데, 예산이 낭비되는 것 같다.

이중언어강사를 시작한 지는 6년, 학교에서 가르친 지는 4년이 되었다. 이중언어강사를 하면서 이중언어강사에게 실질적으로 교육이 필요한 부분은 한국어 문법 교수법이나 흥미롭게 한국어를 가르칠 수 있는 방법, 그리고 역사 관련이다. 이중언어강사 교육을 받은 것에서 가장 많이 도움이 되었던 과목은 미술치료라고 생각한다.

현재 내가 수업하고 있는 학교는 시간제로 계약하여 한 달에 56시간, 일주일에 3~4회 정도 수업이 진행된다. 전교생을 대상으로 수업이 진행되기도 하고, 방과 후 수업이 진행되기도 한다. 다문화가정 자녀 수가 다른 학교에 비해 많은 학교이기 때문에 정규과정으로 중국어 수업이 있다. 엄마가 중국 사람인 학생 중에 중국어를 할 수 있는 학생은 10명 중 1명 있을까 말까 한 수준이다. 이중언어교육은 학교에 따라 다양하게 운영되기 때문에 어떤 학교에서는 학부모 또는 교사를 대상으로 수업이 진행되기도 한다.

6년 전 ○○교육대학에서 수업받을 당시에 수강생은 40명으로 시작해서 20명이 수료했다. 당시에는 계약직으로 고용되었는데, 점점 시간제로 바뀌면서 급여가 더 낮아졌다. 6년이나 이 직종에서 일하고 있지만, 성장하는 느낌이 없고 불안하기만 하다. 그리고 나를 포함한 4명이 아프거나 출산으로 중간에 활동이 중단되면 그전에 다니던 교육기관에서 다시 불러주지 않는다. 그래서 재취업을 위해서는 다시 개별적으로 취업을 준비해야 한다. 그리고 이중언어강사 자격증이 없는 강사들은 학교에서 마음에 들지 않거나 한국 사람을 고용하겠다는 이유로 고용이 취소되기도 한다. 이중언어강사 고용 형태는 2대 보험에 한 달에 56시간을 배정받고, 월급은 110~120만 원가량 받으며, 1년에 한 번 재계약한다. 예전에는 1년에 한 번 재교육 연수도 있었지만, 이제는 그것도 없어져서 대충 일하는 느낌을 받고 있다. 그래서 불안한 마음에 여러 강사들과 교육청 장학사를 찾아가서 이중언어강사에 대한 것을 문의하기도 했는데, 현재는 예산 때문에 어쩔 수 없고 추후에 어떻게 하겠다는 답변만 받을 수 있었다. 힘들게 장학사를 만났지만, 이런 사업에 관심도 없어 보였다. 우리 이중언어강사에게 조금이라도 더 투자하고 열정적으로 관리해준다면 아이들에 대한 책임감도 생기고 일에 대한 자부심도 생길 텐데, 6년이 지난 지금 나에게는 아무것도 남아 있지 않다. 오히려 더 좋아지지 않는 조건에 솔직히 어떤 강사가 더 큰 책임감과 자부심을 가지고 교육할 수 있을지 모르겠다.

3.
차별 속에서도 나만의 목표를 가지다

한국에서 외국인으로서 느낀 차별과 소외감을 말하다

한국에서는 외국인에 대한 눈에 띄는 차별은 없지만, 외국인이 스스로 눈치를 보게 만드는 분위기가 있다. 한국에 처음 왔을 때, 외국인 여자가 나이 많은 남자와 결혼하는 건 한국에 오려는 목적 때문이라는 편견이 있다는 걸 알게 되었다. 나는 단순히 한국이 좋고 지금의 남편이 좋아서 연애결혼을 하게 되어서 상처를 받지는 않았다. 그런데 영화를 보러 갔을 때 나를 불륜녀로 보는 것 같은 느낌에 다른 사람들의 시선이 신경이 쓰일 때도 있었다. 베트남 친구의 얘기를 들어보면 자신은 상처를 받았다고 한다. 아마 이런 시선들로 상처받은 사람들이 있을 것 같다. 하지만 이런 시선에 나는 오히려 남편을 놀리며 굳이 상처를 받지 않으려고 한다.

그리고 지금 수업하고 있는 학교에서 같은 이중언어강사인데 한국 사람들은 협의실에 배정받고, 외국인인 나는 창고 비슷한 방을 사무실로 배정받았다. 그리고 큰일만 발생하지 않게 알아서 하라고 업무 지시를 받았다. 일과 관련하여 물어보면 모른다고 하는 경우가 종종 있었다. 다른 학교에서는 개인 공간도 주어지지 않아서 교실에서 쉬는 시간을 보낸 적도 있다.

학교에서 대부분 선생님들은 친절하게 대해주시지만, 소수의 선생님들은 눈치를 보게 만들기도 하고 외국인 선생님이라고 해서 얕보기도 한다. 그리고 어떤 교장선생님은 편안하게 수업할 수 없게 만들기도 했다. 어쩔 수 없는 상황인 걸 알아서 그냥 지나가지만 마음이 좋지는 않다.

이런 일 때문에 아이를 학교로 보낼 때 걱정이 많았는데, 다행히 학교에서는 다문화 관련된 교육이 잘 이루어지고 있었다. 그래서 우리 아이는 우리 엄마는 중국 사람이라고 말하고 다닐 정도로 씩씩하게 잘 다니고 있다.

10년 사이에 중국에 대한 인식이 변하다

중국 엄마 중에서 아이들에게 중국어를 가르치지 않는 이유 중의 하나는 10년 전 중국은 지금보다 발전이 덜되기도 했고 한국에서 중국에 대한 이미지가 좋지 않았기 때문에 아이들이 무시나 차별을 당할까 봐 일부러 중국어를 가르치지 않았다. 그리고 중국어를 사용하면 주변 사람들의 시선 때문에 눈치가 보여서 사용하지 않는 경우도 있다. 또 어떤 중국 엄마는 한국에서 중국어를 가르쳐주려면 한 번에 두 번씩 말해야 하기 때문에 귀찮아서 가르쳐주지 않는 경우도 있다고 했다. 이렇게 다양한 이유로 엄마가 중국어를 가르쳐주지 않게 되면 다문화가정 자녀이지만 엄마 나라의 언어를 말할 수 있는 환경이 전혀 없기 때문에 이중언어가 되지 않는 상황이 된다.

현재 한국에 온 지 얼마 되지 않은 결혼이주여성들은 집에서 꼭 중국어로 대화해야 한다고 생각한다. 한국어를 유창하게 하지 못할수록 아이에게 중국어로 대화하는 습관을 길러야 한다. 그리고 가정 안에서만 중국어를 가르치는 것은 충분하지 않다. 그래서 정부에서 이중언어 교육기관을 제공해줬으면 좋겠다. 이런 환경이 있어야 나중에 아이가 커서 엄마를 이해하고 무시하지 않는다. 엄마와 언어로 충분한 소통이 된다면 관계와 언어가 발전하면서 가정에 안정도 가져다준다. 가정의 안정은 사회의 건강으로까지 이어진다고 생각한다. 언어로 소통하는 것은 정말 중요하다고 생각한다. 나는 아무리 시간이 지나도 한국 사람처럼 유창하게 말할 수 없다. 그래서 아이들을 유학 보내려고 하는 것이다. 부모와 아이들은 대화를 통해 공감하고 소통하는 게 중요하다고 생각하기 때문이다.

사회적으로 이중언어를 자유롭게 사용할 수 있는 환경이 조성되어 있다면 아이들을 중국으로 유학 보낼 생각을 하지 않았을 것이다. 아빠를 포함한 가족들이 다 한국에 있기 때문에 아무래도 한국에서 지내는 것이 좋기 때문이다. 한국에 다문화가정 자녀들을 위한 이중언어 교육기관이 만들어졌으면 좋겠다.

이중언어가 가능한 아이로 키우고 싶다

첫째는 중국에서 태어나 친정부모님이 키워주셨기 때문에 중국어를 잘하고, 둘째는 기본적인 의사소통만 가능한 정도다. 아이들이 한국어와 중국어를 모두 잘할 수 있는 환경에서 자라기를 바라지만, 나는 한족이기 때문에 한국어가 많이 부족해서 2개의 언어 모두를 완벽하게 가르치는 것은 불가능하다. 그래서 아이를 중국으로 2~3년 정도 유학을 보내려고 한다. 중국으로 유학을 보내려고 하는 이유는 두 가지가 있다.

먼저, 엄마와 자녀는 마음속에 있는 말을 서로 표현하는 것이 중요하다고 생각하기 때문이다. 내 한국어 실력으로는 일상생활 대화는 가능하지만, 가정에서 아이들에게 마음속에 있는 말을 꺼내지 못해서 아이들도 중국어가 가능했으면 좋겠다.

두 번째로 요즘 한국 아이들은 아이가 아닌 것 같다고 생각하기 때문이다. 기억에 남는 일 중의 하나는 첫째 아이가 학교에서 친구들과 있었던 일이다. 나는 어렸을 때 용돈이 너무 적었던 게 상처여서 아이들에게 용돈을 넉넉하게 주는 편이다. 그래서 아들이 또래 친구들보다 용돈이 많아서 친한 친구 2명의 몫까지 항상 사주게 되었다고 한다. 어느 날 아들이 친구들에게 원하는 걸 사달라고 했는데, 친구 둘 다 돈이 없다고 했다. 그 말을 듣고 아들은 친구들에게 그동안 사준 걸 돈으로 돌려달라고 말했는데 그 뒤부터 왕따 아닌 왕따를 당하게 되었고, 현재는 다시 사이좋게 지내고 있다고 한다. 이 말을 담임선생님을 통해 듣게 되었을 때 한국 아이들은 이기적이라는 생각을 하게 되었다. 물론 지금 중국 아이들의 상황을 잘 알지는 못하지만, 한국 아이들은 이기적이고 계산적인 어른의 모습이 보인다. 아마 한국은 경쟁사회라서 엄마들이 자녀들 문제에서도 경쟁의식을 가지고 있어 아이들도 이렇게 변한 것 같다. 이게 좋은 건지 나쁜 건지는 아직 잘 모르겠지만, 나는 아이들을 대단한 사람으로 키울 생각이 없다. 그래서 우리 아이는 한국 사회에서 받는 긴장과 스트레스에서 벗어났으면 하는 바람에서 유학을 보낼 생각이다. 중국 유학 생활을 통해 중국어뿐만 아니라 중국 문화도 배우고 한국과 중국의 상호문화능력도 키울 수 있을 거라 생각하기 때문이다. 그리고 나도 깊이 공부할 기회가 되면 영어를 배우고 싶다.

4.
전사록 요약

〈연구참여자 정보 및 특성〉

출생연도	1985년생	이주연도	2007년
국적(이주 전/현재)	중국(한족)/중국(한족)	학력	대졸
가족	남편, 2남	직업	이중언어강사

▶ 시누이의 행동으로 불안감과 외로움을 느끼다

[조사자: 지금은 연구참여자 그 설명서에 서명해주셨으니깐 녹음을 시작할게요. 오늘은 2017년 11월 14일이고요. 지금은 오전 11시 30분입니다. ○○ 씨를 모시고 인터뷰를 시작하겠습니다. 어, 한국에 2007년에 오셨어요. 음…. 중국 어디, 고향이 어디세요?] 어, 고향이는 하얼빈이에요. [조사자: 하얼빈?] 북쪽 지방인데요. 지금 사는 데는 청도. 칭다오. 청도에 살고 있어요. [조사자: 청도에요? 청도에 가봤어요.] 아, 그래요? [조사자: 네, (웃음) 좋던데요. 여기하고 비슷한 거 같아요. 기후나 뭐 그런 것들이.] 가깝고요. 다 해안, 해안기후라 큰 차이가 없어요. [조사자: 음. 그렇구나. 그 2007년도에 한

국에 오시기 전에 한국어를 공부하고 오셨어요?] 네. [조사자: 어디에서 한국어를 공부했어요?] 제가 대학교를 다니는 동안 좀 독학을 좀 했었거든요. 그때 당시에는 한국어 전공이 많이 없었어요. 그리고 어… 외국 또 학생, 유학생이나 음…. 그리고 또 조선족 선생님들 계시거든요. 이렇게 전공 아니지만 관심이 있어서 그래도 좀 배우고 있었어요. [조사자: 그러면 한국에 와서 불편한 거는 없었겠네요.] 있었죠. 근데 언어 때문에 특별히 뭐 너무 힘들거나 그런 거는 좀 없었어요. [조사자: 언어 때문에 특별히 힘든 거는 없었지만, 그래도 좀 처음에 한국에 왔을 때 뭐가 가장 불편했어요?] 음…. 우리는 처음 왔을 때는 시부모랑 같이 살고 있었거든요. 근데 어… 집안은 온화한 편이거든요. [조사자: 온화?] 온, 어 저 분위기가, 분위기가 온화하고 시부모가 좋은 분이시라 저한테 뭐 불편한 거나 그런 거는 안 해주는데 단지 그때는 시누이가 자꾸 집에 오셨거든요. 네, 그때 당시에는 시누이 때문에 힘든 점 많아, 많이 있었고요. (웃음) 어…. [조사자: 어떤 점이 힘들었어요? 하나만 말씀해주세요.] 어…. 네. 이거는 문화 차이인 거 같아요. 중국에서는 어… 이렇게 시집왔잖아요. 그럼 내 집이라고 생각을 해요. 시누이 오더라도 손님 대접을 해주는데, 근데 한국 오기 전에도 드라마 통해 아니면 문화를 좀 어… 들어본 거도 있어서 아 시누이 왔습니다. 이렇게 '눈칫밥이 준다' 있었는데 근데 거기까지는 없었구요. 근데 왔는데 내 집이라 제가 생각하고 이렇게 있었는데, 근데 시누이는 또 자기주장도 있었고, 또 그쪽이 어려운 점도 있었기 때문에 자꾸 아이들 데리고 와서 사는 거예요. 심지어 남편까지. 그래서 그때 당시 제가 임신 초였거든요. 근데 너무 불안했었어요. 게다가 처음 오는 거라 많이 외롭고 그러다 보니깐 그때는 조금 힘들었었어요. 다른 거는 뭐 다 괜찮아서. [조사자: 그때 힘들었을 때 누구한테 하소연해보거나 상담해본 적은 있어요?] 없어요. 전혀 없었어요.

전혀 없었고 친구도 없고 어… 그리고 다문화(가족지원)센터 그 자체가 뭔지도 몰랐었거든요. [조사자: 그러면 다문화(가족지원)센터는 언제 알았어요?] 제가 처음 왔을 때는 ○○에서 살았거든요. 그때는 거기에 있긴 있는데, 아마 제가 사는 데와 조금 떨어져 있어서 정보는 못 얻었구요. 거기에서 3년 정도 살다가 ○○구로 이사 왔어요. 그때는 이제 또 친구도 사귀기 시작하고 뭐… 네, 그때부터 다문화(가족지원)센터이라는 곳이 알게 됐었구요. [조사자: 다문화센터가 많이 도움 되었어요?] 어. 네. [조사자: 뭐가 가장 도움이 많이 되었어요?] 도움 된 거는 아이들…. 아이들… 위해 이렇게 프로도 많구요. 교육 프로나 음… 뭐 진짜 뭐 활동이나, 놀 거나 많이 있었고요. 네. [조사자: 그 아이들 교육 프로그램이 많다고 했는데, 그 교육 프로그램이 계속되는 프로그램이에요? 아니면 뭐 몇 회, 몇 회만 하고 끝나는 프로그램이에요?] 어. 그때 몇 회, 몇 회 끝나는 프로그램도 참석하고 있었고요. 그리고 쭉 가는 프로그램도 참여하고 있었는데, 어 다음 주까지가 마지막이거든요. 5개월 정도 다녔었어요. 1주일에 한 번 아이들 데리고 가서 미술치료하거나… 어… 네. 아무튼 다 교육 프로를 네. 프로그램이거든요. 네. [조사자: 미술치료요?] 네, 일주일에 한 번 하는데 치료라고 하기는 그렇고, 가서 친구들하고 놀아요. 놀아요. 그런데 애도 좋아하고 저도 좋아요.

▶ 한국에 와서 결혼이주여성에 대한 편견을 알게 되다

[조사자: ○○○ 씨는 중국에서 대학교 졸업했는데 뭐를 전공했어요?] 회계전산학. [조사자: 회계전산?] 화, 학, 회계. [조사자: 아, 회계전산학을 공부했어요? 그러면 졸업하고 나서 중국에서도 그런 일을 했어요?] 음. 아니요. 제가 머리 안 좋아서 그런지 아니면 그쪽에 좀 관심 많이 없었어요. 저는 외국어는 관심이 있었는데. 그러니깐 독학 좀 하고 그다음에 졸업하고 나서

그 당시는 한국 기업들이 굉장히 많았었거든요. 근데 어… 네 많이 한국 기업에서 취직을 많이 했었어요. [조사자: 아, 그러면 그… 고향에서 취직을 한 게 아니라 청도에서 한국 기업에 취직했군요. 그러면 혹시 남편도 거기서 만나셨어요?] 네. 거기서 남편 친구가 고향 친구가 사업을 하고 있었구요. 친구다 보니깐 소개를 해준 거예요. 소개를 받아서 어… (웃음) 제가 너무 좋아했어요. (웃음) [조사자: 아, (웃음) 남편을? 어, 뭐가 좋았는지 하나를 말해주세요. (웃음)] 제가 나이가 많은 남자 좋아하거든요. 어, 그래서 제가 대학교 다닐 때도 진짜로 연애해본 적이 없었구요. 개인적으로 나이가 있는 남자를 좋아하다 보니깐 남편이 너무 좋았어요. 아무튼 반했는데 (웃음) 아무튼 반했는데, 일단은 잘해줬어요. 잘해주고 근데 한국 와가지고 이거도 따른 이야기지만 음…. 아 이렇게 나이가 많은 남자와 결혼하는 게 목적성이 있어서 나이 많은 남자와 결혼한다는 것을 한국에 와서 알게 되었어요. 한국 오려는 목적이라는 선입견도 가지신 분이도 있는 거예요. 그거는 제가 전혀 몰랐었거든요. 단순히 좋아해서 한국에 왔는데…. 다른 사람들은 내가 한국 오기 위해 나이가 많은 남자와 사는 거다. 이렇게 느낀 거 같아요. 그때부터. [조사자: 아, 그 다문화가정의 결혼이주여성들은 대부분 나이 많은 사람하고 결혼해서 오는 그 안 좋은 선입견을… 편견 이런 게 있었다는 거죠?] 그땐, 그때는 몰랐었어요. 그때는 몰랐었는데 근데 한국 와서 알게 되더라구요. 우리는 자유연애로 왔지만 남이 봤을 때는 아마 좀 다른 느낌 줄 수도 있는데. 근데 저는 상처 받거나 그런 건 안 느껴봤어요. 제 생활인데 제가 좋아하는 사람인데, 제가 굳이 상처를 안 받았어요. 단지 뭐 영화 보러 가거나 이렇게 뭐 남의 시선이 좀, 어떨 때는 좀 신경 쓰여요. 그렇게 바람피우는 (웃음) 나쁜 여자라고 생각하는 거 같아요. 근데 저는 놀려요. 오히려 즐겁게 놀리는데, 이런 거 가지고 남편도 놀리고도 하는데. 그런데 베트남 친구가 상처받은 이야기한 거는 많아요. 다른 나라 사람도 상처받은 분도 계실 거예요. [조사자: 예. 대부분 베트남에 그 어린 신부와 뭐 한국의 나이 많은 남자가 결혼해서 이렇게 오는 예 때문에 아마 그런 게 없지 않아 있었던 거 같아요. 그 회계학을 전공하고 이제 언어를 좋아하셔서 한국어도 배우고 한국 회사에서도 일하고 이제 한국까지 오셨는데, 그러면 한국에서는 어떤 교육을 받아보았어요?]

▶ 이중언어교육을 받으며 느낀 점을 말하다

한국 처음 왔을 때는 아무 교육을 못 받았어요. 아이들 낳고 또 키우고, 아이 낳고 바빴었는데 이제 아이들 어느 정도 키운 다음에 너무 허전한 거 있죠. 뭔가 배워야 된다는 싶어서 근데 이중언어강사 공부하기 시작했어요. [조사자: 어디에서 이중언어강사를 시작한 거예요? 아니면 교육?] ○○, ○○교대. [조사자: ○○교대? 몇 개월짜리였어요?] 900시간인데, 900시간을 네…. [조사자: 900시간 그 과목 안에 무엇무엇이 있었어요?] 별거 다 있어요. 미술치료거나 어…. 열몇 가지 있는데 이거 다 기억하지 못해요. 근데 이제 6년 전이라…. (웃음) [조사자: 그러면 이제 그, 900시간 동안 교육받은 내용과 지금 이중언어강사를 하고 있잖아요? 그 거기에서 배운 내용은 현재 사용하는 이중언어강사에 많이 도움이 돼요?] 음…. 이렇게 솔직히 말씀드리면 어떤 느낌 느끼냐면 900시간을 통해 어… 이렇게 우리 취직하기 위해 배우는 거잖아요? 근데 거기서는 물론 도움 되는 과목이도 있어요. 또 어떤 거는 굳이 이런 거, 이런 거 배워야 되나? 그런 느낌도 많이 느껴봤거든요. 어, 물론 지원을 받아서 무조건 우리한테 퍼주고 이렇게 교육시키고 감사하는 일이니깐. 뭐… 따지거나 아니면 생각이 있거나 하면 굉장히 오해 여지를 생길 수 있는 상태였거든요. 그래서 우리 조용히 받고 하는 거는 많은데. 이제 와서 생각을 해보니깐 나라는 우리를 모르잖아요. 지원비는 이렇게 해주고 좋은 일을 막 바라고 좋은 결과 바라고 이렇게 우리 지원을 해주는데. 과정에 있잖아요? 꼭 우리 필요하는 거를 모르시는 거 같아요. 그러니깐 어떤 때는 아무리 이거 남의 돈이라도 그렇지 좀 적당히 하는 데에 사용을 하고, 제가 봤을 때는 원인이 우리한테 모르는 거 같아요. 우리에 대해 너무 모르는 분이 있어서 생각하시는, 생각하시는 분이 이렇게 해주셨으면 좋겠다. 본인이 생각해서 이렇게 이거를 짜시는 건데, 근데 어떻게 보면 낭비, 자원 낭비한다고 생각이도 드는 게 있었어요. [조사자: 그러면 지금 이중언어강사를 얼마나 하셨어요?] 제가 이제 6년째인데, 제가 학교에서 생활하는 거는 4년, 4년 정도? [조사자: 4년? 그러면 되돌아봐서 생각해보면 그때 900시간을 했던 교육이 이제 사실은 도움이 많이 되는 것도 있고, 도움이 안 되는 경우도 있잖아요? 그런데 이중언어강사를 하다 보니깐 가장 그 프로그램에서 실질적으로 필요하다고 느낀 거는 뭐가 있어요?] 뭐가, 과목이 말씀하신 거예요? [조사자: 과목도 그렇고 무언가가 필요하다. 그 과목에서.] 국어. 일단은 국어, 국어죠. [조사자: 한국어?] 일단 한국어, 한국어 문법이나 그리고 어… 교수법. 어떻게 아이를 재미있게 가르치는 거. 그리고 이… 역사. 역사 있죠. 그리고 이 아이들 소통하는 법이 그냥 미술치료 이런 게는 도움 되었어요. 이렇게 어떻게 보면은 우리는 무료로 이렇게 혜택을 누리는 대상이라 선생님들 태도나 어… 가르치는 태도도 어떻게 보면 문제가 될 수도 있잖아요? 그죠? 이런 꼼꼼하게 책임지시는 분이 정말 계세요. 그 지금까지도 영영히 그냥 잊을 수 없고 그런 분들도 계시고 어떤 분은 시간을 때우러, 때우기 위해 하는 건가? 그런 느낌을 받을 때가 있어요. 이런 거 아무리 외국 사람도 그렇죠. 다 눈이 있으니깐, 다 감각이 있으니깐 느낄 수 있는 거잖아요. [조사자: 음. 그 교사가 그 학습자 외국인이라고 해서 조금 무시하거나 소홀히 하거나 이런 게 있었다는 거예요?] 음…. 크게 없었어요. 크게 없었지만 그래도 좀. [조사자: 아, 그 강사가 그러니깐 역량이 부족했다는 거네요?] 역량 부족하다는 말씀이 뭐죠? [조사자: 교사의 능력 같은 게 뭐 조금 부족한 사람도 있었어요? 역량.] 어, 능력이 부족하다고 생각 안 해요. 우리가 생각하지 않았는데요. 근데 제가 느끼는, 제가 개인적으로 느끼는 건데 조금 우리한테 꼭 필요한 것이 아닌 것도 많다는 거예요. 우리한테 도움 진짜로 도움이 되는 게 무엇인지 모르고 하는 거 같아요. 이게는 더 정확하지 않을까요? 한 과목이 과제가 최소한 3~4개 줘요. 책이 근데 여태까지… 아마도 쓸모없이 틀림없이 가실 거예요. 그래서…. [조사자: 아, 옛날 거를 그대로 사용하는 거예요?] 예. 그러니깐 교재도 이런 거 다 돈인데, 다 돈인데 굳이 이런 거 쓸모없는 거 왜 돈을 쓰냐. 좀 아깝더라고요. 물론 저는 저한테는 그렇지만 다른 분이도 아마 꼼꼼하게 보시거나 잘 가지거나 그런 분도 계시겠죠. 이건 제 개인적인. [조사자: 음, 맞는 말이에요. 예. 그래서 사실은 학습자에 대한 충분한 이해가 있고 이 학습자들이 무엇을 필요로 하는지 그것을 파악한 다음에 교육과정을 만들어야 하는데, 학습자에 대한 이해가 부족한 사람들이 교육 프로그램을 만들어서 아마 그런 상황이 생긴 거 같아요. 지금 얘기하고는 무슨 언어를 사용, 아니 학교에서 이중언어를 가르치고 있잖아요? 일주일에 몇 번씩 가르쳐요?] 달라요. 우리는 시간제라 어… 한 달에 56시간 채우면 되니깐. [조사자: 한 학교에서?] 한 학교에서. 그래서 뭐 거의 맨날 가는 것도 있고 일주일에 3번? 아니면 4번? 이게 다 매번 달라요. 매주 스케줄이 다르니깐. [조사자: 그러면 거기에서 배우는 학생들은 몇 학년이에요?] 전교 수업 다 해요. [조사자: 전교? 학생이?] 어. 전교 수업 다 하고 방과 후도 하고 그래요. 어떤 분이 또 학부모까지, 교사까지 수업을 또 하는 분이. 학교마다 상황이 달라서, 네. 하는 수업이 조금씩 달라요. [조사자: 그러면 지금 그 한국 아이들이 중국어를 많이 배우는 거잖아요? 그 아이들은 의무로 배우는 거예요? 아니면 자기가 선택해서 배우는 거예요?] 어… 방과 후 말씀하시는 건가요? 아니면? [조사자: 교육과정. 정규과정에서.] 정규과정이요? 아니요. 이게 어, 학교. 우리는 가는 데가 중심학교거든요. 외국 아이들 어느 정도 수가 있는 학교거든요. 그래서 다 필수는 아니고 선택하는 거 아니고 무조건 그냥 하는 거예요. [조사자: 무조건 다 하는 거예요? 음, 그렇다면 그 안에 중국 아이들도 있어요?] 있어요. 있어요. [조사자: 음. 그러면 중국 아이들은 사실 그 엄마하고 항상 사용하는 언어를 학교에 가서도 사용할 기회가 많이 있겠네요?] 아니요. 제가 알기로는 없어요. 그… 10명 중에서 1명 있을까 말까? 그 모국어 잘하는 애, 쓰는 애도 있을까 말까 그 정도예요.

▶ 아이들을 중국으로 유학 보내려고 한다

[조사자: 그럼 지금 아이가 2명인데 9세, 10세 아이들하고는 어떤 언어로 대화하세요?] 중국어, 한국어 같이해요. [조사자: 같이해요? 둘 다 다 중국어도 잘해요?] 첫째는 잘해요. 첫째는 중국에서 태어났고, 그리고 중국어도 관심도 있고 우리 부모님이랑 또 키워준, 키워주었으니깐 정이도 있다 보니깐 중국어는 예, 잘해요. 근데 둘째는 약해요. (웃음) 아 근데, 어 간단한 거 알아듣기는 정도로? 그렇게 말할 수 있는 정도로 그렇게 해요. [조사자: 그러면 그 아이들이, 애기들이 학교에 가서도 중국어를 늘상 사용해요? 할 수 있는 환경이 되어 있어요?] 아니요, 없어요. 없어요. 그… 1학년 때 제가 굉장히 좀 걱정하는 부분이가 있었는데, 아이가 음… 차별당하거나 뭐 여러 가지 이런 걱정을 했었는데. 근데 우리 아이가 씩씩해요. “나는 우리 엄마도 중국 사람이다. 나도 중국 사람이다” 이러는 정도로 하는데, 근데

어… 학교가 요즘에도 많이 발전하고 이… 다문화 이쪽에 신경 많이 쓰는 거 같아요. 그러니깐 차별하지 못하게 도움도 많이 되어주신 거 같아요. 이렇게 보니깐 각각 학교 다 있잖아요. 근데 우리가 아니더라도 우리 수업하지 않으면 다문화 수업 이렇게 인종차별 하지 않게끔 그런 교육이 조금씩 있는 거 같아요. 어느 정도 있는지는 모르겠지만 그래도 아이가 속상하지 않게 아마도 그런 시설이 있을 거예요. [조사자: 그러면 아이가 집에서 중국어를 사용하는 게 충분하다고 생각하세요? 아니면 학교에서도 늘상 그런 환경에 놓여있거나 이런 것은 바란 적이 없어요?] 아니요. 저는 무조건 잘해야 된다고 생각해요. 그런데 중국어를 사용할 수 있는 환경이 너무 불충분해요. 어, 저 같은 경우에는 한족이거든요. 많이 약해요. 이렇게. [조사자: 무슨 말이 약해요? 한국어가?] 어…. 네. 아니요. 진심이에요. 이게 이렇게 사회생활 하다 보니깐 자기 이렇게 대충 표현을 저는 큰 지장 없지만 아이랑 대화하다 보니깐 자기 감정 있거나 조금… 깊은, 마음속의 깊은 말을 자연스럽게 꺼내지 못하는 경우가 너무 많아요. 근데 이런 거 안 되잖아요. 이거 너무 안 되는데 그래서 한국에서는 이런 환경도 없어요. 아이들 말할 수 환경 이거, 이거 없는 거 같아요. 그래서 중국 가는 거 준비하고 있어요. [조사자: 중국으로 유학 가는 걸 준비해요?] 예. 예. 거기까지 가서 2년 정도 아니면 3년 정도 거기서 그냥 보통학교 들어가서 공부하는 게. [조사자: 그럼 왜 그 불편하게 중국까지 가서 유학하려고 생각하세요? 아니면 한국에서 그런 시스템이 되어 있으면….] 음…. 아이들 지금 몇 가지 생각을 해보았어요. 맞는지 모르겠지만 그냥 마음대로 이야기를 해볼게요. 한국 아이들이 기준이 달라요, 다. [조사자: 어떤 기준이요?] 어…. 우리 아이…. 저도 학교 생활하다 보니깐 요즘 아이들 아이가 아닌 거 같은 느낌이 들어요. [조사자: 아, 한국 아이들이? 어떻게요?] 자기 나이가 맞지 않는 행동을 하거나 생각을 하거나 이런 행동을 많이 보여요. [조사자: 예를 들면요?] 예를 들어서…. 우리 아이 말할게요. 어… 아이가 친한 친구가 2명이 있었거든요. 이렇게 2명 친구 원래, 우리 아이 빼고 원래 친구가 2명 친한 사이였거든요. 근데 우리 아이가 이렇게 들어가서 3명 친구가 되어버렸어요. 되었었는데 이제는 우리 아이가 같이 아이들 있다 보니깐 자꾸 뭐 서로 사주거나 하잖아요. 근데 제가 아이한테 용돈 조금 다른 아이에 비해 많이 주는 편이에요. 어렸을 때 너무 용돈 없어서 상처가 있기 때문에 아이들 조금 넉넉하게 좀 주는 건데 근데 음. 우리 아이가 어느 날 이걸 원망하기를 시작했어요. 이렇게 이거 쫀쫀해 보이는 거예요. 근데 알다 보니깐 아이가, 아이를 통해 아는 건 아니고 담임선생님이 이거 상담을 통해 알게 된 거예요. 셋이가 문제가 생겼다는 거예요. 셋이 놀다 보니깐 우리 아이 항상 이렇게 뭐 사주거나 항상 우리 아이가 내고 있었어요. 방방 뛰거나 아이스크림 먹거나 한 거예요. 근데 어느 날 우리 아이가 이렇게 "나는 이렇게 너희들한테 이렇게 사주는데 너희들도 나한테 뭔가 좀 사줘야 되는 거 아니냐." 아마 이렇게 이야기를 했나 봐요. 원말이, 원래 말이 뭔지는 모르겠는데 이런 뜻이었나 봐요. 근데 아이가 똑같이, 둘이가 똑같이 없다는 거예요. 돈이 없다고. 근데 우리 아이가 "그러면 그동안 내가 사준 거를 돈을 돌려줘라" (웃음) 이런 거예요. 그럼 어느 아이가 좋겠어요? 다들 싫어하잖아요. 저희라도 이렇게 안 놀아주잖아요. 그러면 두 아이가 있어요. 이렇게 어떻게 절교하든 뭐 하든 이렇게 뒤에서 귓속말을 시작했어요. 이렇게 아이가 이렇게 있는데 둘이가 이걸 당장 하자는 귓속말. 일부러 기분 망가지라고 아니면 나쁘라고 한 거겠죠. 그 후 우리 아이가 스트레스 많이 받았어요. 근데 제가 몰랐었는데 쭉 과정을 듣다 보니깐 이걸 해결한 거예요. 이렇게 제가 또 뭐 작은. 일단은 한 아이가 돈을 주었대요. (웃음) 그리고 한 아이가 이거 돈이 없다고 이거 안 주었어요. 그리고 저는 그런 저도 뭐 "작은 선물, 이렇게 작은 선물 이렇게 준비해가지고 친구한테 주어라." 이렇게 그리고 "보통 친구로 이렇게 지내자" 아무튼 어느 정도 그 처리되었어요. 요즘에도 친하다가 뭐 맨날 그래요. 근데 아이들 보면은 그래요. 뭐 오늘 이렇다 저렇다 하다. 크게 신경 안 썼는데 그 느낌이 뭐냐면 저도 한국 생활하는데 선생님들이 뭐 이런 것도 많이 대화를 하잖아요. 저는 중국 아이는 지금 어떤지 모르겠어요. 한국 아이는 어…. 이기적인 면이 많이 티가 나요. 자기밖에 모르는 게. 아니면 우리를 머리, 뭘 위해, 뭘 목적을 뭐 위해 하는 게 너무 어른이, 어른이 단계 되어야 하는 그게 보이더라고요. 그게 좋은 건지 나쁜 건지 저는 판단할 수가 없고 솔직히 한국은 너무 경쟁이나 뭐 치열하잖아요. 엄마들 항상 경쟁의식 가지고 계시고 우리 아이 낫다. 나아야 된다. 이렇게 보다 중국 아마 그럴 거예요. 근데 우리 아이는 제가 왜 중국 가는 생각을 첫 번째 언어 때문에. 엄마, 엄마랑 모국어 되어 정상으로 대화하는 건 무조건이라고 생각하구요. 두 번째는 좀 인간적으로 살고 싶어요. 너무…. 뭐랄까 그냥 좀 뭐 대단, 아이를 대단하게 키우실 생각 없고, 우리 아이들도 그런 대단한 아이들도 아니고, 그냥 이런 긴장 좀 스트레스가 있는 분위기에서 살짝 좀 빠져나와서 중국 또 이런 거다. 그리고 한국 와서는 한국 이런 거다. 이런 비교적으로 좀…. 네. 어떻게 말해야 되지? 아무튼 이런 마음이가 있어요. [조사자: 충분히 이해할 거 같아요.] 이해하세요?

▸ 친구에게 맞은 아들, 그리고 그 친구 엄마의 태도

[조사자: 네. 네, 그 학교 선생님하고는 자주 만나세요?] 음. 자주 만나죠. 네. [조사자: 그러면 학교 선생님이 전화해서 뭐 누구 어머니 오늘 시간 있

으면 오세요. 이렇게 해서 만나요. 아니면 ○○○ 씨가 우리 아이가 궁금하고 그래서 만나요?] 한국, 한국 선생님이요? [조사자: 아니, 한국어 선생님 말고 아이 학교 선생님.] 아, 지금 담임선생님 같은 분이요? 상담이 받아요. 1년 한두 번 정도 받고요. 그리고 무슨 일이가 있으면 또 간단한 상담도 받을 수 있어요. [조사자: 그러면 이제 그 공개적으로 1년에 한두 번씩 상담할 때는 뭐 선생님한테 뭐 물어봐야지 이렇게 궁금해서 먼저 뭐 물어본 거 있어요?] 네. [조사자: 뭔가요?] 어, 첫 번째는 아이는 지금 학교에서 친구 사이 좋게 놀고 있나. 우리 아이는 좀 어… 음… 그 뭐지 그…. 뭐지…. 인권 아니 그 인성교육, 인성 쪽으로 잘 크고 있나. 또 두 번째는 공부죠. 공부 성적이 어떻죠? 네. 딴 거는 성격 어떻고. 아이는 그냥 고집이 어떻죠. 네. [조사자: 그러면 선생님은 뭐라고 말씀해주세요?] 음. 첫째는, 첫째는 ○○이라고 하거든요. ○○이 선생님은 굉장히 열정 많으시고 이렇게 관심도 있고, 이렇게 적극적으로, 이렇게 객관적으로 말해주시고 우리 아이까지 말해야 되나요? [조사자: 네. 네, 해주시면 좋고요.] 우리 아이는 공부 관심 없어요. 공부 관심 없는데 그래도 친구는 활발한 편이고. 네, 친구는 잘 사귀고 이 친구 이렇게 이런 간단한 사건도 있지만도 그래도 문제없이 다른 친구들도 많으니깐 여기저기 뭐 이렇게 하고. 고집이 좀 쎄요. 고집이. 저도 고집이 쎈 만큼 애도 쎄고 있고 예상적이고. 둘째는 2학년이거든요. 어, 좀 힘들어요. 힘드신 분인 거 같아요. 선생님이 힘드세요. [조사자: 뭐가 힘들어요?] 우리 그… 공개수업을 갔는데, 공개수업을 갔는데 그 분위기가 수업 보는 분위기가 아닌 거죠. 엉망진창 하는 분위기라고 해야 하나요? 우리가 너무 충격을 받았고요. 그리고 어…. 선생님이…. [조사자: 어떻게 엉망진창? 뭐 수업 내용이? 아니면?] 통제 못 해요. [조사자: 아, 아이들을?] 아이들을 통제 못 하고, 아이를 통제 못 하시고 아이들 뭐 이렇게 저도 수업 좀 하잖아요. 이렇게 뭔가 하자 뭐 활동하면은 아이들 잘 따라 하거나 집중하거나 이렇게 해야 되는데. 그런 거 없이 그냥 잘하는 아이가 이렇게 좀 듣고 따라 하고 다른 아이들 그냥 활동을 그냥 부석부석* 이렇게 하고. 음…. 좀 그래요. 그래서 우리 아이도 문제도 있는, 있을 때는 상담하고 싶었었는데 그 공개수업 보고 나서 상담하고 싶지 않아요. 큰 변화가 또 바랄 수도 없는 상황이고 아무튼 그래요. [조사자: 애기가 뭐 무슨 문제가 있어서 어떤 것으로 상담을 받고 싶었어요?] 우리 아이가 좀 남한테 맞거나 남한테, 다른 아이들한테 맞거나. 뭐 그럴 때 싸울 때나 근데 싸우지 않는데, 우리 아이는 항상 자기가 맞다고 누가 나를 괴롭힌다고 이런 식으로 표현한 거예요. 근데 저는 알아요. 아이가 이렇게 음… 놀, 놀려고 하는 건지 자기를 괴롭힌 건지 모르는 거 판단하지 않을 수도 있잖아요. 그런데 객관적으로 알고 싶고 하는데. 음…. 근데 선생님이 몸이가 너무 아프셨거든요. 한동안 공개수업 끝나고 얼마 안 되고 일주일도 안 되나요? 그때? 그냥 아프셔서 안 나오신 거예요. 근데 이유도 우리도 전부 다 모르고 있었거든요. 이렇게 몸이 안 좋으셔서 이렇게 당분간 이렇게 쉬겠다. 이런 소리도 없었고요. 그래서 그 반이 그냥 내버려두었어요. 그래서…. [조사자: 근데 그 아이 둘째 아이가 자기가 느끼기에는 왜 애들이 자기를 괴롭힌다고 생각을 하는 거예요?] 일단은 우리 아이가 까불어요. 까불까불하니깐, 까불까불하니깐 아이들 그럴 수도 있죠. 근데 또 어떤 아이는 이렇게 저도 어… 싸다귀를 맞은 적이 있었거든요. [조사자: 애기가?] 예. 그거는 아니다 싶어서 너무 아니다 싶어서. 그때는 우리 담임선생님이 아프셔서 안 나오는 동안 발생한 일이에요. 그리고 한참 지나다가 대신에 수업해주시는 분이가 나오

* 29:58 잘 들리지 않음.

셨어요. 그러니깐 말하는 게, 말했는데 본인이 책임이 학교에서 발생한 일 아니라 여기서 2층에 학원이 있거든요. 앞에서 발생한 일이라 아무튼 선생님이 나설 상황이 아니니깐 저는 단독으로 이렇게 그 우리 아이를 때린 아이 엄마한테 연락했어요. 근데 어떻게 만나서 사과를 좀 받고 아무튼. [조사자: 왜 때렸대요? 무슨 일이 있어서 뺨까지 때렸대요?] 어… 두 아이가 있었는데 우리 아이하고. 아, 세 아이예요. 우리 아이하고 그 우리 아이 A라고 하고, 그 B 아이하고 그 C 아이가 있어요. 그 3명이 있는데, C 아이는 어… 한 학년 어려요. 동생이거든요. 근데 그 아이는 우리 아이 A한테는 이렇게 해서 가방 뭐 고리가 만지거나 하는 거예요. 우리 아이는 "하지 말라고 만지지 말라고" 그런 거예요. 근데 B 아이는 나서가지고 "야, 너 한 번만 더 이야기를 해봐라. 한번만 이야기해봐라." 우리 아이한테. 근데 우리 아이는 까부는 식으로 "그럼 한번 내가 더 이야기하면 어쩌라고." 이렇게 이야기를 한 거예요. 그래서 B 아이한테는 우리 아이한테는 싸다귀를 때렸어요. [조사자: 그냥 애들이 단순하게 노는 과정에서 생긴 일인 거죠?] 그 아이는 자체가 좀 문제가 있어요. 엄마도 약간은 네, 좀 어려운 엄마구요. 이렇게 받아, 이렇게 무슨 원인으로 받았으면은 저 같은 경우에서는 일단은 아이를 맞았으니깐 저는 무조건 사과해야 되고 그다음에 따지고 좀 무슨 원인이 있다 이런 게 하는 거는 맞는 건데. 아니에요. 처음에 그런 태도가 아니었고. 우리 아이는 그런 아이가 아니다 이거 주장하셨고, 두 번째는 우리 아이는 남의 아이를 보호하기 위해 당신의 아들을 때렸다. 이런 주장을 하니깐 제가 너무 당황스러웠어요, 그때. 그러니깐 제가 한국말이 아무리 이렇게 대화. 간단한 거는 괜찮지만도 너무 어이없어서, 너무 어이없었어요. 그때 진짜로 1시간 없었는데 그래도 끝까지 사과를 받았어요. 끝까지, 끝까지 받았어요. 요런 사건도 있었고요. [조사자: 친구들도 이런 경험이 많이 있어요?] 어떤 사건. 어떤? [조사자: 아이들이 뭐 이렇게 괴롭힘을 당하거나 이런 일은 많이 없죠?] 없어요. 네, 없어요.

▶ 이중언어강사 교육 현장에서 문제점을 느끼다

[조사자: 지금 친구들이 아니 그 결혼해서 오시는 분들이 사실 중국에서 하고 싶었던 일을 한국에 와서 하는 편이에요? 아니면 못 하는 편이에요?] 음…. 한국 있는 일이요? [조사자: 그러니깐 중국에서 무슨 일을 하고 있었어요? 예를 들어 간호사 뭐 무슨 일? 회계사? 이런 일을 하고 있었는데 한국으로 오면서 첫째가 언어 때문에 못 하는 것은 뭐 언어를 배우면서 하는데, 그… 이 중국에서 하던 일을 한국에 와서 계속적으로 할 수 있는 그런, 그걸 하고 있나요?] 그거 제가 주변 애들이, 주변에 잘 모르겠어요. 왜 그러냐면 제가 오고 아시다시피 저는 학교에서 공부를 하고 학교에 했는데, 거기서 아는 분들이 음…. 대부분 다 다시 시작을 해서 공부를 통해 이렇게 취직을 하고 이분들이 있었고요. 또는 어, 좀 모르신 분이도 원래 중국에서 무슨 일을 하셨는지도 알 수도 없었고, 그러니깐 그쪽에는 잘 모르겠어요. [조사자: 그 새로 공부를 해서 직업을 찾는 분들은 음… 좀 만족을 하고 있어요? 많이 활동해요? 지금? 그 이중언어강사 나오신 분들이?] 만족하지…. 만족하는 분이도 있고요. 만족하지 않는 사람도 있어요. [조사자: 그때 그 과정이 몇 명이었어요?] 40명인데 지금 반 줄였어요. 반 줄였고. [조사자: 반으로 줄었어요?] 네, 줄었어요. [조사자: 활동하는 사람이? 아니면 수료하는 사람이?] 아, 수료하는 사람들. [조사자: 그러면 수료는 한 20명 정도 했어요?] 아니요. 수료는 40명 다 수료를 했고요. 그리고 지금 취직하고 있는, 활동하고 있는 사람들이 반 줄었어요. [조사자: 아, 20명 정도 돼요?] 그게 또 문제가 있었어요. [조사자: 왜 문제가 있어요?] 으… 무슨 문제냐면 첫 번째, 처음에

는 우리 계약직으로 취직을 했고요. 고용을 했는데, 이제 점점 이제 시간제로 바뀌었어요. [조사자: 시간제요?] 시간제로 바뀌었거든요. 음…. 시급이하고 이… 우리는 이렇게 받는 그 급여 비슷해요. 올라가지도 않고 내려가지도 않고 하는데, 다들 불안하고 있는 거죠. 왜냐 6년 동안 계속 활동하는데 좋은 쪽으로 발전하는 거 아무것도 없고요. 오히려는 더 낮아졌어요. 더 낮아지고 그리고 저희, 저 같은 경우에는 또 저를 포함해서 4분이 사정이 있거나 아프거나 아이를 낳거나 중간에 이렇게, 중간에 활동을 중단하는 사람도 있어요. 근데 제… 이렇게… 배치를 해주지 않는 거예요. 우리 교육청, 교육청 소속이거든요. 교육청이 이렇게 어느 학교, 중심학교 보내는 거예요. 근데 그만둔 사람들 이거 다 안 해준 거예요. 저 같은 경우는 다 혼자 가서 면접을 해서, 면접을 해서 이게 된 거예요. 여러 명 가지고 해서. 근데 우리는 우리를 고용하는 학교는 무엇보다도 그 이중언어강사증 이거 있어서 큰 도움이 되는 거죠, 우리도. 근데 아니는 분들도 있잖아요. 그냥 마음에 안 들거나 아니면 우리는 한국분 필요하다. 이렇게. 이런 것도 있으니깐 다들 불안한 거예요. 저번 주인가? 교육청까지 갔었어요. 장학사님이랑 장학사, 교육청 장학사님이란 이런 내면이 어떤 건지 아니면 이… 이 활동 언제까지 준다는 건지. 네, 여러 가지도 여쭤보는 거랑. [조사자: 근데 뭐라고 이야기하세요?] 그거 예산적인 걸 하죠. 할 수 없다. 모르겠다. 나중에 어떻게 하겠다. [조사자: 아…. 그러면 보통 그 시간, 한 달에 56시간? 그렇게 하면 실례지만 월급이 얼마 정도 되세요?] 120이 좀 안 돼요. 120. 110 좀 넘어요. [조사자: 그러면 그게 4대 보험도 되는 거예요?] 4대 보험 안 되는 걸로 알고 있는데, 2개 되나? [조사자: 2개. 2대 보험?] 아, 2대 보험인 거 같은데요. [조사자: 그러면 계약직이구요. 매년 1년에 한 번 재계약해요?] 네. [조사자: 그럼 항상 불안하다는 거죠?] 다들 불안하더라고요. [조사자: 그러면 저는 또 궁금한 게 이제 6년 되었잖아요. 그러면 그 이중언어강사로 활동하는 사람이 한 20명 정도 되고, 그러면 이 사람들이 그 학교에서 활동을 잘하고 있는지 모니터링도 하고 아니면은 교육에서, 실제 교육에서 필요한 것이 무엇인지 그 이해를… 필요한 것을 조사해서 재교육 같은 것도 시켜주나요?] 음… 아니요. [조사자: 그런 거 없어요?] 그런 거 없어요. 원래는 1년에 한 번 연수도 있었거든요. 연수는 있었는데 이제 그거도 없었구요. 그냥 네…. 이렇게 대충 일하고 있는 거 같아요. [조사자: 그러면 재교육의 필요성을 느껴요? 좀 수업에서 어려운 점이 있거나 아니면.] 당연하죠. 당연하죠. 아이를 잘 가르치기 위해 새로운 거 자꾸 알아야 돼요. 근데 이렇게 우리는 이렇게 쏟아진 거 없고 장학사는 우리도 겨우 만났어요. 처음 만났거든요. 6년을. 이렇게 자꾸 바뀌어요. 관심이 이런 사업에도 관심도 없었고, 아니 우리한테 만약에 이런 이렇게 여기까지 투자를 하시면 더 이렇게 더욱더, 더 열정적으로 좀 진단하고 우리 더 좀 공부하게끔 좀 하면 우리는 그러면 학교에서 더 아이를 더 책임지게 그런 자부심도 생기잖아요. 근데 아무것도 없어요. 아무것도 없고 그러면 사람이 되었잖아요. 다 사람인데 우리 얼마나 대단하길래. 우리한테는 이러는데 좋아지지 않는 조건도 없는데, 오히려 더 낮아지는데 더 큰 자부심 가지고 교육을 하겠어요? 솔직히. [조사자: 그러면 그 교육한 것은 일지를 통해 보고서는 내고 있어요? 오늘 무슨 수업 했고, 뭐 진도는 어디까지 나갔고 이런 일지를 쓰나요?] 아, 써요. 쓰는, 달라요. 학교마다 다 달라요. [조사자: 아, 그게 통일도 되어있지 않고요?] 네, 통일도 되어있지 않고요. 왜냐하면 학교는 필요성도 다르잖아요. 어떤 학교는 러시아, 어떤 학교는 몽골, 어떤 데는 중국, 일본 다양하다 보니깐 그거는 일치성을 할 수가 없어요. 그거는 인정하고요. [조사자: 그러면 인제 아이들을 가르치려면 책으로만은 사실 한계가 있잖아요. 놀이를 통한 중국어나 아니면 노래를 통한 중국어, 아니면 뭐 영화를 통한 중국어? 이런 방법이 아주 교수법이 다양한데 교구나 교안이 필요한데. 그런 거는 다 공급이 돼요? 다 사줘요?] 아, 사줘요. 사주는 것도 있어요. [조사자: 그러면 뭐 좀 그 신청 과정 이런 것들이 자유로운가요?] 어려운 학교 있고요. 어떤 학교는 아무것도 안 해줘요. 깝깝하게 하시는 분이 계시고요. 어떠한 학교는 음… 시원하게 열정적으로 필요하는 정도로 이렇게 해주고 그런 학교도 있어요. 다 달라요.

▶ 이중언어 환경을 위한 공간이 있으면 좋겠다

[조사자: 이제 ○○○ 씨 같은 경우에는 집에서 한 3년 결혼해서 쉬다가 다문화가족지원센터 한국어도 공부하고 또 이중언어강사라는 그런 교육 프로그램을 받고 지금 이중언어강사로 활동을 하고 있잖아요. 앞으로 본인이 더 교육에 필요성을 느낀다면 뭐를 공부하고 싶으세요?] 타 외국어 더 공부하고 싶고요. [조사자: 외국어라는 것은 한국어요?] 아니요. 그 또 다른 언어나. [조사자: 다른 언어, 뭐 영어?] 영어나 또 깊이 공부할 기회가 되면 그거 하고 싶어요. 네. [조사자: 그… 아이, 아이의 이중언어를 모국어, 그러니깐 애기들이 엄마 언어를 사용하지 않는 아이들도 많이 있죠? 그런 가정에 대해, 가정한테 이야기 좀 해줘보세요. 어떻게 하면 좋다. 이런 거 방법.] 그거는 아마 다 알고 계셨을 거예요. 근데 이거도 좀 복잡해요. 왜냐하면 일찍 오신 분들이 아시다시피 이거 10년 전이나 일찍 오신 분들이 그때는 중국은 음… 지금 발전 많이 했지만, 옛날에는 좀 발전 안 되고, 너무 이미지 좀 안 좋았었잖아요. 그러면 무시를 당할까 봐, 아이가 차별당할까 봐 일부러 중국어 안 써요. 심지어는 제가 옆에 하는 팀이 아이가 엄마가 중국 사람이란 것도 몰랐어요. 안 알려주신 거예요. 그리고 중국어는 집에서 한마디도 안 쓰고 그런 분도 계시고. 또 어떤 엄마는 그냥 솔직히 게을러서, 왜냐 한국

어는 또 이야기를 해야 되고, 또 한 번은 중국어로 이야기해야 되고 중국 이야기 하면 남의 눈치로 이야기해야 되고 그런 상황이 여러 가지가 있으니깐 그러니깐 안 쓰는 거예요. 안 쓰게 돼요. 그러니깐 아이가 말하는 환경이 없어요. 말하는 환경이 없었어요. [조사자: 그래서 지금 인제 오는 사람들은 그게 많이 달라졌다는 거죠?] 그래도 아무래도 이미지가 많이 좀 좋아졌죠. [조사자: 만약에 그 지금 오는 사람은 아이하고 한국어로만 대화하려고 하는 엄마들한테 무슨 말 해주고 싶어요?] 음… 이 지금 온 지 얼마 안 되는 사람들 진짜로 모국어 해야 돼요. 진짜로. 진짜로 해야 돼요. 그런 제가 또 겪어왔으니깐, 아는데 걱정도 걱정이지만 그래도 그 걱정하는 거리가 아닌 거 같아요. 오히려 중국어 안 하면 큰 걱정거리가 될 거 같아요. 그러니깐 진짜 중국어 쓸 수 있도록 해야 돼요. 저는 그래도 조금 하잖아요. 그래도 너무 답답한데, 근데 일찍 온 엄마들 더 어렵잖아요. [조사자: 그러면 그 엄마의 모국어를 가정 안에서만 교육하는 것이 충분하다고 생각하세요?] 아닌 거 같아요. 어, 그거 아닌 거 같아요. 그게 진짜, 진짜 불충분해요. 집에서 쓰는 거 "밥 먹어" 이렇게, 어 또 "빨리 씻어", 어 또 "뭐 먹어" 간단하게 있잖아요. 그러면 아이들 안 만나도 될 거예요. 근데 긴 대화나 불충분해요. [조사자: 그러면 그렇게 하기 위해 어떻게 되면 좋겠어요?] 나라는 이렇게 어 공간이나 시설이나 좀 제공해주시고 엄마, 엄마하고 아이, 아빠가 가능하면은 그냥 엄마 언어로 말할 수 있는 공간 만들어주었으면 좋겠어요. 왜 그러냐면 이런 환경이 중요해요. 나중에 아이들 점점 크잖아요. 제가 지금까지 느낀 거 뭐냐면 "엄마는 이런 것도 몰라? 이런 것도 몰라? 그거 모르지?" 하면서 무시해요. 요즘 새로 나오는 언어, 신조어도 계속 나오고, 아이들 머리도 빠르니깐 쓰는 언어를 엄마는 당연히 모르겠지. 그러면 무시를 당할 수 있어요, 아이한테. 그러니깐 엄마랑 같이 모국어 이야기를 하면 이렇게 마음 소통도 되고, 이렇게 아이들도 언어도 발전도 되고 하면 아이도 좋잖아요. 아이도 좋고 가정 안정도 좋고. 근데 언어가 서로 어색하면 나중에 말을 안 해요. 안 하게 돼요. 이거 말해봤자 엄마도 모르는 건데 뭘 말하냐고 애들은 생각해요. 그러니깐 언어는 참… 참 중요해요. 참 중요해요. 그래서 저는 애들 데리고 중국 갈려는 생각이 드는 거예요. 아이랑 일단 제 모국어로 제가 어렸을 때 쓰는 말로 대화하고 공감하고 해야지 제가 죽을 때까지 한국 사람 말은 못 따라가요. [조사자: 그러면 그 아이를 데리고 중국으로 가는 방법밖에 없을까요?] 지금 현재 봤을 때는 그런 거 같아요. [조사자: 아, 그런 중국으로 갈 수밖에 없다는 것이 사회적으로 환경이 그렇게 조성되어 있지 않기 때문에 갈 수밖에 없다는 거지요?] 어, 맞아요. 그래도 그런 환경이 되어있으면은 한국에서 교육하는 게 아무래도 낫죠. 그 중국 가서 한국 애들도 말하는 환경도 되는데 아무래도 아빠, 아빠 이거 할머니, 할아버지 다 한국분인데 떨어지면은 불이익 가는 부분도 있잖아요. 부분이. 그러면 그런 환경이 만들어지면 저흰 좋죠.

▶ 한국에 살면서 느낀 차별에 대한 이야기

[조사자: 자, 이제 어… 좀 많이 좋은 이야기 많이 해주셨는데요. 혹시 그런 것도 느끼나요? 인권에 대해, 예를 들면 중국에서는 뭐 차별금지, 소수민족 차별금지법이라는 것도 있고 하지만, 한국에 와서는 그 차별이 곧 인권하고의 관련도 이렇게 아주 분리되는 거는 아니거든요. 그래서 일하면서 어 이거는 인권에 관련된 일이다. 예를 들면 일은 똑같이 하는데, 뭐 나는 외국인이라고 그래서 조금 더 소외당하거나 이런 거 뭐 느끼는 적 있으세요?] 음… 느낄 때도 있었죠. 느끼는 때 있었는데 그냥…. [조사자: 예를 들면?] 예를 들면 스스로 느껴져요. 그 남이 눈치를 주는 특별한 일이 없어도 제 스스로 눈치를

보고 그렇게 느껴요. 이것은 한국 사회의 문제인 거 같아요. 참말로 이렇게 어떤 일을 일어나서 이런 느낌 돼서 그런 게 아니라, 근데 주변의 이야기를 많이 들었어요. [조사자: 주변에서는 무슨 이야기가 있어요?] 음… 저 지금 학교에서 이중언어 가르치고 있는데, 학교 활동 하는데, 어… 사소한 일이지만 글쎄 그… 똑같이 이중언어하고 있는데, 다른 선생님들은 저기 협의실에 있는데, 저는 혼자 이거 창고 비슷한 방 들어가라고. 이렇게 여기서 일하라고. 그러니까 기분 안 좋아요. 그 정도. [조사자: 학교에 부임해서 갔을 때요?] 네. 네, 갔을 때 그런데 이게 뭐지 하는데. 그리고 어, 업무 쪽으로 협조하지도 않은 경우도 많아요. 아무도 신경 안 쓰고 알아서 하라고, 그냥 다른 일, 그냥 큰일만 발생하지 않도록 그냥 알아서 하라고, 뭐 물어보면 모른다고, 이런 경우가 좀 있어요. [조사자: 그러면 지금은 이중언어 강사들은 교무실 안에 책상이 선생님들하고 같이 놓여 있어요? 아니면 별도의 공간으로 마련되어 있어요?] 아, 달라요. 어떤 학교는 그냥 교실 하나만 있어요, 아예. [조사자: 교실 하나를?] 학생들 그냥 수업할 때는 들어와서 수업받고, 수업이 끝나면 학생들은 교실로 가고 저는 거기서 쉬고 또 수업하고. 어떤 선생님은…. [조사자: 그러면 보통 쉬는 시간에도 그 교실에만 있어야 돼요? 선생님은? 교무실에 가 있지 않고?] 아, 가 있지 않고. 거기서 네, 그거 달라요. [조사자: 어떻게 달라요?] 우리는 이 교실에 하나 내어주고 여기서 수업하고 여기서 쉬어요. 그런데 선생님은 협의실, 예를 들어서 2학년, 6학년 이런 선생님들은 협의실에서 여기서 쉬고. 그 수업할 때는 그냥 교실 찾아가서 하고, 또 어떤 분이는 그냥 교무실 그냥 계시는 분이도 계셨고. 네, 다르더라고요. [조사자: 그런데 어때요? 대하는 선생님들은?] 저는 남의 눈치를 잘 안 보는 편이에요. 그냥 보통은 선생님들 다 착하고 다 잘해주세요. 다 잘해주고 온화하고 대화도 하고 공감도 하고. 음… 다 잘하는데요. 근데 진짜로 어떤 선생님들은 눈치를 보게 해요. 그거 소수지만 그거 분명히 있어요. 그거 어쩔 수 없는 거 같아요. (웃음) 어쩔 수 없지만. [조사자: 어쩔 수 없어서 참아요?] 그거 안 참으면 안 돼요. 그게 근데 당하시는 사람은 심정이 안 좋아요. [조사자: 학교 선생님들 물론 선생님마다 다 다르기는 하지만, 좀 외국에서 온 선생님이라고 그래서 약간은 좀 내려보는 그런 분도 계시는 거예요?] 있죠. 있어요. 진짜로 있어요. [조사자: 그 이중언어 선생님들끼리 모여서 원래 그 선생님들 막 흉보고 이런 거 안 해요?] 하죠. 왜 안 해요. (웃음) [조사자: 무슨 흉봐요? 뭐 흉봐요?] 어, 교감선생님이 심지어 교장선생님이 저희를 힘들게 하는 게, 차별하는 게. [조사자: 차별을….] 어. 이렇게 편안하게 수업할 수 없게 만들어요. 그냥 못 하는 거죠. 편안하게 못 하는 거죠. 편안하게 할 수 없게 그냥 만들어요. 그런 분들 있어요. [조사자: 네, 이제 인터뷰 마칠 시간이 되었는데요. 혹시 하고 싶은 말 없어요? 하고 싶은 말. 그 ○○○ 씨 같은 경우에는 지금 자존감도 굉장히 높고 당당하잖아요. 그런데 개인적인 거 말고 그 한국 사회, 다문화사회 전체를 놓고 볼 때 좀 하고 싶은 말이 있을 거 같아요.] 어, 그렇게 당당하지 않아요. (웃음) 그렇게 당당하지 않고요. 쫄릴 때도 많고요. [조사자: 어떨 때 쫄려요? (웃음)] 쫄릴 때는 언어가 표현하기 어려웠을 때. 이거는 쫄렸구요. 그리고 이런 거 진짜 깊이 우리말을 이렇게 들어주셔서 이거 진심으로 감사하고요. 이렇게 우리 말을 들어주는 기회가 없었거든요. 그리고 이런 거 우리한테 정말로 필요한 거 같아요. 정말 이렇게 생각을 하는 외국 엄마들 많아요. 왜냐하면 엄마로서 당당해야 아이도 당당하게 키울 수가 있어요. 엄마가 힘들면 아이들 좋은 교육을 시킬 수 없어요. 아이들 밥을 먹기 싫어하듯이 우리도 그냥 안 먹혀요. 엄마가 행복해야, 만족해야 이 사회에서 좀 자부심 느껴야 아이한테도 당당하는 거 보여주죠. 일단은 아이랑 대화하는 공간이 많이 필요해요. 제가 금방도 말씀 드리다시피 진짜로 모국어 중요해요. 진짜 중요한 거는 그거예요. 엄마는 이렇게 직장 다니랴, 공부하랴, 아이를 보랴 힘들어요. 한국어 공부하는 거 중요하죠. 이 사회가 건강하기 위해 우리가 잘해야 해요. 아주 중요하죠. 필수하지만 사람이 능력 따라서 다르잖아요. 언어를 빠르게 하는 분도 있고 심지어 못하시는 분도 계세요. 그러면 이거 못 하면은 어느 사회에서 많이 편하겠어요? 편하지 못하잖아요. 그럼 아이를 키우는 게 문제가 돼요. 될 수밖에 없어요. 그리고 아이에게 자기 모국어로 이렇게 당당하게 하는 모습이 아이한테 보여주고, 그렇지 않으면 아이가 좀 더 커서 사춘기가 되면 엄마 언어, 모국어까지 이렇게 챙피하다고 느끼는 경우도 있어요. 엄마 그런 말도 있어요. 어, 우리 딸 아이도 친구들한테 들릴까 봐, 챙피할까 봐, 따돌릴까 봐 걱정이 많거든요. 그러니깐 그런 어렸을 때 그런 거 당당하게 우린 엄마는 이런 엄마다. 한국어 못한다. 근데 나는 모국어 잘한다. 이런 자존심 키워야 집안도 평안하고 사회도 평안하고 그렇잖아요. 그러니깐 이런 이… 이런 환경 조성을 이거 좀 더 이루어졌으면 좋겠어요.

▶ 벽에 붙여놓은 불화(佛畫)를 시어머니께서 찢어버리다

그런데 더 할 말이 있어요. 종교요. [조사자: 종교? 중국에서부터 종교가 있었어요?] 네, 저 불교예요. 음… 불교인데요. 한국 왔을 때는 처음에 그냥 괴롭고 힘들고 그럴 때가 많잖아요. 그런데 종교심으로 그냥 의지하는 마음이 더 강했어요. 그런데 절을 가보다 보니까 어… 그 느낌이 안 드는 거예요. [조사자: 아, 그 중국의 절하고 한국의 절이 달라서요?] 아, 절이 그 자체도 다르고요. 음… 아시는지 모르겠지만, 불상 그 생김새까지가 다 다르거든요. 어… 그리고 불교에서 올리는 불경도 다 다르고요. 아무튼 느낌이 안 왔었어요. 절에 가서 불경 그냥 펴보고 싶어요. 근데 다 한국어예요. 하나도 이해할 수 없어요. [조사자: 응. 불경이?] 불경이 다 한국어라서 아무래도 친근감이 더 없어요. 그래서 절에 가는 것도 좀 줄이고 어… 집에서 부처님을 모시게 되었어요. [조사자: 아, 지금 사는 집에서요?] 네, 사는 집에서 모시게 되었어요. 절 때문에, 신념 때문에 중국으로 자꾸 왔다 갔다 하는 게 싫었어요. 중국에 한번 가려면 아이를 어떻게 좀 시댁에서 맡겨야 하고. 이렇게 갔다 오면 뭐 일주일? 이주일? 갔다 올 때도 있었어요. 그래서 집에다 모시게 되었어요. [조사자: 그러면 중국에서는 절을 얼마에 한 번 정도 갔어요? 한 달에 한 번? 아니면 두 번?] 아니요. 그거 자주 못 가고 1년 두세 번 정도. 경제적으로도 어려울 때는 가고 싶어도 못 가죠. 어… 못 가고, 근데 신앙이라는 것은 나라를 가리지 말았어야 됐는데, 그 이상하게 가리게 되더라고요. 왜냐, 언어가 다르기 때문에. 언어 거기서 스님이 하시는 말도 한국어시고, 불경도 한국어고, 네…. 모든 것들 다 이 문화의 차이이기 때문에 마음이 안 가는 때가 있어요. 그래서 중국 많이 갔다 왔다 했어요. [조사자: 그러면 1년에 한 세 번 정도씩 절에 가기 위해 중국을 갔어요?] 네, 옛날에. 예. [조사자: 그러면 그 지금 이제 지금도 불교잖아요.] 저는 다른 종교 신앙을 똑같이 봐요. 고수한다고 생각을 하는데요. 시어머니댁은 성당 다니거든요. 그런데 이런 진짜 불교 이 신앙 때문에 진짜 큰…. 그, 그 뭐지… 힘든 일이 또 있었어요. [조사자: 시어머니하고?] 아, 시어머님하고. 한국 처음 왔을 때 제가 말씀드렸잖아요. 시댁에 같이 살고 있었는데요. 그때 굉장히 그때 어려울 시기인데 집이 좁았어요. 15평인가? 아무튼 엄청 좁은 공간이거든요. 제가 임신하고 남편 바쁘다 보니까 외로웠어요. 내가 외롭다 보니까 여러 가지 그냥 좀 안 좋은 일이가 있었어요. 그래서 그냥 그 절에 가는데도 이런 거 아닌가 싶어서 불상을 모시게 된 거예요. 시어머니가 착한 분이신데, 그래도 한두 마디를 해요. 이렇게 "그래도 시집을 왔는데 신앙은 하나 가지는 게 더 좋지 않을까?" 하는 거예요. 아니… 저 엄마라 부르거든요. "엄마, 저는 하느님 계신다고 믿고 예수님도 믿고 성모마리아도 다 믿는데 그런데, 저는 이거 그… 개인적으로 이렇게 불교 가지겠다"라고 이야기를 한 거예요. 그래서 그렇게 큰, 이렇게 그 부딪친 거는 없었어요. 마음이 조금 안 좋으시겠지만, 그래도 이해하시려고 했었어요. 그런데 임신하는 동안 한국음식 너무 적응 안 돼가지고 그래서 중국 갔어요. 중국에 갔다가 집에 오는데, 어 좀 느낌이 안 좋았어요. 느낌이 안 좋고…. 왠지 모르겠어요. 그런데 집에 오니까 제 불상, 아 맞다. 그때는 중국에 가는데 가기 전에 어머니가 집에 불상이 있으니까 무섭다고 하셨어요. 집에서 모신 불상이 있잖아요. 하도 반대하시고, 보고 무섭다고 그러시는 거예요. [조사자: 시어머니가?] 시어머니가. 네 분의 불상을 모시고 있는데 무섭다는 거예요. 그래서 저도 아 그래도 그 나의 신인데, 나는 중국에 가면서 "우리 엄마도 불교신데 그냥 엄마 집에 한번 맡겨보겠다" 하고 남편한테 말했거든요. 남편은 "당신 알아서 하세요" 그래서 부처님을 중국으로 가져갔어요. 근데…. [조사자: 아, 그 불상을 한국에서 샀어요?] 아니요. 중국에서 사서 나중에 가지고 왔었어요. 불상을 사기 전에는 그 붙이는 불상이 있어요. [조사자: 붙이는 불상이요?] 붙이는 거 있어요. 중국에 갈 때 불상은 가지고 가고 그거 붙이는 불상은 놔뒀어요. 그거라도 놔둬야 한다고 생각을 했어요. 그런데 그러니까 제가 중국 갔다 오는데, 느낌 좀 왠지 안 좋았어요. 임신해서 그런지 예감이 안 좋았어요. 아무튼 그런 거 있었거든요. 집에 들어오니까 벽에 붙여놓은 불상이 없어진 거예요. [조사자: 아, 붙여놓고 간 불상이요?] 네, 불상이 없는 거예요. 그런데 이렇게 "어디 갔냐? 어디 갔어?" 이렇게 하는데, 우리 남편 모른다고 하고, 그리고 우리 시어머니한테 가서 붙여있는 거 어디 갔냐고 물어보니까 찢어서 버렸다고 하더라고요. [조사자: 아, 찢어서 버렸대요? 시어머니가?] 어, 그래서 버렸대요. 저 제 기분이 상하죠. [조사자: 그럼 당연하죠.] 기분이 상할 수밖에 없는 거죠. 제 다른 물건 만진 것도 아니고, 그거 유일한 제가 의지할 수 있는 건데. 그리고 그냥 상의 없이 그냥 버렸어요. 그래도 저도 취한대에? 어 최대한 이렇게 양보를 하는데, 부셔지다 보니까 중국도 가져갔는데. 그거다라도 보기 불편하시면 저한테 물어보고 해야 되는데, 버리시더니…. (한숨을 쉬며) 너무 화났어요. 어, 너무 화나고. 그런데도 폭발하기 전 폭발하지 않고 이렇게 남편 단둘이 이야기했는데, 남편이 이런 동, 동감을 느끼라고 먼저 이야기를 했어요. 분노를. 왜냐하면 아무래도 나빠도 뭐 하면 안 되니까, "이러면 안 되는 거 아니냐"고. 제가 처지에 대해 많은 거에 신자 마음에 대해 이거를 했어요. 남편이는 그러면 조절을 잘하면 진짜 엄마, 어머니는 진짜 잘 이번엔 진짜 좀 심하셨네, 한마디 하더라도 저는 좀 상처 덜 받았을 거예요. 덜 받았을 거예요. "아, 그거 가지고 뭘. 또 사면 되지." 저는 그렇게 남편 신앙이 없어요. 그래서 거기까지는 이해를 해야 되는 거지만 이해하는 생각이 아무것도 안 나는 거, 너무 화나는 거밖에 안 나는 거예요. 그래서 저 폭발했어요. "그러면 안 되겠다, 당신의 집안이 이런 거 안 되겠다." 그리고 시어머니 가서 따지는 거예요. [조사자: 시어머니한테 따졌어요?] 네, 네. "이러면 안 되는 거 아니냐"고. 이렇게 하는데. 시어머니는 나중에, 나중에 다 그 미안하다고 하지만도 그래도 "이거는 뭐지 그냥 그거 붙이는 거야. 그거(불상)도 가지고 왔는데, 그거 왜 붙여있냐. 너 그거도 가지고 왔잖아. 그런데 이거 왜 붙여있냐" 그러니까 그냥, 그냥, 그냥…. 쓸모없다고 생각을 한 거지. 근데 제가 듣기로는 그런 거 아니잖아요. 그런데 신앙 되, 많은 집안은 유일한 한번 이렇게 제일 큰 삶을 그냥 걸었었어요. [조사자: 그럼 그때 그냥 조용히 넘어갔어요? 아니면은?] 조용히 넘어가야죠. 뭘 어떡해요. 할 방법이 없었잖아요. [조사자: 그것 때문에 뭐 친구들한테 우리 시어머니가 이랬어. 아니면 어디 상담….] 친구 없었어요. 친구 없었어요. 그런데 한국 온 지 안 됐을 때 이렇게 임신해가지고 친구 없고, 그리고 뭐 다문화 선생 아무것도 한국어도 그다지도 잘하지도 않고 지금 그래도 제 마음 표현이 좀 조금 하는 건데, 그 당시는 못 했어요. 그래도 간단하게, 간단하게 이렇게 끝내고 더 답답할 수밖에 없는 거예요. 왜냐하면 더 따질 수 있는 힘이가 되면은 이렇게 더 길게 더, 더 하는데 분노를 더 천천히 갖는데 분노할 수밖에 없는. 언어가 완벽하지 않기 때문에, 그러면 어떡해요…. 화나는 거 더 안 됐잖아요. [조사자: 진짜 힘들었겠어요.] 종교는 진짜 중요해요, 종교는. 특히 중국뿐만 아니라 베트남 있잖아. 베트남 제가 알기로는 80%나 다 이상은 다 불교 아니시겠어요. [조사자: 응, 맞아요.] 그런데 많이 공부하시는 분도 있지만, 많이 못 하시는 분도 있잖아요. 그리고 베트남이 분이가 들으면은 진짜 발음이 그 자체 좀 어려우세요. 어려운데, 그리고 절 가면은 그냥 기도를 하시는 분이 저 봤어요. 뭐 따라 하거나 뭐가 알아듣진 못하세요. 알아듣진 못하는 거예요, 절에서. 외국인을 위해 뭐가 그런 거는 없고요. 그냥 아… 마음이 평안해지기 위해 그 자리에 가는 거뿐이지 거기서 큰 도움 받을 수가 없어요. 예…. [조사자: 그러면 그 이제 한국에 뭐 종교 쪽에서도 이주민들을 배려해서 자국의 스님이나 아니면 그런 뭐 이미지 같은 거 안정을 줄 수 있는 그런 것들이 필요로 하다는 거죠?] 네, 당연하죠. 좋은 계시 듣고 싶고 저도 듣고 싶은데 못 알아들어요. (웃음) 못 알아들으면 아무리 좋은 말씀이라도 못 알아들으면은. 종교 쓰는 마음이 또 다르잖아요. 우리 예상 쓰는 거 다 다르니까 모르는 좋은 말씀 있는 거는 인정하지만, 무슨 좋은 말씀인지는 모르는 게 답답한 거니깐 아예 안 가는 거는 낫지 않을까. [조사자: 그 중국에서도 기독교가 많아요?] 기독교는 많지만 근데 중국은 불교 많이 영향을 끼쳐요. [조사자: 아, 그래요? 그러면 그 중국에서도 종교, 그 전도 활동 이런 것을 많이 해요? 전도.] 전도하는 게 거기까지는 모르겠어요. 제가 여기 온 지 10년 됐는데, 그전에선 좀 그런 전도나 이런 거는 접촉하진 못했어요. [조사자: 큰애기 몇 살 때 한국에 왔어요?] 큰애기는 아니요. [조사자: 여기서 다 낳았어요?] 예. 큰애기는 중국에서 낳았고요. 여기 한국 와서 임신했어요. 임신하고 중국 가서 낳았어요, 제가. [조사자: 아, 그러니까 한국에 와서 임신하고, 중국에 가서 출산했어요?] 네, 네. 둘째는. [조사자: 왜? 한국에서는?] 음… 불안하죠. [조사자: 아, 언어가 안 통해서요?] 언어보다는…. 그래도 아이를 낳고 다 친정도 편하지 않을까요? [조사자: 아, 그래서요?] 음식도 너무 고생을 많았고. [조사자: 그러면 큰애 낳고 몇 개월 만에 다시 산후조리 끝내고 한국에 온 거예요?] 아, 바로 왔어요. 네. [조사자: 몇 개월? 1개월? 2개월?] 음… 한 거기서 3… 2개월 정도가 온 거 같아요. 2개월 정도. [조사자: 남편은 한국에 계시고?] 네, 네. 왔다 갔다 좀 했어요. [조사자: 아이고. (웃음)] 엄청 고생을 하긴 했었어요. 한국 음식 때문에 제가 원래 한국 왔을 때 75kg? [조사자: 75kg?] 76kg, 예. [조사자: 임신했을 때 아니면은?] 아니요, 초기였을 때. (둘 다 웃음) [조사자: 너무 맛있어서요?] 아니요. 그냥 중국 한국 왔을 때 그렇게 하는데, 한국 와서 빠져 빠졌어요. 20kg 빠졌어요. [조사자: 중국에서 칠십몇 킬로였는데, 한국에 와서?] 네. [조사자: 아, 그러면 한국에 오시길 바라셨네.] 네. 의미시킨, 그 정도 아니면 안 맞아서. [조사자: 너무 고생 많이 했구나…. 지금은 한국 음식 잘 먹어요?] 잘 먹어요. [조사자: 만들 줄도 알고요?] 네. (웃음) [조사자: 성공하셨네요. (웃음) 다이어트도 성공하시고.] 네, 다이어트해야 돼요. [조사자: 아니, 지금 좋아요. 다 좋으신데요.

한국에서는 조금 어… 그… 중국에도 왜 종교 차별 이런 거는 있어요? 종교에 대한 차별?] 종교 차별이… 많지 않은 거 같아요. 왜냐하면 주변에 기독교나 음… 성당은 많이 못 들어봤어요. 저는 솔직히. 불교 아니면은 그냥 종교 없이 그렇게 하는데, 그런데 보통 종교 없는 경우에서는 은근히 다 불교적이에요. [조사자: (웃음) 조상 대대로?] 네, 네. 그 상태대로 "아, 나 종교 없다" 그래도 부처님이 있다는 게, 계시다는 건 인정하시는 거 같아요. [조사자: 그 이슬람교도 많이 생겼지요? 중국에도?] 아, 진짜로 모르겠어요. 졸업하고 일하고 바로 한국 왔기 때문에 종교는 그때는. 네. [조사자: 한국에서도 이슬람교 사람들이 많이 늘어나고 있거든요. 주변에는 없죠?] 주변에는 없어요. [조사자: 네. 아, 오늘 감사합니다.] 네, 감사합니다. [조사자: 종교 얘기까지 들었네요. 진짜 인터뷰 마치겠습니다.] 아니에요. [조사자: 지금은 이제 14일 지금 12시 30분이고요. ○○○ 씨 인터뷰를 여기서 마치겠습니다. 감사합니다.]

6장

학구적인 그녀, 평등을 지향하다

연구참여자는 중국 ○○대학에서 영어를 전공하고 싱가포르에 가서 반년 동안 물류 관련 공부를 했다. 중국에서 물류회사에 다닐 때 남편을 만나 결혼했다. 당시 남편은 아들 둘을 둔 이혼남이었는데, 남편은 연구참여자와 결혼하기 위해 이혼했다는 말을 하지 않았다. 미혼남인 줄 알고 만났고, 중국에서 결혼하여 같이 살았다. 혼인신고 과정에서 남편이 아이가 둘이나 있는 이혼남이라는 것을 알게 되었다(연구참여자가 이 이야기는 묻지 말라는 부탁이 있어서 질문하지 못했음). 3학년인 아들에게 중국어와 영어를 직접 가르쳐 아들은 영어와 중국어를 매우 잘하는 수준이다. 하지만 사교육비가 많이 드는 한국 교육 제도에 불만이 많다.

한편 회사에서 인정을 받아 8년째 한 회사에서 무역 담당 일을 하고 있다. 그러나 외국인이라는 이유로 차별도 있고, 회식에 참석하지 않으면 가족이라고 생각하지 않는 등 직원들 간의 보이지 않는 갈등이 있다. 남편은 직장에 다니지만 월급을 안 가지고 올 때가 많아 불안정한 생활을 할 때가 있다. 그러나 의리가 있고 인정이 많아 중국 친구들 사이에서는 인기가 많다. 남편의 불안정한 생활 때문에 미래가 불투명하다고 느껴질 때가 많다. 재교육이나 자기개발을 위한 교육을 간절히 바라는 편이다.

[주제어] 교육, 언어, 복지, 스마트폰, 종교, 차별

1.
배움에 도전하다

싱가포르로 떠난 로지스틱스 단기 유학

나는 중국 ○○대학교에서 영문학을 전공했다. 졸업 이후 물류회사에 다녔는데, 물류에 대한 관심과 더 깊이 공부하고 싶은 마음에 싱가포르로 건너갔다. 정식적인 단계를 밟기 전 하나의 준비과정이었다. 마침 싱가포르에서 공부하던 친구가 있어서 6개월 단기과정으로 다녀올 수 있었다. 어느 나라나 마찬가지겠지만, 싱가포르 역시 외국인에게 그렇게 호의적이지만은 않았다. 그러나 나는 거의 학교에서만 생활했을 뿐 바깥에는 잘 나가지 않아 문화적 차이 외에는 큰 차이를 느끼진 않았다. 싱가포르에서의 유학을 뒤로하고 다시 고향 중국으로 건너와 전자제품 관련 회사에 다니게 되었다.

가장 힘든 건 언어 소통의 부자유

중국에 건너와 회사에 다니던 중 남편을 만났다. 남편과는 연애결혼을 했다. 남편은 한국에 자식이 둘 있던 이혼남이었지만, 당시 내게는 그 사실을 말하지 않았다. 중국에서 혼인신고를 하는 과정에서 남편에게 아이가 둘이나 있다는 사실을 알게 되었다. 그때의 충격은 이루 말로 다 할 수 없다. 오랜 시간이 지났지만 나는 아직 그 얘기를 드러내어 할 만큼 준비가 안 돼 있는 것 같다. 그래서 가급적 남편의 과거는 나 스스로 잘 꺼내려고 하지 않는다.

한국에 와서 가장 힘든 건 역시 언어 소통 문제였다. 한국에 오기 전 중국에서 2개월가량 한국어를 배우고 왔지만, 의사소통을 하기엔 무리였다. 낯선 환경, 낯선 언어는 고향을 더욱 그립게 했고, 기존에 생각해온 한국의 이미지와 너무 달라 나날이 힘들었다. 당시에는 결혼이주여성에 관한 인식이나 복지제도가 미흡했다. 그래서 내가 힘들어도 어디 가서 도움을 받아야 할지 몰랐으며, 그런 제도가 있는지 정보조차 알 수 없었다.

그러던 중 남편으로부터 ○○대학교 언어교육원에서 한국어를 배울 수 있다는 정보를 듣게 되어 한국어 공부를 하러 다녔다. 물론 여기서도 오랫동안 공부하지 못하고 3개월 단기로 공부했다. 그러다 보니 일상적인 의사소통은 가능해도 직장을 구하기는 힘들었다. 언어 소통에서 오는 불편함 때문인지 외국인이 일반 회사에 다닐 기회는 흔치 않았다. 내가 할 수 있는 일은 중국어학원에서 중국어를 가르치는 아르바이트가 전부였다. 대학에서 영문학을 전공하고 싱가포르에 건너가 물류 공부까지 하고 온 나는 스스로 어느 정도 기대가 있었다. 그런 내가 한국에 와서 아무것도 할 수 없다는 사실에 자존감이 많이 하락하고, 앞이 보이지 않은 현실에 실망감을 느꼈다. 한 사회에서 사람이 적응하며 살아가려면 그 사회에서의 언어 소통이 가장 중요했기에 물류 공부보다 한국어 배우는 것이 급선무였다.

학교에서 이중언어를 활용할 수 있다면

아이는 현재 열 살, 초등학교 저학년이다. 가끔 담임선생님을 만나 뵙고 상담도 하고 싶지만, 정기 상담 외에는 그럴 기회가 없다. 더군다나 한국말이 아직 서툴러서 학교에 한 번 찾아가고 싶다가도 이내 포기해버린다. 아이가 학교생활을 어떻게 하고 있는지 엄마로서 정말 궁금하다. 공부는 잘 따라가고 있는지, 친구들이랑 사이좋게 잘 지내는지 등 궁금한 것들이 많다. 그때마다 학교생활 잘하고 있다고, 걱정하지 말라고 의젓하게 말하는 아들이 대견하다. 어떤 때는 '아닌 것 같은데, 그냥 엄마를 안심시키려고 대답만 그리하는 것 같은데' 하는 생각이 든다.

보통 직장에 다니지 않는 엄마들은 그들끼리 커뮤니티가 형성되어있다. 우리 아파트 경우도 대부분 엄마들이 직장을 안 다녀서 낮에 만나 정보 공유도 하고 친목을 도모하는데, 난 직장을 다녀서 함께 어울리지 못한다. 남편 역시 바빠서 상담 때도, 아이 공개수업 때도 거의 참석하지 못한다.

아이와는 집에서 중국어와 한국어 공용으로 소통한다. 집에서 아이한테 중국어와 영어 둘 다 가르치는데, 아이가 곧잘 따라와서 기쁘다. 학교에서도 중국어 수업 시간에 아이가 곧잘 따라 해서 선생님께 칭찬받았다는 얘길 들었다. 그래서 학교에서 중국어나 영어 말하기 대회가 있어서 아이의 재능이 잘 살려졌으면 하는 바람이 있다. 그러나 현실적으로 학교에서는 그러한 행사나 대회가 흔치 않은 것 같다. 우리 아이뿐만 아니라 주변에 중국 다문화가정 아이들이 많이 있는데, 중국어를 할 줄 아는 아이들이 상당수다. 따라서 학교에서도 중국어를 활용할 기회를 만들어주면 좋겠다.

엄마로서 나는 아이가 훗날 안정적인 직업을 가졌으면 좋겠다. 현재 경제적으로 큰 어려움은 없지만, 비정규직으로 있다 보니 고용이 불안정해서 불안하다. 초창기 한국에 왔을 때 남편 직업이 없어서 경제적으로 조금 힘들었는데, 그때의 일이 약간 트라우마로 작용하는 것 같다.

2.
평등은 어디에 있는가

회사에서 느끼는 차별

내가 현재 다니고 있는 회사는 자동차 관련 무역회사로 8년째 다니고 있다. 내 담당업무는 새로운 아이템 개발과 해외 무역이다. 새로운 아이템 개발이다 보니 급여보다 성과급이 더 많은 편인데, 지금은 경제가 좋지 않아서 성과급을 많이 못 받고 있다. 자동차회사는 보통 4~5년 간격으로 차종을 바꾼다. 그렇게 되면 회사에 경제적으로 타격이 오기도 하고, 최근 관련 국내 자동차회사 매출이 많이 감소하는 등 전체적으로 경제 상황이 좋지 않다.

회사에서 외국인은 나 혼자다. 회사 직원 모두 잘해주는 편이지만, 문화 차이가 느껴질 땐 불편하기도 하다. 중국에서는 남녀가 다 평등하고, 상급·하급도 특별히 차이를 느끼지 않는다. 예컨대 식사할 때 한국은 사장님이 식사를 다 마칠 때까지 직원들이 기다려야 하고, 사장님 식사가 끝나면 직원들도 빨리 먹어야 하는 그런 문화가 불편하다. 개인적으로 받는 차별은 급여 차이다. 이를테면 나는 한국 사람이 하는 업무를 똑같이 하고 근속연수도 8년이나 되었지만, 승진이 안 된다. 오히려 후임자가 더 먼저 승진하는 부조리함이 있다.

승진이나 급여 차별 외에도 회사에서 느끼는 힘든 점이 있다면 언어다. 직원을 위한 복지 차원의 프로그램이 없다. 회사의 통역업무로 회의에 참석할 때면 한국어가 부족해 답답함을 느꼈다. 통화할 때도 언어로 인해 자신감이 부족하다 보니 '한국어만 잘되면 일이 더 잘 풀릴 텐데' 하는 아쉬움으로 회사 복지정책에 불만이 생긴다.

출장도, 회식도 싫어하는 가부장적인 남편

한국에서 가장 많이 느끼는 문화 차이, 즉 일종의 문화충격은 남녀성차별 같다. 중국에서는 대부분 맞벌이가정이다 보니 아내가 출장 가게 되면 남편이 집안일을 돕거나 육아를 도와주는데, 한국에서는 그렇지 않다. 남편은 굉장히 가부장적이다. 집안일은 당연히 여자가 해야 할 것처럼 여긴다. 나도 직장생활을 해서 집에 오면 피곤한데, 퇴근하면 저녁 준비와 집안 살림 그 모든 걸 나 혼자 다 감내한다. 남편은 집안일을 돕지 않는다. 밖에 나가서 일하고 왔는데 집에 와 저녁도 못 얻어먹나 하는 눈치다. 중국에서는 남자가 집안일을 많이 도와준다. 퇴근해서 청소도 하고 밥도 하는 등 남녀평등이 일반화되어 있다.

나는 무역 담당 업무여서 해외 출장을 자주 다니는데, 그럴 때마다 남편 눈치를 많이 본다. 그뿐만 아니라 회식이 있을 때도 남편이 몹시 싫어한다. 그런데 나는 직장인이고, 회식에 참석하지 않으면 회사에서도 눈치를 주니 이래저래 양쪽에서 눈치를 받는 셈이다. 물론 회사에서는 꼭 참석하지 않아도 된다고 하지만, 직장인은 회식에 참석함으로써 얻어지는 동질감이 있어서 무시할 수 없다. 그런 점을 남편이 조금만 이해해줬으면 좋겠는데, 회식 참석하는 날은 집에 가서 항상 남편 눈치를 봐야 하는 상황이 조금 슬프다.

종교에 대한 차별적 시선

나는 중국에서 교회를 다녔기 때문에 한국에서도 교회 나가는 데는 거리낌이 없었다. 한국에서 교회를 나간 계기는 시어머니의 전도를 통해서다. 그런데 가끔 일이 생겨 교회를 안 가면 시어머니 기분이 안 좋아 뵌다. 다니는 교회에서 심방 오는 것은 좋은데, 다른 교회에서 전도 차원으로 집에 찾아오는 건 불편하다. 집으로 찾아오는 한국의 전도 문화가 많이 불편하다.

중국에는 소수민족 보호 차원으로 소수민족보호법이 있다. 예컨대 소수민족이 위법했을지라도 감방에 넣지 않고 풀어주는 경우다. 한족의 경우 죄를 지으면 법에 따라 죗값을 받는데, 소수민족은 소수민족법에 의해 보호를 받는 거다. 중국 소수민족 중에서 이슬람교도들이 있는데, 기차역에서 큰 사건이 있었다. 이후로 중국에서는 스스로 이슬람교도임을 드러내는 사람이 드물다.

한국에서 같이 공부하는 결혼이주여성 중에도 우즈베키스탄 국적의 이슬람교도가 몇 있었는데, 나는 그들에게 거리낌이 없었다. 오히려 한국 사회에서 그들을 바라보는 시선이 아직 낯설어 보인다. 시장에서나 수영장에서 히잡 두르고 나타나는 외국인을 기피하는 현실이다.

3.
행진

막연한 미래를 대비하다

지금은 다문화가족을 위한 프로그램이 많이 생겼는데, 사실 나는 혜택을 많이 누리지 못한다. 왜냐하면 거의 낮 동안 이루어지는 프로그램들이어서 나처럼 직장을 다니는 사람들은 이용하기가 쉽지 않다. 그렇다고 저녁에 하는 프로그램도 없다. 현재는 내가 직장에 다니고 있어서 경제적으로 큰 어려움이 없지만, 노후를 생각하면 걱정이 된다. 남편과 나이 차가 많기 때문에 남편은 나보다 훨씬 일찍 퇴사하게 된다. 나의 벌이는 남편만큼은 아니어서 걱정이 안 될 수 없다. 아이가 아직 어려서 미래에 대한 걱정이 더 생기는 것 같다.

그래서 배울 기회가 주어진다면 한국어를 체계적으로 다시 공부하고 싶다. 개인적인 필요뿐 아니라 미래를 위해 당연히 필요하다고 생각하기 때문이다. 인터넷에서 검색하고 싶어도 키워드를 무엇으로 넣어야 할지 몰라 막막한 느낌이 들 때, 한국어를 더 열심히 배워야겠다는 생각이 절실히 든다.

나는 인터넷 소통 플랫폼에서 주로 위챗을 사용한다. 가족들과 안부를 주고받을 때, 친구들과 연락할 때, 해외 지부와 회의할 때도 사용한다. 중국 사람들은 아직 페이스북은 많이 이용하지 않는다. 통상 습관적으로 위챗을 이용한다고 보면 된다. 그래서 내가 페이스북을 한다 해도 소용없는 게 주변 친구들이 이용하지 않으니 굳이 필요없다. 위챗을 통해 중고거래도 하고, 특히 사업하는 사람들은 광고를 많이 한다.

한국 사회에 바라는 점이 있다면

한국에 살며 기분이 좀 안 좋았던 때는, 그래서 한국 사회가 좀 바뀌었으면 하는 점은 외국인을 바라보는 시선이다. 예컨대 난 중국에서 좋은 대학 나와서 좋은 직장 다니다가 한국에 왔는데, 시장 가면 사람들은 날 아래위로 훑듯이 쳐다본다. 외국인에 대한 차별적 시선이 거둬졌으면 하는 바람이다. 또한 결혼이주여성이 한국 사회에 정착하며 살아가기까지 단계별로 프로그램 지원이 잘되었으면 좋겠다. 주중 프로그램뿐만 아니라 주말에도 개설되어 나와 같은 직장인들이 이용할 수 있으면 좋겠다.

한국 사회에 바라는 점은 사교육이 없어지는 것이다. 한국 사회의 사교육은 너무 보편적으로 되어 있고 매달 들어가는 사교육비 또한 만만치 않다. 중국에서는 한국처럼 사교육이 성하지 않다. 학생들이 많이 다니지 않기 때문이다. 반면 한국의 사교육은 비용이 굉장히 많이 들어가 부담된다. 이와 같은 이유는 우선 중국은 학교 끝나는 시간이 늦는 반면 한국은 일찍 끝난다. 한마디로 중국의 교육은 학교에서 공교육이 책임을 지고, 하교를 일찍 하는 한국의 아이들은 사교육에 의존할 수밖에 없다. 그렇기 때문에 사교육 부담이 엄청나다.

마지막으로, 나와 같은 직장인 결혼이주여성을 위해 모여서 토론하고 공부할 수 있는 장소를 마련해주면 좋겠다. 자조모임 성격이 있긴 하지만, 공부할 수 있는 장소가 없는 점이 아쉽다. 거기에는 결혼이주여성만 모이는 것이 아니라 한국인 여성도 함께 모여서 함께 가르치고 배우는 장(場)이 되었으면 좋겠다. 이를테면 난 영어를 가르칠 수 있으니 영어 클래스를 만들어 가르치고, 다른 사람은 또 그만의 정보를 나눠주고 서로 그렇게 정보를 공유하는 거다. 사람들을 만나서 공부하고 정보를 공유할 수 있는 공식적 커뮤니티가 형성되기를 바란다.

4.
전사록 요약

〈연구참여자 정보 및 특성〉

출생연도	1978년생	이주연도	2006년
국적(이주 전/현재)	중국 한족/대한민국	학력	대졸
가족	남편, 아들	직업	회사원

▶ 싱가포르로 떠난 로지스틱스 단기 유학

[조사자: ○○ 씨는 대학교를 졸업했는데, 어디에서 뭐를 전공하셨어요?] 제가 대학교, 영문학을 전공했어요. 영어학과. [조사자: 어디에서요? 중국에서요?] 예, 중국에서요. ○○대학교 영문학과를 졸업하고 반년 동안 싱가포르에서도 공부했었어요. [조사자: 그러면 ○○대학 영문학과를 졸업하고, 싱가포르로 간 거예요? 아니면 교환학생으로 간 거예요?] 아니요, 회사 다니다가…. [조사자: 어디에서 회사 다니다가요?] 신천에서요. 신천에 물류회사에 다니다가 유학, 반년 동안 유학하다 왔어요. [조사자: 그러면, 싱가포르로 유학은 어학연수예요? 아니면 학과 과정이었어요?] 학과 준비과정인데

요, 로지스틱스 준비하려고요. [조사자: 물류, 거기도 물류학과네요?] 네, 물류학과. [조사자: 그러면 싱가포르에서 6개월 다닌 것은 정식으로 대학교 들어간 것은 아니고요?] 음, 네. [조사자: 왜 로지스틱스에 대해 싱가포르에 가서 공부하게 되었어요?] 저도 그전에 중국에서 물류회사 다니다가 좀 더 배우는 게 더 발전되고 그럴 것 같아서, 마침 친구도 저기서 학교 다니니까 저도 같이 갔어요. [조사자: 싱가포르에서 그러면 로지스틱스를 6개월간 공부하고, 싱가포르에서 일도 했어요?] 안 했어요. [조사자: 싱가포르에서 로지스틱스 다닐 때, 특히 중국인한테 좋은 점 있었어요?] 좋은 점요? 특별히 중국인한테 혜택 없어요. [조사자: 뭐, 중국하고 싱가포르하고 다른 점이 있었어요?] 그런 거 좀 있어요. [조사자: 어떻게 달랐어요? 중국하고, 싱가포르하고?] 문화 그, 싱가포르에서 외국인에 대해 잘 받아주지 않은 것 같아요. 근데 저도 학교에만 있고 밖에서 별로 안 나가서, 특별히 다른 것은 심하게 못 느껴요. [조사자: 그러면 싱가포르에서 로지스틱스를 6개월 배우고, 그리고 그다음에는 어디에서 무슨 일 했어요?] 중국 가서 전자회사 다니다가 남편 만나서 한국 왔어요. [조사자: 전자제품회사에서는 로지스틱스에 관련된 일을 한 거예요? 물류에 관련된 일?] 네.

▶ 가장 힘든 건 언어 소통의 부자유

[조사자: 남편 만나서 연애결혼하신 거예요?] 네, 연애결혼했어요. [조사자: 한국에 그러면 2006년도에 왔잖아요? 그때 한국에 왔을 때 많이 불편한 게 뭐가 있었어요?] 그때 처음에 아무래도 언어적으로 좀 많이 부족하고, 저도 중국에서 한국어 딱 2개월밖에 안 배웠어요. 언어도 부족하고, 그때 처음에 와서 친구가 많이 없어서 또 많이 외롭고, 집도 보고 싶고, 그리고 한국에 와서 좀 앞길 깜깜하고, 생각한 것과는 많이 달라서 좀 그랬

어요. [조사자: 아, 그러니까 앞날이 캄캄했어요? (웃음) 그때는 그러면 이렇게 앞날에 대해 누구에게 상담을 받아보거나, 어디에서 무엇을 찾아보거나 한 적은 있어요?] 그때는 당시는 제가 왔을 때 아직 외국인에 대해 복지사업 그런 거 완벽하지 않아요. 처음 시작할 때요. 저는 그런 것도 정보도 없었어요. 그런데 남편이 언어 배울 데를 찾았어요. ○○대 언어교육원에 와서 공부했었어요. [조사자: 아, 그러니까 ○○대학교 언어교육원에서 공부했어요?] 네. [조사자: 얼마 동안 공부했어요?] 3개월 동안. [조사자: 3개월? 몇 단계까지 공부했어요?] 몇 단계요? 총 6단계까지 있었던 것 같은데요, 제가 3개월 배웠어요. [조사자: 그러면, 그때 ○○대학교 언어교육원에서 3개월 공부하고 밖에 사회생활 할 때는 불편함이 없었어요?] 여기는, 언어의, 3개월 배우더라도 많이 부족해요. 많이 부족하고, 일자리 구하는 것도 힘들고. 그때는 외국인이 회사에 다닐 수 있는 기회가 많지 않았어요. 다닐 수 있는 직업도 많지 않고, 그래서 학원에서 중국어를 가르쳤어요. 중국어학원에 잠깐 다녔었어요. [조사자: 중국어학원에서 중국어를 가르쳤어요?] 네. 알바로요. [조사자: 그때는 어땠어요? 중국에서도 물류회사에 다녔고, 싱가포르에서도 물류를 전공했고, 왜 한국 와서는 물류 쪽으로 찾아보지 않고 중국어학원에서 중국어를 가르치려고 생각했어요?] 제가 일부러 그렇게 하는 게 아니고 그때는 선택할 수 없었어요. [조사자: 선택의 여지가 없었어요?] 네, 선택의 여지가 없어요. 언어 때문에. 무슨 직업이든 한국어 어느 정도 되면 취직할 수 있는데, 그때는 저 한국어 많이 부족하고, 그냥 잠깐 중국어학원에서 알바로 중국어 가르칠 수 있어요. 그런 상황…. [조사자: 그러면 처음에 한국에 왔을 때, 눈앞이 캄캄하고 실망했다고 했잖아요. 그러면 한국에 와서 하고 싶은 일이 있었어요?] 굳이 뭐 꼭 정하는 건 아니지만, 그때는 솔직히 한국에 대해 기대가 크고 제가 할 수 있는 일이 있을 거라 생각했는데, 그냥 제가 할 수 있는 일이 별로 없어서 좀 실망도 하고 그랬어요. [조사자: 네. 그런데 한국에 와서 물류에 대해서는 더 공부할 생각이 없었어요?] 음, 물류에 대해 공부하는 것보다 한국어 배우는 거 더 하고 싶어요. [조사자: 그러면 한국어를 어디에서 배우셨어요?] 한국어를, 저는 ○○대에서 3개월 공부하고, 국제교류재단에 가서 한국어를 배우면서 중국어를 가르쳤어요. 그때 중국 사람한테 외국인 교류센터에 대해 들었어요. 거기에서 중국어 가르치는 데 있어요. 그런 정보 얻어서 저기 가서 중국어 배우기 시작했어요. [조사자: 중국어? 한국어를?] 아, 한국어를 배웠어요. [조사자: 그때 한국어 배울 때 선생님들은 괜찮았어요? 어땠어요?] 네, 잘 가르쳐줬어요. [조사자: 한국어만 가르쳤어요, 아니면 다른 거 상담도 해주고 그랬어요?] 한국어도 가르치고, 좀 개인적으로 제가 한국에 대해 궁금한 거나 정보 필요할 때나 개인적으로 고민이 들 때나 그럴 때도 많이 얘기하고 그랬어요. [조사자: 그러면 처음에 왔을 때 정말 정말 힘들어서 상담을 받아보거나 이런 적은 있어요?] 없어요. [조사자: 힘들지 않아서? 아니면은 그렇게 상담할 만한 곳이 없어서 못 한 거예요?] 그런 곳이 없었어요. [조사자: 그러면 힘들었을 때, 그 한국어 선생님을 통해 정보를 얻고 다른 것은 다 해결됐어요?] 다른 것은, 나중에 저기 다니다가 친구도 만나고, 고민거리도 서로 얘기하고, 서로 위로하고 그랬어요.

▶ 학교에서 이중언어를 활용할 수 있다면

[조사자: 음… 지금 애기가 열 살이잖아요. 학교생활은 잘해요?] 학교생활이요? 학교생활은 저도, 여기는 저도 가끔 학교 선생님 만나고 싶은데, 왠지 좀 그런 자리가 많지 않은 것 같아요. 저도 한국어 좀 안 돼서 가서 상담 한번 받을까 말까 하는데, 그냥 특별히 학교에서 상담하는 거 요

청도 없고 그랬어요. [조사자: 그래서 학교에 안 가봤어요?] 네. 작년에 가봤는데, 사실은 진짜 저도 우리 아들 학교에서 생활 되게 궁금해요. 학교에서 뭐 공부하는 것도 어떻게 하나, 잘하나, 친구랑도 잘 지내나, 우리 아들한테 물어보면 무조건 "엄마 나 괜찮아." 걱정 안 해도 된다고, 친구랑도 잘 지낸다고 하는데 어떤 때는 아닌 것 같기도 하고, 그래서 궁금한데 직접 선생님 찾아가서 물어보기도 그렇고, 뭐…. (웃음) [조사자: 그러면 아들 친구들은 많이 있어요?] 네. 많이 있어요. [조사자: 그러면 아들 친구들 엄마들하고 친해요?] 친하지 않아요. [조사자: 왜요? 모임은 있어요?] 다 그룹이 되어 있는 거 같아요. 다들, 직장 안 다니는 사람들은 그 사람들끼리만 만나요. 예전에 우리 ○○ 사는데 ○○ 아기 엄마들은 다 낮에는 회사 안 다니니까 낮에 만나는데, 저는 회사 다녀서 만날 수 없어요. 나는 시간도 좀 그래요. [조사자: 그러면 아이 정보를 ○○이한테 들은 것 외에 친구들 엄마한테 "○○이가 요즘 어떻대요." 이런 얘기는 그럼 들어본 적이 없네요?] 없어요. [조사자: 그리고 선생님도 안 찾아가고?] 네. [조사자: 공개수업 이런 거 할 때는 가봤어요?] 공개수업할 때는 다 낮에 하는 건데요, 저도 회사에 다니니까 가기가 힘들어요. [조사자: 그러면 혹시 아빠가 선생님하고 상담을 해보거나 이런 적도 없어요?] 없어요. [조사자: 그럼 엄마는 선생님을 만나면 뭐가 가장 궁금해요? 뭐에 대해 상담하고 싶어요?] 뭐, 여러 가지. 애가 학교생활 어떻게 하는지, 그리고 엄마가 외국인이라서 학교에서 차별하는 거 있는지…. 왜냐하면 예전에 ○○이 공부방에 다닐 때 제가 우리 아들 찾으러 공부방에 갔는데 어떤 아이가 "얘 엄마가 중국 사람이야" 하면서 우리 아들한테 좀 놀린 그런 게 있었어요. 그래서 걱정하고 그랬어요. [조사자: 아, 그래요. 그럼 ○○이하고는 지금 집에서 어떤 언어로 대화하세요?] 중국어하고 한국어 다 같이 쓰고, 집에서 중국어 배우는 것도 있고…. [조사자: 가르치기도 해요? 집에서?] 네. [조사자: 뭐 중국어도 가르치고, 영어도 가르치고?] 네. [조사자: 그럼 집에서는 ○○이가 중국어도 잘하고 영어도 잘하고 그러잖아요. 그러면 학교에서도 그런 언어를 사용할 수 있어요?] 없어요. 학교에서 아마 중국어를 배우긴 배워요. 근데 저도 잘 몰라요. [조사자: 그러면 ○○이를 위해 학교에 바람이 있을 것 같은데, 어떠세요?] 아무래도 학교에서도 뭐 중국어나 영어를 마음대로 사용할 기회가 있거나 중국어, 영어 말하기 대회 이런 거 자주 있으면 참석하면 좋은데, 그런 거 자주 없어요. [조사자: 그러면 아이가 학교에서 중국어 잘하잖아요. 학교 친구들도 ○○이가 중국어를 잘한다는 걸 알고 있어요?] 잘 몰라요. 뭐 학교에서 그런 얘기 들었는데, 선생님이 중국어 가르칠 때 선생님이 중국어로 대화할 때 ○○이가 장난으로도 중국어로 말해서 선생님이 똑똑하다고 장난으로 하고, 그렇게 들었어요. [조사자: 그러면 ○○이 친구들이 엄마가 중국인이라는 거에 대해 다 알고 있어요?] 아는 사람 좀 있어요. [조사자: 그러면 엄마가 중국인이라서 불편한 것을 ○○이가 많이 느껴요?] 잘 몰라요. 어떤 아이들끼리 놀다가 안 놀아주고 그런 아이들도 있고. [조사자: 아, 잘 안 놀아주는 애도 있고? 그러면 ○○이처럼 중국어를 잘하는 아이들이 ○○이 주위에 많이 있어요?] 네. 있어요. [조사자: 그런 아이들은 어때요? 학교에서도 중국어를 활용할 기회가 많이 있나요?] 없어요. 그런 기회 없어요. 그런 기회 좀 만들면 좋겠어요. [조사자: 그러면 ○○이네 학교는 다문화가정, 엄마가 외국인인 아이들이 많이 있어요?] 있긴 있어요. [조사자: 그런 아이들은 어떤 불편함은 없다고 해요?] 저도 잘 몰라요. 그런 모임이 있으면 좀 만나서 이야기하고, 서로 얘기하고 해야 하는데, 그런 것도 많지 않아요. [조사자: 음, ○○이가 앞으로 무슨 일을 했으면 좋겠어요?] 저도 자기가 원하고 싶은 일을 하면 좋은데, 직업은 안정적으로 걱정 없이 사는 직업이면 돼요. [조사자: 그러면 지금 ○○ 씨 얘기는 경제적으로 힘들다는 거예요? 아니죠? 그런 것 없죠?] 저는 아직까지는 경제적으로 걱정하는 건 없는데, 우리 남편도 회사 다니고 저도 회사 다니는데, 근데 저는 항상 걱정하는 것은 올해 다니다가 내년에 나오지 말라고 해서 못 다니면 어떡하나. 이런 걱정은 항상 있어요. 우리 신랑도 그래요. 제가 한국에 왔을 때 남편이 직업이 없어서 너무 힘들었어요. 한국에 와서 좀 힘들 때, 힘든 경험 있어서 그때 생각하면 무서워요. [조사자: 어떤 힘든 경험을 하셨어요?] 돈을 못 벌 때는 우리 신랑도 처음에 왔을 때 직업 안정적이지 않아서, 회사 다녀도 월급 못 받거나 아니면 직업 못 찾아서 집에서 쉬는 거나, 그런 거 경험 좀 많아서 지금도 만약에 그렇게 되면 어떡하나 그런 거 많이 걱정해요.

▶ 회사에서 느끼는 차별

[조사자: 지금 다니는 회사는 몇 년째 다니고 있는 거예요?] 저는 거의 8년 됐어요. [조사자: 무슨 일 하고 있어요?] ○○차 관련 무역회사 다니는데, 요새는 새로운 아이템 개발하고, 해외 무역 담당하고 있어요. [조사자: 그 아이템을 ○○ 씨가 개발하는 거예요?] 네. [조사자: 그러면 월급도 굉장히 많겠어요?] 네. 예전에보다 많긴 많은데, (웃음) 월급보다 성과급을 많이 받아요. 근데 요새는 그런 거는 좀 많이 못 받았고. 그리고 지금은 예전처럼 사장님이 경제가 안 좋아서 요즘은 또 그렇지 않아요. [조사자: 왜, 한국 경제가 안 좋아져서?] 경제도 안 좋아져서 회사도 지금 여러 명이 있으니까, 자동차회사 같은 경우는 오래, 차종은 4년, 5년 있다가 바뀌요. 자주 바꾸면 회사 경제적으로 좀 힘들어요. 요새는 또 ○○차 매출이 많이 줄어서 그런 것도 있고요. [조사자: 그래요? 그러면 회사 내에 외국인이 ○○ 씨 혼자예요?] 네. 저 혼자예요. [조사자: 그러면 한국 직원들하고 ○○ 씨는 잘 통하고, 사이

가 좋아요?] 사실은 또, 잘해줘요. 잘해주는데 뭔가 불편할 때도 많아요. 한국인하고 문화 차이도 많고. 우리는 중국에서는 다 평등하고, 남자 여자 다 평등하고, 상급·하급도 그렇게 차이 많이 안 느껴요. 예를 들면 식사할 때 한국은 사장님 다 안 먹으면 그냥 사장님 다 먹을 때까지 기다려야 하고, 사장님 밥 다 먹으면 우리도 빨리 먹고, 그런 것이 너무 불편해요. [조사자: 그런 문화 차이가 많이 있어요?] 네. 많이 있어요. [조사자: 그러면 회사 동료들 간에 대우나 차이 이런 거는 없어요?] 차별은 있어요. 저는 한국어도 부족하고, 많이 부족하다고 생각해요. 그래서 좀 차이를 받았는데. [조사자: 어떻게 차별을 받았어요?] 월급도 차이가 많아요. 월급 차이도 많고, 저는 항상 출장도 많고 한국 사람이 담당하는 것도 제가 다 해야 해요. 그런데 나는 8년이나 됐는데, 승진 안 했어요. 그런데 나중에 들어오는 사람도 위로 올라가고, 그런 차별이 심해요. [조사자: 아, 승진이 안 돼요?] 네. 승진이 안 되고. [조사자: 그러면 8년 동안 다녔는데, 승진이 안 되고 계속 똑같은?] 승진은 사실 저도 얘기 안 해요. 그런데 회사에서 한국 사람끼리 동질성 있는 것 같아요. 한국 사람들은 여기에 가서 힘들다고 얘기하고, 저는 일이 많아도 힘들다고 많이 얘기하는 스타일도 아니고. 뭐 제가 어떻게 토요일, 일요일도 일해도 왜 주말에도 일해야 되냐고 이런 얘기를 별로 안 하는데, 근데 다른 사람들 가서 뭐 힘들다고 계속 이야기하는데 그런 거 좀 있어요. 그래서 그런지 승진 없어요. [조사자: 일도 똑같이 하고, 힘든 거는 다 마찬가진데 월급 같은 거에서도 차별을 둔다는 거죠? 승진의 기회도 없고?] 예. [조사자: 또 다른 힘든 점은 없어요?] 언어요. 사실은 여기 와서 회사 지금 여러 가지 프로젝트 있는데, 회사원한테 잘 맞춰서 하는 프로그램 없어요. 저한테는 그런 정보도 없고, 제가 뭐 항상 힘들 때 많아요. 힘들 때는 예를 들면 제가 전에 통역으로 ○○자동차에 가서 무슨 회의 할 때 아무래도 제가 한국어가 부족하니까 갔다 오면 항상 너무 답답하고 그랬던 것도 있어요. 저도 지금 해외직구로 전화 받을 때도 자신감 너무 부족해서, 한국어 아무래도 부족하고 그런 거는. 만약에 한국어 잘 되면 일이 더 잘 풀리는데, 한국어 안 돼서 아무래도 그런 것도 좀 있어요. 한계도 있고. 그런데 저녁에 한국어 가르치는 곳이 없어요. [조사자: 동료들이 나를 좀 이해해줬으면 좋은데, 이해를 안 해주는 그런 것도 있어요?] 네. 있어요. 그런 경험 많아요. 예를 들면, 제가 해외직구 하다가 운송 과정 중에 실수하는 경험도 많아요. 저도 실수를 하지만 중국에서 운송사에서 실수할 때도 하고, 중국의 판매처에서도 실수하는 경우가 많아요. 한국 사람들은 누구 탓, 누구 탓 많이 따져요. 우리 회사는 큰 회사 다니다가 그만두고 온 사람들이 많아서 그런지 무슨 일이 생길 때마다 무슨 일이 발생하면 누가 일에 대해 책임지나 그런 거부터 생각해요. 그럴 때는 좀 많이 답답하고 사실은 내가 외국인이라 그런 거 같아 좀 그래요. 사실 이 일을 어떻게 해야 하는지 생각하는 게 아니라 책임부터 따져요. [조사자: 무슨 일이 발생하면 누가 잘못했는지, 그것 먼저 따진다는 거죠?] 네. 누가 책임지거나 그런 거, 많이 느껴요. [조사자: 그런 게 중국 문화하고 한국 문화하고 차이점이라고 할 수 있는 거예요?] 네. 맞아요. [조사자: 그렇구나. 그 친구들 중에 자녀들 때문에 고민하는 친구들 많이 있어요?] 네. 아무래도 중국 사람이라서 자녀도 중국어 잘하면 좋은데요. 근데 그런 거 걱정하는 친구가 많아요. 걱정하는…. [조사자: 왜 중국어를 못해요, 애기들이?] 애기들이 그냥 중국에서도 갔다 왔다 하는 것도 아니고, 집에서도 다 한국어를 써서 중국어 교육받으면 좋은데, 그런 것도 없으니까요. [조사자: 그러면 집에서 자녀들하고 중국어로 이야기하는 엄마들이 많아요? 아니면 한국어로 이야기하는 엄마들이 많아요?] 한국어로 애기하는 엄마들이 많아요. [조사자: 그러면 그 엄마들은 아기들의 제2언어, 아니면 엄마의 모국어? 이런 거에는 관심이 없는 거예요?] 관심이 있어요. [조사자: 그러면 집에서 왜 모국어로 얘기를 안 하는 거예요, 엄마 나라 언어로?] 아마 습관적으로도 그렇고요. 뭐 정확하게 방법이, 처음부터 그런 거 습관을 키웠어야 됐는데, 그런 거는 처음부터 잘 안 돼서 그런 것 같기도 하고요. [조사자: 그러면 그 엄마들은 학교에서 중국어를 좀 많이 사용할 수 있는 환경이 될 수 있게, 그런 거 원해요?] 네. 원하죠.

▶ 출장도, 회식도 싫어하는 가부장적인 남편

[조사자: 네. 이제 처음 한국에 왔을 때 문화 차이를 많이 느꼈다고 했잖아요, 뭐가 제일 큰 문화 차이였어요?] 처음부터 지금까지도 계속 단계가 달라서, 느끼는 것도 좀 문화 차이든, 문화충격이든 많이 달라요. [조사자: 문화충격이 달라요?] 네. [조사자: 처음에 단계가 다 다르다고 했는데, 처음에 왔을 때는 뭐로 문화충격을 받았어요?] 처음에는 제가 뭐 일이, 아무래도 중국에서 계속 일을 다니다가 중국에서는 또 요즘 다 맞벌이 부부라서 다들 일, 여자도 일 다니는 거도, 한국에 처음 왔을 때 제가 일 다니는 거는 남편은 그렇게는…. [조사자: 원하지 않았어요?] 네. 나중에는 그냥 다니다가, 예를 들면 제가 출장 가면, 만약에 제가 중국에 있을 때 출장 가면 남편은 다 배려, 집에 잘 말을 하고 애기 다 봐주고 그렇게 하는데, 우리 신랑 그런 거는 되게 싫어해요. 그전에는 출장 많이 다녀요. 그냥 중국에서 회의도 하고, 공장에서 회의도 하고 그러는데, 다닐 때마다 집에서 되게 신랑 눈치 봐요. [조사자: 아, 신랑이 싫어해서?] 네. 싫어해서. 요즘도 회사에서 회식하는 거 있어요. 그런 거는 가면 남편 되게 싫어해서, 근데 안 가면 회사에서 눈치를 줘요. 저도 그런 거 느끼는데 물론 회사에서는 안 가도 된

다고 하는데 진짜 안 가면, 회식도 만약에 진짜 안 가면 가족같이 안 느끼고, 가면 뭐 같이 가서 아무래도 술도 한잔하고 가족처럼 식구처럼 생각하는데, 만약에 자꾸 빠지면, 근데 빠지면 근데 힘들어. 물론 빠지는 사람도 있어요. 저도 회사 분위기 보고 회식 같은 거는 갈 수 있으면 좀 가고, 근데 갈 때는 집에 가서 항상 눈치 보고 그런 상황이에요. [조사자: 회사 문화가 회식 문화가 있는데, 회식 문화에 빠질 수도 없고, 가자면 또 집안에 눈치도 보고 그런 걸 얘기하는 거죠?] 네. 맞아요. 회사에서 안 가도 된다고 얘기해도 만약 안 가면 좀 그런 거 있어요. 제가 회식에 할 때 가면 식구처럼 챙기고, 일을 좀 잘 못해도 좀 넘어가고 하는데, 만약에 안 가면 식구 아니라고, 남같이 느끼고 그런 거. 내가 외국인이잖아요. 이해 없어요. 그런 거는 더 심하지요. [조사자: 아, 그래요. 그런 것도 문화 차이고, 또 그다음에 문화 충격 받았다고 했는데, 그거는 또 뭐가 있어요? 그다음 단계.] 다음 단계요? 지금까지 뭐 남편은 전통적이에요. 여자는 계속 집에 와서 잘 정리하고, 항상 좀 여자, 무슨 일이라도 집안일은 여자한테 다 맡기고, 그런 게 계속 있어요. 우리 신랑 좀 보수적으로 그런 사람이라서, 시어머니가 다 해주고 그런 환경에서 자라서 그런가 봐요. 저도 낮에는 회사에서 일하다가 집에 와서도 밥하고, 어떤 때는 좀 늦게 집에 오면 신랑 눈치 본 거 많아요. 신랑은 항상 '내가 나가서 일하다가 집에 와서 저녁도 못 먹나' 그런 느낌을 줘요. 근데 저도 나가서 일하는데 빨리 집에 와서 밥하고 그래야 하는데, 그냥 뭐 좀 늦어서 늦게 가는 것도 좀 힘들어요. [조사자: 중국에서는 그렇지 않아요?] 전혀 그렇지 않아요. [조사자: 그러면 중국은 남녀 평등이고, 한국은?] 차이 좀 있어요. 중국에서 남자는 회사에 갔다 와서 청소도 하고 밥도 해요. 저희 남동생 같은 경우는 집에 와서 청소도 하고, 밥도 하고 그래요. [조사자: 음, 시댁에서 살면서 좀 불편한 일도 많았을 텐데, 뭐가 가장 불편했어요?] 불편한 거는, 그냥 뭐 이제는 좀 얘기하는, 언어 소통도 그렇고. [조사자: 음… 시어머니하고는 언어 때문에 많이 힘들었을 것 같은데, 그런 문제로 다문화가족지원센터에서 상담을 받아보거나 이런 적 없어요?] 없어요. [조사자: 친구들은 한국에서 살면서 뭐 때문에 가장 힘들어해요?] 제가 봤을 때는 언어하고 문화충격. [조사자: 그러면 그것을 어떻게 하면 줄일 수 있을까요?] 사실은 우리도, 저도 신랑한테 많이 양보하고 맞춰서 하는데, 남자들, 그런 문화는 사실은 요즘 남자도 나이 젊은 사람 그렇게 생각하는 사람도 많은데, 남자 뭐 그런 교육 좀 받으면 좋겠어요. 뭐 다문화가정 이렇게 해서. [조사자: 그러면 남편이 아내 나라에 대한 문화교육, 이런 거를 받으면 좋겠다는 거죠?] 네. 그런 교육이 있으면 좋구요. [조사자: 음, 애기 키울 때 뭐가 가장 어려웠어요?] 옆에 알려주는 사람 없어서, 그런 게 힘들었어요. [조사자: 가르쳐주는 사람이?] 네. 저도 만약에 누가 옆에서 뭐 하고, 뭐 하고 이런 단계에는 뭐 해야 하고, 이런 때는 아이한테 뭐 해야 하고, 그렇게 알려주는 사람이 없어서 되게 힘들었었어요. [조사자: 음, 지금은 누가 가장 많이 도와줘요?] 많이 도와주는 사람은 시어머니. 가끔씩, 어떤 때는 도와주고 어떤 때는 안 도와주고 그랬어요.

▶ 종교에 대한 차별적 시선

[조사자: 음, ○○ 씨는 지금 교회 나가죠?] 네. 교회 나가요. [조사자: 그럼 중국에서도 종교가 있었어요?] 중국에서는 있었어요. 저희 친정엄마도 교회 다녀요. [조사자: 그러면 중국에서 교회 열심히 다녔어요?] 열심히 다니지 못했어요. [조사자: 중국에서도 교회 다니고, 지금 한국에서도 교회를 다니고 있잖아요, 중국 교회하고 한국 교회의 차이점이 있어요?] 차이점은, 별 차이는 안 느껴요. 근데 저는 좀 한국 아무래도 우리 문화 아니라서 그런 거

는 좀 어려운 것도 많은데요. 그리고 여기 친구도 없고, 만약에 잘 아는 친구, 아니면 언니들이 같이 다니면 좋은데요. 그냥 그런 것도 없어서. [조사자: 그러면 한국에 와서 어떻게 해서 교회를 다니게 됐어요? 누가 소개해줬어요? 아니면 ○○ 씨가 직접 찾아갔어요?] 우리 시어머니가 데리고 갔어요. [조사자: 아, 시어머니가 교회 다니세요?] 네. [조사자: 그럼 지금도 어머니가 다니는 교회 다녀요?] 네. 만약에 안 가면 시어머니가 안 좋아하고. 오늘도 아침에 신랑이 아들 데리고 목욕탕 가서 교회 안 갔어요. 오후에 시어머니 집에 갔는데 시어머니 표정이 좀 안 좋아요. [조사자: 아, ○○ 씨가 오늘 교회 안 가서?] 네. [조사자: 그러면 교회에서는 전도도 하고, 또는 심방도 하고 하잖아요. 그럴 때는 ○○ 씨 집에 와서 심방도 해요?] 네, 해요. [조사자: 중국에서도 그런 예가 많아요?] 없어요. [조사자: 그러면 중국은 어떻게 전도를 해요?] 전도는, 우리 그냥 친한 사람한테 좀 그렇게 하는데, 밖에서 나가서 그런 거는 없어요. [조사자: 그러면 한국에서 밖에 나가서 그렇게 하는 거를 많이 보잖아요? 그럴 때는 어때요, 느낌이?] 느낌은, 저는 같은 교회는 싫어하지 않아요. 교회 다니니까. 그냥 다른 교회에서 교회 다니는 거 있으니까요. 다른 교회에서 집에 와서, 집에도 찾아와서 그럴 때는 좀 싫어요. 한국은 그게 너무 심해서 교회 가고 싶지 않다고 친구들이 얘기해요. [조사자: 그럴 때는 좀 불편해요?] 네. 불편해요. [조사자: 그러면 중국에는 55개 소수민족이 같이 살고 있잖아요. 그런데 중국에는 소수민족차별금지법 이런 것들이 있어요?] 네. 있어요. [조사자: 자세하게 알면 설명해줄래요?] 소수민족은 어떤 법이 있어요. 예를 들면 소수민족이 뭐 위법하면, 나쁜 일을 하면 만약에 다른 민족 위법하면 다 잡아서 감방에 넣는데, 근데 소수민족은 그냥 안 넣고 그냥 풀어요. [조사자: 다른 한족 같은 경우에는 죄를 지으면 감옥에 넣는데, 뭐 신장 저쪽에 있는 사람들이 죄를 지어도 감옥에 넣지 않고, 그냥 풀어줘요? 왜요?] 소수민족 보호,* 보호에 의해. [조사자: 그 법에 의해? 그 법이 뭐예요.] 네. 법에 의해. 자세하게 설명 못 해요. [조사자: 그래요? 중국에도 이슬람교가 많이 있어요?] 네. 있어요. [조사자: 그 사람들이 활동하는 거는 제한이 없어요?] 그전에 소수민족 사건 있었어요. 그 이슬람 소수민족 사람이 뭐 기차역 가서 사람 만나면 막 칼로 찔러서 많이 사람들 다치고, 또 몇 명 죽었던 사건 있었어요. 그 후에 사람 만날 때 공포 와서, 그런 사건이 하나 터졌는데, 소수민족 사람 오면 무서워요. 그런 거는 좀 한계 있어요. [조사자: 그래서 막 중국 사람들, 일반 사람들 중에서 "나는 이슬람교 믿어요" 이렇게 드러내놓고 이야기하는 사람들도 있어요?] 저는 많이 못 들었어요. [조사자: 혹시 한국에서 다문화가족지원센터에서 공부하거나 하면 우즈베키스탄이나 아니면 히잡 이렇게 쓰고 있는 사람들도 같이 공부하고 하잖아요. 그런 사람들이 오면 어때요?] 저 개인적으로는 잘 받아요. 괜찮아요. 이상 없이. 오히려 좀. [조사자: ○○ 씨가 느끼기에는 우리 일반 사람들이 그런 사람들을 조금 기피한다거나 이런 거를 발견한 적 있어요?] 네. 좀 있어요. 좀, 어떤 시장 가서 그런 사람이 있으면 다 쳐다보고, 그리고 수영장 가서 뭐 외국 사람 있으면 피하고 별로 좀 좋아하지 않는 거, 이런 거 들은 경험도 있어요. [조사자: 수영장 갔을 때, 그 사람들이 옷을 입고 들어오면 한국 사람들이 좀 피한다는 거죠?] 네. 조금.

▶ 막연한 미래를 대비하다

[조사자: 네, ○○ 씨는 뭐 해주고 싶은 얘기? 더 하고 싶은 얘기 있어요?]

---

* 한족이 전국 각지에 흩어져 살고 있는 점과 반대로 소수민족은 특정한 지역에 분포되어 있다. 소수민족 중에는 몽골족, 회족, 장(壯)족, 부이족, 조선족, 만족, 동족, 백족, 토가족, 여족, 고산족, 수족, 위구르족, 장족(티베트 민족), 요족 등 55개 소수민족이 존재한다(네이버 블로그 참조).

음, 저도 조금 여기 와서 사실은 다문화 프로그램은 많이 있는데, 그런데 저한테 좀 어려워요. 저처럼 회사에 다니는 사람은 그 프로그램에 참석할 수 없어요. 제가 뭐 복지 받은 거는 진짜 한참 됐어요. 다 낮에 해요. 저녁에 하는 아무 복지도 없어요. 저는 지금은 그냥 회사 다니기 때문에 그냥 살 수 있어요. 그냥 사는 거는 아직까지 큰 문제 없는데, 근데 항상 걱정하는 거는 미래예요. 우리 신랑은 나이 많아요. 좀 회사 못 다니면 어떡하나, 아들도 어린데 제가 뭐 노후 대비 준비도 부족한데, 저 애기도 커서 돈 쓸 데도 많은데, 걱정은 항상 있어요. 아, 제가 개인 발전도 더 해야 되는데, 그래서 뭐가 좀 해야 하는데 그런 거 밤에 있으면 좋겠어요. [조사자: 뭐 배우고 싶어요?] 저, 만약에 배우고 싶으면 언어부터. 한국어. [조사자: 그러면 ○○ 씨 얘기는 직장인을 배려하는 한국어 교실은 없다는 얘기예요?] 없어요. 맞아요. [조사자: 저녁에 하거나 주말에 하는 한국어 교실이 있으면 갈 거예요?] 네. 갈 거예요. 저도 한국어나 영어 다 제가 개인적으로 배워야 하는 상황이라서, 제가 미래에도 살 준비하고 그렇게 하는 거, 하려고 하는데 나라에서 해주는 것은 낮에 없고. 우리는 스스로 노후 준비 필요해요. 나라에서 언제까지 해주면 안 돼요. 저도 지난번에 ○○신도시에 가서 ○○에 대해 배운 거 있는데, 인터넷에서 찾아보니까 아무것도 안 나와서 그냥 직접 찾아가서 접수하려고 했는데 문 닫았다고요. (웃음) 그래서 뭐 배운 것도 없고, 진짜 한국어 필요해요. 아까 얘기했던 거처럼 ○○에 가서 회의할 때, 진짜 내가 한국어를 부족해서 그런 때는 진짜 많이 속상하고, 한국어 부족해서 그랬던 거. [조사자: 다른 친구들은 뭐를 희망해요? 어떻게 했으면 좋겠다, 이런 얘기 친구들 만나서 많이 하잖아요. 뭐가 있어요?] 저희 옆에 있는 친구는 다들 일을 하는 사람이라서, '만약에 장사가 안 되면, 그리고 회사에 다닐 수 없으면 어떻게 사나' 다 그런 걱정해요. 가장 많이 해요. [조사자: 사실 그거는 사람들 모두 다 똑같은 고민이에요.] 네. 맞아요. 사실은, 우리 지금처럼 또다시 개인 계발 하는 거 많이 해야 하는 상황이라서요. 우리도 뭐 언어적으로는 중국어하고 한국어하고 그런 거는, 예를 들면 한국어, 영어, 무역, 컴퓨터 뭐 그런 교육은 있으면 배우고 좀 더 발전되고, 지금 저는 전화도 제대로 못 받아요. 저처럼 전화 받아도 못 받고 하면, 1명이 할 수 있는 일을 2명 하고 그러면, 저도 답답했고. [조사자: 아, 그러면 1명이 할 수 있는 일을 전화 같은 거 받기 어려우니까 2명이 해야 되는 일이고, 그래서…. 음, 또 그 주변에서 남편 때문에 속상해서, 아니면 갈등이 생겨서 상담소 같은 데 찾아가고 그러는 친구들이 있어요?] 없어요. [조사자: 음, 그렇구나. 또 하고 싶은 이야기 있어요?] 없어요. (웃음) [조사자: 그, 미래에 대한 준비를 하고 싶다는 거죠?] 네. 미래에 대해, 제가 뭐 그전에 그런 걱정 많지 않았는데, 지금은 걱정 많이 하고, 개인 발전을 위해 뭐 좀 해야 하는데, 어디서 하는지, 뭐 하는지 잘 몰라서…. [조사자: 음, ○○ 씨는 스마트폰이나 미디어 이런 거 많이 사용해요?] 네. 많이 사용해요. 그냥 위챗이나 뭐 그런 거 많이 해요. [조사자: 위챗을 어떻게 사용해요? 소통의 공간으로 사용해요? 아니면 사업할 때도 사용해요? 그런 거 많이 사용해요?] 네. 저도 가족들과 얘기할 때 그걸로 이용하고, 친구들도 그냥 채팅하는 거, 그걸로 채팅하고. 저는 해외 지부와 회의할 때는 또 옷을 주고받고, 항상 많이 사용해요. [조사자: 아, 그러니까 해외 지부하고 위챗으로 소통해요?] 아니, 해외직구는 그냥 인터넷에서 해요. [조사자: 인터넷으로? 인터넷에서 주로? 인터넷을 사용하는 데 불편한 점 있어요?] 인터넷 사용할 때요? 특별하게, 어떨 때는 무슨 상황은 찾을라고 하는데 한국어 뭐가 정확하게 입력해야 되는지 그런 거 몰라서 사용 못 할 때도 많아요. [조사자: 그래요, 친구들은 요즘에 핸드폰으로 사업을 많이 하잖아요. 중국하고 위챗 같은 거 할 때, 비밀 얘기 이런 거 해도 괜찮아요?] 비밀, QQ도 있는데, QQ는 좀 안전하지 않아요. 해킹, 뭐 들어오는 관리도 봤는데요. 위챗은 아직까지는 그런 거 없어요. [조사자: 중국에서도 페이스북을 사용할 수 있어요?] 페이스북 사용할 수 있는데, 중국 사람들 같은 경우는 페이스북 별로 이용하지 않아요. 우리는 그냥 습관적으로 다 위챗을 이용하고, 위챗은 주변 사람들 다 위챗을 이용하니까요. 다들, 만약에 내가 페이스북 이용하면, 옆에 사람 이용하지 않으면 소용없어요. 그래서 위챗이 제일 좋아요. 친구는 위챗에 물건 올리고 다른 사람이 보면 사고, 사업하는 사람들, 광고하는 사람들 정말 많아요. 저는 필요한 거 있으면 보고 사요. 또 1명 친구는 성형수술 선전해요. 중국에서 보고 한국으로 와서 수술도 있어요.

▶ 한국 사회에 바라는 점이 있다면

[조사자: 아, 그렇구나. 외국인으로서 한국 사회를 바라보는 그런 거는 어떤지, 특히 다문화사회에 대해 이런 거 좀 생각해본 적 있으세요?] 물론 개인적으로 다 달라요. 하지만 저 같은 사람이 시장에 가면 쳐다봐요. 아래위로 쳐다봐서 기분 안 좋아요. 나도 중국에서는 좋은 직장 다니고 좋은 대학 다녔어요. 시장 갈 때 표시 안 나요. 사람들이 이상하게 봐요. 그리고 개인적으로 다 맞출 수 없는데, 그래도 단계별로 외국인 와서, 처음에 온 사람한테 어려운 거 좀 많은데 그냥 많이 도와주는 데는 많은데, 그래도 저희 같은 경우는 좀 한국 사회에 대해 조금 적응하고 그런 사람, 개인 발전하는 거에 대해 중요해요. 그런 사람을 위해 해주면 좋겠어요. [조사자: 그러니까 처음에 초기 입국자한테는 적응 프로그램을 마련해주고, 조금 된 사람한테는 앞으로 자기개발할 수 있는 프로그램이 마련되었으면 좋겠는데, 그것도 인제 주중에만 있고 주말에는 없어서 불편하다, 그래서 주말에 이용할 수 있

는 프로그램을 해줬으면 좋겠다, 이런 말씀이시죠?] 네. 맞아요. 그리고 정보요. 저 같은 경우도 다문화가족지원센터에 못 가니까, 회사 다녀서, 그런 정보도 별로 없고, 저녁에 이용하는 거 있으면 제가 무조건 갈 건데, 근데 저녁에 뭐 배울 데도 보통 없어서요. [조사자: 음, 그래서, 네. 중국의 교육제도하고 한국의 교육제도에 대해 좀 많이 차이가 있나요?] 교육제도, 애기 저기 뭐 학원, 학원은 중국에서 한국처럼 그렇게 많이 다니지 않아요. 한국에서 학원 다니는 거 비용도 엄청나게 나가고, 사실은 부담돼요. 진짜 부담되고, 중국에서는 학교는 늦게 끝나요. 학교가 4시에 끝나는데 4시에 와서 애기는 애기답게, 집에서 와서 부모님하고 같이 보내는 시간도 많은데, 주말에 학원 좀 다니고. 개인에 따라서 여자 애기는 피아노도 다니고 그러는데, 한국에서는 학교 일찍 끝나고, 우리 아들 같은 경우는 1시에 끝나서, 다들 학원 다녀서, 저도 우리 아들도 학원 다니는데 비용은 좀 많이 나가요. 중국은 교육을 학교에서 책임져요. [조사자: 그러면 중국의 교육은 학교에서 책임을 지는데, 한국의 교육은 사교육에 많이 의존한다는 거죠?] 네. 학원 그런 거 많이 다녀서, 너무 많이 비싸요. [조사자: 네. 좋습니다. 하고 싶은 얘기 또 있어요? 다른 얘기? 뭐 제가 질문 안 했어도 하고 싶은 얘기.] 하고 싶은 얘기요? 저 사실 정부에서 많이 노력하는 거 보여요. 많이 노력하는 거 보이는데요. 복지는 잘되면 사람의 삶을 바꾸는 건데요. 저도 예를 들면 예전에 이명박 대통령 할 때 그때는 어떤 제도가 있었어요. 그래서 우리 좋았어요. 그런데 대통령이 바뀌면 제도도 바뀌어요. 그러면 저 같은 외국인, 우리는 안 좋아요. 정치적으로 계속 바뀌면 우리의 삶이 바꾸면 좋은데, 그런 거 아니에요. 저 지금 막막해요. 뭐 희망 없는 거 그런 거 느끼고 있어요. 한국에 온 지 얼마 안 되는 사람은 다문화가족지원센터에서 도와주면 돼요. 하지만 우리같이 오래된 사람들은 재교육, 미래에 대한 교육 좋아요. 만약에 한국어도 좋고, 기술 교육도 필요해요. 나중에 정부에서 우리 책임 안 해도 돼요. 우리 스스로 살아요. [조사자: 한국에 온 사람들한테 기술 교육을 가르쳐서, 또 교육이 다 실습이 이루어지도록 하고, 회사에 들어가서도 이 사람들이 다시 거기 회사에서 잘 적응하는지 안 하는지 재교육 같은 거를 해서 미래에 대한 걱정을 안 하게 했으면 좋겠다. 그런 얘기예요?] 네. 맞아요. 회사 다닌다고 복지는 끝난 거 아니에요. 제가 돈을 벌지만 그래도 저도 계속 자기개발 필요해요. 애기 책임지려면 계속 발전해야 해요. 우리는 그런 거 필요해요. [조사자: 아, 오늘 여러 가지 얘기 잘 들었고요. 시간 내주셔서 감사하고. 제가 이것을 들어보고 한 번 더 만나달라고 얘기할 수도 있어요. 그때 시간 좀 내주세요.] 네. 그리고 한 가지 더 애기할 거 있어요. 우리는 정부에 경제적인 도움 원하는 거 아니에요. 정부는 힘든 거 알아요. 이런 거는 다 맞출 수 없다. 그래서 우리가 모여서 토론하고 공부할 수 있는 장소만 마련해서 하는 것도, 방법 중 하나이고. [조사자: 아, 그러니까 모여서 공부할 수 있고, 스터디할 수 있는 장소를 제공해줬으면 좋겠다, 이런 이야기예요? 그러면 만약에 친구들이 자조모임 이런 거 하면 그렇게 이용할 수 있는 공간이 없어요?] 네. 없어요. 가끔씩 만나긴 만나는데, 공부하는 장소는 없어요. 새 친구도 별로 없고, 그냥 정부에서 무슨 정보도 없고 그랬어요. [조사자: 모임을 하면 그 나라 사람만 모이는 게 좋아요, 아니면 한국인하고 같이 모임을 해서 한국인한테 정보도 얻고, 여러 가지 공유하고, 또 중국 문화도 알려주고 이렇게 하는 모임, 이런 것이 좋아요?] 굳이 뭐 다 중국 사람만 만나는 것이 아니고 여러 나라 사람들 여기 와서 서로 고민거리도 나누고, 그리고 제 생각에는 사람들마다 장점, 사람한테 장점 있어요. 개인별로 장점 가지고 있고, 그런 장점도 서로 나누고. 예를 들면 제가 영어는 가르칠 수 있어요. 영어는 스터디하고, 오늘은 주제를 좀 가지고 얘기하고,

만약 제가 회계 이런 거는 좀 잘해서 다른 사람한테 회계 좀 그런 것도 정보 가르치고. 내가 인터넷에서 어느 정도는 아니까 어떻게 해외직구 하고 그런 거는 서로 공부하고 교류하는 데가 있었으면 좋겠어요. [조사자: 음, 그럴만한 장소들이 필요하다는 거죠?] 네. [조사자: 네. 좋습니다. 감사합니다. 여기서 인터뷰를 마치겠습니다.]

7장

우울증을 극복하고 새로운 비전을 품다

연구참여자는 중국에서 대학교 경제학과 1학년을 마치고 일본 유학을 떠나 1년 동안 있었지만 적응하지 못했다. 이후 중국으로 돌아가 다니던 학교를 중퇴하고 산업연수생으로 한국에 왔다.

수산시장에서 성실하게 일하는 ○○○를 눈여겨본 사장님이 친척을 소개하여 결혼하게 되었다. 학업에 대한 열정이 있었지만 임신과 출산, 직장일 등으로 학업을 잇지 못했다. 산후조리를 위해 친정엄마가 오셨는데, 중국 남자와 한국 남자를 비교했다. 이에 가사일을 돕지 않는 남편에게 불만을 표현하여 남편과 사이가 좋지 않았다.

출산 후 5년 동안 우울증에 시달리다가 병원을 찾았고, 의사의 권유로 원예와 약물치료를 하여 어느 정도 우울증이 나아졌다. 하지만 지금도 그때를 떠올리면 마음이 힘들어진다. 대학에 대한 미련 때문에 계속 정보를 찾았고, 현재 ○○대학교 3학년에 재학 중이다. 공장에서 배려해준 덕분에 육아휴직도 받았지만, 시험 때문에 조퇴한다는 말을 못 해 힘들어한다.

아들의 교육 때문에 이런저런 생각과 걱정이 많다. 이중언어를 가르치고 싶지만, 아들이 너무 싫어해서 아이의 의사를 존중해주고 있다. 또한 중국은 교육을 학교에서 많은 부분을 책임지는데, 한국은 사교육에 의존하기 때문에 경제적인 부분이 많이 부담스럽다.

[주제어] 교육, 이중언어, 상담, 우울증, 설 명절

1.
일본 유학을 포기하고 선택한 한국

일본 유학의 쓰라린 실패

나는 중국에서 온 결혼이주여성이다. 중국에서 대학교 경제학과 1학년을 마치고 일본 유학을 갔다. 일본어를 배우고 싶어서 학교 중퇴까지 하고 갔는데, 너무 어려워 1년 만에 그만두고 돌아왔다. 내 생애 첫 실패 경험이다. 그 일이 나에게는 큰 트라우마로 남아 있다. 전공이 경제학과여서 주로 숫자와 관련된 출납부에서 돈을 관리하는 업무를 했기 때문에 언어 쪽으로는 약했던 것 같다. 그래서 일본어를 배우고자 유학을 떠났지만 쉽지 않았다.

'두 자녀 정책'을 굴복시키고 태어나다

나는 중국 베이징 근처의 추운 곳에서 살다가 열 살 무렵 이사했다. 당시 나는 소수민족과 어울려 살았는데, 소수민족 역시 한족과 더불어 잘 지냈다. 내 위로는 오빠와 언니가 있다. 당시 중국에서는 두 자녀까지 허용되었는데, 나를 낳는 바람에 부모님의 급여가 많이 깎였다. 그런 경제적인 위협까지 무릅쓰고서라도 나를 낳아주신 부모님이 너무나 대단하고 또 감사하다. 자식을 향한 부모의 마음이 그런가 보다. 나라면 그럴 수 있었을까, 그럴 용기가 생기기는 할까, 두렵고 떨리는 마음에 아마 포기하지 않았을까 하는 생각이 십중팔구다. 부모님의 결단과 용기로 태어난 나는 많은 사랑을 받으며 자랐다.

2.
결혼이주여성으로 한국에 정착하다

연안부두에서 만난 남편

처음 한국에 왔을 때는 한국어가 많이 서툴렀다. 한국어를 배우려면 한국 사람들이 많은 곳에서 일해야 한다고 생각했다. 그래서 찾은 곳이 ○○부두 한 식당이었고, 거기에서 서빙을 했다. 중국에서는 경제학과 공부를 했기 때문에 출납부 돈 관련 업무를 했다. 그런데 한국어가 부족한 나로서는 출납 일 찾기란 어려웠다. 더군다나 그 분야에서 사용하는 전문 용어가 따로 있어서 정식으로 배워야 하는데 그럴 기회가 없었다.

일본 유학에 실패하고 한국으로 온 나는 한국에서 다시 공부를 시작할지, 일본으로 다시 갈지 양단간 결정을 내려야 했다. 그때까지 일본 유학 실패가 너무 충격으로 남아 있었기 때문이다. 한창 그러한 갈등을 겪고 있을 때 남편을 만났다. ○○부두 식당 사장님은 내게 참 잘해주신 은인이다. 그분 집에서 3개월 살았는데, 사장님의 친척들이 자주 드나들었다. 남편은 그 친척 중의 한 사람이다.

은인에 대한 보답으로 김 씨 성으로 바꾸다

유학에 대한 미련이 남아 있어서 나는 처음 남편을 만날 때부터 대학 진학의 뜻을 밝혔다. 그런데 결혼 후 아이를 낳고 산후우울증으로 5년 동안 힘든 시간을 보내서 공부할 수 없었다. 너무 힘들었다. 내 길을 가지 못하고 있는 느낌, 그 길이 막혀있는 것 같은 생각 때문에 늘 불안함을 느꼈다. 극심한 산후우울증을 겪었던 그때를 생각하면 지금도 마음이 아프다.

나의 중국 이름을 한국에서 사용하자니 발음이 꽤 어려웠다. 그래서 김○○으로 바꿨다. 출산 이후 사회통합프로그램도 이수했다. 국적변경 조건을 갖추었을 때, 발음이 어려운 중국 이름을 한국 이름으로 개명했다. 그때 아니면 기회가 다시 없을 거라고 하여 변경 신청했다. 처음 한국 왔을 때 도움을 많이 주신 분 성씨가 김 씨여서 보답하는 마음으로 김 씨 성으로 바꿨다.

산후우울증으로 눈물로 보낸 시간들

처음에는 산후우울증인지도 몰랐다. 4~5년간 혼자 참고 견디다가 점점 심해짐을 느껴서 그제야 병원을 찾았다. 힘겹게 보낸 시간들이 참 안타깝고 아깝기만 하다. 내가 산후우울증으로 힘들어하는 걸 남편도 알았을 테지만, 남편 또한 뾰족한 수가 없었나 보다. 경험이 없었을뿐더러 남편은 무뚝뚝한 경상도 남자였다.

아이 낳고도 대학 진학에 대한 미련은 사라지지 않고 더욱 열망이 커졌다. 그런데 우울증 때문에 많이 늦어졌다. 2013년도부터 대학에 가기 위한 서류 준비와 병원 치료도 열심히 했다. 그런데 서류 준비하는 과정이 힘들었다. 중국은 출산율이 낮아져서 학교가 많이 없어지는 추세다. 2013년에 서류를 떼려고 시도했지만, 다녔던 학교가 폐교돼서 못 뗐다. 2014

년이 되어서야 어렵게 서류를 뗄 수 있었다. 하지만 아쉽게도 위해*까지 가서 서류 떼고 번역 공증 절차를 거쳐 준비했음에도 접수 기간을 놓쳐버리고 말았다. 그래서 또 못 가고, 결국 2015년도에 어렵게 어렵게 3년 만에 등록했다. 생각해보면 결혼하고 지금까지 쭉 힘든 일을 많이 겪었다. 그래서 지금이 얼마나 행복한지 모른다.

내가 한창 우울증을 겪고 있을 그 시기에는 다문화가족지원센터 상담프로그램이 없었다. 그때는 몸도 마음도 다 지쳐있었다. 시어머니와의 관계가 특별히 나쁘지 않았는데도 몸과 맘이 편치 않으니 밉고 싫어졌다. 지금도 힘들었던 그때를 생각하면 눈물이 난다. 반년 넘게 병원 다니면서 약 먹고 치료했다. 그때 의사선생님은 내가 하고 싶은 것이 무엇인지 생각해보고 자아를 찾으라고 말씀하셨다. 취미활동도 권하셨다. 음악이든 운동이든 뭐든 해보라고 하셨지만, 하고 싶은 게 하나도 없었다. 몸과 마음이 아프니 아무것도 하기 싫고 하루하루 삶이 땅속으로 꺼지는 것 같았다.

그러던 차에 취미활동을 찾았다. ○○○다문화가족지원센터에서 꽃 만드는 프로그램이었는데, 일주일에 한 번씩 2~3개월 과정이었다. 처음에는 별다른 느낌 없이 그저 그랬다. 그러기를 10회 정도 했는데, 마음에서 뭔가 울컥하니 전해졌다. 그렇게 꽃이, 식물이 좋아지기 시작했다. 2015년도에 대학 진학하면서 생활원예 과목을 수강했다. 집에 꽃이 조금씩 많아졌다. 생활원예를 공부하면서 집안에 꽃을 키우기 시작했고 취미활동이 되었다.

---

* 웨이하이(중국어: 威海, 병음: Wēihǎi), 옛 명칭 웨이하이웨이(중국어: 威海卫, 병음: Wēihǎi Wèi로도 알려짐)는 중국 산둥성 동부에 있는 항구도시다. 산둥성 최동단의 항구이고 황해에 접해 있으며, 대한민국과 직선거리로 가까운 중국의 도시다. 인구는 300만 명, 면적은 5,436 km^2이다. 대한민국에서는 인천-웨이하이 직항을 운항하고 있다(https://ko.wikipedia.org/wiki, 검색일: 2022년 7월 8일).

얼마 전 ○○구 다문화가족지원센터 기자봉사단에 나의 우울증 수기에 대한 글을 실었다. 시선을 다른 곳으로 옮겨 바라보라는 내용으로, 마음이 좋아지면 병이 자연스레 나을 수 있다는 글이었다. 기자봉사단은 글을 쓰고 한국어를 배우고 싶은 열정이 있으면 가입할 수 있다. 전직 기자 출신이 자원봉사로 우리에게 한국어를 가르친다. 한 달에 한 번씩 갖는 자조모임으로, 한 달 동안 쓴 글을 선생님께 보여드리고 첨삭 지도받는 식으로 진행된다.

기자단 활동하며 글 속에서 사람들의 다양한 고민거리를 발견했다. 어디서 뭘 했는지, 한국에서 살아가며 뭘 원하는지 등의 바람이 글에 실려 있다. 가령 한국어 공부뿐만 아니라 결혼이민자가 원하는 취미활동으로 어떤 프로그램을 개설해줬으면 하는 것들이다. 내가 겪은바 취미나 여가 활동은 확실히 스트레스나 외로움을 많이 해소해준다. 만약 내가 취미활동이나 여가생활을 했다면 우울증으로 5년 동안 그렇게 힘들어하지 않았을 것이다. 힘들게 보낸 그 5년이 너무 아깝다. 그러나 지금이라도 원예 취미활동을 갖게 되어 얼마나 다행이고 행복한지 모른다.

친정엄마는 늘 한국 문화와 중국 문화를 비교하면서 불평하셨다. 엄마가 늘 비교하면서 안 좋게 생각하니 나까지 덩달아 한국 문화를 이상히 여겼다. 문화의 다름을 인정해야 했는데 그걸 이상하다고 생각하고 불평만 했으니 참 어리석었다. 남편과는 대화할 시간조차 없어서 물어보지도 못했다. 남편은 늘 바빴고 집에서 하루 1시간도 못 만났으니 대화 단절이나 다름없었다. 센터에서 선생님이 와도 마찬가지였다. 와서 대화만 할 뿐 특별히 해결해줄 방법은 없었다. 밖에 나가 바람을 쐬고 오는 것도 아니고, 집에서 얘기만 하고 돌아가면 그뿐, 나는 늘 집에만 있는 사람이었고 적응하지 못한 사람이 되어갔다. 점점 내 안에 갇혀가는 기분이었다.

배려와 소통과 공감을 실천해가는 ○○대학교

나는 지금 ○○대학교에 다니고 있다. 중국에서 대학교 1학년까지 다녔는데, 한국 사회에서 살며 인정받으려면 한국 학교 졸업장이 필요했다. 중국에서의 과정을 아예 인정해주지 않는 것은 아니지만 서류 준비나 공증 절차가 굉장히 번거롭다고 들었다. 그래서 한국어 배우면서 졸업장을 취득해야겠다는 생각으로 대학교에 들어가게 되었다.

한국 대학교에 다니면서 특히 힘든 부분은 과제물을 작성하는 것이었다. 인터넷 찾아가며 작성해야 하는데, 정보 찾는 것도 어렵고 여러모로 많이 힘들었다. 학교 들어가기 전 1년 정도 한국어를 공부했지만, 그 정도 수준으로는 학교 수업 따라가기에 벅찼다. 그래서 시간 날 때마다 한국어 배우러 다니고 부족한 부분은 혼자 사전 찾아가며 나름 부지런히 공부했다.

2015년 말 ○○대 교내에 외국인협회가 생겼다. 학교 측에서 다문화 배경 사람들의 요구조사를 한 적이 있었는데, 그때 나도 참석했다. 학교는 결혼이민자에게 프로그램 몇 개를 제시했다. 힘든 점은 무엇인지, 개설되기를 원하는 과와 과목이 있는지 물어보았다. 그 일이 있던 때가 2015년 말이었는데, 2017년 초에 결혼이민자를 위해 4과목이나 개설되어 놀라움을 안겨주었다. 이렇듯 학교는 늘 결혼이민자를 위해 배려하고 공감하고 소통하기 위해 애쓰고 노력하는 모습을 보였다.

당시 내가 희망하는 개설 과목은 중국어를 활용할 수 있는 과목이었다. 이를테면 관광안내사, 중국어 강사 같은 중국어를 많이 사용할 수 있는 과목 등이다. 결국 나의 바람대로 그 과목들과 다른 두 과목이 더 개설됐다. 내가 좋아하는 과목은 관광안내사다. 수강 후에는 국가시험을 볼 수 있었다. 관광안내사는 1년에 한 번 있고, 중국어는 두 번 있다. 이번에 두 번째 시험에 응시했는데 결과는 아직 모른다. 관광안내사는 한국사, 관광

이해 등 4과목을 본다. 한국사는 내게 너무 어렵다. 문제를 풀어보면 40% 정도밖에 모를 만큼 어렵다. 게다가 사회통합프로그램 시간까지 부족해서 이번에는 기대하지 않는 것이 차라리 속 편하다. 열심히 공부해서 나중에 관광안내사 자격증 따면 중국어를 활용하면서 가이드로 일하고 싶다.

며느리는 명절이 힘들어

나의 시댁은 경상북도 ○○다. 굉장히 보수적이고 전통 방식을 유지하고 있는 곳이다. 어른들이 말씀하시기를, 그 전통 방식들이 다 중국에서 전해진 것들이라고 하는데 내가 어렸을 때도 이렇게까지는 아니었다. 그래서 중국 사람이 왜 그걸 모르고 또 못 하냐고 하시는데, 정말이지 내가 어렸을 때는 이렇게까지 심하지 않았다.

중국에서도 한국과 비슷하게 명절에 많은 음식을 장만한다. 다만 중국은 다 같이 모여서 기분 좋게 한다는 것이고, 한국은 그렇지 않다는 것이 사뭇 다르다. 한국에서 며느리는 무조건 하라는 대로 해야 한다. 중국 역시 며느리가 해야 할 일이 많지만 양국의 며느리 분위기는 묘하게 다르다.

음식 장만할 때 중국에서는 남자가 옆에서 대기하고 있다. 그러다가 무거운 짐을 들거나 힘든 일이 있을 때는 지체 없이 달려와 도와준다. 예컨대 돼지를 잡거나 생선을 씻을 때 무거운 짐을 들거나 뜨거운 물이 필요할 경우, 오수 처리를 할 때 남자들이 다 거들어준다. 남자들이 함께 도와주니 일이 수월하게 진행되고 빨리 끝나기도 한다. 한국에서는 무조건 여자들만 일한다. 그것도 며느리들이 거의 다 할 뿐 시누이나 시어머니는 많이 안 도와주신다. 중국에서는 시어머니와 며느리가 함께 일한다. 심지어 남자도 도와준다. 그런데 여기 한국은 여자만 일하니까 한국 여자들이 스트레스받는 것 같다.

다행히 나는 시집을 잘 왔는지 시댁 스트레스는 크게 안 받고 있다. 한국에서는 차례제사 끝나면 여자들은 그나마 자유다. 중국 춘절 때는 미리 산소에 가서 제사드리고, 설날에는 음식 준비해서 가족들과 함께 먹으며 즐거운 시간을 보낸다. 한국에서는 여자들이 산소에 안 가고 단지 일만 하는 사람들이다. 제사 음식 준비해서 끝나면 설거지하고 아이도 챙겨야 한다. 남자는 아무것도 도와주지 않는다. 중국에서는 남자도 요리할 때 도와주고, 밥 먹을 때도 같이 앉아서 먹는다. 그런데 한국에서는 안 그런다. 밥도 따로따로 먹고 설거지나 아이 돌보는 일 모두 여자 몫이다.

시댁 시어머니 옆에서는 큰 소리로 말도 못 하고, 쉬고 싶어도 그러지 못하고, 술 마시고 싶어도 눈치 보여서 하고 싶은 대로 못 한다. 시어머니 앞에서는 남편이 수고했다는 말도 못 한다. 내 집에 돌아와야 남편이 수고했다고 말한다. 그리고 그제야 여자는 자유롭게 쉴 수 있고 놀 수 있다. 시댁에서는 시어머니 눈치를 안 보려야 안 볼 수 없다.

중국에서는 설날 차례 지내는 문화가 없다. 설 전에 산소에 가서 제사 지내고, 설 당일에는 가족들끼리 모여 준비한 음식을 먹으며 보낸다. 내가 어렸을 때도 한국에서처럼 차례 지냈던 기억은 없다. 한국도 차례 지내느라 쓸데없이 많은 돈 지출하지 말고, 가족들이 좋아하는 음식 장만해서 함께 먹으며 즐겁게 명절을 보냈으면 좋겠다.

3.
아들을 위해서라면

이중언어를 하기 싫어하는 아들

아이에게 이중언어를 가르치고 싶어 밖에서는 한국말로, 집에서는 중국말로 소통한다. 알아듣는 건 곧잘 하는데, 말하기는 조금 부족하다. 그래도 의사소통을 하는 데는 어려움이 없어서 꾸준히 하려고 한다. 아이는 학교에서 친구들과 한국말로만 소통한다. 그도 그럴 것이 친구들이 다 한국말을 쓰니까 그게 당연했다. 더군다나 아이에게 트라우마가 생길법한 일이 한 번 생겼다. 놀이터에서 놀 때 아이랑 내가 중국어로 잠깐 얘기한 적이 있었는데, 그걸 본 아이 친구들이 바로 "중국 사람들이야~" 하고 놀렸다. 아이가 그때 충격을 많이 받았다. 중국 사람이면 어떠냐고 아무리 달래도 그때 받은 상처로 밖에서는 중국어를 절대 안 하려고 한다. "○○이는 중국말도 할 줄 알아서 친구들이 부러워한다"고 해도 전혀 하질 않는다. 엄마 나라의 말을 부끄럽게 여긴다는 사실이 조금 슬프긴 하지만, 아이가 어려서라고 이해한다.

다른 엄마들은 우리 아이가 이중언어 하는 걸 굉장히 부러워한다. 남들은 학원 다니면서 외국어 배우는데 우리 아이는 그러지 않아도 되니 말이다. 어쨌든 난 그 얘기를 듣고 기분이 좋았는데 아이는 싫은 내색만 한다. 일단은 아이 맘 편한 것이 중요하니 가만 놔두고 지켜보려 한다. 외가 식구와 만났을 때 소통하려면 중국어를 배워야 하기 때문에 1년에 한 번씩 중국 외가로 2~3주 보냈다.

아이가 물론 한국 사람이니까 한국어를 사용하는 것도 좋은데, 엄마 나라 언어를 하는 것도 중요하다고 생각한다. 그런데 아이는 이중언어 하는 것을 싫어한다. 학교 다문화 수업도 싫어하는 것 같다. 친구들한테 차별당할까 봐, 친구들이 색안경 끼고 볼까 봐 전전긍긍하는 눈치다. 그럴 때는 아이가 안쓰럽고 엄마로서 마음이 참 안 좋다. 아이는 지금처럼 내가 중국 사람이라는 것을 드러내지 않고 살기 원한다. 그래서 곰곰이 생각한 끝에 중국 결혼이민자들 모임 할 때 자녀들도 같이 만나서 중국어로 소통하면 좋을 것 같다는 생각을 했다. 그런데 막상 아이들은 만나면 한국말로 소통하는 문제점이 있다. 집에서도 아이랑 중국말로 대화하다가 모르는 단어가 나와서 막히면 안 하려고 한다. 아이에게 이중언어를 가르치고 싶어도 여러모로 난제가 많은 것이 현실이다.

학교생활에 적응을 잘하는 착한 아이

아이의 학교에서는 1년에 두 번씩 담임선생님과 상담이 있다. 난 한 번도 빠지지 않고 상담을 했다. 학교 공부는 잘 따라가고 있는지, 친구 관계는 어떤지, 부족한 사항은 앞으로 어떻게 해야 하는지 등 물어보는데 담임선생님은 그때마다 답을 잘해주셨다. 1학년 초기에는 또래 친구들과의 관계 때문에 힘들어했다. 어린이집이나 유치원 선생님은 아이들의 눈높이에 맞춰서 받아주는 편이었다. 반면 학교 선생님은 그렇지 않았다. 생활

규칙에 있어 조금 더 엄하고 강제성이 느껴졌다. 이를테면 바른 자세로 앉아라, 떠들지 말고 조용히 하라는 것들이다. 힘들어한 아이가 친구에게 투정 부리고 마찰이 생기면서 싸움이 됐다. 다행히 지금은 많이 좋아진 것 같다. 조용히 있기가 힘들고 움직이지 않고 앉아 있는 것이 힘들면 참다가 선생님께 얘기한단다. 내게 편하게 말하는 자체가 이제는 많이 좋아졌다고 생각한다.

공개수업에 갔는데 아이가 발표도 잘하고 친구들과도 잘 어울려 지냈다. 사실 학교 수업을 못 따라갈까 봐 논술 과외를 시켰다. 선생님이 발표해야 한다고 말씀하시면 쭈뼛거리지 않고 발표를 잘했다. 처음에는 수줍어하고 싫어했는데 1년 동안 꾸준히 논술을 시켰더니 자신감이 생겼나 보다. 아이를 바라보는 나는 온통 흐뭇한 미소만 떠오른다.

내가 사는 ○○지구에는 다문화가정이 많지 않다. 아이 학교에서 우리 아이밖에 없다. 이쪽 지역은 대부분 비싼 아파트들이어서 엄마들이 다문화가정을 별로 안 좋아했다. 그래서 처음에는 차별당할까 봐 걱정을 많이 한 부분도 있다. 자녀는 부모의 사고방식이나 행동을 닮는다고 생각했기 때문이다. 예컨대 다문화가정 아이를 무시하거나 부류별로 나눠 따로 놀게 하는 경우다. 그래서 부모교육이 있거나 행사가 있을 때는 빠짐없이 학교에 갔다. 아이가 소외되지 않고 제대로 노는지, 다른 엄마들은 어떻게 대하는지 확인하고 싶었다. 보기 전에는 걱정이 많았는데 지금은 걱정하지 않는다.

요새는 휴대폰 어플로 알림장이 떠서 준비물을 확인한다. 1학년 때는 내가 육아휴직 상태였기 때문에 등하교 때 엄마들을 만나 정보를 공유했는데, 지금은 복직해서 그런 부분들이 아쉽다. 걱정되고 마음이 조마조마해질 때도 있다. 그래서 정부나 지자체에서 아이들 등하굣길 도와주고 관리해주는 도우미를 지원해주면 좋을 것 같다는 생각을 한다. 그리고 그 도우미들이 일주일이나 한 달에 한 번씩 담임선생님과 아이에 관해 상담하는 복지가 생기면 좋겠다. 저학년 자녀를 키우는 일하는 엄마다 보니 그런 생각이 들지 않을 수 없다.

우리 학교 방과 후 돌봄교실은 들어가기가 꽤 어렵다. 다른 학교는 정부 지원을 많이 받아서 다문화 아이들을 우선으로 받는데, 이쪽 ○○지구는 다문화 프로그램이 없다. 그래서인지 다문화가정 우대 없이 일반가정과 똑같이 뽑는다. 학생 인원은 많은 데 비해 30~40명만 뽑으니 돌봄교실에 들어가기가 어렵다.

아이가 돌봄교실이 안 돼서 공부방에 보냈다. 1시간 동안 복습도 하고 틀린 문제는 선생님이 설명도 해줘서 그나마 학교 진도를 잘 따라가고 있다. 피아노를 좋아해서 피아노학원도 1년 보냈고 요즘은 바둑학원 다니고 있다. 중국에 있는 조카와 12살 차이다. 조카는 학교 숙제가 많아서 10~11시 전에는 잔 적이 없다고 했다. 학교 수업도 4~5시 돼야 끝나서 너무 힘들어했다. 그에 비해 한국은 숙제도 많지 않고 학교도 일찍 끝나는 편이다. 중국은 공부하는 시간과 강도가 세다. 대신 한국은 사교육비가 많이 든다. 어느 쪽이든 장단점이 있지만, 한국의 사교육비가 조금만 더 낮아졌으면 좋겠다.

4.
꿈을 위해 날갯짓하다

일과 학업을 병행하면서 꿈을 키우다

나는 지금 청소기회사에서 단순 조립 일을 하고 있다. 할 수만 있다면 중국어를 사용할 수 있는 일을 하고 싶다. 그래서 자격증을 따서 관광가이드 하려고 계획 중이다. 우리 회사에는 외국인이 거의 없다. 지금은 나도 한국 국적을 취득했기에 엄밀히 따지자면 외국인은 아니다. 현재 우리 회사 직원은 외국인이 3명, 한국인은 300명 정도 되는 중견기업이다.

무엇보다 우리 회사는 외국인에 대한 차별대우가 없다. 관리자들이 직원들한테 잘해주고 인격적으로 대우한다. 여기서 나는 4대 보험이 적용되는 정식 직원으로 자부심을 가지고 다닌다. 가끔 거칠게 말하는 한국 사람도 있지만, 어딜 가든 있는 현상이라고 생각하고 그쯤은 이해하고 넘어간다. 그렇게 보자면 우리 회사는 잘하고 있고 괜찮은 곳이라고 생각한다. 근무 시간은 오전 8시부터 오후 5시까지인데, 초등학교 2학년인 아이 돌보기에 딱 좋다. 회사에 육아휴직 복지가 있어서 아이가 1학년 입학할 때 1년 육아휴직을 했다. 2학년이 되면서 아이 혼자 학교에 잘 다니고 나도 회사에 복직하면서 정상적 패턴이 되었다.

나는 ○○대학교에 다니는 것에 대해 회사에 말하지 않았다. 회사가 한창 바빴던 2016년도에는 토요일, 일요일도 잔업을 할 정도로 바빴기에 학교 다닌다고 얘기할 수 없었고, 출석 수업이 있을 때도 빼달라는 말을 차마 할 수 없었다. 출석 수업은 저녁 7시부터 10시까지다. 잔업이 있는 날은 8시에 퇴근하는데, 남편이 픽업 와서 부리나케 달려가 수업을 들었다. 비록 1시간 늦게 수업에 들어갔지만 최선을 다해 열심히 다녔다.

우리 회사는 일본과는 무역 거래를 하는데 중국 시장과는 성사가 안 됐다. 됐다면 참 좋았을 텐데 아쉽다. 내가 중국어가 가능하니 통역할 수 있고 여러모로 회사에 도움이 될 것 같다. 그래서 4학년이 되면 회사에 건의해보려고 한다. 중국과 무역하면 내가 많이 도울 수 있음을 어필하고 싶다.

다문화가족지원센터에 바라는 점들

며칠 전 점심시간에 부장님과 진로상담을 했다. 부장님은 참 좋은 분이시다. 부장님은 내가 아직 젊으니까 지금처럼 단순한 일보다 다른 일을 하면 좋겠다고 진심 어린 말씀을 하셨다. 그래서 학교 졸업하면 중국어 사용하는 일을 하겠다는 비전을 더욱 견고히 다졌고 그러기 위해서는 열심히 공부해야겠다고 다짐했다.

○○대는 이민자나 탈북자 그리고 기초생활자들에게는 80% 학비 지원을 해준다. 그래서 나 역시 20%만 내고 상대적으로 저렴하게 다니고 있다. ○○대학교 들어가기를 참 잘했다. 많은 학비 지원도 그렇고 다문화 관련 개선이 많이 이루어져 좋다. 그처럼 다문화가족지원센터에서도 이민자가 원하는 프로그램 요구조사를 하고 수렴해주면 좋겠다. 개인적으로

다문화가족지원센터 선생님들이 자주 바뀌지 않았으면 하는 바람도 있다. 새로운 선생님은 우리가 무엇을 원하는지도 모르고 서로 적응하려면 시간이 많이 걸리기 때문이다. 처음부터 단계별로 상담해주면서 우리를 도와주면 좋겠다.

5.
전사록 요약

〈연구참여자 정보 및 특성〉

출생연도	1979년생	이주연도	2008년
국적(이주 전/현재)	중국 한족/대한민국	학력	대학교 재학 중
가족	남편, 아들	직업	회사원

▶ 은인에 대한 보답으로 김 씨 성으로 바꾸다

[조사자: 이름을 언제 바꿨어요?] 2012년도에 바꿨어요. 2009년도에 사회통합프로그램을 다 이수했고 아이도 출산했어요. 그때 마지막 기회라고, 지금 신청 안 하면 기회가 없다고 해서 바꿨어요. 국적 변경할 때 이름도 함께 법원에 가서 변경 신청했어요. 원래 '○○○'인데, '초' 자는 너무 중국 발음 성향이라 안 좋고, 한국에서도 좀 이상하고 그래서 '춘'으로 바꿨어요. ○○는 원래 제 이름이고, 성을 바꿨어요. (웃음) [조사자: 성은 남편 성으로?] 아니요. 한국 왔을 때 나에게 많이 도와주신 분이 김 씨라서 김 씨 성으로 바꿨어요…. (웃음) [조사자: 요즘에 좋은 일이 있다고 했는데, 좋은

일이 뭐예요?] 지금 대학교 다니고 있어요. [조사자: 축하해요. 그런데 왜 대학교에 들어가려고 생각했어요?] 중국에서 어느 정도 교육을 이수했지만 아무래도 한국에서 인정받으려면 좀 힘들어요. 인정을 아예 안 해주는 것은 아닌데, 서류 때문에 어렵고, 공증도 좀 번거로워서 차라리 한국에서 한국말 배우면서 따는 거 더 인정받을 수 있는 거 같아요. 그래서 대학교 입학한 거예요.

▶ 일본 유학의 쓰라린 실패

[조사자: ○○○ 씨는 중국에서 어디까지 공부했어요?] 대학교 경제학과 쪽이었는데 1학년까지 다니고 중퇴했어요. 일본어 배우려고 중국에서 다니던 학교 중퇴하고 일본 갔는데, 너무 어려워서 일본어도 성공 못 했어요. 일본에서 1년 살다가 집에 들어왔어요. 지금은 일단 한국말이 많이 부족해서 중어중문과에 다니고 있어요. 한국 사람들 같으면 중국어 배우러 가는데, 저는 한국말 배우러 가는 거라고 생각하고 있어요. (웃음) [조사자: 한국에 들어온 지 얼마나 됐죠?] 2008년도에 왔어요. 결혼하고 2009년에 아이 낳고, 육아하느라 몇 년 쉬면서 2015년도에 ○○대 들어갔어요. 남편은 한국 와서 만났어요. 처음 한국 왔을 때는 일도 하고 한국말도 배우려고 왔어요. 아가씨 때라 아무 스트레스 없이 맘 편하게 살았죠.

▶ ○○부두에서 만난 남편

[조사자: 남편은 어디에서 만났어요?] 다른 사람들은 이런 거 안 물어봐서 얘기 안 했는데. (웃음) ○○부두에서 일하다가 한국분을 만났어요. 그분이 나를 많이 도와줘서 그분 집에서 3개월을 살았어요. 3개월 동안 거기에 살면서 그분 친척들을 만났어요. 남편은 그때 친척으로 왔던 사람이

었어요. 그때 친척 통해 알게 됐고, 만나게 됐어요. 그때 도와주신 분이 김씨 성이에요. [조사자: ○○대학교 공부하는 데 어려움은 없어요?] 과제물 쓸 때, 인터넷 찾아서 써야 하는 게 좀 어렵고 힘들어요. 학교 들어가기 전에 1년 정도 한국어 배웠는데, 그 정도 수준으로는 ○○대 다니기 힘들어요. 그래서 나중에 시간 될 때마다 한국어 가르쳐주는 데도 가고, 부족한 부분은 혼자 사전 찾아가며 공부했어요. [조사자: ○○○ 씨는 쭉 직장생활 했잖아요. 그런데 중국에서는 무슨 일을 했어요?] 출납부에서 돈 관리하는 일 했어요. [조사자: 경제학과 나왔고, 출납했고, 그런데 한국에 와서는 왜 출납일을 안 했어요?] 처음 한국 왔을 때 ○○부두에서 일했는데 한국말이 많이 부족했어요. 그래서 한국말 배워야 해서 사람들을 많이 만나는 곳에서 일한 거였어요. 한국어가 부족해서 출납 일은 찾지를 못했어요. 그 분야는 전문적인 언어가 따로 있어서 정식으로 배워야 하는데 기회가 없었거든요.

▶ 산후우울증으로 눈물로 보낸 시간들

[조사자: ○○대에 가야겠다고 결정적으로 생각한 게 언제예요?] 한국 왔을 때부터 한국에서 다시 공부를 시작하든가, 일본에서 시작하든가 생각을 했어요. 일본 유학에서 실패한 경험이 너무 충격적이었기 때문에 그냥 한번 보러 왔던 거예요. 그래서 한국에서 유학할까, 아니면 일본에 다시 갈까 하는 갈등을 겪고 있을 때 신랑을 만난 거예요. 만날 때부터 내가 대학 가야 한다고 얘기했어요. 근데 제가 결혼해서 애 낳고 산후우울증으로 5년 동안 힘들었어요. 내가 가고 싶은 방향으로 가지 못하고 길이 막혀있는 느낌이 들었어요. 여태까지도. (울음) [조사자: 아, 그래요? 그래서 산후우울증 왔을 때, 혼자서 해결했어요? 아니면 어디에 가서 상담도 받아보고 했어요?] 처음에는 몰라서 참고 참았는데 점점 심해지는 거예요. 4~5년 정도

견디다가 혼자 병원 찾아갔어요. 병원 가서 약도 먹고, 치료하고, 이제 많이 나아졌어요. 남편도 내가 산후우울증 겪는 거 알았는데 경험이 없어서 어떻게 대처할지 모르겠다 하더라고요. [조사자: 그래요. 그래서 의사 찾아가서 약 먹고 치료받아서 지금은 괜찮아요?] 네. 애 낳아서도 학교 다녀야 한다고 생각했는데, 우울증 때문에 때를 놓쳤어요. 2013년도부터 대학 가려고 서류 준비하고 병원도 다녔어요. 내 길을 찾아야 한다는 생각에 치료하면서 서류 준비했는데 좀 어려웠어요. 왜냐면 중국에서는 아이를 많이 안 낳기 때문에 학교도 많이 없애는 추세예요. 그래서 서류 떼는 게 어려웠어요. 2013년에 서류 떼려고 했는데 다녔던 학교가 없어져서 못 뗐어요. 결국 2014년에 1년 동안 다시 준비했고 서류도 어렵게 뗐어요. 위해에 가서 뗀 것을 번역해서 공증해왔는데 또 시간을 놓쳤어요. 그래서 또 못 가고, 2015년도에 어렵게 3년 만에 등록했어요. 결혼하고 여태까지 좀 어렵게 겪네요. (웃음) 그래서 지금 더 좋은 것 같아요.

▶ 배려와 소통과 공감을 실천해가는 ○○대학교

[조사자: ○○대 다니면서 외국인을 위해 학교에서 이런 거를 해줬으면 좋겠다고 느끼는 거 있어요?] 2015년 말에 교내 외국인협회가 생겼어요. 다문화 사람들의 의견을 묻고 말한 적이 있었는데, 처음에는 내가 갔어요. 그때 얘기했더니 우리 결혼이민자에게 프로그램 몇 개 제시했어요. 너무 고마웠어요. 힘든 거 있는지 물어봐주고, 무슨 학과, 어떤 과목을 개설하면 좋겠냐고도 물었어요. 그때가 2015년 말이었는데, 2017년 초에 결혼이민자를 위해 4과목이나 개설해줬어요. [조사자: 그때 ○○○ 씨는 뭐를 얘기했어요?] 저는 중국어 활용할 수 있는 과목을 많이 개설하면 좋겠다고 얘기했어요. 이를테면 관광 쪽으로 관광안내사와 중국어 강사 같은 중국

어를 많이 사용할 수 있는 과목을 얘기했어요. 그래서 그것도 개설하고 다른 2개 과목이 더 있어요. 제가 좋아하는 과목은 관광안내사예요. 관광해설사 아닌 관광안내사예요. 그래서 저도 그 과목 수강했어요. 수강 후에는 국가시험을 봐야 해요. 1년에 한 번 있어요. 중국어는 두 번 볼 수 있어요. 두 번째 시험이 이번 9월에 있었는데 응시했어요. 결과는 아직 안 나왔어요. (웃음) 왜냐면 그거는 관광사지만 안내사는 4과목 있어요. 한국사, 관광이해 등 여러 가지 있어요. 한국사는 좀 어려워요. 문제 풀어보면 40%는 알겠는데, 사회통합프로그램이 부족해서 이번에는 많이 기대 안 하고 있어요. (웃음) 관광안내사 자격증 따면 가이드 일 하고 싶어요.

▶ 일과 학업을 병행하면서 꿈을 키우다

[조사자: 지금은 무슨 일 하세요?] 청소기회사에서 단순 조립 일하고 있어요. 그런데 중국어 사용할 수 있는 일이 되게 하고 싶어요. 그래서 자격증 따서 관광 안내 일하려고 해요. [조사자: 회사에서 ○○○ 씨처럼 외국인도 많아요?] 우리 회사는 외국인이 거의 없어요. 저는 한국 국적 받았기 때문에 저도 외국인은 아니죠. (웃음) 조선족은 입사할 수 있는 조건이 된다 해서 들어왔던 거고, 지금은 3명밖에 없어요. 한국인은 300명 정도 돼요. [조사자: 그렇게 큰 회사예요? 그러면 그 안에서 차별이라든가 이런 거 있어요? 한국 사람하고 외국인하고 일을 똑같이 하는데, 더 어려운 일을 해요, 아니면 월급을 더 조금 줘요, 뭐 눈치 봐야 해요, 뭐 이런 거 있어요?] 그런 건 없어요. 부장님들이나 차장님들이 다 착하고 좋으세요. 우리한테 잘해주시고요. 여기서 저는 정식 직원이에요. 4대 보험도 돼요. [조사자: 인권, 이런 거는 문제 없어요?] 네. 문제 되는 게 없어요. 물론 한국 사람들이 성격 때문에 가끔 말이 좀 거칠게 나올 때도 있지만, 그거는 어딜 가나 다 있는 현

상이잖아요. 그렇게 보자면 우리 회사에서는 잘하고 있고 괜찮은 것 같아요. [조사자: 일은 몇 시부터 몇 시까지 해요?] 아침 8시부터 오후 5시까지요. 우리 아이가 지금 9살 초등학교 2학년인데, 아이 돌보기 딱 좋아요. [조사자: 학교생활 잘해요?] 회사에 육아휴직 복지가 있어서 아이 1학년 입학할 때 전 1년 육아휴직 했어요. 1년 동안 학교 가는 법 가르쳤어요. 그리고 괜찮은 것 같아서 아이 2학년 때 저는 복직했어요. 아이는 혼자 학교 잘 다니고 있고 저도 회사에 정상적으로 돌아갔어요.

▶ 학교생활에 적응을 잘하는 착한 아이

[조사자: 아이 1학년 때 학교에 자주 가봤어요?] 네. 학교 행사 있을 때는 빠지지 않고 다 갔어요. [조사자: 아이하고는 중국어로 얘기해요, 아니면 한국어로 얘기해요?] 음, 밖에서는 한국어로 거의 사용하고, 집에서는 중국어로 하는 편이에요. 아이가 알아듣는데 말하기는 조금 부족해요. 하지만 의사소통을 하는 데는 어려움 없어요. 남편은 한국말로 해요. 중국어는 전혀 못 해요. [조사자: 아이 학교 공개수업도 가봤어요?] 네. 발표도 잘하고 친구들도 많았어요. 아이가 부족할까 봐 논술 선생님 붙여서 집에서 1시간씩 가르쳤어요. 발표에 도움이 많이 될 것 같아요. 선생님이 직접 발표해야 한다고 얘기하면 발표해요. 애가 처음에는 싫어하는데, 창피한 듯이 처음에는 못 했는데 1년 동안 꾸준히 시켜보니까 자기가 하고 싶은 말을 좀 해요. 그래서 참 좋았어요. [조사자: 선생님하고 상담은 해봤어요?] 학기마다 한 번씩 있어요. 1년에 두 번. 그래서 지금 2학년 말이니까 네 번 갔어요. 공부는 둘째치고 처음에는 친구들과의 관계 때문에 조금 힘들었어요. 선생님 말씀으로는 지금은 많이 좋아졌대요. 어린이집이나 유치원 다닐 때는 선생님이 오냐오냐 거의 다 받아주시잖아요. 그런데 학교에서는

상황이 많이 바뀌는 거죠. 선생님이 오냐오냐 하며 받아주는 거 없고, 바른 자세로 앉으라 하고, 조용히 하라는 등 그런 것들이 강제적으로 다가왔나 봐요. 아이는 힘들어하고 투닥투닥하죠. 그러다 친구들이랑 마찰 빚고 몸싸움도 생기고 그래서 좀 힘들었어요. [조사자: 친구들을 때려서?] 네. (웃음) [조사자: 맞고 오는 게 아니라 때리고 왔어요?] 네. (웃음) 지금은 그런 시기가 끝난 것 같아요. 지금은 그런 일이 생기면 어떻게 하냐고 물으면 조금 참는다고, 참다가 힘들면 선생님께 얘기한다면서 편하게 얘기해요. 그렇게 지나가는 것 같아요. [조사자: 선생님께 상담 가면 ○○○ 씨는 뭘 물어봤어요?] 공부는 잘 따라가고 있는지, 친구 관계는 어떤지, 부족한 사항은 앞으로 어떻게 해야 하는지 등 주로 그런 것들 물어봤어요. 물어보는 거에 대해 담임선생님은 답을 잘해주셔서 만족했어요. [조사자: 아이 반에는 다문화가정 아이들이 많이 있어요?] ○○동 저쪽에는 많은데, 이쪽 ○○지구는 많지 않아요. 우리밖에 없어요. 8반까지 있는데 우리밖에 없어요. [조사자: 그러면 학교에서 귀여움 많이 받겠네요?] 아니요. (웃음) 이쪽 지역은 비싼 아파트들이어서 엄마들이 별로 안 좋아했어요. 그래서 처음에는 차별당할까 봐 걱정을 많이 했어요. 아이들은 부모의 스타일을 닮잖아요. 예를 들면 외국인 무시하는 거나 부류별로 나눠 따로 놀게끔 해서 많이 걱정했어요. 그래서 학교에서 부모교육이 있거나 학교 행사가 있을 때는 일부러 다녔어요. 애는 제대로 노는지, 다른 엄마들은 어떤 태도로 대하는지 보려고. 보기 전에는 걱정이 많았는데 보고 나니 그나마 괜찮았어요. [조사자: 다행이에요. 그래서 아이가 집에 와서 "엄마 오늘 이런 일 있었어"라는 얘기 많이 해줘요?] 남자아이라 말 잘 안 해요. 내가 안 물어보면 알 수 없어요. 그래서 친구 엄마들을 만나요. 오늘 무슨 일이 있었는지 엄마들 통해 들어요. 우리 아이는 말 안 해요. [조사자: 그렇죠. 그래서 엄마들은 친구 엄마들을 만나거든요. 그러면 정보 같은 것도 많이 들어야 되는데, 그런 정보는 어떻게 들어요? 아이가 학교에서 어떻게 했어요, 학교에서 오늘 어디에 가요, 뭐 준비해야 해요, 이런 거 많이 있잖아요. 저학년 때는.] 요새는 휴대폰 어플로 알림장이 떠요. 반 알림장이 핸드폰으로 확인하는 거죠. 확인해서 준비물 챙기고. 아이 1학년 때는 제가 육아휴직 해서 시간이 있잖아요. 아이 등하교 함께하면서 엄마들 만나고 무슨 일 있으면 서로 얘기하고 정보 공유하고, 1학년 때는 거의 다 이렇게 알고 지냈어요. 그런데 2학년 때는 제가 복직해서 그런 것들을 많이 못 하고 있어요. [조사자: 엄마가 일하다 보니까 1학년 때만큼 많이 정보도 모르고 하잖아요. 그러면 이런 사람들을 위해 좀 뭐가 있었으면 좋겠어요. 이런 건 없으세요?] 음, 그럴 때는 마음이 조마조마해요. 정부나 지자체에서 아이들 등하굣길 도와주고 관리해주는 도우미가 있었으면 좋겠어요. 그리고 그 사람들이 일주일에 한 번 또는 한 달에 한 번 정도 담임선생님과 그 아이와 관해 상담하면 좋겠어요. [조사자: 방과 후 돌봄교실 이런 데는 안 보내요?] 들어가기 어려워요. 다른 학교나 ○○초등학교 등은 정부에서 지원을 많이 해주고 돌봐줘요. 다문화 아이들은 우선으로 받거든요. 근데 이쪽 지구는 다문화 프로그램이 없어요. 학교에서 지원받는 게 없는지 아니면 금액이 적어선지 다문화가정 우대 없이 일반가정과 똑같이 뽑아요. 학생 인원은 많은데 30~40명만 받아요. 여덟 반까지 있는데, 그중 30~40명만 받으니 어려워요. 이번에 안 됐어요. [조사자: 학교 교육 외에 사교육 시키는 거 있어요?] 아이 공부 봐줘야 하는데 제가 퇴근하고 오면 아이가 피곤해해서 못 해요. 집중도 안 되고. 학교 진도 따라가야 하는데 힘들어서 공부방 보냈어요. 공부방에서 1시간 하는데 복습도 하고 틀린 문제는 선생님이 다시 설명도 해주세요. 피아노 좋아해서 피아노도 1년 보냈어요. 요즘은 바둑학원 다니고 있어요. [조사자: 중국의 초등학교하고 한국의 초등학교하고 이렇게 생각해보세요. 뭐 다른 거 있어요?] 친정 언니 딸이 우리 아들하고 12살 차이예요. 그 아이는 학교 다닐 때 10~11시 이전에 잔 적이 없어요. 숙제하느라고. 숙제가 그만큼 많고, 학교 수업도 4~5시 돼야 끝나는 거예요. 엄청 힘들었다고 했어요. 그에 비해 우리는 안 그래요. [조사자: 그래서 여기가 좋아요, 중국이 좋아요?] 중국은 공부하는 시간이랑 강도가 세거든요. 여기는 학교 끝나면 학원 보내잖아요. 그래서 경제적으로는 돈이 많이 들어가요. 학원도 공부보다는 음악이나 바둑 같은 예체능 보내잖아요. 중국에서는 시간이 없어서 못 시켜요. 여기서는 공부반, 예체능반인데 사교육이 너무 비싸긴 해요. [조사자: ○○○ 씨는 우울증이 왔을 때, 병원 말고 다른 데 가본 적 있어요? 상담 받으러?] 어, 갈 데 없었어요. 그때는 다문화가족지원센터 상담프로그램도 없었어요. [조사자: 시어머니하고는 사이 좋으세요?] 예. 지금은 괜찮아요. 애 낳기 전에도 시어머니 미워하진 않았는데. 아플 때는 옆에 있는 사람들이 다 미워져요. (울음) [조사자: 왜 또 울어요?] 그때 힘들었던 거 생각하면은, 어 진짜…. (울음) 지금도 병원 다니고 약 먹고 있어요. 병원은 반년 넘게 다녔어요. 제가 도움이 됐던 게, 의사선생님이 그랬어요. 치료제로 약만 먹지 말고 내가 하고 싶은 것이 무엇인지 생각하고 자아를 찾으라고 했어요. 여가활동을 찾으라고 했어요. 음악이든 운동이든 이렇게 찾으라고 했는데, 제가 음악도 안 좋아해서 아무리 찾아도 없는 거예요. 아프면은 아무도 없는 거예요. [조사자: 주위에 얘기할 사람이 없었다는 거죠?] 네. 친구들한테 내가 우울증 있다고 창피해서 말 못 해요. (웃음) 그래도 친한 친구한테는 얘기하긴 했어요. 만나서 같이 얘기 나눌 때는 속마음 다 얘기하고 마음 편한데, 집에 들어가면 똑같아요. 내 치료하자고 맨날 만날 수도 없고, 자주 만날 수도 없잖아요. 그러던 차에 취미활동을 찾았어요. ○○○다문화가족지원센터에서 꽃 만드는 프로그램이 있었어요. 일주일에 한 번씩 2~3개월 과정이었어요. 선생님이 한번 해보라고 권유해서 시작했어요. 처음에는 아무 느낌이 없었어요. 10번 정도 했더니 "어, 쫌 괜찮네요" 했어요. (웃음) 그때는 좋아졌어요. 그러다가 2015년도에 대학 가면서 꽃 키우는 게 좋아서 생활원예 과목을 수강했어요. 집에 꽃이 조금씩 많아졌어요. (웃음) 생활원예 공부하면서 실제로 집에 꽃을 키우기 시작한 거죠. 제 여가생활이 된 거죠. [조사자: 네. 잘하셨네요. 경험자로서 산후우울증 온 사람들한테 조언해주고 싶은 얘기 있어요?] 몇 달 전에 ○○구 다문화가족지원센터에 기자봉사단 생긴 거 알고 참석했어요. 거기 기자단에 내 글을 실었어요. 우울증 걸린 사람들에게 시선을 옮겨 다른 데 바라보라는 내용이었어요. 마음이 좋아지면 병이 자연스레 나을 수 있다고 글을 올렸어요. (웃음) 다문화 신문에 나왔었어요. [조사자: 기자봉사단은 어떤 사람들이 가입할 수 있어요?] 글을 쓰고 싶고 한국어 배우고 싶은 사람이요. 인원은 10명 정도로 많지는 않아요. 3년 정도 됐다는데 저는 이제 알았어요. 다른 사람들은 먼저 했고요. (웃음) [조사자: 어떤 선생님이 가르쳐요?] 옛날에 기자를 했던 분인데 자원봉사를 하는 거예요. 한 달에 한 번씩 모여요. 한 달 동안 쓴 글을 선생님한테 보내면 선생님이 검토해서 어디서 부족했고, 이렇게 지도하고. 다시 와서 수정해서 보내주세요. 그거는 자조모임으로 하는 거예요. [조사자: 거기는 다 중국분들만 있어요?] 아니에요. 지금 세 나라 사람들이 있어요. 글 쓰고 싶고 한국어 공부하고 싶은 사람을 만나면 모임에 대해 얘기해줘요. 한국말 어려워하고 서투른 언니들은 공부하기 싫어해요. 그래서 원하는 사람들에게 홍보하고 데리고 와요. [조사자: 그 친구들은 고민거리 없어요?] 기자단 들어가서 보니까 글 속에서 고민거리들을 발견했어요. 어디서 뭘 했는지, 이렇게 하면 좋겠다 등의 말이 글 속에서 많이 발견돼요. 예를 들면, 한국어 배우기뿐만 아니라 여가생활 같은 결혼이민자가 원하는 프로그램을 만들어주면 좋겠다는 거예요. 취미나 여가활동을 해야 사람들이 스트레스나 외로움이 많이 해소되잖아요. 한국 생활도 즐겁게 살아야 적응도 잘하고요. 내가 취미활동이나 여가생활을 했다면 5년 동안 이렇게 힘들게 안 살았을 거예요. 원예 취미활동 찾아서 이제야 많이 좋아지는 거잖아요. 처음부터 했다면 얼마나 좋았을까라는 생각이 들어요. 그 5년이 너무 아까워요. [조사자: 그러니까 그런 상태였을 때는 "창피해서 누구한테 말 못 해요"가 아니라 "나 지금 이래요"라고 자꾸만 얘기해야지 주위에서 사람들이 알아서 서로 도와주죠.] 그때는 젊으니까 경험이 없어서 병이 생길 수 있는지도 몰랐어요. 우울증인지도 몰랐고 처음에는 심하지 않았어요. [조사자: 근데 그 얘기만 나오면 왜 이렇게 울어~ 울지 마요.] (울음) 아, 그 얘기하면 진짜, 진짜 시간이 너무 아깝고 고생했던 생각이 나서 울음이 나요. 남편도 안 도와주고 남편은 왜 그렇게 이상했는지 모르겠어요. (웃음) 남편도 편하지 않을 거예요. 왜냐면 내가 힘이 안 돼주는데, 그런 사람이랑 같이 기분 좋을 리가 없을 거예요. (웃음) [조사자: 음, 맞아요. 근데 ○○○ 씨는 엄마도 자주 한국에 와 계셨잖아요?] 네. 근데 엄마가 한국 문화랑 중국 문화랑 비교해서 더 심한 거예요. 비교 안 하면 "원래 이렇게 사는구나" 할 텐데 엄마는 늘 비교하면서 이상하다고 했어요. 엄마가 "어우, 한국은 왜 이렇게 하냐" 하면 나도 이상하게 여기게 되죠. 엄마 영향을 받아요. 그 당시에는 서로 한국 문화를 많이 몰랐잖아요. 그걸 이상하다고 생각한 거예요. 이상하다고 여긴 걸 남편이나 학교 선생님과 얘기하면 해결됐을 텐데 대화할 기회도 없었어요. 애 낳자마자 학교, 다문화가족지원센터 다니고 집에서는 남편을 하루 1시간도 못 만났어요. 그래서 대화는 거의 단절됐던 것 같아요. 자녀양육에 있어서 좀 너무 막히는 거요. 그게 쌓이고 쌓여서 더 심해졌어요. 해결하려면 시간이 오래 걸리는 거죠. [조사자: 그때 가정방문 선생님이 안 왔어요?] 왔긴 왔는데 그냥 얘기만 하고 해결해줄 방법은 없죠. 그냥 대화만 하는 거예요. 나가서 바람 쐬고 오는 것도 아니고. 그냥 그 자리에서 얘기하면 끝이야. 선생님이랑 대화할 때는 속마음 털어놓으니까 편하지만 가고 나면 또 현실 속으로 돌아오는 거잖아요. [조사자: 그 선생님이 이런 얘기 듣고, 다른 데 누구 상담 선생님이나, 누구 연결해주지는 않았어요?] 네. 없어요. 그때 왔던 선생님도 나이도 있고 나처럼 경험한 선생님이라서 많이 이해해주고 편하게 대해주긴 해요. 그래도 상황은 바뀌지 않아요. 집에 와서 얘기하고, 얘기할 때는 편하지만 선생님이 가고 나면 다시 똑같아져요. 환경적으로 변하지 않고 내 집이니까 똑같아요. 같은 공간 안에 있으니까 치료가 안 되는 거예요. 좋은 얘기를 해주는 것도 좋지만, 바깥 활동을 하라고 했으면 더 효과 있었을 텐데 그때는 그런 게 없어서 아쉬워요. [조사자: 그러면 인터넷 같은 데 찾아봐야지.] 그때는 몰랐어요. [조사자: 그랬구나. 아휴 마음 고생이 많았네.] 네.

▶ 이중언어를 하기 싫어하는 아들

[조사자: 아이가 집에서 중국어로 대화하잖아요. 그런데 학교에 가도 중국어로 대화해요?] 안 해요. 학교에서는 친구들이 한국말 쓰니까. 어렸을 때는 친구들이 다들 한국말 쓰니까 중국말 안 썼어요. 자라서는 놀이터에서 놀 때 내가 ○○이랑 중국어로 한 적이 있었거든요. 그랬더니 친구들이 바로 "중국 사람들이야~" 그러는 거예요. 소문 금방 퍼지고. 그때 아이가 많이 놀라기도 하고 충격도 받았어요. 내가 중국 사람이면 어떠냐고 해도, 그때 친구들이 놀렸다고 전혀 안 하려고 해요. ○○이는 중국말도 할 줄 알아서 친구들이 부러워한다고 해도 밖에서 절대 중국말 안 해요. [조사자:

그러면 그거에 대해 어떻게 생각하세요?] (한숨) 속상하죠. 엄마들 모임 가졌을 때 엄마들이 그랬거든요. 우리 아이 이중언어 하니까 좋겠다고. 그 말 듣고 난 너무 좋았는데, 애가 전혀 그렇게 생각하지 않고 싫은 표현을 좀 해요. 그래서 일단 애가 편한 대로 놔뒀어요. [조사자: 그렇지만 애가 좀 더 중국어를 잘하고, 더 많은 지식을 얻었으면 하는 엄마의 바람은 없어요?] 있어요. 어차피 ○○이 외가 쪽은 다 중국어 쓰는데 못 하면 대화를 못 하잖아요. 그래서 1년에 한 번씩 중국 보내서 2~3주 정도 살다 와요. 작년까지 계속 그렇게 했는데 올해는 좀 바빠서 못 보냈어요. [조사자: 그러면 학교에서 엄마 나라 언어를 충분하게 이야기하고, 공부할 수 있도록 이런 게 좀 마련되면 좋겠어요?] 어, 주간학습시간표 보니까 학교에서 다문화 수업 시간이 있었어요. 어떻게 수업이 이루어지는 모르겠지만 아이가 배웠다고 했어요. 자주는 아니고 아마 1년에 한 번 정도 하는 것 같아요. [조사자: 그래서 어떻게 생각하세요? 그런 게 좀 자주 있었으면 좋겠어요?] 네. ○○이가 한국 사람이니까 한국어로 하는 것도 좋은데, 엄마 나라 언어를 잘하는 것도 좋을 것 같아요. [조사자: 그러니까 이것을, 능력을 키우기 위해 어떻게 해줬으면 좋은지 그 바람을 좀 이야기해주세요.] 내가 봤을 때 우리 아들은 그거 싫어해요. 차라리 학교에서 다문화 수업 안 하는 거 낫다고 생각하는 것 같아요. 친구들이 차별할까 봐 싫은 거죠. 지금처럼 중국 사람이라는 티를 안 내고 살고 싶어 하는 것 같아요. [조사자: 그러면 마음에 상처 같은 게 있나요?] 잘 모르겠어요. 남자애라서 말을 잘 안 해요. 아마 어디서 받은 적이 있는지…. 예. 정확히는 모르겠지만 아이가 전부터 싫어했어요. 사람들 눈빛이나 표정 때문에 그럴 수 있는 거 같아요. 네…. [조사자: 그렇다고 아이의 재능을 묻어놓을 수는 없잖아요.] 그래서 다른 길을 찾는 거예요. 중국 엄마들 만나서도 그 얘기했어요. 우리 애들끼리 자주 만나서 중국말 하면 좋겠다고. 엄마들이 중국말 하면서 애들도 따라 하면 좋겠다고. 근데 쉽지 않아요. 애들이 만나면 한국말로 해버려요. 왜냐면 한국말이 편하니까. 집에서도 아이랑 중국말로 대화하다가 모르는 단어 나오면 막히니까 안 하려고 해요. 진짜 만만치 않아요. 해마다 돈 들여서 중국 보내는 거, 그것도 중국에 친척이 있어야 가능해요. 나는 다행히 친정이 있지만, 친척도 친정도 없는 엄마들이 있어요. 그래서 못 보내죠. 1년에 한 번씩, 아이 어렸을 때는 한두 달 보냈어요. 요새는 학교 다니니까 2~3주밖에 못 해요. 그래도 앞이 막막해요. 아이가 너무 약해서. [조사자: (한숨) 혹시 종교 있으세요?] 친정엄마가 교회 다녀서 한국 오시면 저도 엄마 따라가거든요. 지금은 엄마 안 계시니까 못 나가고 있어요. [조사자: 중국에서부터 기독교였어요? 혹시 중국에서 교회 다닌다고 차별대우 받거나 아니면 위협을 받거나, 이런 거는 없어요?] 네. 그런 거는 없어요. 제가 한국 오기 10년 전에는 차별이 좀 있었어요. 사람들이 잘 안 가려고 하고, 다녀도 말 안 했는데 지금은 안 그래요. 큰 교회 다 세우고 괜찮아요. [조사자: 한국에서는 왜 혼자 교회 안 가세요?] 일주일 동안 직장 다니면서 피곤한 상태고, 아이랑 같이 있는 시간도 필요하고, 아이랑 같이 있고 싶었어요. [조사자: 애기는 교회 안 가고? 가는 거를 싫어해요?] 할머니 있을 때는 가는데 할머니 안 계시면 안 가려고 하죠. 남편이랑 똑같아요. (웃음) [조사자: 남편은 종교 있으세요?] 없어요. 내가 교회 가는 거 처음에는 남편이 좀 반대했어요. 그러다 내가 아프니까 하고 싶은 거 하라면서 반대 안 했어요. (웃음) [조사자: 지금은 남편이 다 잘 도와주시죠?] 요새는 많이 좋아졌어요. 10년 동안 맞춰 살다 보니까. (웃음) [조사자: ○○대 졸업하면 뭐 하고 싶어요?] 생각이 많아요. 중문과 졸업하고 중국어 사용하는 일을 찾고 싶었는데 나이 먹다 보니까 걱정이 돼요. 쉽지가 않네요. [조사자: 회사에서는 지금 학교 다니는 거 알아요?] 몰라요. 2016년도에 학교 다닐 때 회사가 엄청 바빴어요. 그때는 토요일, 일요일도 거의 잔업을 했어요. 그렇게 바쁜데 학교 다닌다고 얘기할 수 없고, 출석 수업 있을 때도 얘기하면 안 빼줬어요. 그때는 주말에도 바쁘게 지냈어요. (웃음) 출석 수업 있는 날은 수업이 7시부터 10시까지예요. 잔업이 8시에 끝나는데 퇴근하자마자 남편이 차로 픽업해요. 1시간 늦게 수업 들어가고. 거의 그렇게 다녔어요. 여태 회사에 말 못 했어요. [조사자: 그 회사는 혹시 중국하고 무역하거나 그런 건 없어요?] 우리 회사는 일본에 몇 년 동안 계속 수출했는데 중국 시장은 뚫지 못했어요. 뚫었으면 참 좋은데, 뚫지 못하고…. [조사자: 그러니까 이제 4학년 때는 "나 대학교 다녀요"라고 얘기하세요. "중국으로 무역하세요. 내가 도와줄게요" 이렇게 이야기하세요.] 4학년 때? (웃음) 그렇게 되면 좋겠네요. (웃음)

▶ 다문화가족지원센터에 바라는 점들

[조사자: 중문학과 졸업하면 중국어 사용할 수 있는 데 취직하고 싶으세요?] 네. 엊그제 점심시간에 부장님한테 여쭤봤어요. 우리 부장님은 친절한 분이세요. 제 진로에 관해 상담했는데, 아직 난 젊으니까 지금처럼 단순한 일은 안 하면 좋겠다고 하셨어요. 계속 그 말이 생각나는 거예요. 여기서 일 않고 다른 일을 하면 좋겠다는. [조사자: 그러려면 더 공부가 필요해요? 무슨 공부가 필요해요?] 아, 지금 생각해보니까 일단 제가 중국어 사용할 수 있는 일을 찾고, 그 일이 대학원에 가야 한다면 가려고요. 그런데 그런 일을 찾을 수 없으면 더 배울 필요 없을 것 같아요. [조사자: ○○대는 학비가 많이 들어요?] 아니요. 이민자나 탈북자 그리고 기초생활자들에게는 80% 학비 지원해줘요. 그래서 우리는 20%만 내고 저렴하게 다녀요. 지금 생각해보면 ○○대학교 잘 들어간 거 같아요. 학비도 많이 지원해주

고 다문화 쪽으로도 개선이 많이 돼서 너무 좋아요. 다문화가족지원센터에서도 이렇게 이민자가 원하는 프로그램을 의견 듣고 잘 개선하면 좋겠어요. 취미생활 배우면서 계속 모임 가지면 좋겠어요. [조사자: 마지막으로 저한테나 나라에 하고 싶은 말 있어요?] 하고 싶은 말은 2016년도 다문화가족지원센터 갔을 때 선생님도 좋고 프로그램도 좋아서 적응 잘하고 참 좋았는데, 2017년도에는 선생님들이 바뀌었어요. 전에 계시던 경험 많은 선생님들이 다 나가고 새로운 선생님들이 왔어요. 2015년에도 그랬어요. 난 선생님이 자주 바뀌는 게 아쉽기도 하고 도움도 안 돼요. 새로 온 선생님은 적응 안 돼서 우리와 맞지 않고 우리가 뭘 하고 싶어 하는지도 모르잖아요. 어떤 프로그램이 좋고, 우리가 어떤 프로그램을 좋아하는지 몰라요. 적응하려면 힘들어요. 그 사람들이 선택하는 프로그램과 우리 이민자들이 선택하는 프로그램이 다르거든요. 물론 프로그램 못 짜는 선생님도 있지만 선생님 바뀌지 않고 잘하는 사람과 계속하면 좋겠어요. 프로그램 점수 따져서 계속 있으면 좋겠다는 거예요. ○○○ 선생님(조사자)과도 2008년 다문화가족지원센터에서 만났잖아요. 지금까지 계속 결혼이민자들에게 교육하고 상담하고, 취미활동 프로그램도 많이 계획해주고 결혼이민자들의 요구사항이 뭔지도 조사하고 너무 감사해요. 앞으로도 선생님과 계속하면 좋겠어요. (웃음) 선생님, 너무 감사해요. 그리고 요새 이민자 친구들이 대학 많이 다녀요. 대학 졸업하면 진로상담도 해주면 좋겠어요. 사람은 낮은 단계부터 천천히 올라가면서 방향을 잡으면 좋은데, 처음 한국 왔을 때 아무것도 몰랐잖아요. 그때 선생님이 많이 도와주셔서 성장하고 지금까지 왔어요. 근데 더 올라가야 하는데, 경험도 부족하고 부족한 게 너무 많아서 선생님이 진로상담으로 도와주면 좋겠어요. [조사자: 네. 감사합니다. 오늘 정말 감사드리고요. 시간 내주셔서 감사합니다.]

▶ 며느리는 명절이 힘들어

저는 어렸을 때는 추운 지방 살았어요. 열몇 살 때는 저기 중국 지방 베이징 근처에 이쪽에 이사 왔는데 이 지역 차이도 조금 나요. [조사자: 중국은 그래서 지역도 소수민족이냐 아니면 한족이냐에 따라서 다를 거 같아요.] 예. 소수민족은 우리랑 한족이랑 같이 섞어서 살았어요. 그 민족도 그래서 많이 차이 나고 그냥 나는 한족이니까 우리 한족 사람들이 많으니까 한족 사람들끼리는 거의 세 달 전에, 보통 세 달 전 일주일 전에 보통 열심히 많이 준비해요. 왜냐하면 추우니까 많이 준비해도 상하지 않고요. 상하지 않고. 물가는 너무 가까우면은 설날 가까우면 비싸지니까 미리 한 달 전에는 조금씩 쌓아놔요. 그러면은 의식할 때는 일주일 전에 하루 고기 삶아요. 고기. 우리 지역 추우니까 거의 돼지 한 마리씩 잡아서 돼지머리는 설날 후에 한 달 후에 먹는 날 따로 있어요. [조사자: 한 달 후에 먹어야 하는 다른 이유가 있어요?] 그날은 음력 1월 1일. 그날은 돼지머리 먹고 남자들이 머리 자르는 날이에요. 중국 사람들은 용의 자손들이잖아요. 그날은 용머리. 남자 머리는 용머리라고, 용 모양이 아니고 그냥 용을 머리가 예쁘게 잘라서, 1년 동안은 그날 머리 자르면 좋은 일이 많이 일어나고. [조사자: 그런데 왜 돼지머리는 그때 먹어요?] 계속 전통 내려왔어요. 그날은 그거 먹고 머리 자르고 머리를 다 이렇게. 그날은 여자들도 파마하지만 그냥 남자들이 주로 많이 해요. 평상시대로 아니면은 미용실에서 예쁘게 하고 그래요. 다른 지역도 이날엔 항상 많이 해요. 1월 1일. 음력. 그거 용의 머리라고. 롱토우(용의 머리) 그냥 중국말로. 그날 하면 1년 동안 머리가 밝고 잘사는 거 좋은 일이 많이 생긴대요. 우리 시댁이 경상도 ○○에요. 전통방식을 유지하고 있다고 하는데, 나 어렸을 때도 이러지 않았어요. 근데 여기서 어르신분들이 이야기하는 거는 다 중국에서 넘어오는 거라서 이 중국 사람들이 왜 못 하냐고 물어보는데. 그런데 우리는 제가 어렸을 때부터 이렇게 심하지 않았어요. 너무 심해요. [조사자: 며느리로서 일 많이 해요? 거기서? 뭐 하셨어요? 설날에.] 설날 때 많이 하는 거보다는 중국에서도 이렇게 해요. 단 차이 나는 거는, 중국에서는 서로 이렇게 하면서 아 그냥 모여서 기분 좋고 모여서 하는 거고. 그런데 한국에서는 이 며느리는, 무조건 하는 거라 그 생각하는 거 많이 차이나요. 중국에서도 며느리 해야 되는 거는 당연한데, 그렇지만 또 같이 모여서 하는 거를 좀 느낌이 틀려요. 중국에서는 남자는 대기하고 있는 거예요. 무거우면은 남자 와서 도와주고, 중국 요리할 때는 설날 때 무조건 다 잡아서 해야 되고, 돼지 다 물고기 무조건 해야 되고. 이렇게 더러운 거 무거운 거 좀 뜨거운 거. 남자는 다 많이 도와주고 많이 여럿이 하잖아요. 한국에서는 무조건 여자만 그다음에 여자도 며느리만. 딸도 아니고 시어머니들 많이 안 도와주잖아요. 중국에서는 시어머니나 며느리나 다 모여서 같이해요. 심지어 남자도 도와주잖아요. 여기는 여자만. 그래서 한국 여자들이 이렇게 스트레스받는 거 여기 따로 있군요. [조사자: 그러면 설날 문화에 좋은 점이 있을 거 같아요. 좋은 점은 없구나?] 아니요. 저는 시집 잘 왔나 봐요. 우리 집안서, 우리 시댁에서는 스트레스도 안 주고, 해줄 수 있는 만큼 했고, 좋은 점 있어요. 제사 끝나면 자유잖아요. 중국은 당연히 있는데, 근데 한국에서는 저는 가서 계속 하고 하고 하니까, 제사 끝나면 완전히 끝나는 거고. 그거 좋아요. 중국에서 춘절 할 때는 우리 제사하는 거는 미리 산소 가서 제사 드리고, 설 하는 날은 그냥 맛있는 거 해서 같이 앉아서 먹고, 같이 즐기고 그거는. 한국서는 여자들 안 해요. 여자는 일만 하는 사람들이에요. 한국은 요리하고 제사는 하고 끝나면 설거지하고 애도 챙겨야 되고. 남자는 아무도 해주지 않아요. 중국에서는 남자도 요리할 때 도와주고 밥먹을 때도 같이 앉아서 먹고. 한국에서는 안 그래요. 따로따로 먹고. 같이 먹고 여자도 놀 수 있게 저기 여자들이 설거지도 하고 남자도 애도 봐주지요. 그러면은 여자들이 많이 했어요. 힘드니까 여자들이 그냥 놀라 남자들 도와주고 애 봐주고 이런 식으로 해요. 여튼 한국은 그날도 무조건 할 일이 많이 남았잖아요. [조사자: 그걸 떠나야 이제 free가 되지요?] 네. 시어머니 옆에서는 큰 소리 못 하고. 놀고 싶어도 못 하고. 술 먹고 싶어도 못 하고. 그런데 중국에서는 안 그래요. 남자는 많이 도와주잖아요. 시어머니도 며느리 힘들어서 이렇게 생각해줘요. 한국에서는 시어머니 옆에서는 남편이 막 수고했다고 절대 못 하죠. 집에 들어와야 남편이 수고했어. 그러면은 여자는 자유로 쉴 수 있고 놀 수 있고 그러잖아요. 시댁에서는 엄마 눈치를 안 볼 수가 없어요. 한국에서는 그거 차이 많이 나요. 설날에 제사하는 거 중국 이미 없어요. 제사는 설날 전에. 집에서 할머니댁. 우리 오빠가 아직 고향에 있어요. 저기 지난주에 산소 가서 제사 지냈어요. 그러면은 지난주 제사 끝나고 이번 주 설날이잖아요. 그냥 그날은. 아, 산에 제사 지내고 모시고 와서 집에 그냥 이거. 설날엔 제사 다 필요 없고, 상 펴서 그다음에 자손들이 같이 있는 듯이. 있는 거 같아서 그냥 우리 여럿이 해요. 따로 이렇게 상 차려서 이거 드리는 거 안 해요. 중국은 안 해요. 저 어렸을 때 저기 그 하는 기억이 없어요. 다들 산소 가서 하고 싶어도, 산소 가서 하고, 모시고 오면 그냥 놔두고 설날 지나고 나면 저기서도 산소에. [조사자: 자기 식구들만 설날에 오잖아요. 친척들은 안 오잖아. 와요?] 어렸을 때 하는 거는 할머니 계셔요. 그러면은 큰아빠, 둘째, 셋째 이렇게는 같이 모여서 와요. 할머니가 돌아가시면 큰아빠 집에 가요. 근데 제사는 안 지내요. 큰아빠도 마찬가지예요. 산소 가서 모시고 오면 그냥 여기 놔두고 설날에 같이 있는 듯이 같아서 우리 설날 지나면은 모시고. [조사자: 네, 그럼 밖에서 날씨가 안 좋으면. 밖에서 제사 지낼 때.] 그날 자기가 정하는 거예요. 꼭 어느 날 가는 거 아니고. 지금도 산소 벌초하는 수시로 서로 연락하고 어느 날 시간이 되냐고 이렇게 서로 맞춰서 가는 거예요. 편하게. 평상시에는 소가족들이 이렇게 있잖아요, 설날 때, 추석 때는 큰가족들이. [조사자: 큰가족들 그러니까 사촌들, 큰아버지, 작은아버지, 이모, 고모 이렇게 모여서 다는 아니겠지만 아버지 친척들 모여서 이렇게. 그럼 사촌 동생들도 같이 놀고 그래요?] 네. 우리는 할머니. 제가 어렸을 때 할머니 집으로 가요. 할머니 돌아가시고 난 다음엔 큰아버지네 집에. 가서 애들은 너무 많아서, 아이들이 좋죠. 많아도 좋았고. [조사자: 거기서도 음식을 많이 하잖아요.] 네. 큰집에서. 기억나는 게 또 우리는 뭘 싸가지고 한국이랑 똑같아요. 그땐 어렸지만, 그래도 아마 하는 거를 봤어요. 시댁에서는 저는 따로 안 하고, 그냥 한국 아가씨들 이렇게 같이. [조사자: 같이 그러니까 전 부치고, 또 중국식으로 뭐 만들어보라고 할 거 같기도 한데, 시댁에서? 그렇죠.] 네, 해요. 하는데, 저도 중국 요리는 몇 번 해봤는데 입에 안 맞아서요. 저만 먹고 다른 사람들이 안 맞아요. 그래서 좀 그렇잖아요. 혼자 집에서 해야 될지. 설날 때는 중국 음식 안 만들어요. 한국 음식은 저는 요리 못 하고 그래도 전 부치는 거 도와줘요. 10년 넘었는데도 입맛에 안 맞아요. [조사자: 중국에서는 춘절에 음식 장만하는 걸 다 한다고 했잖아요. 며느리나 여자들만 하는 게 아니라 다 같이 도와주고.] 딸이 크면, 시집 안 가면은 그래도 도와주고 같이. [조사자: 그래도 메인요리가 있잖아요. 설날에만 먹는 메인요리. 주요리가 있을 거잖아요. 그거 만드는 것은 남자들이 잘 못 만들잖아. 여자들이 만들 거 아니에요. 근데 남자들이 도와주는 거지.] 중국 사람들 설날 때 꼭 들어가는 요리는 닭, 돼지갈비 많이 먹어요. 저기서 비닐 버리고 내장 빼버리고. 사람들 많으니까, 한두 개 아니잖아. 많이 손질해야 되고. 남자들이. 여자는 요리해야 되고 남자는 손질하죠. 그러니까 서로 같이 기분 좋고 이렇게 만들고 같이 먹잖아요. 기분이 좋잖아요. 근데 여기서는 남자는 놀고 여자만 하니까 그렇잖아요. 그런 다음에 닭 꼭 먹어야 되는 거예요. 닭고기 먹는 거는 중국말은 줘는 듯이(좋아요 뜻)를. 좋아하는 거 아니고, 닭 이름 때문에. 중국 똑같은 한자 여러 개 있잖아요. 다른 글씨로 나오는 걸로 중에 하나를 줘는 듯이 있어요. 더 좋은 일이라는 게 길 같은데 이거? 한문을 그러니까 조금 좋은 길을 좋은 일을 생기게 하는 한잔데 이거. 그래서 닭 꼭 먹어야 되는 상에 꼭 있어야 되는 뜻이에요. 우린 제사 안 지내잖아요. 산속에서 끝났으면 이거 집에서 꼭 이거 먹어요. 그런 다음에 생선을 꼭 먹는 이유는 이것이 하고 이것이 안 똑같아요. 그래서 1년 동안 버는 돈을 다 쓰지 않고 남을 수 있고, 돈이 1년 동안 버는 돈을 남을 수 있고 그러면 여유 있는 거예요. 그래서 여유를 나오는 거예요. 돈 많이 남아. 써도 못 쓰고 다 남아요. 발음도 같아요. 그래서 중국에서 저기 뭐지 그리는 거 붙이잖아요. 제일 좋은 거 얘기 있잖아요, 그거는 꼭 집에서 사와요. [조사자: 아, 그게 뭐예요?] 생선에는 위잖아요. 똑같잖아요. 위는 남아있고요. 그 뜻이에요. 모를 때는 꼭 이거 먹어야 되고, 그림 그릴 때도 그거 사와요. 그림. 중국에서 설날 때 벽에다가 문에다가 다 그림 붙이잖아요. 부적은 아니고 부적은 또 따로 있고, 그림이에요. 음… 도미. 중국에서 도미는 빨간색 도미. 그거. 중국에서 빨간색 좋아하잖아요. 도미도 빨간 도미. 다른 색깔 말고 빨간 도미 제일 좋아해요. 그냥 고기만 한 마리 있는 거도 있지만, 보통 애, 남자애 같이 있는 거 많이 해요. 남자애가 고기 안아서. [조사자: 고기가 붉은 도미? 아, 그런 의미가 있구나. 그러니까 많이 번 만큼 남을 만큼 돈을 많이 벌어라.] 집이 안 망하는 거야. 돈이 남았어요. 그건 중국 가면은 설날 때 저기 집마다 이거 하고. 만약 옆에서 복 붙이잖아요. 도하고 그거는 기본이고 그다음에 하루는 고기 삶잖아요. 하루는 튀김요리 해요. 밀가루로 튀겨서 한 달 동안 먹어요. 간식으로. 중국은 춘절 한 달이잖아. 요새 우리 어렸을 때 한 달 정도 했는데 요새 너무 짧아졌어요. 1주 하지만 그래도 1주 후에도 3일은 어디도 못 가요. 중국이면 가면 3일. 오면 3일. [조사자: 그러면 그 한 달이 옛날부터 그랬어요?] 네. 춘절 정월. 우리는 보름 안 해요. 정월 하면은 1월달 한 달이면 정월. [조사자: 1월 한 달을 통째로 놀아야 해요?] 네. 원래부터 놀아요. 회사 가도, 예전에는 지금에는 많이 변하잖아요. 경제적으로 많이 변하는데 그 예전에 우리 어렸을 때는 그때도 경제적으로 아니고 다들 땅을 갖고. 우리 어렸을 때는 사회주의 정부에서 다 이렇게 통제하잖아요. 회사 가도 일이 다 정해있는 거라서, 지금은 아니잖아요. 지금 사람들은 많이 힘들어요. 머리도 많이, 경제의식을 바꿨으니까. 지금 사람들이 힘들고 예전에 우리 어렸을 때는 부모들이 저렇게 힘들지 않았어요. 다골판 있잖아요. 회사 다 나라 거니까. 다 나라 통제하잖아요. 지금은 나라에서 통제하는 거 아니고 자본주의잖아요. 지금 회사는 이렇게 바쁘고, 회사도 이렇게 바쁘잖아요. 예전에는 이렇게 안 그랬어요. 안 바빴어요. 그래서 한 달 쉬어요. 한 달 쉬는데, 중간은 어느 날은 하루 일하던가 이렇게 사람들을 바꾸면서 이렇게 했었는데, 지금 아마. 아직도 한 달 쉬는 사람 많아요. [조사자: 중국도 저기 나이 먹어서 정년퇴직하잖아요.] 나라에서 연금 타잖아요, 그럼 다 집에서 놀잖아요. 거의 55세 후반. 55세 후나 이 시대는 다 집에서 놀아요. [조사자: 오, 그렇게 빨리 놀아요?] 네. 저기 퇴직. 퇴직이 아니고. 연금? 연금을 받아요. 받아가지고 생활하는 거라서, 다 노는 사람 많아요. [조사자: 그래도 요새는 오래 사니까 너무 일찍 놀잖아요]. 아직 해야 되는 거 같아요. 노는 사람도 있고 일하는 사람들 꽤 많아요. [조사자: 중국에도 인구가 많다 보니까, 젊은 제가 보기에 식당 같은 데 보면, 식당에 굉장히 많은 인원들이 서빙하더라고요, 젊은 사람들이. 그러니까 제가 볼 때는 저는 한국에서 자랐으니까, 볼 때는 노는 사람들이 많은 거 같애.] 맞아요. 그전에는 그랬는데 요새는 다 개인사업이라서 좀 많이 줄인 거예요. 그전에는 다 사회주의 저기 뭐야, 분배하는 거라서, 그냥 여기서 월급 받으니까 놀아도 여기 있어야 되고, 지금은 안 그래요, 지금은 개인적으로 많이. [조사자: 제가 아까도 말씀하셨잖아요? 춘절 전날이 굉장히 의미가 있는 거 같아. 중국에서.] 네. 그날은 그해 마지막 날이라서 그해는 밤늦게 안 자요. 12시 되면은 그날 요새 80년도부터 프로그램이 있잖아요. 그 프로그램에는 전날, 29일날. 30. 8시부터 시작하고 1시 정도에 끝나요. [조사자: 어떤 프로그램이요?] 노래 부르고 재미난 춤, 개그프로그램도 있고, 그거는 80년대 쭉 있어요. 그 프로그램 보면서, 만두 만들어요. 집마다 다 이렇게 해요. 왜냐하면은 12시 때, 꼭 만두 먹어야 돼. [조사자: 그러니까 1월 1일 전날 12시에? 아니면은 언제 만두를 먹어야 해요?] 30날 아침에 제사잖아요. 근데 중국은 30날 아침에 제사밥먹는 거 아니고, 29일 저녁 8시부터, 시작할 때 만두 만들어요. 만두 만들어서 12시에 딱 종 치잖아요. 그때는 만두 먹어야 해요. 8시부터 만두 만들면서 12시에 맞춰서 만두 먹어요. 그 시간은 12시 맞추는 이유를, 그해 보냈어요. 편하게 보내고 12시 1분부터 새해 받아오는 거예요. 만두는 지아오즈 있잖아요, 중국말로 지아오즈. 지아오즈 그해. 그때는 만두 먹었잖아요. 만두는 중국말로 지아오즈는 운이 똑같아요. 그래서 지아오즈 이렇게 꼭 먹어야 해요. 집집마다 먹어요. 만두를 먹는 이유를 이해하고 이해는 만나. 만나서 저기 이해하고 이해를 만나는 12시에, 그해를 최소 이렇게 적었는데. [조사자: 구해하고, 뉴해하고. 신해하고 만나가지고* 만날 때

---

* 신정이랑 구정 때 설날이면

만두를 먹잖아요. 그러니까.] 만두는 중국말로 지아오즈잖아요, 똑같애요. [조사자: 이게 한자가 교자잖아요. 한국식으로 발음하면 교자. (중국어) 아들 자 잖아요.] (중국어)는 '해'라는 뜻도 있어요. 이해하고 이해를 만나는 거죠. [조사자: 만나는 의미가 있다? 두 해가 만나는 지점이 12시니까.] 딱 12시면은 2017년하고 2018년은 만나는 거예요. (중국어) [조사자: 그런 의미예요?] 네. [조사자: 사람한테는 그런 의미는 없고요?] 사람은 없어요. [조사자: 그러니까 이런 의미가 있을 거 같애. 옛날에 그러니까 지난해에 일어났던 그 나쁜 의미는 없애버리고, 새로운 해인 2018년에 더 좋은 일이 생기게 빈다는 의미에서 만두를 먹는다 그런 생각이 들어서.] 그 느낌도 드는 사람도 있어요. [조사자: 글자 그대로는 두 해가 만난다는 의미고.] 그 의미도 있어요. 교수님 이야기하는 의미도 있고, 여러 의미를 같이 이렇게. [조사자: 설날 전날에는 자기 가족들. 형제자매하고 엄마 아버지만 모여 있어요? 전날에는.] 29일에는 우리 소가족. 우리 엄마 아빠 우리 형제들만. [조사자: 그러니까 왜 중요해요? 설날 전날이.] 예를 들어 2017년 잘 보냈어요. 새해를 이렇게 받으려고. 오늘이 마지막 시간이고, 이 마지막 시간도 같이 있고, 같이 2018년 받아, 2017년 끝나서 같이 모여서, 중국서는 같이 모여서 (중국어)라고 중국 사람도 둥그렇잖아요, 둥그런 느낌이 같이 이렇게 느낌이 있어요. [조사자: 요즘은 그러니까 도시로 많이 나가고, 멀리 떨어져서 일을 하잖아요. 그러면은 못 오는 사람도 생기잖아요.] 그래도 10년 전에 내가 나오기 전에는, 그때는 되게 중요하게 생각하고 다들 고향 가려고 전철도 못 타고 그런 사람도 있잖아요. 요새 사람들이 10년 지나다 보니까 젊은 사람들 많이 컸으니까 사람들 생각하는 게 달라졌어요. 못 가면은 그냥 안 가고, 전화로 못 간다고 말을 해요. [조사자: 동생이랑 오빠 있어요?] 네. 저는 오빠 언니 다 있어요. [조사자: 어떻게 3명이 가능해요? 옛날 한 자녀 정책 했는데.] 저때에는 2명 있으면 괜찮았는데, 저까지 나와서 돈을 물었어요. 벌금도 물고, 엄마 아빠 월급도 한 단계 내렸어요. 좀 세게. [조사자: 지금은 그 뭐냐, 한국에 오지 않고 따님이 잘할 거 아냐 부모님한테.] 오히려 엄마 아빠 나를 많이 도와주고 있어요. 한국 수준으로는 남편이랑 저는 맞벌이해요. 아이도 1명만 있고요. 그래서 형편이 괜찮아진 것 같은데도 중국 친정에 비하면 내가 못사는 거예요. 잘사는 거는 아니지만, 그래도 지금 딸이 직장 다니면서 고생하고 있다고 생각하세요. 중국에서는 여자가 시집가면 남자 쪽에서 집이랑 차 다 장만해요. 한국에서는 바닥이죠. 집 없고 차 없고. 그러니까 바닥이죠. 너무 없는 상태에서 살아야 하니까. 중국은 집 없으면 장가 못 가요. 집도 없는데 어떻게 딸을 줄 수 있냐고. 이렇게 못 줘요. 그래서 아들 낳으면 나면서부터 집 장만 준비해야 해요. [조사자: 엄마 아빠는 사위가 집도 없고 차도 없으니까 불쌍히 생각하시는구나?] 네. 한국 집값이 너무 비싸잖아요. [조사자: 중국 춘절에는 제사를 안 지내잖아요? 그러니까 이제, 조상한테 드리는 거죠. 돌아가신 할아버지 할머니를 말하는 게 아니라 그 위에 조상들한테 제사를 지내는 거예요? 아님 누구한테 하는 거예요?] 그런 거 없어요. 저 어렸을 때부터 저기서 제사 지내는 거 못 봤어요. 그런 거 자체가 없어요. 할머니 할아버지 돌아가시면 산소 가서 제사 지내고 그다음에 그거 가지고 와요. 그냥 할머니 할아버지 거만 가지고 와서 저기서 집에서 가져다놓고 향 피워요. 향만 피우고, 할머니 할아버지와 함께 집에 있는 느낌처럼 있는 거예요. [조사자: 아, 한국은 제사 지낼 때 막 4대조 막 5대조 이렇게 써 가지고 숟가락이랑 젓가락, 국이랑 다 놓잖아요. 그거 아시잖아요. ○○는 아마 그런 거 할 텐데? 근데 중국은 그런 거 안 해요?] 안 해요. 조상들한테 제사 안 지내요. 할머니 할아버지 돌아가셔서 3년 동안 제사 지내는데, 그 제사도 크지 않게 지내요. 기억은 안 나고 얘기로만 들었는데 어쨌든 2~3년만 제사 지내고 이후에는 안 지내요. 근데 한국에서는 제사 지내면은 똑같이 해마다 1년에 몇 번씩, 똑같이 몇 번씩. 예전 사람들은 먹을 게 귀해서 제사 때 오지만 지금 사람들은 제사 지내서 오지도 않아요. 진짜 낭비예요. [조사자: 옛날에 ○○만 해도 양반의 도시라 엄청 그 제사 많이 지낼 텐데?] 우리 집 제사는 네 번 정도 있어요. 근데 큰집에서는 아홉 번. 그건 너무 낭비 같고 사람들 피곤해요. 그런 마음이 있으면 차라리 산소 가서 지내는 게 좋을 같아요. [조사자: 선생님 말 들으니까 중국의 춘절과 한국 설의 다른 점이 많은 것 같아요.] 네. 중국은 정말 노는 거잖아요. 쉽고 놀고. 한국에서는 여자들이 일만 하고. [조사자: 그렇죠. 옛날에는 중국 사람들도 여자들이 일 많이 하지 않았어요? 사회주의 이후에나 그전에. 옛날에 왕조시대 때 여자들이 일 많이 하지 않았어요? 그러니까 공산당 혁명이 일어나기 전에.] 그때도 여자들 제사 저렇게 힘들게 지내지 않았어요. 산소에 가서 했어요. 텔레비전이나 영화 보니까 할머니 때도 힘들지 않았는데, 다만 애들이 많았어요. 아이들이 많아서 여자들이 힘든 면이 있지만 그래도 남자가 많이 도와줘요. 남자 여자 같이 일을 하잖아요. 특별한 양반 가문에서는 (중국어) 사람 쓰고서 하잖아요. 그래서 힘들지 않아요. [조사자: 중국에도 설날에 1월 1일 세뱃돈이라고 있어요?] 있어요. 중국은 빨간 봉투에다가 돈 넣어서 세뱃돈 줘요. 윗사람이 아랫사람한테. 엄마 아빠에게도 세뱃돈도 받고, 할머니 댁에 가면 할머니에게도 받을 수 있는데. 다 준비했는데. [조사자: 이번에 가세요?] 아니요. 안 가요. 설날 때 신랑이 안 보내줘요. [조사자: 신랑이 어떤 일을 해요?] 자동차 정비. 17~18년 했어요. [조사자: 어른한테 세배하고 세뱃돈을 받는데, 세배하는 목적이 뭐예요? 그러니까 이유가 뭐예요?] 아, 노인들은 그냥 1년 동안 잘살아라, 공부 잘해라, 이렇게 비는 마음으로 주는 것 같아요. [조사자: 건강해라, 공부 잘해라. 애들한테 이러면서 용돈을 이렇게 세뱃돈 형식으로 주는구나.] 네. 그건 한국이랑 똑같아요. 근데 하나 차이 나는 게 한국은 돈을 1만 원, 5만 원 이렇게 넣어요. 큰애기 작은애기. 어린애들은 1만 원씩만 주고 큰애들이나 고등학생한테는 5만 원, 10만 원 줄 수 있잖아요. 그런데 중국은 무조건 많이 줘야 해요. 나는 무조건 10만 원 봉투에 넣고 줘요. [조사자: 애들이 많은데 어떻게 그렇게 다 줘요?] 우리는 또 오랜만에 보니까 그런데. 좀 자주 보면 조금 작지만, 그래도 돈이 중국 월급은 한 달에 5천 위안 정도. 생각하면은 돈 봉투 하나에 1천 위안씩 넣어요. [조사자: 한 달 월급이 5천 위안인데 1천 위안씩 어떻게 줘요?] 그래서 내가 놀랐어요. 남편이랑 같이 갔는데 이렇게 많이 줬어요. 그래서 나는 이거 받아도 되냐고 물었어요. 왜냐면은 한국 온 지 10년이라는 시간이 흘렀기 때문에 용돈을 얼마 줘야 하는지 몰랐거든요. 그래서 옆에 있는 언니한테 이렇게 큰돈 받아도 되냐 하고 물었어요. 언니가 그냥 받으라고 이거 정상이라면서 오히려 너무 놀라는 거예요. 1천 위안이면 한국 돈으로 10만 원이에요. 나는 조카들한테 줄 세뱃돈에 만 원, 5만 원 넣지 10만 원 안 넣어요. 너무 놀랐어요. [조사자: 왜 이렇게 많이 주죠?] 요새 중국에서 아기들 많이 안 낳잖아요. 1명씩 낳으니까. 그래서 문화들도 이렇게 변했어요. [조사자: 1명 낳으니까 그 1명한테 큰돈을 주는구나. 근데 큰돈도 너무 큰돈인데?] 부담스럽죠. 월급은 일정한데. 나는 밖에 나와서 힘들게 일하고 돈을 조금 버는데, 그렇게 많은 돈을 세뱃돈으로 주려면 아까워요. 설날이 돈 쓰는 날이에요. [조사자: 한국 시댁에서 설날 보낼 때, 중국 풍습과 많이 달라서 당황했던 기억은 이제 다른 점은 여자들이 일을 너무 많이 해가지고. 그 문제 말고 '어? 내가 왜 이런 걸 하지?' 당황했던 기억 같은 건 없나요? 여자들이 일 많이 한 거 빼고? 뭐 음식에서라든지 어떤 문제에서든 당황했던 거. 음식 만들 때, 뭐 아까 중국 음식 만들어보라고 했잖아요? '어, 왜 나보고 중국 음식 만들라고 하지?' 예를 들어서, 좀 약간 속으로 약간 뭐라고 할까, 당황. 뭐라고 해야 하나. 약간 의아했던 기억.] 음식 만들 때는, 큰 거는 이상한 건 없는데, 밥 먹을 때요. 남자하고 여자하고는 따로따로 먹어요. 상을 따로 펴서 그렇게도 하고. 그다음에 제사 지낼 때, 중국은 남자 여자는 다 산소 가려면은 남자 여자는 다 자손인데, 왜 한국은 남자만 자손이야. 여자는 그냥 들어갈 자격도 없어요. 여자나 남자나, 며느리나 아들 딸이나, 똑같이 자식으로 생각하잖아요. 한국에서는 며느리는 딸도 그렇지만. 며느리는 너무 속상하잖아요. 그리고 요리할 때도 딸이 시집가면 모르지만 그래도 시집 안 가면은 똑같은 여잔데, 시집 식구라 아무것도 안 해. 우리 집은 안 그러지만 그래도. 제사 지낼 때하고 뭐 밥할 때하고 상 따로 밥 먹는 거. [조사자: 이제 모여가지고 놀기만 해요? 뭐 행사 같은 거 있잖아요. 한국은 윷놀이를 한다든가. 중국은 마작해요?] 노인들이 마작해요. 젊은 사람들은 밥 먹은 다음에, 연세 드신 분들 놀아줘야지. 그거는 예의예요. 남자들이나 이렇게 노인들 같이 마작 많이 해요. 마작도 많이 하고, 카드도 많이. 중국식 카드. 화투 아니고. 화투는 중국은 우리 지역은 화투 많이 안 해요. 남부지방은 하지만. 우린 이쪽은 안 하고, 노인들이 마작 이렇게 하고. 남자나 남자들이 마작하고. 아니 어른들이. 남자 여자나 노인들이나 다 해요. 젊은 사람들은 이거 안 하고. 우리 집 같은 경우는 우리 큰아빠 집에도 애 셋, 우리 집에도 애 셋, 삼촌 집에서도 둘인데. 조금은 차이 나지만 큰아빠는 바둑해요. 바둑이랑 장기. 오빠들이 공부 너무 잘해서 이쪽으로 많이 해요. 우리 집에서. 오빠가 책 좋아해요. 바둑은 두 사람이 하잖아요. 장기도 그렇고. 그럼 사람 안 맞잖아요. 들어가지 못하는 사람은 옆에서 책 보던가. [조사자: 훈수 두는 거는 없어요? 훈수. 옆에서 막 저쪽으로 가야지.] 응, 있어요. 같이 이렇게. 이 패, 저 패 이렇게 해요. 이렇게 하고. 또 큰오빠도 노래 좋아해서 집에서 부르고 즐기는 거. 음악 틀어놓고. 분위기도 좋고. [조사자: 술 한잔 마시면서?] 우리 젊은 사람은 술 안 먹어요. 30대 되면은 술 먹죠. 중국은 밥 먹은 다음에도 술자리 있잖아요. 술상에 술잔 들고 요새 주제 이야기하는 거예요. 여러 가지 이야기들. 술자리가 2시간 동안 이어져요. 설날 때는 많이 먹어요. 중국 술은 세요. 그래도 잔 조그만. 한 번만 하면은 다 모자라요. 중국 술을 조금씩 먹고. 맞춰서 서로 보이게 하면서, 술 취하면 안 되잖아요. 분위기에 알아서 마셔서. 한국에서 고스톱 많이 치는 것 같아요. 시골 어머니네 집에 가면. 시어머니가 가르쳐줬는데도 못 해요. 옷도 처음에는 한복 입고 갔는데 나중에는 불편해서 한복 안 입고 갔어요. 요리도 못 하니까. 근데 우리 시어머니는 꼭 치마 입으라고 하세요. 발목까지 오는 긴 치마를 입게 하세요. 왜냐면 명절에 친척 어르신들 오니까. 요즘 나오는 치마는 다 짧은 치마들이잖아요. 그래서 긴 치마 찾는 게 좀 힘들었어요. [조사자: 그러면 춘절에는 뭐 입어요? 중국에서?] 중국은 그냥 마음대로 입어요. 저 어렸을 때는 전통옷 입었어요. 해마다 설날 전에 전통옷을 우리한테 맞춰줬어요. 아이들한테 화려한 색동옷 해줬어요. 분위기가 참 좋았어요. 추석 때는 신경 안 썼어요. 근데 지금은 전통옷 많이 안 입고 그냥 백화점에 가서 괜찮은 옷 사 입어요. [조사자: 설날에는 행사 별로 안 하잖아요?] 해요. 우리 시어머니 집에서도 제사 지나면은 행사 있잖아요. 많이 보러 가요. [조사자: 무슨 행사?] 저기 소비천. 우리 시댁에는 ○○ 당산면 쪽에 소비천이 있어요. 거기서 많이 해요. 그리고 절도 있잖아요. 사람들이 많이 가거든요. 시어머니가 불교세요. 시어머니 안 가도 우리는 차례 지내고 별 할 일 없으면 가요. 남편이랑 아이랑 같이. 아이 어렸을 때는 그냥 집에 있었어요. 아이 크면서는 바깥 구경하는 의미로 다니고 있어요. [조사자: 중국에서도 가족들하고 밖에 나가 놀아요? 어디로 가요?] 설날에는 둥베이(동북) 저기, 내가 사는 지역에 전통춤이 있어요. 하루에 몇 분씩 프로그램 있는데, 시간에 맞춰서 보러 가요. [조사자: 아까 이제 장단점이 있었잖아요. 한국 설날에 대한 평가 좀 해보세요.] 차례상 차릴 때 많은 음식 만드는 거요. 돈은 많이 드는데 사실 먹을 건 별로 없어요. 그 돈 들여서 차라리 식구들 좋아하는 음식 만들면 좋겠어요. [조사자: 한국은 뭐가 있냐면, 조상이 우리를 되게 살펴준다고 생각을 해요. 그래서 아마 음식도 많이 하는 거 같긴 해요. 돌아가신 조상들이 후손들을 위해 잘 봐주고 그런 의미에서 제사를 갖다가 4대, 5대 돌아가신 분들한테 하거든요? 그런데 그런 부분에 대해서는 점점 젊은 사람들은 그런 거 별로 안 해요. 안 하는데 우리 세대 같은 사람들이나 윗세대들은 그런 생각을 가지고 있기 때문에 항상 지내거든요. 그런데 중국에서는 그런 제사를 안 지내니까 그게 조금 낯설긴 할 거 같아요. 돌아가셨는데 왜 구태여 이렇게 힘들게 돈을 많이 쓰면서 그렇게 할까. 이제 그런 생각을 가질 수 있을 거 같아요. 한국은 조상에 대한 존경이라든지 그런 게 있기 때문에. 아마 선생님 자식들은 안 할 걸요. 왜냐면 엄마가 이런 생각을 가지고 있고, 우리 세대는 애들이 하나둘밖에 없기 때문에 제사 안 지낼 것 같아요.] 네, 저도 그렇게 생각해요. 제사 지낼 때도 똑같이 하지 않고, 돌아가신 분이 좋아했던 음식 하고, 그러면 서로 좋고 편할 것 같아요. 힘들지 않고. [조사자: 선생님이 생각하는 것들 대부분 중국계 결혼이주자분들이 가지고 있는 생각일 거라고 생각해요.] 중국 사람들은 일단 절약해야 한다고 생각해요. 그래도 필요한 돈을 들어가요. 낭비를 안 하는 거죠. 왜냐면 며느리 입장에서는 되게 힘드니까. 중국에서는 명절에 다들 놀아요. 그런데 한국에서는 며느리들이 힘들게 일만 해요. 어렸을 때 우리 엄마 힘든 거는 못 들어봤네요. [조사자: 엄마가 며느리 입장에서 힘들었을 거 같은데.] 힘들단 소리 못 들어봤어요. 중국은 설날 다 모여서 일하고 집 오잖아요.

와서 바로 출근하는 거 아니잖아요. 와서 며칠 또 쉬어요. 그래서 덜 피곤한 거죠. [조사자: 아, 그럴 수도 있겠다. 오랫동안 쉬니까.] 그런데 한국에서는 3일이니까 첫날 가서 일하고 이튿날 또 일하고, 저녁까지 일하면 또 힘들고. 다음 날 또 올라와야 해서 힘들고. 그 힘든 상태에서 또 출근하니까 스트레스 많이 쌓여요. 그런 것도 있어요. 한국은 명절에 쉬는 기간이 너무 짧아요. [조사자: 좋은 말씀 많이 하시네. 그다음에 중국 설날, 춘절 장단점. 그런데 어렸을 때만 경험해서 장단점이 나올지 모르겠어요. 어렸을 때는 마냥 좋잖아.] 네, 좋은 기억만 있네요. 어렸을 때 폭죽 많이 터뜨렸어요. 예쁘고 재미있는데 요새는 금지예요. 작은 도시는 모르겠지만 큰도시에서는 그래요. 큰도시가 금지하니까 분위기도 달라졌어요. 그리고 또 예전에는 아이들이 다 왕래했는데 요새는 거의 아파트에 살아서 왕래가 없어요. 아이들이 재미없을 거 같아요. [조사자: 개인주의화되니까 이웃들하고 별로 왕래도 안 하고.] 서로 오랜만에 만나면 이야기하니까 좋은데, 비교하는 거 딱 한 가지예요. 중국은 요즘 아이 1명 낳으니까 엄청 민감해요. 저 집 애는 어떤 학교 갔더라 하는 식의. [조사자: 한국도 그런데?] 그건 안 좋아요. 비교하는 거. 오랜만에 만나면 기분 좋아야 하는데. 우리 집에서는 서로 이렇게 기분 상할 말 안 하고 좋아요. [조사자: 중국 친정 간다고 하면 시어머니는 어떤 반응 나와요?] 잘 다녀오라고. 잘 드리라고 그렇게 말씀하세요. [조사자: 시댁에서는 뭐 중국 가는 거에 대해 그렇게 부정적이진 않군요? 근데 1년에 몇 번씩 가요? 중국에?] 2015년 아이 초등학교 들어갈 때 제가 육아휴직 했거든요. 방학 한 달 동안 갔다 왔어요. …

8장

자기성찰적인 삶을 살아가다

1. 한국 생활을 시작하다
2. 말도 많고 탈도 많은 이주여성의 삶
3. 삶을 디자인하다
4. 전사록 요약

연구참여자는 중국에서 대학을 졸업하고 ○○여자대학교로 어학연수를 왔다. 친구들과 인천의 한 유원지인 ○○○에 놀러 갔다가 군인인 남편을 만나 결혼했다. 한국의 군인도 중국의 군인에 대한 예우처럼 좋은 줄 알고 결혼했다. 중국 친정아버지가 군인이었는데, 비교적 부유하게 자랐기 때문이다. 그러나 한국의 군인은 제대 후 국가에서 직업을 주는 것이 아니라 자기 스스로 일자리를 찾아야 하고 월급도 적다는 것을 알고 후회했다.

○○대학에서 6개월 과정의 이중언어강사 교육을 받고 현재 이중언어강사로 활동하고 있다. 이중언어강사를 직업으로 택한 이유는 아이들이 엄마의 선택으로 한국에 살게 되었기 때문에 한국어를 주로 사용하게 되었지만, 엄마의 언어도 사용할 수 있는 가정환경이 중요하다고 생각했기 때문이다.

최근에는 자녀 교육에 신경을 못 쓸 정도로 자원봉사활동을 하며 바쁘게 생활하고 있다. 자원봉사활동을 하면서 보람을 많이 느끼고 있다.

[주제어] 이중언어, 교육, 진로, 상담, 여가활동, 자원봉사

1.
한국 생활을 시작하다

유학생 신분으로 온 한국

나는 유학생 신분으로 한국에 오게 되었다. ○○여자대학교 어학당에서 한국어를 공부했다. 당시에는 공부에 뜻이 있는 사람은 계속 공부하고, 그렇지 않고 중국에 돌아간 사람도 많았다. 나는 계속 한국에 남아 공부했다.

자유연애만큼 자유로운 나만의 착각

남편은 인천의 한 유원지인 ○○○에서 만났다. 인천에 중국 친구가 살고 있었는데, 만나면 ○○공원이나 ○○○에 자주 놀러 가곤 했다. 그곳에서 우연히 남편을 만나게 됐고 공원 이름처럼 우린 자유연애를 했다. 당시 남편은 군인이었다. 한국의 군인도 중국의 군인에 대한 예우처럼 좋은 줄 알고 결혼을 결심했다. 그런데 나중에 알고 보니 그건 나만의 착각이었다. 제대 후 국가에서 직업을 주는 줄 알았는데, 스스로 알아서 취업해야 했고 급여도 적었다. 모든 것이 내 생각과 달랐다. 그야말로 나의 착각이었다.

2.
말도 많고 탈도 많은 이주여성의 삶

아이들에 대한 미안한 마음

열한 살 된 딸아이와 유치원 다니는 아들을 키우고 있다. 딸아이는 내가 신경을 많이 못 써서인지 학교에서 종종 말썽을 피울 때가 있다. 담임선생님과 상담하다 보면 딸에 대해 부정적인 말씀을 많이 하셨다. 친구 집에 놀러 갔다 오면 우리도 친구를 초대해야 하는데, 그렇게 못 하니 많이 미안하다. 요즘 아이들은 엄마들끼리 모여서 함께 밥 먹는 모습도 좋아하는 것 같다. 나는 그렇게 해주지 못해 또 미안할 뿐이다. 이제 조금씩 사춘기에 접어들 텐데, 딸아이가 불만이 커져서 어긋날까 봐 걱정이 이만저만이 아니다.

둘째 아이와는 주로 한국어로 소통하는데, 가끔 중국어도 섞어서 사용한다. 중국어로 말은 못 하는데, 내가 하는 말은 다 알아듣는 편이다. 딸은 한국말은 물론이고 중국말도 잘하는 편이다. 바빠서 둘째한테 신경을 많이 못 썼더니 중국어 사용이 더디나 싶은 생각이 든다. 지금 나는 아이들과 함께 시간 보내는 걸 좋아한다. 아이가 하고 싶어 하는 것이 있으면 나도 기꺼이 함께한다. 전에는 바쁘다는 핑계로 둘째와 시간을 많이 못 보냈다. 유치원에서 하원할 때도 딸아이 시켜서 데려온 적도 많고, 유치원 갈 때도 딸이랑 같이 보낼 때가 많았다. 내가 데리고 가는 횟수가 적었다. 돌이켜 생각하면 아이들한테 참 미안하다.

아들이 유치원 입학했을 때, 담임선생님께 인사드린 적이 있다. 내가 중국 사람이고, 아이가 둘째 아이라는 말씀을 드렸다. 다행히 지금 담임선생님은 전에 같은 학교에서 근무하던 분이다.

내가 이중언어강사를 하는 이유

이중언어강사로 활동하는 엄마를 자랑스러워하는 딸과 달리 아들의 속내는 모르겠다. 딸은 종종 집에 친구를 데리고 와서 자기도 하고, 친구 집에 가서 자본 적도 있다. 친구 서너 명과 함께 잘 어울려서 교회도 다닌다. 남편이 어디를 갈 때는 딸을 잘 데리고 다니기도 한다. 그러고 보면 딸은 무척 활동적이고 호기심도 강하고 밝은 아이로 자란 것 같다. 얼마 전 학교에서 장애인 가족, 조부모 가정, 한부모 가정에 대한 수업을 했는데, 딸은 자기가 다문화가정이라고 친구들한테 얘기했다고 했다. 깜짝 놀란 친구들이 진짜냐고, 그런데 어떻게 그렇게 한국말을 잘하냐며 신기해했다는 말을 딸에게 전해 들었다. 그 말을 들은 나는 엄마로서 걱정되어 친구들 반응이 부정적이었냐고 물었고, 딸은 친구들이 그냥 신기해했다고만 하여 다행이다 싶었다. 그러면서도 한편으로 아이들의 열린 마음이 고마웠다.

친하게 지내는 엄마들은 딸이 이중언어 하는 걸 굉장히 부러워한다. 그래서 마음속 깊이 그 사람들한테 감사함을 느낀다. 한 사람이라도 부정적으로 생각하면, 그로 인해 사람들과 관계가 서먹해지고 어긋나면 내가 상처받을 텐데 그렇지 않고 격려해주고 지지해주니 참 다행이다. 그래서 난 그 사람들이 참 고맙고 감사하다. 생각 같아서는 학교에서 내게 살아온 환경이나 중국에 대해 소개하는 시간을 마련해주면 좋겠다. 중간중간 내가 중국말로 하면 딸은 도우미를 자처해서 친구들한테 통역해주고, 친구들한테 인정받는 딸의 모습을 보면서 나도 뿌듯함을 느낄 테니 말이다. 그런데 아쉽게도 그런 프로그램이 마련되어 있지 않다. 우선은 선생님들 업무가 바쁘고, 특별히 그런 시간을 빼기란 여간 어려운 일이 아니기 때문이다. 그런데 한편으로 생각하면 굳이 다문화가정뿐만 아니라 일반가정 학부모들도 와서 자신들의 삶 이야기, 또는 전문직에 종사하는 학부모는 그 분야에 대해 알려준다면 아이들에게 굉장히 도움 되고 유의미한 시간이 될 것 같다.

나는 지금 ○○초등학교에서 이중언어강사로 근무하고 있다. 일주일에 3~4일, 한 달에 56시간 수업을 한다. 아직 우리 아이들 앞에서 수업한 적이 없는데, 그런 날이 오면 좋겠다. 그렇게 된다면 친구들의 인식도 변하고, 무엇보다 내가 학교에서 근무하면 여러모로 좋을 것 같다. 정말 생각만 해도 기분 좋고 설렌다.

같이 근무하는 선생님들은 다들 좋으시다. 이것저것 챙겨주기도 하고 여러모로 관심 가져줘서 고맙고 감사하다. 다만, 필요한 물건과 도구에 대한 지원금이 없다는 게 아쉽다. 물품 지원금이 없으니 복잡할 때가 종종 생긴다. 사탕 정도야 내가 얼마든지 살 수 있다. 그런데 정말 열심히 수업 듣는 애들이 있다. 메모해가면서 이렇게 하는 게 맞냐고 묻기도 하고, 한자로 써달라고 하는 아이도 있다. 미처 내가 생각하지 못하는 부분까지 묻는 아이들이 나는 오히려 너무 고맙다. 한자를 배운 아이들이라 어려운 한자가 나오면 한자를 써달라고 하고, 맞게 썼는지 확인해달라고 한다. 그런 아이들을 대할 때마다 '더 열심히 공부하고 준비해서 가르쳐야겠구나' 하고 다짐한다. 더불어 작은 상이라도 주고 싶은데, 지원금이 없으니 막대사탕만 줄 뿐이다.

나는 ○○교대에서 이중언어강사 과정을 수료했다. 수료 후 실습 1주일과 보고서를 작성하면 강사활동을 시작할 수 있었다. 그런데 2년 정도 하다가 이후 3년간 그만뒀다. 다시 들어갈 때는 교육청에서 배치해주지 않고 스스로 일자리를 알아봐야 한다. 도중에 그만두지 않고 꾸준히 일한 강사는 교육청에서 계속 배치해주는 식이다. 처음에는 40명으로 시작했는데, 수료할 때는 30명 조금 넘었던 것 같다. 지금 활동하는 사람은 20명도 채 안 된다. 인천 지역에 배치한 강사는 경기도에 갈 수 없기 때문이다. 경기도에도 교대가 있고, 경기도에서는 경기도 사람을 임용하기 때문이다. 나처럼 도중에 아기를 출산하는 등 다양한 사정으로 쉬었다가 다시 들어갈 때는 교육청에서 배치해주지 않고 스스로 일자리를 찾아야 한다. 다행히 월급은 똑같이 받는다.

현재 내 월급은 110만 원 정도다. 점심은 학교에서 따로 먹지 않는다. 급식하게 되면 급여에서 또 빠지니까 끝나면 집에 와서 먹는 편이다. 세전 130만 원 정도인데, 세금 다 떼고 나면 112만 원이다. 지금처럼 계약직도 좋지만, 한국인처럼 시간제든지 월급제든지 똑같이 했으면 하는 바람이 있다. 똑같은 근무 조건인데 한국 사람인 경우 월급이 150만 원 정도 되니 차별받는 느낌이 든다.

다른 쪽에서 특별히 느끼는 차별은 없다. 어차피 다문화는 지금 발전하는 과정이고, 그러다 보면 차별 아닌 차별은 당연히 생긴다고 생각한다. 그 정도는 이해한다. 제도적으로 바뀌었으면 하는 사항이 있는데, 그건 교육청에서 사후관리가 안 된다는 것이다. 예컨대 경력단절이 있었을 때 조금만 신경을 써주면 좋겠는데, 사후관리를 안 해주니 조금 힘든 점이 있다. 특히 이 지역 같은 경우 연간 이중언어강사 양성 횟수도, 강사 연수도 타 지역에 비해 가장 낮다. 그래서 서울에서 행사가 열리면 정보도 얻을 겸 서울에 가서 보고 온다.

선생님들이 활용하는 사이트나 새로운 정책을 알려줄 때 연수를 하긴 하는데, 실제로 필요한 부분은 거의 없다. 나는 항상 피드백(feedback)이 필요하다고 생각한다. 어떤 점은 좋았고 또 개선할 필요가 있는 것은 서로 대화나 협상을 통해 고쳐나갔으면 좋겠다. 그런데 연수프로그램에는 그런 게 없이 일방적으로 전달하는 것뿐이다. 우리의 요구사항을 들어줄 플랫폼이 없다.

필요한 교구는 사이트에서 구매하거나 강사들끼리 자체적으로 만든다. 비용 지원이 되는 것도 있고 안 되는 것도 있는데, 안 되는 것은 학교에서 사용할 수 있는 것을 쓰고 정말 필요하다 싶은 도구는 개인적으로 사서 쓰는 편이다. 무엇보다 바라는 점은 서울·경기 지방에 이중언어강사가 많기 때문에 1년에 한두 번씩 유명 강사가 수업 시연을 해주면 좋겠다. 유명 강사의 강의를 통해 그 강사처럼 도전할 수 있는 동기부여가 될 것 같다. 자주는 아니지만, 그와 비슷한 프로그램이 있다. ○○처럼 유명한 결혼이주여성이 만든 단체인데, 그 단체에서 주최하는 게 있다. 그 사업이 교육청 사업임에도 사회단체에서 하고 있다. 그보다 경기·서울·인천교육청이 함께 협력하는 자리가 많은데, 그런 자리에서 협의되어 투자하면 좋겠다. 그래야 훨씬 질 좋은 프로그램이 만들어지기 때문이다.

엄마 나라 말을 사용하는 이중언어 사용자는 10%가 채 안 된다. 왜냐하면 엄마들이 자존감이 없기도 하고, 조선족의 경우 한국말을 잘하니 달리 필요성을 못 느끼는 거다. 다른 나라는 영어 말고는 다 안 된다고 보면 된다. 그나마 다른 나라랑 비교했을 때 중국어는 많이 하는 편이다. 이중언어강사는 베트남, 태국어도 있다. 그런데 출석률이 모자라 베트남어는 안 됐고, 필리핀도 몇 번 나오더니 지금은 안 나온다. 현재는 일본, 중국, 몽골 세 나라만 이중언어강사가 있는 셈이다. 다른 나라도 이중언어강사를 양성하려면 자격요건을 좀 낮춰야 한다고 생각한다. 쉽게 말해서 이중언어강사에 지원할 수 있는 조건은 높은데 월급은 낮다. 그렇게 하기 위해서는 지원자의 수준도 고려해야 한다는 거다.

이중언어강사 지원 자격은 전문대 2년, 3년, 4년 상관없이 대학 이상의 학력을 갖춘 자다. 여기에는 박사 수료한 사람도 있다. 그 사람들도 한 달에 110만 원 받는다. 이건 형평성에 너무 어긋난다고 생각한다. 사람마다 다 다르다. 돈이 적어도 상관없는 사람, 자부심 갖고 일하는 사람, 다문화 쪽으로 많이 전파하고 싶은 사람 등 다양하다. 나는 아이들과 함께 엄마가 살았던 나라의 언어를 배울 수 있는 가정환경이 좋아서 이중언어강사를 직업으로 택했다.

이 지역 이중언어강사는 1년 계약하면 9개월 일한다. 12개월 하면 퇴직금을 줘야 하기 때문이다. 여긴 급여가 경기·서울보다 적고, 퇴직금도 없을 정도로 가장 열악하다. 서울은 12개월 계약하고 월급도 150만 원 정도다. 일반 계약직 시간제 강사랑 비슷한 수준이다. 게다가 퇴직금까지 나온다. 그리고 여기는 법적 제약이 있어 같은 학교에서 2년 이상 채용하지 않는다. 2년마다 다른 학교랑 교체하는 거다.

나는 중국에서 대학교라기보다는 전문학교를 졸업했다. 한국으로 치자면 전문대학 같은 곳이다. 나는 고등학교에 다녀본 적이 없다. 내가 학교 다닐 당시에는 중학교 때부터 전문학교에 올라갈 수 있는 학제였다. 내가 중학교에 다닐 때까지는 그것이 가능했다. 이후 1980년대에 태어난 사람은 모두 고등학교를 거쳐야 전문학교에 갈 수 있었다. 중학교에서 전문학교까지의 과정은 총 5년이다. 내가 다녔던 학교는 사범대이고 유아교육과 전공이다. 한국에서 이력서 쓸 때 고등학교 졸업을 써야 하나 어떻게 해야 하나 많은 고민을 했다.

한국에 와서 대학교에 다시 진학한 이유는 '공부는 끝이 없는 것이고 시간과 여건이 되면 다양하게 배우는 것이 좋다'고 생각했기 때문이다. 한국 대학교에서도 유아교육 쪽으로 계속 공부하고 싶었다. 난 음악에 소질이 없다. 그래서 더 알고 싶었다. 중국에서는 8음계를 안 배우고 음계를 숫자 1, 2, 3, 4로 표기한다.* 이런 방법들은 아이들을 가르칠 때 도움이 될 것 같다. 그런데 한국에서는 유아교육학과 대신 중어중문학과에 들어갔고, 3학년 때 임신하는 바람에 중도 포기하고 말았다. 끝까지 했으면 큰 보람이 있지 않았을까 하는 아쉬움이 있다. 중국에서 유아교육 전공을 했던 것이 지금 이중언어강사에 많은 도움이 되는 것 같다. 어떤 강사는 성인반 가르치는 것을 좋아하고, 어떤 강사는 아이들을 좋아한다. 나는 아이들을 좋아한다. 아이들은 반응한다. 물론 집중하지 않을 때도 있지만 그렇다고 스트레스받으면 안 되고, 같이 즐겁게 하는 것이 최고다.

강사들의 이력은 다양하다. 회계학과 나온 사람, 국어학과, 방통대, 미술학과 등 여러 가지다. 그들 중 200만 원이 필요해서 강사 일을 하는 사람은 1~2%도 안 된다. 아이들 가르치는 일을 좋아하고 대학교도 졸업했기 때문에 사회적 인정이 필요해서 일하는 것 같다. 돈 때문이라기보다

---

* 중국의 음계 표기법은 숫자로 표기한다. 즉, 한국은 오선지에 도레미파솔…에 해당하는 8음계를 사용하지만, 중국은 1234…로 표기한다. 따라서 '도' 음계에 해당하는 숫자는 1, '레' 음계에 해당하는 숫자는 2가 된다. 음계의 높낮이를 표기할 때는 점을 사용한다. 숫자에 아무 표시가 없으면 기본음이며, 숫자 아래 작은 점이 있으면 한 단계 낮은 음, 숫자 위에 검은 점이 있으면 한 단계 높은 음임을 알 수 있다(출처: 네이버 블로그, https://blog.naver.com/mmshoney/222114289873).

대부분이 사회적인 지위나 명성 때문이라는 생각이 든다. 지금은 석·박사과정에 있는 사람도 있다.

입원할 정도의 치열한 부부싸움, 그리고 상담, 치유

나는 활동적이고 자존감도 높은 편이다. 자존감이 낮은 사람은 한국에 오기 전과 후가 확연히 다르다. 내가 그랬던 것처럼 한국에 오기 전까지는 한국이 잘사는 나라라고 생각한다. 그래서 좋은 곳에 가서 살고 싶은 희망을 품고 온다. 그런데 한국 오면 돈이 있든 없든 처음부터 시작해야 한다. 여태까지 내가 살아왔던 사회적 환경이나 친구 등 아무것도 없는 상황에서 처음부터 시작해야 한다. 그래서 노력하지 않으면 안 된다. 그건 어느 나라를 가든 마찬가지다. 차근차근 한국말을 배우면서 사회·문화에 적응해가고 복지 시스템도 알아가면 좋다. 게다가 가정도 안정적이면 업그레이드할 수 있는 부분이 크다. 부부관계나 가정경제가 안 좋으면 아이들 교육도 제대로 이루어지지 않고 부부싸움이 잦아진다.

내 생각에는 롤모델(role model)을 정하면 좋을 것 같다. 예를 들어, 나이 차가 많거나 성격 차가 있는 어떤 문제 부부가 잘 극복해서 성공한 케이스를 보여주는 것이다. 부부가 어려움을 극복한 과정을 얘기해주는 것도 좋다. 그리고 미래에 대해 상담하는 것도 좋을 것 같다. 어떤 삶을 원하는지 물어보고 그에 따른 방향성을 제시해주면 좋겠다. 환경이 너무 어려우면 문제만 바라볼 뿐 자기 미래에 대한 희망도 없고 뭘 하고 싶은 의욕도 사라진다.

예전에 ○○대학에서 부부 문제로 상담받은 적이 있다. 입원할 정도로 남편과 싸운 적이 있었는데, 지금 생각해보면 대화도 부족했고 대화기술도 없었다. 난 잘해주고 싶어도 상대가 뭘 원하는지 모르니 서로 오해만 생겼던 것 같다. 그리고 아무리 어른이지만 대화하는 기술은 필요한 것 같다. 어쩌면 어른이기에 더욱더 대화의 기술이 필요한지도 모를 일이다. 1주일에 두 번, 2시간 받는 상담이었다. 부부가 각자 갈 때도 있었고 같이 갈 때도 있었다. 이런 상담프로그램은 꼭 필요하다고 생각한다. 기대한 만큼 남편이 많이 변한 건 아니지만, 상담 후 변하려는 의지는 보였다. 예컨대 달라지도록 노력해야겠다든지 혹은 상대방 의견에 귀 기울여 들어야겠다는 것들이다. 사실 나도 많이 달라지지는 않았다. 그렇지만 한 가지 깨달은 건 상담을 통해 '우리뿐만 아니라 다른 사람도 이렇게 살아가는구나' 하고 받아들이게 되니 마음이 한결 가벼워졌다는 것이다.

이혼하려고 동사무소에 가고 여러 군데 다 다녔다. 그러던 중 남편이 우연히 인터넷을 통해 ○○대학교 무료 상담프로그램을 알게 되었다. 대부분 남자들은 자존심 때문에 자신의 문제점이 뭔지 알고 있어도 꺾이기 싫어서 인정하지 않는 편이다. 그런데 부부 문제를 해결하려고 상담소를 찾는 남편 정도면 여자도 노력해야 한다. 그 정도 남자라면 여자를 아주 사랑하는 남편이기 때문이다. 그래서 난 남편이 나를 아주 많이 사랑한다고 생각한다.

다문화가족지원센터를 통해서도 상담받을 수 있었지만, 만약 지금 문제가 생긴다면 난 가족센터는 안 가고 싶을 것 같다. 거기는 이미 선생님들과 다 아는 사이고, 내가 상담받는다면 아이들 수업하러 갈 때 많이 창피할 것 같다. 그런데 멀리 ○○대 쪽으로 가니 마음이 홀가분하고 모르는 사람한테 속마음을 털어놓을 수 있어서 좋았다. 요즘도 답답할 때가 종종 있다. 그럴 때는 내 방식대로 푼다. 며칠씩 서로 얘기를 안 하거나 내가 좋아하는 일을 한다. 요즘 내가 푹 빠져 있는 것은 배드민턴 치기와 한국 전통 춤추기다. 둘 다 자조모임이다. 춤 모임은 일본, 필리핀 이주여성들도 있었는데 다 빠지고 지금은 중국 이주여성만 남았다. 자조모임에 한국 여성들도 함께하면 좋겠다는 생각을 한다. 교제할 기회가 특별히 없는데 춤 모임에서 함께한다면 따로 교제하지 않아도 동네에서 만나면 반갑게 인사할 수 있어서 참 좋을 것 같다.

주변 친구들이 가장 힘들어하는 문제는 경제적인 부분이다. 다음으로는 남편과의 갈등인데, 그 점에 대해서는 꼭 해주고 싶은 말이 있다. 남자는 집에만 있다고 옷을 대충 입거나 꾸미지 않는 여자는 싫어한다. 비록 남편이 아내의 외출을 싫어한다고 해도 자신을 포기하지 말고 끊임없이 가꾸어야 한다. 좋은 것이나 맛있는 음식을 항상 남편과 아이들 먼저 챙겨주면 그것도 물론 좋아하겠지만, 그보다 아내가 경제활동 하면서 예쁘게 꾸미는 걸 훨씬 더 좋아할 거라고 생각한다.

부담스러운 한국의 포교활동

중국에는 종교가 없지만, 한국에서는 교회를 많이 접할 수 있다. 그만큼 교회 수도 많고 종교인들이 많다. 동네 아줌마가 교회 행사 때 같이 가자고 해서 몇 번 갔다. 그래서 지금 ○○교회 다니고 있다. 딸을 한번 데려갔는데 딸이 나보다 더 좋아했다. 내가 다니는 교회의 전도사님의 긍정적인 마인드가 좋아 계속 다니게 된다. 전도사님은 정신없이 산만하게 노는 아이들에게도 재미있게 논다고 말한다. 보통 사람들은 산만한 아이들에게 이것도 하지 말고 저것도 하지 말라는 금지명령어가 많은데, 전도사님은 재미있게 노는데 다칠 것 같다고 걱정 어린 말씀을 하신다. 전도사님의 그런 성숙한 마인드가 좋다. 전도사님의 긍정적이고 성숙한 마인드를 배우고 싶다.

한국 사람들이 말하는 종교적 자유와 중국 사람들이 말하는 종교적 자유는 분명한 차이가 있다. 한국의 종교적인 자유는 지하철에서 노래를 부르든 소리를 지르든 가능하지만, 중국에서는 불법행위에 해당한다. 어떤 종교든 그렇게 해서는 안 되고, 만약 포교활동을 하려면 사전에 정부의 허가를 받아야 한다. 어차피 안 된다는 것을 알고 있기 때문에 허가받으러 가는 사람은 1명도 없다. 한국에서도 허가받고 포교활동을 하면 좋겠다. 너무 일방적으로 길거리에서 하는 건 자제하면 좋겠다. 광장에서 음악 틀어놓고 율동하는 건 괜찮다. 뒤편에 걸어놓은 교회 소속을 알리는 플래카드도 괜찮다. 그런데 집에 다니면서 문 두드리는 거는 절대 종교활동이 될 수 없다. 사생활 침해이고 안 좋다는 생각이 든다.

3.

삶을 디자인하다

정보 찾아 삼만 리

첫째는 가르치는 걸 좋아한다. 친구랑 놀 때도 주로 자기가 리드(lead)하는 편이다. 둘째는 전문직에 종사하면 좋겠는데, 아직은 무얼 잘하는지 탐색하고 있다. 나는 아이들 교육이나 진로에 대한 정보가 부족하다. 바깥 활동하는 내가 이 정도인데, 다른 다문화가정은 더 어려운 상황이 아닐까 생각한다. 진로에 관한 좋은 정보가 어디에 있다고 누가 좀 알려주면 좋겠다. 요즘은 똑똑한 주부도 많은데, 누군지 알면 가서 그 사람 얘기 좀 들어보고 싶다. 매일 내가 밥 사주고 커피 사주는 한이 있더라도 고급 정보를 얻을 수 있다면 그렇게 하고 싶은데, 중요한 건 그런 사람이 어디 있는지, 누구인지 모르니 사귈 수 없다는 거다.

나는 밤에 4시간 이상은 집에 있으면 안 된다고 생각하는 사람이다. 밤 시간에는 밖에서 보내야 한다. 배달하든 뭘 하든 하면서 항상 사람들과 소통하며 새로운 정보를 얻는다. 그러다 보면 사회 흐름을 따라갈 수 있게 된다. 그런데 집에 오래 있는 사람은 그런 사회적인 소통이 안 되는 사람이라고 생각한다.

나를 되찾는 자원봉사활동

최근에 했던 봉사활동은 결혼이주여성들이 모여서 1년 정도 한 활동이다. 거기서 나온 수익금으로 펄벅재단*에서 주관하는 해외 봉사 갈 계획이다. 이 엄마들의 아름다운 마음과 선행들이 한국 텔레비전에 나오면 좋겠다는 생각을 한다. 그들 중에는 잘사는 사람도 있고 이혼한 사람도 있다. 나처럼 평범한 사람도 있다. 우리가 어떠한 마음으로 봉사하는지 한 사람 한 사람씩 인터뷰해주면 좋겠다.

처음 시작했을 때는 30명이었는데, 지금 꾸준히 나오는 사람은 15명 정도다. 나는 한국의 정치인들에게 이런 자조모임이 있다는 걸 알려주고 싶다. 다문화가정 사람들은 경제적으로 어렵다, 교육이 제대로 안 되었다, 정보가 부족하다고 하는데, 이런 모임도 있다는 걸 알려주고 싶다. 내가 돈이 풍족한 것도 아니고 머리 아프고 시끄러운 일 있어도 막상 자원봉사 가면 기분 좋아지는 게 참 신기하다.

여러 가지 일로 힘든 사람들에게 해주고 싶은 말이 있다. 지금 내가 힘든지 스스로한테 물어봐야 한다. 자신에게 집중하고 자신을 가만히 들여다보는 시간을 가져야 한다. 만약 해결되지 않으면 주위에 도움을 요청하는 것도 좋다. 도움을 받아도, 그래도 아무것도 도움이 안 된다고 생각

---

* 설립목적

① 출생으로 인해 불이익이나 편견, 차별 없이 어린이들이 마땅히 누려야 할 교육적 · 문화적 · 사회적 · 경제적 권리를 누릴 수 있도록 돕는다.

② 피부색, 언어, 출생지, 사회적 신분 등이 더 이상 차별의 이유가 되지 않는 정의 사회구현 및 아동인권이 존중되는 사회 구축에 앞장선다.

③ 인종과 국적을 뛰어넘어 인간존중과 사랑을 실천한 펄벅 여사의 정신을 계승하여 아름다운 다문화사회 구축을 위한 교육 및 연구, 대국민 인식개선에 주력한다.

하면, 지금 이 순간 뭘 하면 즐거울지 생각하고 그 순간 그걸 하면 된다. 우리는 긍정적으로 살아야 한다고 생각한다.

4.
전사록 요약

〈연구참여자 정보 및 특성〉

출생연도	1980년생	이주연도	2001년
국적(이주 전/현재)	중국 한족/대한민국	학력	대졸
가족	남편, 딸, 아들	직업	이중언어강사

▶ 유학생 신분으로 온 한국

[조사자: ○○ 씨는 처음에 유학한다고 오지 않았어요?] 저는 ○○○○대학교 어학당에서 한국어 공부했어요. 좀 배우다가 생각 있는 사람은 계속 공부하고, 생각 없는 사람은 그냥 들어가고 그랬어요. 취업하고 골치 아프다고 간 사람도 있고 그래요. 제가 ○○여대 다닐 땐 그랬어요.

▶ 자유연애만큼 자유로운 나만의 착각

[조사자: 남편은 ○○ 어학당에 다닐 때 만났어요?] ○○○에서 만났어요. [조사자: ○○ 다니면서 어떻게 인천에 왔어요?] 지금은 모르겠지만 옛날에

는 차이나타운 ○○○ 지하상가 많이 다녔었거든요. 그쪽에 중국 친구도 살고 있었어요. 만나면 놀 수 있는 곳이 ○○공원과 ○○○예요. 거기서 놀다가 남편 만나게 된 거예요. [조사자: 연애 이야기 좀 듣고 싶었어요. 군인이었지요? 지금 아기 열한 살이랬잖아요. 학교생활 잘해요?] 제가 신경 많이 안 써서 그런지 조금 잘 못하는 것 같아요. 말썽꾸러기예요. 예컨대, 선생님과 상담을 해보면 우리 아이에 대해 부정적인 면이 많아요. 또 걱정스러운 부분이 친구 집에 놀러 갔다 오면 우리도 친구 초대해줘야 하는데, 나는 그렇게 못 해주니까 많이 미안하죠. 또 엄마들끼리 모여서 함께 밥 먹는 것도 아이들이 좋아하는 것 같은데 그 부분도 미안하고요.

▶ 아이들에 대한 미안한 마음

[조사자: 지금 동생이 몇 학년이에요?] 유치원생이에요. [조사자: 그럼 아들은 엄마랑 어떤 언어 사용해요?] 한국어 사용해요. 중국어도 막 섞어서 같이 해요. 중국어는 말하는 거는 못하는데, 제가 하는 말은 다 알아들어요. 가능할 땐 한국말로 대답해줘요. 딸은 중국말도 하고 한국말도 하고 괜찮아요. 그래서 내가 둘째한테 신경을 많이 못 썼나 그런 생각이 들어요. [조사자: 그러면 어떻게 해주고 싶어요? 아들한테?] 시간적 여유가 있으면 함께 놀면 좋죠. 애가 하고 싶은 것 제가 동참할 수 있는 게 좋은 것 같다고 생각해요. [조사자: 유치원 다니는 아들은 엄마가 유치원에 자주 오는 거를 바라요?] 그런 것 같아요. 아이 하원할 때 가끔 누나 시켜서 데려와요. 유치원 갈 때도 누나랑 같이 가고 제가 별로 신경 안 썼어요. 같이 가는 횟수가 적었어요. [조사자: 유치원 선생님과 상담할 때, 다문화 강사 하는 걸 얘기한 적 있어요? 중국 문화에 대해?] 선생님이 이미 알고 있어요. 아이 입학할 때, 끝나고 기다렸다가 담임선생님께 인사드려요. 제가 중국 사람이고,

아이가 둘째라는 등 간단하게 소개를 해요. 그리고 지금 담임선생님은 전에 같은 학교에서 근무했어요. 그래서 안면은 있어요. 그때 제 딸도 제가 가르쳤었고요.

▶ 내가 이중언어강사를 하는 이유

[조사자: 애들이 엄마에 대해 자랑스러워해요?] 둘째는 모르겠어요. 첫째는 자랑스러워하는 것 같아요. 딸은 집에 친구를 데리고 와서 자기도 하고, 친구 집에 가서 자본 적도 있어요. 교회도 다니고요. 여자친구 3~4명이랑 함께 잘 어울려서요. 아빠가 잘 데리고 다니기도 해요. 지난번에 딸이 그러는데, 학교에서 장애인 가족, 조부모 가정, 한부모 가정에 대해 수업을 했었나 봐요. 선생님이 딸한테 어떤 가정에 속하냐고 물었는데, 딸이 다문화가정이라고 대답했대요. 그랬더니 친구들 반응이 깜짝 놀랐대요. 어떤 애들은 너 진짜 다문화가정이냐고 묻고, 너 진짜 외국 사람이냐 그랬대요. 그런데 어떻게 그렇게 한국말을 잘하냐고 신기해했대요. 그래서 친구들 반응이 부정적이었냐고 물었더니 그런 것 아니고 단지 신기해하는 것 같다고 했어요. [조사자: 거기에다 중국어도 잘하니깐 얼마나 부럽겠어요?] 네. 지금은 친하게 지내는 아이들 부모님들이 되게 긍정적으로 생각하고 있어요. 그래서 솔직히 마음속으로 그 사람한테 감사해요. 이런 사람 만나면 좋잖아요. 한 사람이라도 부정적으로 생각하면 내가 상처 되잖아요. 그 사람이 나빠서가 아니라 서로 관계가 서먹해지고 어긋나니까 그게 안 좋잖아요. 그래서 지금 생각하면 그분들이 너무 고맙고 감사해요. [조사자: 학교에서도 중국어를 사용할 수 있는 환경이 되어있어요?] 그렇진 않아요. 학교에서 한국어교실 있는지도 저는 모르겠어요. 없는 것 같아요. [조사자: ○○ 씨 입장에서는 딸이 중국어도 잘하니깐 집에서만 잘하는 게 아니라

학교에서도 잘하고 조금 더 전문지식을 가질 수 있는 뭔가가 연결되어 있으면 좋을 것 같은데, 그런 생각을 해본 적이 있으세요?] 네, 있어요. 예를 들면, 학급에서 저를 초대해서 내가 살아온 환경이나 중국에 대해 소개하는 시간이 있었으면 좋겠어요. 중간중간 중국말로 하면 딸은 도우미로 자처해서 친구들한테 통역해주면 좋겠다는 생각을 한 적이 있어요. [조사자: 지금은 그게 되어 있지 않다는 거죠?] 당연하죠. 왜냐면 선생님들도 바쁘고, 이런 시간을 특별히 만들기도 어려워요. 그런데 한편으로 생각하면 굳이 다문화가정뿐만 아니라 일반가정 학부모들도 와서 자신들의 삶 이야기, 또는 전문직에 종사하는 분은 그 분야에 대해 소개해주면 아이들에게 유의미한 시간이 될 거라고 생각해요. [조사자: 지금 나가는 학교는 어디 학교예요?] ○○초등학교에서 강의해요. 1주일에 3~4일인데 시수로는 16시간, 한 달 56시간 수업이에요. 저 혼자 들어가는 건 아니고 다문화 강사 따라가서 강의하는 식이에요. 우리 딸, 아들 앞에서도 강의할 수 있는 날이 오면 좋겠어요. 아이들 친구들의 인식도 변하고, 무엇보다 제가 학교에서 근무하면 여러모로 좋을 것 같아서요. [조사자: 일하면서 불편하거나 부족하다고 생각한 거 있어요?] 사실 같이 근무하는 선생님들에게 너무 감사해요. 챙겨주시고 이런 거 대해서도 관심 가져주시고요. 다만, 아쉬운 점은 필요한 물건과 도구는 지원금이 없다는 거예요. 월급 말고는 물품 지원금은 없는 거죠. 사비 들여서 사는데 좀 복잡해요. 사탕 정도는 제가 살 수 있어요. 그런데 제 수업을 정말 열심히 듣는 애들이 있어요. 메모해가면서 이렇게 하는 게 맞냐고 물어요. 또는 저한테 한자 써달라고 하는 아이도 있어요. 내가 미처 생각하지 못하는 부분까지 묻는 아이들이 너무 고마워요. 한자 배운 아이들이라, 어려운 한자 나오면 한자 써달라고 하고, 맞게 썼는지 확인해달라고 하고 그래요. 그런 아이들 볼 때마다 '대충 하면 안 되겠구나. 더 열심히 공부하고 준비해서 가르쳐야겠구나' 하며 많은 걸 느끼죠. [조사자: 어디서 배웠어요? 이중언어강사 코스를?] ○○교대에서 공부했어요. 과정 수료 후 실습 1주일 하고 보고서 작성하면 강사활동 시작할 수 있어요. 그런데 2년 정도 공부하다가 이후 3년간 그만뒀어요. 그런데 제가 중간에서 2년 했다가 중간에서 3년 정도 그만두고 다시 들어갈 때 교육청을 배치하지 않고 그냥 학교에서 모집할 때 우리 접수하는 거예요. 중간에 안 그만둔 선생님 계속 꾸준하게 하는 선생님이 배치를 해줘요. [조사자: ○○교대에서 이중언어 몇 명 정도 같이 공부했어요?] 처음 시작했을 때는 40명 정도였는데, 수료할 때는 30명 조금 넘었던 것 같아요. 지금 활동하는 사람은 20명도 안 돼요. 왜냐면 이쪽 지역에서 배치한 사람은 경기도에 갈 수 없어요. 경기도에도 교대가 있잖아요, 수원에. 그리고 경기도에서는 경기도 사람을 활용해요. 예를 들어 부천에 사는 사람은 인천에 지원하기 어려워요. 저처럼 도중에 아기 출산한 사람은 몇 년 그만두다가 다시 들어갈 때는 배치해주지 않고 자기가 알아서 찾는 거예요. 월급은 똑같이 받아요. [조사자: 실례지만 월급은 얼마예요? 1주일에 56시간?] 월급은 지금 저희 들어오는 게 백십 얼마예요. 그리고 점심은 학교에서 안 주고 먹으면 돈이 따로 빠지는 거예요. 하여튼 교통비 이런 거 다 해서 112만 원 정도예요. 교육청에서 지원하는 돈은 약 130만 원 정도 되고, 세후 112만 원 정도예요. 계약직도 좋지만 저희도 한국 사람처럼 시간제를 고치든지 시간제든지 월급제든지 똑같이 했으면 좋겠어요. 그런 점들이 아쉬워요. [조사자: 그럼 한국 사람하고 외국인이기 때문에 차이가 있어요?] 차이 있죠. 똑같은 근무 조건인 한국 사람일 경우 그 사람은 월급이 150 정도 돼요. [조사자: 국적 안 바꾸고 싶어요?] 국적은 바꿨어요. 근데 이중언어강사 자체가 이렇게 나와요. [조사자: 그것 말고 다른 차별이나 차이가 또 있어요?]

어차피 다문화 쪽이 지금 개선하는 과정에 있다 보니깐 약간 차별, 차이라고 불편한 게 있을 수 있어요. 차별, 차이라고 생각하지 않고요. 그냥 어차피 개선하는 과정이라고 이해하니까 내가 노력하면 된다고 생각해요. [조사자: 그것은 본인이 노력하는 것과 제도적인 것은 차이가 있는데 이런 불편함, 차별 같은 거를 교육청이나 다른 어디엔가 얘기해본 적 있어요?] 이번 주 목요일 교육청에서 상담하는데 얘기하려고 해요. 그런데 둘째 낳으러 중국 갔다 오는 사이 경력단절이 생기면 교육청에서는 사후관리를 안 해줘요. 신경 써주면 좋은데. [조사자: 교육청에서 신경을 잘 안 쓰시는군요. 사후처리 이런 게 잘 안 되는군요.] 이중언어강사를 1년에 한 번씩 서울, 경기도, 인천 세 군데서 양성했어요. 인천은 1번밖에 안 하고 돈도 없다고 얘기하고. 경기도가 가장 많이 했어요. 6기, 7기. 서울도 많이 하고요. 강사 연수도 서울은 1학기에 한 번씩 꼬박꼬박 이루어지고 있는데 여긴 너무 미미해요. [조사자: 강사들을 배출해놓고 강사들이 학교에 파견 나가서 하는데 그거에 대한 재교육이나 연수 이런 것들이 이루어지지 않는다는 거죠?] 하긴 해요. 근데 서울이랑 비교했을 때 부족한 거죠. 그래서 서울에서 행사 열리면 정보도 얻을 겸 서울에 가서 봐요. [조사자: 이 지역에서 수료한 사람이 서울 연수프로그램에 참여해도 돼요?] 들어도 돼요. 공지 떴을 때 신청하면 거기는 받아줘요. [조사자: 여긴 재교육 연수프로그램이 어떻게 되어 있어요?] 선생님들이 활용하는 사이트나 새로운 정책을 알려줄 때가 있지만, 저희한테 실제적으로 해당사항은 거의 없어요. [조사자: 실제 학교에서 필요로 하는 게 아니라 정책이 바뀐 거라던가 이런 거에는 그렇게 되어 있다는 거죠?] 저는 항상 피드백(feedback)이 필요하다고 생각해요. 어떤 점은 좋았고 또 개선할 필요가 있는 것은 서로 대화나 협상을 통해 고쳐나갔으면 좋겠어요. 그런데 그런 게 없어요. 일방적으로 전달하는 것을 우리는 해야 하고, 우리의 요구를 들어줄 사람은 없다고 생각해요. [조사자: 그럼 교구 이런 거는 어떻게 만들어요?] 사이트에서 찾아보고 아니면 선생님끼리 서로 공유하면서 자체적으로 만들어요. 비용은 지원이 되는 것도 있고 안 되는 것이 있어요. 안 되는 것은 학교에서 사용할 수 있는 것 쓰고요. 진짜로 필요한 도구는 개인적으로 사서 써요. 정말 바라고 싶은 점이 있어요. 서울, 경기 지방에 이중언어강사가 많잖아요. 1년에 한두 번씩 유명 강사가 우리에게 수업 시연을 해주는 거예요. 배우는 시간이 되고 그 선생님처럼 도전할 수 있는 동기부여를 갖게 되잖아요. 자주는 아니고 그런 비슷한 게 있긴 해요. 교육청 소속은 아닌 것 같아요. ○○처럼 유명한 결혼이주여성 단체 있잖아요. 그 단체에서 주최하는 게 있긴 했어요. [조사자: 그러니깐 이런 사업이 교육청 사업임에도 불구하고 교육청에서 하는 게 아니라 사회단체 이런 쪽에서 오히려 하고 있다고.] 그렇죠. 경기나 서울, 인천 교육청이 함께 협력하는 자리가 많잖아요. 그런 자리에서 협의돼서 투자하면 좋겠어요. 그래야 훨씬 좋거든요. 그런데 지금 교육청에 돈이 없는 느낌이에요. [조사자: 지금 강사를 다녀보면 다문화가정도 많이 있잖아요. 그런데 그 아이들이 엄마 나라 언어를 잘 사용하나요?] 제가 봤을 때 10%도 안 돼요. 왜냐면 첫째, 엄마가 자신감이 없어요. 조선족 같은 경우는 한국말을 잘하니까 필요성을 못 느껴요. 다른 나라 경우, 영어 말고는 다 안 된다고 봐요. 그나마 다른 나라랑 비교했을 때 중국어는 많이 하는 편이라고 생각해요. [조사자: 이중언어강사가 중국어만 있는 게 아니라 베트남이나 태국 이런 데도 다 있는 거죠?] 이번에 양성하는 선생님이 출석률이 안 돼서 오늘 떨어졌어요. 출석이 80% 이상 돼야 시험 볼 수 있거든요. 그래서 베트남어 안 됐고, 필리핀분도 몇 분 나왔는데 지금은 안 나와요. 현재는 일본, 중국, 몽골 세 나라밖에 없어요. [조사자: 사실 중국이나 몽골, 일본뿐만 아니라 다문화 이중언어강사들은 베트남어도 필요하고 태국이나 필리핀 이런 데도 다 필요하잖아요. 근데 그 사람들이 할 수 있게 어떤 방법으로 해야 더 많이 참석할 수 있을까요? 거기에는 학력이라는 조건도 있죠?] 조건이 있다는 것은 나쁘다고 생각하지 않아요. 다만 조금 낮추면 좋겠어요. 제 생각으로는 제가 지금 한국 사람이랑 대우 똑같으면 조건을 똑같이 해줘야 해요. 근데 저는 지금 월급이 낮잖아요. 그럼 그 사람 조건을 높이면 안 된다고 생각해요. 쉽게 말해서 이중언어강사 지원할 수 있는 조건은 높은 데 비해 월급은 낮다는 거예요. 그렇게 하려면 지원하는 사람 수준도 낮게 해야 하죠. 약간 불공평하다고 생각해요. [조사자: 거기 이중언어강사도 고등학교 졸업 이상자?] 아니에요. 대학 이상이에요. 전문대 2년, 3년, 4년 상관없이. 여기 박사과정 나온 사람도 있어요. 그 사람들도 한 달에 110여만 원 받아요. 이건 너무 불공평한 것 같아요. 돈이 적어도 상관없어요. 어떤 사람은 자부심 갖고 일해요. 다문화 쪽으로 많이 전파하고 싶어 해요. 저는 그보다는 애들하고 같이 있는 환경이 좋아요. 아이들이 너무 예쁜 거예요. [조사자: 한 학기에 보통 몇 번씩 가요?] 제가 이 학교만 계약한 거예요. 1년 계약하면 9개월 일해요. [조사자: 왜 12개월이 아니라 9개월이에요?] 12개월 하면 퇴직금 줘야 하니까요. 이 지역이 가장 열악한 게 급여가 경기, 서울보다 적고 퇴직금도 없다는 거예요. 서울은 12월 계약해서 월급은 150 정도 돼요. 일반 계약직 시간제 선생님하고 비슷하게 가요. 그리고 퇴직금도 나와요. 여기는 한 학교에서 2년 이상 안 해줘요. 법적으로 제약이 있어요. 그래서 2년마다 다른 학교랑 돌아가면서 가요. [조사자: 수업하면서 혹시라도 다문화가정 자녀들이 다른 아이들한테 차별대우를 받는다든가 이런 것들 느낀 적 있어요?] 특별히 차별대우는 없다고 생각해요. 학습능력 떨어지거나 준비물 안 가져온 아이한테 지적하는 정도지 굳이 다문화라고 해서 그런 거는 아닌 것 같아요. 다문화든 장애인이든 누구한테 무시당할 수는 없어요. 저는 그런 쪽에 있어서 제 아이들한테도 강하게 얘기해요. "네가 잘만 하면, 누가 뭐라고 해도, 그 사람이 하는 말 상관없어. 그니까 너만 잘하면 돼!"라고요. [조사자: ○○ 씨는 중국에서 대학교 나왔잖아요. 뭐 전공했어요?] 사실 대학교라기보다는 중국은 '전문학교'라는 거예요. 한국에서 전문대 같은. 저는 고등학교 다녀본 적 없어요. 중학교 때부터 전문학교라는 것 올라갈 수 있었어요. 우리 때가 마지막이었어요. 80년대 태어난 사람은 모두 고등학교 거쳐야 전문학교 갈 수 있어요. 전문학교는 5년이에요. 중학교에서 전문학교까지 과정이 5년이에요. 사범대인데 유아교육과 전공했어요. 그래가지고 제가 한국에서 이력서 학력 쓸 때는요, 약간 고등학교 졸업하면 내가 이게 거짓말을 만들어야 되나 뭘 써야 하나 고민할 때가 있어요, 솔직히. 5년을 썼는데 이걸 내가 대학을 계속 학교 못 해서 계속 다니는 생각이 드는 것 같아요. [조사자: 한국에서 또 대학 다녔잖아요. 왜 또 한국에서 대학을 다녔어요?] 공부라는 게 많이 배우면 좋잖아요. 시간과 여유되면 이것저것 배우는 것 나쁘지 않다고 생각해요. [조사자: 혹시 유아교육을 전공했는데 유아교육을 계속 한국에서 공부하고 싶지는 않았어요?] 당연히 하고 싶죠. 제가 음악적인 건 잘 못해요. 더 알고 싶어요. 우리는 우샴푸(오선지)를 안 배우고 1, 2, 3, 4 이런 거 쓰는 거 배우잖아요. 그것도 좀 배우면 애들 가르칠 때 도움 되고 얘기할 때도 알아들으면 좋잖아요. 제가 전문성 가지고 하는 것보다도 좀 더 알면 좋을 것 같아요. [조사자: 그래서 중어중문학과 다녔죠, 한국에서. 중어중문학과 졸업하고 나니까 효과 있어요?] 졸업을 못 했어요. 3학년 때 임신했어요. 그래서 중간에 포기했어요. 끝까지 했으면 보람과 즐거움은 있었을 거라고 생각해요. [조사자: 중국에서 유아교육을 전공한 것 때문에 지금 이중언어강사 할 때 도움이 많이 되겠어요.] 그렇죠. 중국 강사 활동하는 선생님들 어떤 사람은 성인을 가르치는 것을 좋아하고 어떤 사람은 애들을 좋아해요. 저는 애들을 좋아해요. 애들은 반응을 해요. 물론 집중 안 할 때도 있어요. 그렇다고 스트레스받으면 안 되고, 같이 즐겁게 해야 해요. 저는 아이들이랑 같이 하는 것을 좋아해요. [조사자: 혹시 유아교육 말고 다른 전공하고 이중언어강사 하는 선생님들 있어요?] 있죠. 회계학과 나온 사람, 국어학과, 방통대, 미술학과 등 여러 가지예요. 그 분들은 학교에서 가르치는 일을 좋아하고 대학교도 졸업했으니깐 사회적 인정이 필요해서 그런 것 같아요. 200만 원 필요해서 가는 사람은 1~2%도 안 돼요. 돈 때문이라기보다 대부분 사회적인 지위나 명성 때문이에요. 대부분이. 지금 석·박사과정에 있는 사람도 있어요. 그 사람들은 학위가 필요한 거죠. [조사자: 그럼요. 자기가 필요해서 하는 거죠. 돈 때문에 하는 사람 사실 많지 않아요. 한국어 선생님도 마찬가지입니다.] 진짜 돈이 필요해서 200만 원, 300만 원 주면 이 직업 버리면 안 돼요. 100만 원 줘도 되는 직업은 항상 버려도 되는 직업이에요.

▶ 입원할 정도의 치열한 부부싸움, 그리고 상담, 치유

[조사자: ○○ 씨는 사업도 많이 했잖아요.] 거의 남편 보조 역할이에요. [조사자: 그런데 요즘 ○○ 씨는 이렇게 활동을 활발하게 하고 있고 또 자존감도 높고, 어디 가서 이렇게 하고 있지만, 사실 이렇게 ○○ 씨처럼 활동하거나 자존감이 높은 사람보다는 자존감도 낮고 아직 고생 많이 하는 사람도 있잖아요. 이런 사람들에게는 어떤 문제점이 있다고 생각해요?] 처음 한국에 오기 전과 왔을 때 느끼는 점은 다를 거라고 생각해요. 오기 전에 한국이 잘사는 나라라고 생각해요. 저도 그랬었고요. 그래서 더 좋은 곳으로 가고 싶은 거죠. 한국 오면 돈이 있든 없든 처음부터 시작해야 해요. 여태까지 내

가 살아왔던 사회적 환경이나 친구 아무것도 없는 거예요. 처음부터 시작해야 해요. 그래서 노력하지 않으면 안 되는 거예요. 그건 어느 나라를 가든 마찬가지예요. 차근차근 한국말 배우면서 사회, 문화 적응해가고 복지 시스템에 대해 알아가면 좋겠죠. 가정도 안정적이면 업그레이드할 수 있는 부분이 크죠. 부부관계나 가계경제가 안 좋으면 아이들 교육도 제대로 이루어지지 않아요. 가정이 안정되고 평화로워야지 뭔가를 할 수 있어요. [조사자: 그거를 좀 더 그 사람들이 빨리 할 수 있게 어떻게 기반을 마련하면 될까요?] 제 생각으로는 롤모델(role model)을 세워줘요. 예를 들어, 나이 차가 많거나 성격 차가 있는 어떤 문제 부부가 잘 극복해서 성공한 케이스를 보여주는 거예요. 어려움을 극복한 과정을 얘기해주는 거죠. 그런 것도 중요해요. 그리고 미래에 대해 상담하는 것도 좋을 것 같아요. 어떤 삶을 원하는지 물어보고 그에 따른 방향성을 제시해주면 좋겠어요. 환경이 너무 어렵다 보니 자기 미래와 뭘 하고 싶은 의욕도 다 잃었어요. 그러면 안 되잖아요. [조사자: 지금 그런 역할을 다문화가족지원센터에서 해주지 않아요?] 다문화가족지원센터에서 근무하는 외국인은 50% 정도예요. 이분들이 한국말을 능숙하게 구사하지는 못하더라도 다른 선생님들한테 도움은 줄 수 있어요. 새로운 아이디어를 낼 수 있어요. 이런 거 이런 거 도움이 되면 발전할 수 있다. 근데 제가 봤을 때 근무하시는 분은 대부분은 이런 분도 계시지만 잘 몰라서 어떻게 도와줄까 찾아오면은 이렇게 얘기해줄게요. [조사자: 다문화가정지원센터나 다른 기관에서 상담받아본 적 있어요?] 있어요. ○○대에서 받아본 적 있어요. 부부역할…. 부부상담 프로그램이 있어요. 전에 남편하고 엄청 싸워가지고. 입원할 정도로 싸웠어요. 왜 싸우냐면 지금 생각해보면 문화 차이일 수도 있겠지만, 대화가 부족했던 것 같아요. 나는 잘해주고 싶은데 뭘 원하는지 몰라요. 대화가 부족하기도 하고 대화기술도 없었어요. 아무리 어른이지만 대화하는 기술은 필요한 것 같아요. 1주일에 두 번, 2시간 정도 받았어요. 남편이 갈 때도 있고 제가 갈 때가 있었어요. 처음에는 같이 갔어요. 이런 상담 프로그램은 필요해요. 무료로 받은 프로그램이었어요. [조사자: 그걸 받고 난 다음에 남편도 많이 배웠어요?] 기대하는 건 안 되었고요. 그래도 변해야겠다, 의견을 들어야겠다 하는 생각은 한 것 같아요. 저도 많이 안 변했어요. 이런 프로그램 통해 우리뿐만 아니라 다른 사람도 이렇게 살아가는구나 하고 받아들이게 돼요. [조사자: 그 상담을 어떻게 해서 찾게 되었어요?] 저희가 이혼하려고 했어요. 그래서 동사무소 가고 여러 군데 갔어요. 남편이 인터넷 어디서 알아본 것 같아요. 대부분의 남자들은 자존심 때문에 자신의 문제점이 뭔지 알고 있어도 꺾이기 싫어서 인정을 안 해요. 그런데 상담까지 하려고 찾는 사람 정도면 여자도 노력해야 해요. 여자를 아주 사랑하는 남자예요. 그래서 우리 남편은 나를 아주 사랑한다고 생각해요. [조사자: 상담하는 것을 쉽게 찾을 수 있으면 참 좋겠는데, 그렇게 쉽게 찾을 수 있나요?] 아마 요구하면 다문화가족지원센터 통해 연결해줄 거예요. 그런데 만약, 지금 문제 생기면 저는 다문화가족지원센터 안 가요. 왜냐면 거기 선생님들 다 아는데, 내가 상담받는다면 아이들 수업하러 갈 때 창피하잖아요. 그런데 멀리 ○○대 쪽으로 가니까 괜찮았어요. 모르는 사람한테 속마음을 털어놓으면 좋은 것 같아요. [조사자: 요즘도 답답한 게 있어요?] 항상 있죠. 항상 있는데 제 나름대로 푸는 방법을 찾았어요. 며칠씩 서로 얘기 안 하기도 하고 내가 좋아하는 일 해요. 요즘은 오전에만 일해서 오후는 내 자유시간이에요. 그래서 배드민턴 치거나 춤추면서 충전해요. 굉장히 유의미해요. [조사자: 춤추는 건 자조모임이에요?] 네, 자조모임이에요. 지금은 중국 사람만 있어요. 원래 일본, 필리핀 등 다른 나라 여성들도 있었는데 다 사정들이 생겨서 빠지고 중국 사람만 남았어요. 다문화가족지원센터에서 지원해줘요. [조사자: 그럼 그 춤의 주제는 중국 춤이에요? 아니면?] 한국 전통춤이에요. 장구랑 무슨 부채춤 이런 거 해요. [조사자: 한국 사람도 들어갈 수 있어요?] 지금은 아닌 것 같아요. [조사자: 왜 한국 사람은 안 돼요?] 한국 사람도 되기는 할 거 같은데, 지금 다문화가족지원센터에서 하는 것이니까. 예를 들어 건강가정지원센터 하는 것은 다 되어요. 다문화가족지원센터에서 하는 것은 다문화 자조모임이 되는 거예요. 한국 사람도 같이할 수 있으면 좋겠어요. 서로 교류하면 따로 교제 안 해도 자조모임에서 만나니까 동네에서 만나도 반갑게 인사할 수 있잖아요. [조사자: 한국 아줌마 친구들 많아요, ○○ 씨는?] 동네 아줌마들 있죠. 같이 밥 먹기도 하고 커피 마시기도 해요. 점심시간에 거의 차나 식사 약속 생겼었어요. 저녁에는 애들 케어해야 하니까. 그런데 올해 학교 들어가다 보니 한 번도 못 했어요. [조사자: 그분들 만나서 무슨 얘기 많이 해요? 아이들 정보, 양육, 이런 거?] 보통은 아이들 양육을 얘기하고요. 아니면 동네에 새로운 뭐가 생겼다. 아줌마 맨날 하는 얘기겠죠. 많은 정보는 없어요. [조사자: ○○ 씨 주변에 사실 어려운 친구들도 많고 그럴 텐데, 가장 어려워하는 거 있으면 하나만 얘기해주세요.] 솔직히 경제적인 부분이 많다고 생각해요. 그리고 다른 문제가 있는데 주로 남편 문제. 남편이 아무리 잘못하더라도 자기가 어느 정도 능력과 지위가 있으면 남편이 돌아오지 않을 수 없어요. 집에 애들만 있고 옷도 대충 입고 잘 꾸미지 않으면. 남자는 좀 안 좋은 말이든가 풀 수 있잖아요. 그렇다고 스스로 자기한테 함부로 하면 안 돼요. 남편이 부인 외출하는 거 싫어하고 일하는 것도 싫어할 수 있어요. 그렇다고 스스로를 가꾸지 않으면 안 돼요. 돈도 안 벌고 스스로 신경도 안 쓰고 맛있는 거 남편이랑 애들 다 주면 남편이 좋아할 수도 있어요. 그런데 부인이 잘났고 돈도 잘 벌고 예쁘게 꾸미면 그걸 더 좋아할 것 같아요. [조사자: 내가 아까 잠깐 놓친 게 있는데, 배드민턴 취미 있잖아요. 배드민턴은 누구랑 쳐요?] 그것도 자조모임이에요. 월요일과 금요일에 시간 정해서 쳐요. 동네에 실내 배드민턴장이 있는데, 가서 치다 보니까 동네 사람들 만날 수 있어요. 우리가 초보기도 하고 또 그사람들 파트너 없을 때 우리가 같이 쳐주기도 해요. 배드민턴도 자조모임이기는 하지만, 한국 사람들과 같이 어울릴 수 있는 기회가 되잖아요. 춤도 그런 식으로 되면 좋겠어요.

▶ 부담스러운 한국의 포교활동

[조사자: ○○ 씨는 중국에서 종교 가지고 있었어요?] 아뇨. 없었어요. 한국에서 교회 많이 만나잖아요. 동네 아줌마도 같이 가자고 하고 행사 있으면 같이 불러주거든요. 그래서 지금 ○○교회 다녀요. 저보다도 딸을 한번 데려갔는데 딸이 너무 좋아하는 거예요. 종교도 종교지만 거기 전도사님 때문에 가는 거예요. 전도사님은 굉장히 긍정적인 분이세요. 산만한 아이들을 봐도 "정말 재미있게 노는구나" 하고 말씀하세요. 보통 사람들은 "이거 하지 마. 너희 이거 하면 안 돼" 하고 말하거든요. 그런데 전도사님은 "재미있게 노는구나. 그런데 다칠 것 같구나" 하고 말씀하세요. 긍정적인 마인드가 좋아요. 종교적인 것보다 이런 마인드를 배우고 싶어요. 모든 일에서. [조사자: 사실 한국에는 전도활동을 굉장히 많이 하는데, 그런 거에 대해서는 어떻게 생각하세요?] 한국 사람들이 말하는 자유와 중국 사람이 생각하는 자유의 차이가 달라요. 예를 들어 한국의 종교적인 자유는 지하철에서 노래를 부르든 소리를 외치든 가능하지만, 중국에서는 그건 불법이에요. 어떤 종교든 이렇게 하면 안 돼요. 그렇게 하고 싶을 때는 사전에 정부 허가를 받아야 하는데, 허가받으러 가는 사람 1명도 없어요. 어차

피 안 된다는 것을 알고 있으니까요. 한국에서도 허가받고 포교활동하면 좋겠어요. 자기 이름 걸고 봉사활동하는 건 괜찮아요. 내가 거기서 왔다고 하니깐 괜찮아요. 근데 너무 일방적으로 길거리에서 하는 건 자제하면 좋겠어요. 광장에서 음악 틀어놓고 율동하는 건 괜찮아요. 뒤에 어디 교회에서 왔다는 플래카드 걸어놓는 것도 괜찮아요. 그런데 집에 다니면서 문 두드리는 거는 종교활동 아니에요. 어떤 종교든 "띵동" 하고 누르면 너무 안 좋아요.

▶ 정보 찾아 삼만 리

[조사자: 아이들은 나중에 뭐 했으면 좋겠어요?] 첫째는 가르치는 거 좋아해요. 친구랑 할 때도 리드(lead)하는 편이에요. 둘째는 좀 전문직 하면 좋은데, 아직은 무얼 잘하는지 살펴보고 있어요. [조사자: 아이들 진로를 위해 어떻게 노력하고 있어요? 엄마가 진로를 찾아봐요, 아니면 주변에다 물어봐요?] 물어보는 건 아직 못 하고요. 그런 정보는 진짜 없어요. 제가 이 정도인데 다른 다문화가정은 더 어렵다고 생각해요. 그래서 진로는, 좋은 정보가 어디에 있다고 알려주면 좋겠어요. 그리고 집에 있어도 요즘은 똑똑한 주부 많아요. 누군지 알면 가서 그 사람 얘기 좀 듣고 싶어요. 저는 사람 만날 때 긍정적인 마인드 가지고 있는 사람은 안 놓치고 싶어요. 맨날 내가 밥 사주고 커피 사주더라도 그런 얘기 듣고 싶어요. 그런데 사귈 수 있어야 말이죠. 그게 문제예요. [조사자: 찾아봐야죠. 맞아요. 이제 아이들 진로도 가장 중요한 때. 요즘에는 진로상담 이런 거를 많이 하니깐 무료도 많이 있어요. 사실은 엄마의 정보력이 아이들의 진로를 결정하는 데 도움이 되기도 하거든요. 그러면 그런 다문화가정 사람들은 어디 사이트에 들어가서 정보 찾는 거는 어떻게 생각해요? ○○ 씨는 그런 정보를 다 어디서 얻어요?] 저는 개인

적으로 밤 4시간 이상은 집에 있으면 안 된다고 생각해요. 나는 밤 시간은 밖에 있어야 해요. 뭔가 배달을 하든 뭘 하든 하면서 항상 사람들과 소통하며 새로운 정보를 얻는 거예요. 그러다 보면 사회 흐름을 따라갈 수 있어요. 집에 오래 있는 사람은 그게 안 되죠. [조사자: 남편하고 싸워서 상담받으러 갔잖아요. 근데 그 상담사들은 전문가였어요?] 전문가는 아닌 것 같았어요. 자격증으로 양성하는 상담가 같았어요. [조사자: 혹시 상담받을 때 상담사한테 부끄러운 감정을 느꼈던 적도 있었어요?] 그렇진 않았어요. 전문적인 교육을 안 받았음에도 불구하고 제가 봤을 때 선생님이 참 괜찮은 사람 같았어요. 언니 같은 편안함을 줬어요. 내 얘기를 많이 들어주었어요. 아마 대부분의 상담사들이 그렇게 상담할 거예요. 편안하게 해줘야 좋은 것 같아요. [조사자: ○○ 씨는 효과를 봤잖아요. 그래서 주변에서 그런 어려운 사람 있을 때 소개도 해줬어요, 거기에?] 저도 얘기할 때 항상 남편 흉보고 시부모님 흉보잖아요. 그냥 상담 한번 해보는 것 나쁘지 않다고 생각해요. 사람들은 문제가 커지고 다리 부러질 정도로 싸워야 상담받으러 가지, 작은 일로 상담하는 거라고는 생각 안 해요. [조사자: 사실 저도 상담을 많이 받고 싶어요. 저도 전문가는 아닌데 학생들 얘기도 많이 들어주는 편인데, 저도 상담을 받고 싶거든요.] 저도 가끔은 그런 생각이 들어요. 여러 부류의 여자가 있어요. 예를 들어 "저 여자 여우같아. 아무것도 안 하는데도 남편이 되게 잘해줘." 그러면 그 사람을 데려다 강의시키면 돼요. 남편이 술 먹고 들어와서 술주정할 때 "언니, 어떻게 했어? 나 그거 알고 싶어" 하고 묻는 게 차라리 더 도움이 돼요. "언니도 들으면 익히 알고 있는 거고 이미 그렇게 하고 있을 걸요? 남편 불만 하나도 없네. 어떻게 했지." 그런 거면 될 거 같아요. 상담도 중요하지만 어떤 경우에는 그 분야에 탁월한 사람을 데려와서 얘기하는 게 효율적인 것 같아요. 자기의 얘기를 처음 말하는 건데, 그 변하는 모습을 과정을 알려주는 게 더 믿음도 생기고 도전의식도 생기지 않을까 해요.

▶ 나를 되찾는 자원봉사활동

[조사자: 끝으로 ○○ 씨의 앞으로 계획 좀 얘기해주세요.] 이제까지 저 하고 싶은 일 많이 했어요. 앞으로는 애들한테 많은 시간 투자하고 싶어요. 남편도 많은 걸 깨달았으면 좋겠고요. 여자 다루는 방법 좀 배웠으면 좋겠어요. [조사자: ○○ 씨는 자원봉사를 많이 하잖아요. 최근에 한 자원봉사 한 가지 소개해주세요.] 다문화가정 어머니들 모여서 1년 정도 활동했어요. 거기서 얻은 수익금으로 펄벅재단 해외봉사 가요. 엄마들의 아름다운 마음과 선행들이 한국 텔레비전에 나오면 좋겠어요. 이 사람 중에는 잘사는 사람이 있고 이혼한 사람도 있어요. 우리가 한 번 모이면 두세 시간이에요. 돈 백 원도 안 주고요. 자원봉사 시간을 해주는지 안 해주는지도 아직은 몰라요. 내가 일당으로 나가면 시간당 7천 원인데 그걸 안 하고, 어떠한 마음으로 하는지 한 사람 한 사람씩 인터뷰해주면 좋겠어요. [조사자: 거기에 결혼이주여성들 많아요?] 결혼이주여성들만 하는 거예요. 처음 시작했을 때는 30명이었는데, 지금은 꾸준히 나오는 사람은 15명 정도예요. 이 나라 정치인들에게 이런 일도 있다는 걸 알려주고 싶어요. "다문화가정 사람들은 경제적으로 어렵다, 교육이 제대로 안 되었다, 정보가 부족하다"라고 하는데, 이런 모임도 있다는 걸 알려주고 싶어요. 나도 돈이 없는데 왜 이런 걸 하고 있나, 나도 머리 아픈데 왜 여기 나왔나 하는 생각을 할 때도 있죠. [조사자: 자원봉사라는 걸 모르는 사람들은 돈도 안 주는데 '왜?' 하지만, 자원봉사의 맛을 아는 사람들은 돈으로 비교할 수 없거든요. 그거는 자원봉사해본 사람만이 알아요.] 저도 갈수록 한계를 느껴요. [조사

자: 거기는 한국 사람은 못 해요?] 관리자만 한국 사람이에요. 기분 안 좋을 때도 자원봉사 가면 기분 좋아져요. 집안이 난리일 때, 어떻게 해도 안 되면 차라리 내가 좋아하는 일 하면 즐거워지잖아요. 그게 나쁜 일만 아니면. 밖에서 풀 뽑는 게 좋으면 가서 뽑아요. 지금 밥하기 싫고 애들이랑 노는 게 좋아요. 그럼 놀아요. 자원봉사 나오면 그런 부담을 안 느껴요. [조사자: 다른 힘든 사람들한테 해주고 싶은 얘기 한마디.] 왜 힘이 드는지 스스로에게 물어봐요. 생각하고 있으면 좋아요. '왜 내가 힘들까.' 이 힘든 것을 해결해보세요. 해결하지 못하면 남들한테 좀 요청을 해요. 도움을 받아요. "힘든데 도와줘요" 하고 도움을 요청해요. 도움 되지 않는 건 없어요. 아무것도 도움 안 된다고 생각하면, 지금 이 순간 지금 뭐 하면 즐거울지 생각하는 거예요. 그것도 모르면 안 돼요. 그 순간 하고 싶은 거 하세요. 그것 하면 될 것 같아요.

9장

공장 생산직에서 시작하여 이중언어코치가 되다

연구참여자는 한국에 온 지 10년이 되었고, 나이는 마흔여섯 살이다. 중국 흑룡강성에서 중국동포 3세대로 태어나 한국 의식주 문화와 동일한 환경에서 자라왔다. 중국에서 중문과를 졸업해 초등학교 교사 생활을 하다가 한국 남자를 소개받아 한국에서 재혼했다. 전남편의 자녀(딸)는 중국에서 미술대학교를 다니며 기숙사에서 생활하고 있고, 재혼 남편의 자녀 중 딸은 취업으로 인해 일본에서, 아들은 군 제대 후 연구참여자와 함께 한국에서 지내고 있다.

한국에 처음 왔을 때는 외국인에 대한 차별로 인해 취업하기가 어려워 공장 생산직, 면세점 직원 등 비정규직 직종에서 일했다. 그러다가 행정복지센터에 취업상담을 요청하게 되었고, 다문화가족지원센터에서 이중언어강사 일을 소개받아 현재 이중언어코치를 하고 있다. 이중언어코치사업은 전문성이 부족할 뿐만 아니라 계약이 불안정하며 임금 차별도 존재한다. 그리고 교육 및 상담을 진행한 후에 사후관리가 이루어지지 않아 아쉬움이 있다. 하지만 이 직업을 통해 가르치는 것이 적성에 맞고 앞으로 한국에서 학위를 취득한 후에 중국어 강사 일을 하거나, 학원을 설립하여 중국어 교육 전문가가 되는 것이 목표다.

[주제어] 이중언어, 교육, 복지, 차별, 결혼이주여성, 자원봉사

1.
흑룡강성의 중국동포 마을

중국 흑룡강성에는 작은 한국이 있다. 나는 중국 흑룡강성*에서 태어난 중국동포 3세다. 할아버지가 일제 강점기 때 중국 흑룡강성으로 피난 오셨다. 내가 살던 동네는 중국동포 마을로 가정에서도 마을에서도 한국어를 사용한다. 언어뿐만 아니라 일상생활에서의 의식주 모두 한국과 동일하게 생활한다. 한국 음식인 김치, 된장, 메주 등을 직접 만들어 먹었는데, 흑룡강성의 김치는 한국 김치보다 텁텁한 맛이 난다. 초등학교 취학 전까지 한국어로 생활했던 나는 초등학교 입학 후 처음 중국어를 배웠다.

대학교를 졸업하고 초등학교 교사를 했다. 초등학교 교사에 대한 대우가 좋지 않아 미래에 대해 고민하던 무렵, 중국에 한국 기업들이 들어오면서 통역 등 일자리가 많이 생겨났다. 그 무렵 교사에 비해 대우가 좋은 한국 기업에 취업하기 위해 교사를 그만두었다.

---

* 중국 북동단에 있는 성으로 성도(省都)는 하얼빈(哈爾濱)이다. '헤이룽장성'이라고 부르기도 한다.

2.
결혼이주여성,
다문화가정 엄마로 살아가기

두 번째 결혼생활을 시작하다

대학을 졸업한 후 결혼했고 딸을 낳았다. 행복한 날들이었다. 그러나 행복했던 결혼생활은 오래가지 못했고 얼마 지나지 않아 이혼하게 되었다. 이혼의 아픔을 겪으며 교사생활을 하던 중 현재의 남편을 소개받아 재혼하게 되었다. 나는 혼자 한국에 들어와 국적을 취득했고 이후 딸을 데리고 왔다. 어릴 때부터 미술에 소질이 있던 딸은 현재 중국에 있는 미술대학교에서 기숙사 생활을 하며 디자인 공부를 하고 있다. 딸은 대학 졸업 후 대학원에 진학하여 더 공부하길 원한다. 딸이 어렸을 때는 엄마로서 많은 간섭을 했지만, 이제는 딸이 성숙했기 때문에 딸의 의견을 존중하려고 한다. 재혼 후 낳은 자녀는 아들과 딸이다. 아들은 군대를 제대해서 지금 나와 함께 살고 있고, 딸은 일본 오사카 면세점에서 일하고 있다. 딸들이 모두 멀리 떨어져 있어서 보고 싶어도 제대로 못 보는 아쉬움이 있다.

남편은 전부인과 사별했고, 나는 전남편과 이혼한 과거가 있다. 한국에 처음 왔을 때는 재혼 사실을 당당하게 말했다. 하지만 친한 한국 이웃이 한국에서는 아직 재혼에 대해 부정적인 인식이 있기 때문에 말하지 않는 것이 좋다고 해서 이제는 먼저 물어보지 않는 이상 재혼한 사실을 말하지 않는다.

남편과 나는 재혼이기 때문에 가능하면 서로 이해하고, 더 잘해주며 살려고 노력한다. 그래서 지금까지 큰 싸움 없이 잘살아가고 있다. 아이들 생각하면 남편과 재혼하길 참 잘했다고 생각한다. 그래서 남편이 더욱 고맙다.

그러나 싸움을 아예 하지 않았던 것은 아니다. 내가 이해하기 힘들었던 것은 남편의 동창회 모임이었다. 중국은 땅이 넓고 고향에서 생활하는 사람이 드물어서 동창을 만나는 것은 5~6년에 한 번 만날까 말까 한다. 그런데 남편은 동창을 자주 만났고, 심지어 하루 자고 온다고 해서 다툰 적이 있다. 다투고 난 후 남편은 나를 동창회에 데리고 가서 사람들에게 소개해주었고, 동창회 운영에 대해서도 설명해주었다. 이후로 남편의 동창회 모임에 가는 것에 대해 조금 이해가 되었고, 그것으로 인해 다툼은 없었다.

이유 없는 차별 속에서 살아가다

나는 중국에서 10년 동안 한국 회사에서 일한 경력이 있지만, 한국에 있는 무역회사에서는 중국인이라는 이유로 그 경력을 인정해주지 않았다. 2007년까지만 해도 한국 사람들은 외국인을 많이 배척했다. 외국인을 받아주는 회사가 있기는 했지만 조건이 너무 좋지 않았고, 근무환경 또한 외국인만 있는 곳이었다. 그런 차별이 너무 서러웠다. 그래도 돈을 벌기 위해 공장 생산직에서 일을 시작했다. 그때 나이가 서른일곱 살이었는데 육체적으로 힘든 일을 시켰고, 일이 없다며 바로 해고당한 적도 있다.

그러다가 우연히 학습지 회사를 알게 되어 중국어 가르치는 일을 시작하게 되었다. 그전보다 많이 바뀌긴 했지만 외국어 교육 또는 다문화가족지원센터를 제외한 곳은 아직도 외국인에 대한 차별이 있는 것 같다. 지금도 나는 회사에서 처음 만난 사람에게는 중국 출신임을 밝히지 않는다. 왜냐면 어느 정도 얼굴 보고 정을 쌓은 후에 중국에서 왔다고 말하면 거부감이 덜하지만, 처음 만났을 때부터 중국에서 왔다고 하면 거리를 두기 때문이다.

나는 현재 다문화가족지원센터 이중언어코치*를 하고 있다. 이 직업을 갖기 위해서는 한국어능력시험(TOPIK) 5급 이상이어야 하고 대학 졸업증명서가 있어야 한다. 그 외에 특별한 요구 조건은 없는 것으로 알고 있다. 아쉽게도 중국 대학 졸업증명서는 한국에서 인정되지 않는다. 그래서 한국에서 공부를 더 하고 싶어도 사실상 불가능하다. 현재 이중언어코치 선생님 중 중국 박사학위를 가진 선생님도 있는데, 이 선생님처럼 유능한 인재를 위해서라도 이 부분은 개선되었으면 하는 바람이 있다. 이렇듯 여전히 외국인에 대한 차별은 존재한다.

다양한 직업을 경험하며 꿈을 찾아가다

중국어 강사를 처음 시작한 곳은 중국어 학습지 회사였다. 중국어 강사를 하던 중 고향에 있는 동생이 결혼하게 되었고, 이를 계기로 중국에서 한두 달 정도 머물게 되어 사직하고 중국으로 건너갔다. 중국에서 돌아온 후 인천에 있는 면세점에서 일하게 되었는데, 다리를 다치는 바람에 수

* 이중언어코치는 다문화가족 이중언어환경조성사업의 시범사업으로 다문화가족지원센터에 배치되었다. 주된 업무는 다문화가족 자녀(만 3세~초등학생)를 대상으로 결혼이민자 출신국 언어 및 문화 교육을 하여 다문화가정의 이중언어 사용을 지원한다(여성가족부).

술을 하게 되면서 일을 그만두었다. 다리 수술을 하고 물리치료를 받으면서 어느 정도 나았고, 다시 일을 찾기 위해 행복복지센터 취업상담실에 면세점에서 일할 곳이 있는지 문의했다. 돌아온 답변은 면세점에는 자리가 없지만 다문화가족지원센터 이중언어코치 자리가 있다며 권했다. 이렇게 이중언어코치 일을 시작하게 되었다.

이중언어교육을 통해 아이와 엄마가 변하는 모습이 보람차다

나는 이중언어코치가 중국어 강사인 줄 알고 시작했다. 그런데 알고 보니 이중언어코치는 결혼이주여성들과 자녀들을 상대로 엄마 나라 언어를 많이 쓸 수 있게끔 일상생활에서 할 수 있는 놀이나 여러 가지 방법을 가르쳐주면서 조기 정착에 도움을 주는 프로그램이었다. 이 사업은 2015년부터 시작되었는데, 아직 홍보가 덜 되었는지 많은 사람들이 모르고 있다. 다문화가정 부모와 자녀에게는 참 좋은 교육 프로그램 같다. 특히, 엄마 나라 언어를 어릴 때부터 따로 공부하지 않고 놀면서 배울 수 있어서 많은 도움이 된다.

이중언어코치 교육은 3일 동안 이루어지는데, 이 교육만 가지고 이중언어를 교육하기엔 많은 어려움이 있다. 제일 큰 어려움은 지원 대상에 해당하는 결혼이주여성들이 프로그램에 참여하지 않는다는 점이다. 이중언어코치 자격이 있지만, 나는 전문성이 부족하여 이론보다는 주로 놀이를 많이 가르쳐주는 편이다. 주로 엄마가 아이들과 놀 때, 아이의 눈높이에서 놀이하면서 엄마 나라 언어를 자연스럽게 듣고 대답할 수 있도록 유도하는 놀이 교육을 하고 있다. 처음에는 일이 익숙하지 않아 어려웠지만, 시간이 지남에 따라 요령이 생겨 수월해졌다. 또한 이중언어교육을 통해 자녀의 생활습관과 엄마 나라 언어를 알아듣게 되었다는 말을 듣고 내 일이 보람 있게 느껴졌다. 이중언어코치 재교육은 여성가족부에서 당일 교육으로 1년에 6회 정도 진행된다. 교육 내용은 이중언어코치들이 알아야 할 지식, 상식, 교육방법 등을 알려준다.

나는 교육방법도 중요하다고 생각하지만, 현실적으로 교구 만들기가 중요하다고 생각한다. 교육 현장에서 어머니들께 이중언어 교육방법 이론을 알려주면 졸거나 허리가 아파서 오래 앉아 있지를 못한다. 그래서 2시간 교육 중에 40분 정도는 교육방법 이론을 알려주고 나머지 시간에는 교구 만들기나 실전 교육 등 활발한 활동을 해야 한다고 생각한다. 그런데 이중언어코치로서 역량을 키워야 한다면 교구 만들기보다는 교육방법 이론 쪽으로 역량을 키우고 싶다. 하지만 교육 쪽으로는 전문적인 지식이 없어서 현실적으로 교구 만들기를 더 선호하는 편이다. 이중언어코치 신입 교육을 5일 정도밖에 하지 않기 때문에 전문적으로 가르치기엔 턱없이 부족하다. 개인적인 생각으로는 이중언어코치사업이 교육적인 면에서 아직 체계적이지 않기 때문에 현장에 있는 강사들이 어려움을 겪고 있다고 본다. 처음에는 내가 생각했던 업무와 달라서 힘들었지만, 담당 공무원에게 물어보거나 이중언어코치들과 대화를 나누면서 힘이 되고 도움이 되었다.

이중언어코치 교육 현장에 알맞은 지침을 원하다

나는 앞으로도 계속 이중언어코치를 하고 싶지만, 현재 일하고 있는 다문화가족지원센터에서 경력 2년을 채운 후에는 다른 센터를 찾아봐야 한다. 다른 센터에 가서도 일할 수는 있지만, 이중언어코치는 한 센터당 1명만 배정되기 때문에 가고자 하는 센터에 이중언어코치가 있으면 들어갈 수 없다.

이중언어코치는 모든 나라의 자녀를 대상으로 교육하고 있지만, 현재 재직하고 있는 센터에는 이중언어코치와 통·번역사 모두 중국인이라서 중국 어머니들이 많이 온다. 만약 내가 베트남인이라면 중국 사람들이 불편해서 많이 오지 않을 것 같다. 현재 재직하고 있는 센터의 경우에는 규모가 작기 때문에 다양한 국적의 강사를 많이 배치하는 것이 현실에 맞지 않겠지만, 규모가 큰 센터의 경우에는 다양한 국적의 선생님을 배치하는 것이 좋을 것 같다. 왜냐하면 한 국적으로 많은 회원을 받다 보니 이중언어코치 1명이 관리할 회원이 많아 한 번 일하고 재계약하지 않는 경우가 많기 때문이다.

그런데 이러한 생각도 현실적으로 불가능하다. 어느 한 센터에서는 이중언어코치를 둘 이상 두었는데, 선생님 1명당 실적*을 채우지 못해 실적을 채워야 한다는 압박감에 힘들어서 나간 경우도 본 적이 있다. 공무원들은 이중언어코치에게 정해진 제도와 지침대로만 하기를 요구하기 때문에 현장에 있는 이중언어코치들이 힘들어한다.

이중언어코치는 10회기가 끝날 때마다 새로운 회원을 급하게 채워야 하기 때문에 기존 회원들을 신경 쓸 겨를이 없어서 사후관리가 잘되지 않는다. 나는 다문화가정을 위해 돈을 생각하지 않고 봉사하는 마음으로 왔지만, 현실은 실적에 쫓기고만 있다는 생각이 들었다. 그래서 나는 10회기가 끝난 회원들을 불러서 활동하기도 한다. 이중언어코치의 수업 순서는 먼저 부모의 인식을 바꿔주는 '부모교육'을 실시한 후에 부모교육을 통해 배운 것을 실제 자녀와 함께 활동해보는 '이중언어 활용'으로 코너가 나누어진다. 이중언어 활용 코너에서는 기존 회원들과 함께 활동하기도 한다.

---

* 이중언어코치 1명당 연간 160시간 이상, 40가정 이상의 실적을 채워야 한다. 2017년 기준(여성가족부)

이중언어 활용 코너의 횟수는 지침으로 제시되어 있지 않기 때문에 이중언어코치마다 횟수와 방법이 다르다. 나는 한 달에 한 번씩 토요일에 진행해서 기존에 교육을 받았던 어머니들께 아이들과 같이 놀러 온다 생각하게끔 참여를 유도해서 사후관리를 해주는 편이다. 이런 프로그램을 자주 하고 싶어도 사업비 지원이 너무 적어서 그만둘까 생각까지 했지만, 마음먹고 온 만큼 끝까지 열심히 해보자는 생각으로 사비를 많이 투자했다.

이중언어코치 초반에는 여성가족부에서 제공한 교재·교구 자료로 수업했다. 그런데 어머니들이 "집에서도 쉽게 할 수 있는 놀이"라고 투덜거리거나 "여기까지 와서 이런 걸 해야 하냐", "집에서 맨날 하던 건데 여기 와서 또 해야 하냐"고 불만을 제기하며 수업에 안 오시는 걸 봤다. 나를 믿고 온 어머니와 아이들에게 실망을 주지 않기 위해서라도 유익한 수업을 해줘야겠다는 생각이 들었다. 더운 날씨에 1시간 정도 걸리는 먼 곳에서 아이를 안고 온 어머니들에게 유익한 수업을 제공해야 어머니들도 기분 좋게 올 수 있고, 나 또한 수업에 대한 보람을 느낄 수 있기 때문에 직접 교구를 개발했다. 이렇게 개발한 교육 및 교구는 웨이신 단체 채팅방에 중국 이중언어코치 선생님들과 공유했다. 처음에는 10명으로 시작했지만 3명이 나가고 현재 7명이 남아있으며, 대부분 교육 전공이 아닌 중국어 쪽으로 전문성이 있는 선생님들이다. 전국적으로 다양한 국적의 이중언어코치들의 소통은 네이버 밴드*에서 하고 있다. 네이버 밴드에서도 각 선생님들만의 수업 방법이 공유되고 있다.

이중언어코치의 주요 교육 대상은 유아다. 어릴수록 통문장으로 언

---

* 네이버 밴드는 네이버에서 제작한 SNS다. 주요 기능으로는 게시판, 채팅, 사진첩, 캘린더, 멤버 주소록, 투표, 동창 찾기 기능을 제공한다. 또 밴드에 속한 사람이 다른 밴드나 외부와 내용을 공유할 수 있다(나무위키).

어를 익힐 수 있기 때문이다. 그래서 나는 아이들의 수준에 맞게 직접 그림을 그리면서 상상력을 키우기도 하고, 엄마 나라 언어로 교구를 만드는 활동을 진행하면서 엄마와 자녀의 상호작용을 이끌어낸다.

이렇게 다문화가족지원센터에서는 이중언어교육을 다양한 방법으로 진행하고 있다. 하지만 여기서 끝나는 것이 아니라 유치원이나 학교에서도 이중언어교육이 진행되어야 다문화가정 부모와 자녀가 한국에서 당당하게 모국어를 사용할 수 있는 환경이 마련될 것이라 생각한다.

나는 상담 전문은 아니지만 다문화가족지원센터에 있다 보면 부부갈등으로 상담 오는 분들에게 상담해준 적이 많다. 나처럼 비전문 상담가보다 상담 전문 선생님이 하는 상담은 효과가 좋은 것으로 알고 있다. 상담 선생님은 일정한 센터에서 상담을 진행하지만, 대상자들의 상담 횟수는 제한되어 있다. 이는 이중언어코치와 마찬가지로 실적을 채워야 하는 구조적인 모순이 있어서 사후 처리가 미흡하다. 이런 규정들이 바뀌어야 한다고 생각한다. 전문 상담 선생님이 있지만 출입국사무소 관련 문제나 부부싸움으로 갈 곳이 없는 문제 등 실질적인 면에서는 이중언어코치나 통·번역사에게 상담한다. 이러한 상황이 발생하는 이유 또한 실적 위주로 해야 하기 때문이므로 이런 부분들이 개선되어야 한다. 그리고 이중언어코치 지침서를 작성할 때 현장에서 일하고 있는 강사들이나 직원들과 함께 지침서를 작성한다면 다문화가정에 더 많은 도움이 되는 프로그램이 나올 것 같다. 현실에 부합하는 지침이나 교육 내용이 나왔으면 하는 바람이다.

한국에서 생활하는 결혼이주여성에게 하고 싶은 말을 전하다

내가 이중언어코치를 하며 어머니들께 주로 듣는 고민 상담은 주로 교육 부분이었다. 이런 부분의 상담을 요청하실 때마다 알고 있는 것에 대해 모두 대답해주지만, 한국에서 교육을 받은 적이 없기 때문에 주변 선배들에게 물어봐서 알려주는 경우가 많았다.

이중언어코치로서 다문화가정 자녀 교육에 관련해서 한국에 바라는 점은 유치원이나 학교에서도 다문화 교육을 보편화시켰으면 좋겠다. 중국에서 온 어머니들은 아이를 양육하고 한국에서 살아가는 데 적극적인데, 베트남이나 우즈베키스탄 등 타 국가 출신 어머니들은 소극적인 면이 있다. 그러다 보니 아이들도 유치원이나 학교에서 자신감이 없어 소외되는 경우가 많다. 이런 문제를 해결하기 위해 한국 전반의 인식 개선도 중요하지만, 유치원이나 학교에서도 다문화 친구를 배척하는 것이 아닌 함께 살아가는 존재라는 다문화 교육으로 일상생활에서도 다문화가정 부모와 자녀가 모국어를 자유롭게 사용할 수 있는 환경이 만들어졌으면 좋겠다.

다문화가정 자녀들이 학교에 가면 다문화가정이라는 이유로 주변 또래 친구들에게 놀림을 받는 경우가 있다. 그리고 친구네 집에 놀러 갔을 때 친구 엄마는 한국어를 잘하는 반면에 자신의 엄마는 한국어를 못하는 것에 의문을 가지는 아이도 있다. 이런 아이의 반응에 어머니들은 한국어를 열심히 배우려고 하지만, 어설픈 한국어는 오히려 아이들의 언어 발달에 지장을 줄 수 있다. 어설픈 한국어로 말하는 것보다 당당하게 한국인 엄마는 한국어를 잘하지만 자신은 자신의 모국어를 잘한다는 차이를 알려줘야 아이도 자신감을 가지고 자랄 수 있다.

가정에서 아빠는 한국어, 엄마는 모국어를 사용하면 처음에는 아이에게 혼란을 줄지 몰라도 시간이 지나면 아이들도 2개 나라의 언어에 익숙해질 것이다. 엄마들이 자신의 모국어 대신 자녀들에게 한국어를 사용하려는 인식을 바꾸는 것이 내가 할 일이라고 생각한다.

중국동포는 중국에서도 한국에서도 외국인이다

나의 친척들은 거의 한국에 있다. 부모님께서도 한국에 계시다가 다시 중국으로 돌아가셨다. 중국 한족은 조선족과의 차별에 불만이 있다고 하지만, 내 생각에는 우리 조상들도 처음에 많은 차별을 당했을 거라 생각한다. 할아버지는 중국인에게 난민 취급을 당하면서 서러웠다고 한다. 중국 동네 옆에 중국동포 마을이 있으니까 틈만 나면 가축을 훔쳐가고 때리고 사람 취급도 하지 않았고, 예쁜 여자까지 데려갔다고 한다.

길림성의 연변 자치구는 고향인 흑룡강성보다 중국동포들이 더 많이 살았는데, 그분들이 단합해서 중국 동네를 방망이로 친 사건이 있었다. 그 이후로 중국동포를 함부로 대하지 못했다고 한다. 이 사건으로 중국동포에게 붙은 별명이 '가오리방쯔'*다. 그래서 마트에 물건을 사러 가면 사람들이

"가오리방쯔"

라고 수군대면서 많은 설움을 당했다. 이렇게 중국에서도 설움을 받았는데, 이제 한국에 와서도 외국인 취급을 받아서 조금 서럽다. 그렇지만 나는 중국동포가 한국에 와서 범죄를 저질렀기 때문에 한국 사람들이 그런 부정적인 인식을 가졌다고 생각한다. 차별을 받는 데는 그 소수의 중국동포 잘못도 있다고 생각한다.

한국에서 중국동포에 대한 인식을 개선하기 위해서는 텔레비전에서 중국동포의 역사를 알 수 있는 프로그램을 방영해주고, 일반 행사나 교과서에 중국동포의 역사를 넣어서 배울 기회를 제공해줬으면 좋겠다. 중국뿐만 아니라 우즈베키스탄 등 한국에서 다른 나라로 넘어간 민족의 역사

* 가오리방쯔는 한국인을 비하하는 욕설. 줄여서 '방쯔'라고도 하지만, 한국에선 '빵즈'라는 표현으로 자주 번역된다(나무위키).

에 대해 교육하고, 지역 전통축제 같은 행사에서도 중국동포에 대한 인식 개선을 위한 프로그램을 일상에서 자연스럽게 노출할 수 있으면 좋을 것 같다.

3.
중국어 분야에서 인정받는 사람

한국에서 중국어로 인정받는 사람이 되고 싶다

현재까지는 사느라 바빠서 생각하지 못하고 있는데, 앞으로는 중국동포를 위한 자원봉사 프로그램이 있다면 전적으로 나서고 싶다. 특히 한국에 와있는 2세들은 중국어를 거의 못해서 중국어를 가르쳐주고 싶다. 한국은 제2외국어로 중국어를 선택하여 많은 학교에서 가르치고 있지만, 중국동포 2세를 위한 특별 교육이 있었으면 좋겠다. 예를 들면 차이나타운에 중국 화교 학교가 있듯이 중국동포를 위한 학원 또는 학교가 세워져서 중국어를 배울 수 있는 환경이 더욱 다양해졌으면 좋겠다. 한국에서 중국어를 가르쳐본 결과 학비가 비싸 배우기가 쉽지 않다. 그래서 한국인 자녀들도 배울 수 있지만, 교포나 다문화가정 자녀들이 우선적으로 배울 수 있게 학비를 좀 더 저렴하게 해서 배울 기회를 마련해주었으면 좋겠다.

마지막으로 나는 한국에서 중국어로 인정받는 사람이 되고 싶다. 이중언어코치를 하면서 가르치는 게 적성에 맞다고 생각해서 학교에서 좀 더 공부해서 중국어 강사를 하거나 학원을 운영하고 싶다.

4.
전사록 요약

〈연구참여자 정보 및 특성〉

출생연도	1972년생	이주연도	2007년
국적(이주 전/현재)	중국 조선족/-	학력	대졸
가족	남편, 전남편의 자녀 1명(딸, 중국), 재혼 남편의 자녀 2명(딸·아들/일본·한국)	직업	다문화가족지원센터 이중언어코치

▶ 이중언어코치의 교육 현장에 대해 말하다

[조사자: ○○○ 선생님을 모시고 인터뷰를 하겠습니다. 네, 지금 ○○ 다문화가족지원센터에서 이중언어코치? 통역도 하시고….] 네, 통역은 옆에 중국어 선생님이 있어요. 그래서 그 선생님이 밖에 나갔을 때만 하고 주로 제 사업을 위주로 하고 있어요. [조사자: 그 이중언어 코디사업이라는 게 뭐예요?] 네, 그러니까 한국에 결혼으로 온 이민자들하고 그 자녀들 상대로 2세들한테 엄마 나라 말을 많이 쓰게끔 우리가 일상생활에서 할 수 있는 놀이나 여러 가지 방법을 같이 가르쳐드리고 같이 공유하면서 이제 조

기 정착을 유도를 한다고 해야 되는 그런 사업이라고 하면 될 것 같아요. [조사자: 그럼 이용자는 많아요?] 지금 동부가 재개발지역이잖아요? 그래서 젊은 사람들이 거의 없어요. 그래서 어르신들 많고 그렇다 보니까 이용자가 너무 부족한 상태거든요. 다른 데 비해. [조사자: 이렇게 좋은 프로그램이 있는 것은 알아요? 사람들이?] 잘 몰라요. 왜냐하면 이게 2015년도부터 어~ 2015, 16년이죠? 한 2년 동안을 이제 시작한 거예요. 2014년도는 시험으로 받는다고 했고. [조사자: 시범사업으로~] 네네. 시범사업으로 했고. 정식으로 하기는 2015년부터 시작했죠. 2년밖에 안 됐어요. 그래서 많은 분들이 몰라요, 이거를. [조사자: 음… 너무 좋은 프로그램인데.] 네. 그래서 저희도 이거 하면서 느꼈는데 다문화가정의 자녀라면은 그 부모도 그렇고 꼭 이 교육을 들으면 좋긴 할 것 같아요. 특히나 아이들한테 모르고 있다면, 어… 1개 나라 말만 갖고 가는데 알고 있으면은 우연하게 엄마 나라 말을 어릴 때부터 그냥 공부를 안 하고 놀이하면서 어… 가르칠 수 있으니까 아이가 어릴 때부터 2개 나라 말을 자연스럽게 갖고 가니까 아이 성장에는 아주 나중에 가서도 도움이 많이 되겠죠. [조사자: 그런데 이용하지 않는 이유가 뭐라고 생각하세요?] 어… 그러니까 이용하지 않는다기보다는 우리 센터 같은 경우는 주위에 젊은 분들이 너무 없어요. 그러다 보니까 어… 지금 현재 참여하고 있는 회원들도 ○○구 회원들보다도 ○○구나 이제 ○○구에서 그쪽에서 많이 오세요. [조사자: 그러면 이 프로그램이 ○○다문화가족지원센터에만 있는 특성화 프로그램이에요?] 아니에요. 전국적으로 다 있긴 있어요. 그… 근데 여성가족부에서 하는 거거든요. 근데 이제 한 지 얼마 안 되다 보니까 결혼이민자들이 잘 모를 뿐 아니라 어… 여기 한국인들도 잘 몰라요. 이중언어라 하면은 '아, 뭐 중국어 가르치나 보다' 생각하거든요. [조사자: 그러면 한국인도 여기 가도 돼요?] 한국인들은 여기

대상자가 아니에요. 왜냐하면 우리는 결혼이주민을 상대로 하기 때문에 한국인들은 대상이 안 돼요. 다문화라면 되거든요. [조사자: 선생님은 중국에서 대학을 졸업하셨는데 무슨 과를 나오셨어요?] 저는 이제 그… 중문과예요. 한국에서는 '한문과'라고 하죠. 중국에서는 중문이죠. 중문학과. [조사자: 중문과. 한국에서도 그냥 '중문과'라고 하는데. 그러면 중국에서 중문과하고 지금 여기에서 이중언어 코칭하고는 약간은 조금 연관성이 없어 보이는데.] 연관성은 없어요. [조사자: 그러면 선생님은 이중언어 코칭하기 위해 어떻게 노력했어요?] 어… 저는 노력했다기보다는 그냥 사실은 노력…보다는 교육을 받고 하는 건데요. 교육이 3일 동안만 이루어지고 지금 우리 하는 거예요. 그래서 많이 어려워요. 음… 예를 들어서 여기에서 중국어를 가르치라고 하면 우리 특기이기 때문에 교육 3일 받았다고 하더라도 우리가 알아서 이렇게 할 수 있을 것 같은데, 이중언어 같은 경우는 중국어 가르치는 게 아니라 엄마 나라 말을 아이한테 하게끔 엄마를 교육시키는 거예요. 근데 뭐 교육이라 하면은 어머님들 오셔가지고 또 잘 안 들으려고 해요. 솔직히. 그래서 어… 그리고 또 교육하려고 해도 우리는 전문성을 못 띠니까 주로 놀이를 많이 가르쳐주거든요. 아이들한테 평소에 뭐 그냥 음… 많은 어머니들이 바쁘다 보니까 아이는 아이대로 놀고 엄마는 엄마대로 이제 있다가 뭐 잠깐 놀아줬다 해봤자 그냥 안고 이렇게 이렇게 하는 것뿐이잖아요. 근데 어… 그냥 아이들 같이 놀 때 같이 아이 눈높이에서 이렇게 놀이 하면서 가까워지니까 그때 엄마 나라 말을 엄마가 자연스럽게 하면 아이가 자연스럽게 듣고 대답을 하고 이제 이 방법을 저는 택해서 해요. 그래서 놀이 위주로, 그다음은 만들기 위주로 아이랑 같이. 첨엔 많이 어려웠어요. 근데 한… 3월달에 들어와서 한 8개월 정도 이제 되다 보니까 조금 요령도 생기고 이제 나름 보람도 느끼고 있어요. 내가 엄마들한테 이렇게 해서 이 교육을 통해 엄마가 진짜 아이한테 엄마 나라 말을 가르치는 걸 내가 인식을 했다면은 생활이 습관이 바뀌고 아이가 또 엄마 나라 말을 들을 수 있음으로써 어… 커서 따로 모국어를 돈 주고 안 배우더라도 어느 정도 인식은 되어 있잖아요. 그러니까 그때 가서 배우기가 쉽겠죠. 그죠? 그래서 음… 그거가 아주 이렇게 보람은 느끼고 있어요. [조사자: 그러면 선생님은 이제 이중언어코치인데 이중언어코치라는 직업을 가지고 재교육을 받거나 이런 것은 없어요?] 아, 그러니까 1년에 한 번씩 교육. 아, 그러니까 3일 동안 교육받고 그다음에 그 연중에 4차에서 5차 정도 당일로 가서 교육받는 것이 있어요. 그 먼저는 어… 3일? 5일이었나? 5일이었던 것 같아요. 교육을 한 번 받고 그다음에 이후에 한 학기씩 한다고 하면 연중에 5차 정도 6차 정도 여성가족부에서 하는 이제 교육을 받고 있어요. [조사자: 그 교육 내용은 뭐예요?] 이중언어에 연관되는, 이제 이중언어코치들이 알아야 될 이런 거 지식이나 뭐 상식 같은 것도 있고 교육방법 같은 것. [조사자: 그러면 선생님은 이제 그 재교육을 받으러 갔을 때 사실은 그… 이중언어코치가 가지고 있어야 하는 자질? 아니면 역량. 예를 들면 뭐 그 교수방법 이런 거를 어느 쪽에 더 필요해요?] (웃음) 저는 만들기가 필요하다고 생각해요. 근데 교육도 정말로 중요하긴 해요. 제가 해보니까. 근데 어머니들이 교육한다고 하면은 졸든지, 허리 아파서 앉아를 못 있어요. 이제 그러다 보니까 저도 교육이 중요하다는 것을 알지만, 쭉 교육을 하면 안 되고 이렇게 2시간에서 30분에서 40분 정도만 교육하고 나머지는 만들기를 하고 이렇게 조율을 어느 정도를 해서 해야 해요. [조사자: 아… 교구 만들기.] 예, 교구 만들기. 어… 그런데 저는 교육도 중요하다고 봐요. 근데 역량을 키운다면은 만들기보다는 교육 쪽으로 역량을 키우고 싶어요. 우리는 교육 쪽에는 전문적인 지식이 별로 없잖아요. 사실 5일 동안 3일에서 5일 정도 교육받고 그걸로 그냥 하는 거예요. 뭐 특별하게 뭘 선생님 박사하는 것처럼 뭐가 뭐 전문적으로 있는 것도 아니고, 그쵸? 그래서 교육적인 면에서 많이 또 좀 아직 체계화가 좀 안 되었다고 봐요. 제 개인적으로는. 아직 이거 이중언어 아직 그… 여성가족부에서도 교육방법 같은 것도, 지침 같은 것도 그렇고. 찾아가면서 하는 더듬어가면서 가는 이제 단계라고 봐요. 그래서 좀 우리가 좀 어려워요. [조사자: 이중언어코치가 되기 위한 자격증 이런 것은 필요해요?] 네. [조사자: 뭐가 있어야 해요?] 어… 중국어? 아. 중국어는 말고 한국어. 우리 다 외국인이다 보니까 5급 이상 이제 그게 있어야 해요. [조사자: 아… 토픽 5급 이상.] 네. 토픽 5급 이상 자격증이 있어야 되고. 그 외에는 대학졸업증 같은 게 있어야 되고. 다른 것은 특별히 없다고 알고 있어요. [조사자: 그러면 중국에서 대학교 나온 그 자격증이 한국에서도 똑같이 인정이 돼요?] 그러니까 인정을 받기가 좀 어려워요. 네. [조사자: 왜 인정받기가 어려워요?] 글쎄. 그것은 잘 모르겠는데, 저도 이번에 처음으로 아… 저 예전에 중국어 가르킬 때도 한번 대학 졸업증을 이제 하긴 했는데 잘 인정을 잘 안 해주는 이제… 인정을 잘 안 해주는 게 있어요. 근데 이유는 잘 모르겠지만, 어… 대학 졸업했다고 해가지고 이걸로 이제 한국에서 중국에서 대학 졸업한 거 한국에서 똑같애. 인정을 처음에는 안 해줬는데, 날이 가면서 조금 인정을 해주는 추세로 가고 있는 것 같아요, 제 느낌에는. 근데 아직도 만약 이 대학 졸업증 가지고 어느 대학에 가서 "제가 뭐 이어서 공부하고 싶다" 그러면 뭐… "거기 현지에서 공증을 받아와" 이렇게 있더라고요. 인정을 잘 안 해주죠. (웃음)

▶ 이중언어코치가 되기 전까지 다양한 환경에서 일하다

[조사자: 한국에서 그러면 교육받아본 것은 뭐 있어요?] 한국에서는 저

는 이제 그 와가지고 중국어 강사 하면서 중국어 강사에 대한 이제 교육하고…. [조사자: 어디에서 중국어 강사를 얼마 동안 했어요?] 어… 저기 대련 옆이 ○○○에서 2년 정도… 1년 8개월인가 2년 거의 되게 했었어요. 하다가 어… 고향에 동생이 결혼해가지고 가서 있던 김에 금방 올 수가 없어서 한 달인가 두 달인가 있으면서 사직하고 갔었던 거예요. 어쩔 수 없이. 우리 여기도 회원이라 그러지만 거기에도 회원이라고 그러거든요? 그러니까 가르치는 상대 쪽에서 한 달 두 달은 못 기다려요. 선생님 대체를 해 넣어야 하거든요. 그래서 사직하고 갔었어요. [조사자: 아… 그랬구나. 그러면 그 교육받아보고 또 다른 교육은?] 그다음에 어… 다른 교육은 저는 다문화가족지원센터가 있는 것을 여기 와서 알았어요. 이용을 못 해봤어요. [조사자: 여기라는 것은 어디예요? 그리고 언제요?] ○○다문화가족지원센터. 3월달. [조사자: 올해? 그런데 어떻게 다문화센터에 발을… 입문하게 되었어요? (웃음)] 제가 여기 오기 전에 또 이제 어… 중국어 강사를 하다가 그만두고 나서 좀 쉬다가 여기 면세점에서 다녔었어요. [조사자: 면세점? ○○(지역)?] 네. 이제 거기서. 저는 하다가 오래 하고 싶은데 이래저래 일이 생겨요. 면세점에서 좀 하다가 한 1년 반인가 했는데 다리를 다쳤어요. 다리 갑자기 인대가 나가는 바람에 그 수술을 막 좀 하고 쉬어야 된다고 그래서 한 1년 동안을 병원 다니고 물리치료 하면서 하다 보니까 거기도 그렇게 그만두게 됐고. 그담에 이제 일하게 됐는데 여기 ○○행정복지센터에다가 면세점이나 이런 데 있으면은 다시 하고 싶다고 했는데 여기를 연결해준 거예요. [조사자: 아… 행정복지센터에서?] 네, 네네. [조사자: 야… 진짜 잘… 연결 진짜 잘해줬는데요?] 네… 그래서 그냥 여기를 오게 된 거예요. [조사자: 어떻게 행정복지센터에 가서 그런 거를… 행복 상담원을 찾을 생각을 했어요?] 행정복지센터… 여기 행정복지센터 있어요. 바로 옆에. ○○병원 옆에 있어요. [조사자: 그거는 뭐… 보통 있는 행정복지센터하고 좀 다른 거예요?] 일반 주민센턴데 위에 취업 이제 그… 그게 취업 전문상담…. 이제 거기가 있어요. 행복주민센터에 보면은 분야가 있어요. 거기서 이제 그… 등록을 해놨거든요. 저는 여기에 이런 게 있는 줄도 몰랐어요. 근데 그냥 응… 면세점 쪽으로 그냥 (웃음) 하고 싶다고 그렇게 했는데, 면세점은 아직 자리가 없고 여기는 자리가 있고 한번 해보겠냐고 그래서 저는 처음에는 '아, 뭐 이중언어다' 그래가지고 '그냥 중국어 가르치는 건가 보구나' 이렇게 생각하고 들어왔어요. 이런 건 줄 모르고. 네….

▶ 다문화가정 자녀에게 필요한 교육이란 무엇일까

[조사자: 아… 그러면 좀 많이 처음에 자기가 생각했던 것하고 좀 업무가 달라서 좀 많이 힘들었겠어요?] 너무 힘들었었어요. 처음에…. [조사자: 그런데 그 힘든 것을 이제 뭐 본부나 이런 쪽에 상담을 문의해서 해결했어요? 아니면 스스로 해결하는 편이에요?] 아… 그러니까. 힘든 것을 특히나 이거 또 공무원하고 연관되고 막 이제 이렇다 보니까 실적이나 지침 같은 것은 위에다 물어보고 그담에 뭐 사업 같은 거 방법 같은 거는 또 선배들 있어요. 우리 같은 이제 이중언어코치들도 이제 그… 단체톡 같은 비슷한 거 있거든요? 거기에서 서로 물어보고 공유하고 이렇게 해서 많이 하는 편이었어요. 근데 그렇게 많이 도움이 됐었어요. 선배들하고 또 같이 들어온 동기들도 단체톡도 있고. 서로가 공유하고 하면서 이제 많이 힘이 되고 도움이 되고 그랬던 것 같아요. [조사자: 그러면 그… 엄마들이 자녀들에 대해 상담을 많이 할 것 같아요. 선생님한테.] 네, 네. [조사자: 그런데 대부분 무슨 상담이 주를 이루어요?] 어… 그러니까 어머님들이 주로 보면은 어… 아이가 뭐… 어… 앞으로 어떤 학교로 했으면 좋겠는지도 그렇고. 뭐 주로 그쪽이

었어요. 교육 면에서. [조사자: 그러면 선생님은 어떻게 대답해주세요?] 그러니까 어… 저는 제가 알고 있는 것만큼은 그냥 다 이렇게 얘기를 하고 잘 이렇게. 제가 교육 면에서 왜냐하면 한국에서 교육을 저는 안 받았기 때문에 여기에 교육을 잘 몰라요. 그래서 이런 경우 같은 경우에는 어… 주위나 선배들한테 물어봐서 이렇게 그냥 대답해주고 이제… 전문성은 없어요. [조사자: 그럼 우리가 이제 자녀의 2세 교육을 위해 뭐가 가장 시급하고 좀 이런 게 반드시 있어야 하는데, 한국에는 이런 게 좀 준비가 덜 되었어요. 이런 부분을 좀 얘기해주셨으면 감사하겠습니다.] 어… 저는 이제 그거라면 당연히 제가 이중언어를 담당하는 담당자로서 얘기를… 근데 여기 오기 전까지 그렇게 못 느꼈어요. 그런데 여기 이제 와서 느끼는 건데, 다문화가정의 자녀들이 어… 제일 시급하다고 한다면은 어… 엄마 나라 모국어, 문화, 그다음에 뭐… 언어, 문자 이거를 다문화에서만 가르치면 너무 제한이 있어요. 이제 그거를 학교나 어린이집이나 이런 데서도 보편화를 시켰으면 좋겠다는 생각이 들어요. 이제 왜냐하면은 특히나 중국에서 온 분들은 자녀들한테 그렇게 막 어… 자신감이 없게 키우지는 않더라구요. 그러니까 중국에서 오신 분들도 좀 당당한 게 있어요. 그런데 베트남이나 뭐 우즈베키스탄 쪽이나 이제 그쪽에 분들은 어… 조금 당당함이 떨어져요. 그래서 아이들한테 항상 자신감을 보여주지 못하다 보니까 아이들도 이제 또 어린이집이나 이런 데 나가가지고 자신감이 없어요. 그러니까 소외당하는 느낌을 잘 받고…. 인식 개선도 중요하다고 봐요. 주위에 어린이집의 선생님들이나 친구들이나 다문화가 이렇게 무슨 우리가 방어해야 되는 존재가 아니라 우리가 같이 살아가야 하는 존재다. 이거를 어… 그렇다고 인식 개선도 중요하지만, 거기에서 어린이집이나 학교 같은 데서도 다문화 모국어 이런 거를 이제 할 수 있게끔 좀 교육시설이 되어있으면 좋겠다는 생각이 들어요. [조사자: 그… 어머니들이 대부분 유치원 가기 전에는 아이들하고 엄마 나라 언어를 막 이야기하다가 이제 뭐 학교에 갈 때쯤 되면 엄마 나라 이야기를 안 하는 사람도 있고 하는 사람도 있는데, 그… 안 하는 사람들 자녀들이 학교에 가서 뭐 안 좋은 소리도 들어서 안 한다 뭐 이런 이야기도 있는데, 혹시 주변에도 그런 사람들이 있어요?] 예예. 저도 들었었어요. 근데 어떤 어머니들은 그러니까 집에서 엄마가 아이한테 내가 중국에서 와서 아이가 어… 어릴 때는 몰라요. 근데 좀 크면서 어… 친구네 엄마 집 놀러 갔을 때 엄마는 한국어 잘하는데 우리 엄마는 한국어 못하잖아요 그러면 이제 당연히 와서 물어보겠죠. 좀 이제 엄마는 왜 이렇게 한국어 못해? 이런 식으로 얘기한대요. 그러면 어떤 엄마들은 이제 거기에 속상해가지고 내가 한국어를 많이 배워서 할라고 아이하고 노력을 하고. 어떤 엄마들은 "아, 엄마가 중국에서 왔기 때문에 한국어 당연히 엄마는 지금 배우고 있는 단계니까 한국어 잘 몰라. 그러니까 네가 한국어 많이 배워줘야 되겠지만 엄마는 대신 너나 너 친구 엄마나 모르는 중국어를 알고 있어. 그러니까 너는 엄마 아이니까 너는 그렇게 더 다른 애들보다 대단한 거야." 이렇게 해준 엄마 아이들은 가서 중국어를 당당하게 하는데, 엄마가 좀 자신감이 없고 그러면은 아이가 밖에 나가서 더 자신감이 없어요. 이제 그런 경우에 엄마들이 와가지고 자기는 그래서 아이한테 한국어로만 한다고. 아이를 위해 아이가 밖에 나와서 자꾸 자기 엄마가 한국어를 못한다고 이제 그렇게 느끼면 아이가 자신감이 없으니까 이제 한다고. 그래서 저한테 와서 이제 그런 걸 많이 물어봐요. 그래서 제가 "이렇게 하는 것이 아니라 오히려 엄마가 서투른 한국어로 아이하고 할 때 아이 언어 발달에도 더 지장이 된다. 아이들은 배우는 단계기 때문에 서투른 한국어를 하면 그대로 받아들이니까 오히려 엄마 나라 말을 아이한테 해라 당당하게. 그렇게 하고 대신 한국어는 아빠가 가르치면 된다고 아빠하고. 아빠는 All 한국어, 엄마는 All 모국어. 이렇게 하면 아이가 50 대 50으로 받아들이니까 처음에는 혼동이 있을 수 있어도 조금 지나면 바로 적응을 하니까 그렇게 해라." 그러면 자기는 걱정되는 게 이렇게 하고 싶은데 밖에 나가서 아이가 자기 엄마가 모국어를 어… 한국어를 못한다고 어… 느끼는 것 때문에 자기가 한국어를 열심히 할려고 한다는 거예요. 그래서 그 인식을 바꾸는 게 바로 우리가 하는 일이에요. [조사자: 응, 그게 참 중요하겠네요.] 예예. 그 저도 첨엔 너무 어렵고 막… 말도 안 되고 그렇게 생활을 했는데.

▶ 이중언어코치의 현실에 부딪히다

정말 이 사업은 꼭 있어야 된다고 봐요. 근데 다문화에서만 하기는 너무 제한이 되어 있어요. 1주일에 한 번이나 두 번 이 정도밖에 안 오고, 오면은 우리는 10기까지 하고 끝나요. 이제 사후 처리를 해준다고 해도 끝나면 다른 회원을 모집해서 또 해야 되기 때문에 그분에 대한 이제 사후처리가 이제 상세하게 못 들어가잖아요. 이제 그러다 보니까 이분들이 제가 같이할 때에는 또 이런 말도 해요. 1주일에 한 번씩 만나잖아요. 그러면 잊어버릴 만하면 또 제 말 듣고 또 가서 모국어 한대요. 그다음 또 하다가 잊어버린대요. 1주일 되면 또 이렇게 하는데, 그나마 10번 하고 끝나버리면 또 잊어버리고, 또 일상생활로 예전처럼 돌아갈 수가 있어요. 그래서 이거를 어… 인식을 바꿀라 그러면 학교나 어린이집에 다 모국어가 이렇게 중요하다는 것을 인식하고 다문화가정의 아이들을 인정을 해주고 받들어주고 하면 아이들이 당당하게 자기 엄마 나라 말 할 수 있지 않을까. 제일 시급한 게 그거예요. 네. (웃음) [조사자: 역시 전문가이십니다. (웃음)] 아니에요. 저는 얼마 안 됐어요. 진짜로. (웃음) [조사자: 그… 선생님은 앞으로 이 사업을 계속 하고 싶으세요. 이 일을?] 네, 저는 하고 싶어요. 근데 어…. [조사자: 그런데 이게 그… 계약직이에요? 아니면.] 계약직이에요. 계약직이다 보니까 1년 하고 재계약 쓰죠. 그러면 이제 어… 우리 ○○다문화가족지원센터 같은 경우에는 2년까지만 할 수 있어요. 2년 되면은 나가야 돼요. 짧은 다 그러더라구. 바꾼다고 하더라구요. [조사자: 그럼 다른 데로는 갈 수 있어요? 다른 센터. ○○센터에서 2년 일하고 다시 ○○센터에서 2년 일하고 이렇게 할 수 있어요?] 네. 그렇게는 할 수 있지만, 또 센터에 이중언어코치가 계시면은 저는 안 되는 거죠. 보통 센터에 한 분씩만 있더라구요. [조사자: 그러면 이중언어코치는 중국만이 아니라 모든 나라에….] 네, 모든 나라에 자녀를 다 상대하고 있어요. [조사자: 지금 제일 많이 이용하는 나라가 어느 나라예요?] 지금 현재 우리 센터는 중국인들이 많아요. 그러다 보니까 중국 회원들 많거든요. 음… 잠깐만요. 제가 목말라요. [조사자: 음… 그게 왜 선생님이 중국분이라서? 아니면은….] 네, 그래서 그럴 수도 있어요. [조사자: 아니면 ○○에 사는 사람들이 중국인이 많아서예요?] 아니에요. 그거는 아니에요. ○○에도 중국인들도 있고, 베트남인들도 있고, 여러 나라에서 온 회원들이 있어요. 제가 봤을 때는. 근데 저도 중국인인데 통·번역도 중국인 선생님이거든요. 그러니까 어… 아무래도 이제 중국 사람들 많이 와요. 편하니까. 그래서 제가 베트남인이었다면 중국 사람들도 많이 불편해서 안 올 수도 있어요. 아마 그런 나라, 그런 걸 좀 띠기는 하는 것 같더라고요. [조사자: 그러니까 이중언어강사도 코디네이터도 중국 선생님도 있어야 하고, 베트남 선생님도 있어야 하고 그 얘기를….] 예… 그러니까 어… 센터에서 보면은 어… 우리 동구 같은 경우에는 원래 어… 원래 인원이 적고 좀 센터가 좀 규모가 작아요. 이제 그러다 보니까 이렇게 모집을 한 것 같은데. 좀 큰 센터나 이런 데는 이런 걸 생각하고 모집할 것 같아요. 그러니까 예를 들어서 통·번역이 중국 선생님이다 그러면 이중언어는 베트남을 찾는다던지 다른 나라를 찾는다던지 하는데, 이제 우리 이중언어 같은 경우는 너무 힘들다고 이제 힘들어요. 솔직히 너무 힘들어요. 거기에 비해서는 솔직히 보수도 너무 적고 그러다 보니까 (웃음) 그 선생님들이 한 번 하고 거의 다 안 해요. 안 할라고 해요. 그래서 어… 이중언어 선생님 찾기가 엄청 어렵대요. 아마 ○구에 있는 여성 저기 뭐지… 회관에서도 생각을 했겠지만 없다 보니까 중국 선생님을 찾았을 수도 있을 것 같아요. 이중언어가 너무 적어요. [조사자: 그러니까 선생님 말씀은 이제 그 통·번역이 중국이든 태국이든 베트남이든 떠나서 통·번역은 통·번역이고 이중언어는 이중언어고, 이중언어 중에서도 회원이 적더라도 효과적으로 이루어지기 위해서는 베트남 선생님, 중국 선생님, 필리핀 선생님, 캄보디아 선생님 등 나라마다 이런 이중언어 선생님이 있으면 좋겠다. 그 얘긴 거죠?] 예예. 근데 그게 이제 좀 현실적으로는 안 맞는 게 한 센터에서 어 이중언어를 둘 이상 둔 센터가 이제 있어요. ○○구에 있었대요. 그런데 어… 되게 어려웠나 봐요. 왜냐면 한 선생님당 실적이란 게 있어요, 우리는. 그 실적을 채워야 하는데 예를 들어서 선생님이 두 분이다 보면은 실적이 배로 늘어나잖아요. 그런데 왜 센터에서 이용하고 있는 회원은 거의 다가 고정되어 있어요. 진짜 선생님 한 분이 동원되어 가지고 그만큼 늘어나는 게 아니라 그 회원으로 해야 하니까 선생님들께 너무 힘들어서 못 배기고 나가는 그런 경우가…. [조사자: 아니, 그런데 그 실적을 반드시 채워야 하는….] 꼭 채워야 돼요. [조사자: 그러면 그 실적을 바꿔야지 제도를….] 그렇죠. 근데 그 지침이… 지침이 너무 이렇게 좀… 유도리가 없어요. 제가 보기에도. 근데 그게 아무래도 공무원들이 하다 보니까 이제 이렇게 되는 경우가 있을 것 같은데, 어… 위에서 여성가족부에서도 지침으로 하고 그다음에 또 우리 또 여성 일터에서 나오면은 또 주사님이나 공무원들 있잖아요. 그분들도 공무원이기 때문에 어… 지침에 따라서만 우리한테 자꾸 해요.

▶ 이중언어코치의 현실을 이겨내기 위해 노력하다

그러다 보면 우리는 진짜 다문화가정에서 우리가 다문화가정을 위해 이렇게 어… 어떻게 보면은 나는 그런 마음으로 왔거든요. 취약계층을 위해 내가 좀 봉사하는 마음으로 한번 하고 나면 의미도 있고 좋다 생각하고 이게 월급은 안 생각하고 왔어요. 근데 어… 진정 그 사람들을 위해 봉사하는 프로그램이라기보다는 실적에 쫓겨가지고 (웃음) 이렇게 하는 경우가 많아지게 되었어요. 실적을 현재 이중언어 같은 경우는 그 실적을 채우기 자체가 너무 힘들어요, 현실적으로. 지금 우리는 그 실적에 따라가야 하니까. 음… 급히 급히 실적을 채우다 보니까 회원들을 다 챙길 수가 없어요. 왜냐하면 10회기 있을 때까지는 제가 열심히 해줘요. 근데 끝나버리면 다른 회원들 또 모집해야 되잖아요. 그러니까 그 사후관리 같은 게 잘 안 돼서…. 일일이 다 제가 끝난 다음에 계속 연락해서 하면 좋겠지만 그건 안 되고…. [조사자: 그럼 선생님. 이제 10회기가 끝나서 이 사람들은 이제 못 해요? 사후처리가 안 되는데, 이 사람들을 위한 또 다른 뭔가 프로그램이 준비되어 있는 것은 없어요?] 네, 없어서 저는 어떻게 하냐 하면요. 어… 제가 하는 사업이 이중언어지만 세 부분으로 나눠요. 부모교육이 있고 부모교육에서는 주로 부모만 이제 그… 인식을 바꿔주는 교육이죠. 그리고 그다음에 그… 부모-자녀 상호작용은 아까 제가 얘기했듯이 엄마랑 아이랑 같이 놀이하면서 일상생활에서 그… 아이하고 가까워지면서 엄마 나라 말을 가르칠 수 있는 주로 놀이 위주로, 그다음에 이중언어 활용에서는 말 그대로 이중언어를 우리가 부모-자녀나 부모교육에서 한 것을 다시 그때는 활용을 해보는 프로그램이라고 하면 돼죠. 그때는 그냥 회기, 회기당 뭐 만들기나 이런 거를 해가지고 아이랑 직접 자리에서 모국어를 하면서 이제 해볼 수 있는 이제 그 단계라고 생각하면 돼요. 그래서 그거를 저는 이중언어 활용 같은 경우는 기존에 있던 10회기에서 끝나는 회원들도 오게끔 불러요, 제가. 기존에 있던 회원들 중에서 조금 어렵거나 어려운데 열정적인데 잘 안 되거나 이런 분들을 불러서 또 자꾸 이제 만나가지고 프로그램도 하고 끝난 다음에 조금 이제 얘기도 해주고 코치도 해주고…. [조사자: 그게 불러서 하는 이중언어 활용 코너는 활용은 이거는 뭐 얼마… 한 달에 한 번? 아니면 뭐….] 네. 원래는 한 달에 한 번으로 돼 있는 게 좋아요, 제가 보기는. 그러니까 그것도 지침에는 안 나와 있어요. 한 달에 한 번 해라 이런 건 없지. 1년에 열 번을 하거든요. 근데 어떤 선생님들은 초기에 다섯 번을 하고 그다음에 연중에는 이제 그 부모-자식 간을 하고 이렇게 하는 선생님들도 있고 다 틀려요, 선생님마다. 근데 저는 그냥 한 달에 한 번씩 해가지고 10회기는 그냥 다니면 끝나요. 그분들이 그 뒤에는 부모-자녀는 못 오지만 부모 이중언어 활용 때는 만들기를 하니까 어머님들이 좋아해요. 토요일에 제가 하잖아요. 토요일에 아이들과 같이 놀러 온다고 생각하고 참여를 하게끔 해서 음… 그때그때 관리해주고 코치해주고 그렇게…. [조사자: 멋지다…. 근데 그게 진짜 제가 생각할 때는 한 달에 한 번이 아니라 정말 1주일에 한 번은 이렇게 늘어나야 되는데, 그럼 거기에 대한 대안 이런 거는 여가부에서 전혀 지원이 안 되는 거죠? 그냥 봉사 차원에서 하는 거죠?] 네… 사업비가 어… 솔직히 사업비가 너무 적어서 저는 와서 깜짝 놀랐어요. 근데 이제 어… 처음에는 일도 이중언어 제가 생각했던 거하고 틀리고 적응하기도 힘든 데다가 사업비가 너무 없어가지고 그냥 정말로 막 그만둘까 막 생각도 많이 했었어요. 근데 일단 마음먹고 왔으니까 한번 해보자. 그래서 그냥 사업비를 생각 안 하고 제 돈을 많이 투자했어요. 그래서 선생님들이 다 알아요. (웃음) 위에 주사님도 그러고 그냥 아우… 사업비로 하기는 말도 안 되고 저는 이 사업을 해나가야 하고. 어쨌든 어머님들은 그… 회원들은 어… 우리 센터만 이용하는 것이 아니라 다른 센터 많이 이용하시거든요. 이제 그분들은 그런 데 많이 참여해봤기 때문에 다 알아요. 어떤 걸 하면 내가 어떤 걸 얻을 수 있다, 이런 걸 다 알거든요. 그러니까 그 사람들 뭔가 있어야지 와요, 솔직히. 그래서 만들어서 가져갈 수 있는 것도 하고 하면서 제 돈도 많이 들였어요. [조사자: 그러면 교재, 교구 만드는 것을 선생님 자비로 다 준비해서….] 아… 다는 아니지만 사업비로 하고 부족한 것은 제 돈 내고 이렇게. 에… [조사자: 그 교재, 교구 만드는 것은 어디에서 도움을 얻어요?] 아, 그거는 그냥… 제가 생각해내야 돼요. 솔직히 그 여성가족부에서 이제 나오는 교재가, 교재라기보다는 선생들한테 뭐 이거 줄라고 이제 하는 거 있어요. 있는데 너무 유치하고 방법이 놀이 같은 게 그냥 거기 방법대로 하면은 어머님들 안 와요. 저 처음에 그랬다가 안 왔어. 회원들 막 안 와가지고 그래도 뭐 어쩔 수 없이 제가 그거를 개발을 해야 되고 어머니들한테 아, 실제로 이제 여성가족부에서 하는 게 안 좋다는 게 아니라 여기에서도 아무래도 직접 회원들에게 만나서 하는 게 아니잖아요. 그분들은, 이제 그렇기 때문에 그리고 이제 시작한 지 얼마 안 됐고…. 그러니까 자리가 안 잡힌 것 같애요. 그래서 교육 같은 거 제가 봤을 때 놀이 같은 거 너무 막 간단하고… 엄마들 이렇게 하면 엄마들이 솔직한 말로 다른 얘기를 해요. "어머, 내가 이것 때문에 여기 와서 해야 돼요?" "집에서도 쉽게 할 수 있는 놀이 있잖아요." 컵 쌓기 막 이런 거… 그럼 엄마들 "집에서 나 맨날 하던 건데 여기 와서 또 해야 하냐"고 이러면서 다음에 안 온단 말이에요. 그래서 아… 이렇게 하는 거 아니다.

내가 엄마들 나를 믿고 왔으면은 어쨌든 내가 엄마들 한… 아니 아이들한테 엄마들한테 실망하지 않게 뭔가 뭐… 정신적으로도 그렇고 물질적으로도 그렇고 뭔가 얻어갈 수 있게끔 내가 해줘야 되겠다. 그래야지 엄마들도 기분 좋게 올 수 있고, 나도 엄마들한테 미안하지 않고. 어쨌든 날씨 더울 때는 제일 더울 때 막 애를 안고 막 땀을 흘리면서 이까지 뭐 먼데서 오잖아요. 저는 ○○구의 회원들이 그 얼마 없어요. 다 먼 데서 와요. ○○에서도 오고, ○○구에서도 오고 이렇게. 그러면 그분들이 먼 데서 와가 1시간 막 소요하면서 와가지고 실망하고 가면 안 되잖아요. 그래서 그러다 보니까 제가 그냥 개발할 수밖에 없었어요. [조사자: 그러면 그 개발한, 선생님이 개발한 교재, 교구 이런 것들은 어디 사이트에 올려서 다른 선생님들이 공유하거나 뭐 이런 것도 있어요?] 그러니까 우리 이중언어코치 선생님들은 서로 같이 다 어렵잖아요. 이제 그러면은 "어… 다음에 난 뭐 했으면 좋겠는지 모르겠다" 그러면 "난 이번에 이거 했더니 엄마들이 되게 호응도 좋고 좋더라" 해서 올려놓고. [조사자: 거기 사이트에는 몇 명 정도 가입되어 있어요?] 어… 지금 현재 우리는 중국어… 이중언어코치만 같이 이제 해가지고 하는데, 중국어 웨이신 단체 웨이신은 한 10명 정도 있었어요. 근데 어… 3명 정도는 이제 그 도중에 하다가 그냥 힘들다고 나가고 지금 한 7명 정도 네… 있는 데서 어… 서로 공유를 하고 있어요. 네. [조사자: 그 분들은 다 뭐 유아교육이나 아니면 교육학 이런 거를 전공하신 분들이에요?] 어… 전공하신 분들 너무 아, 거의 없어요. 다 저처럼 이렇게 어… 중국어 쪽으로 조금 전문성을 띤 분들이라고 보면 되겠더라고요. 그러니까 근데 우리가 하고 있는 이 웨이신에는 중국분들만 올라오신 거고, 어… 이중언어에 보면은 베트남분들도 있고 있어요. 베트남분들도 있고 필리핀도… 있는데 많지 않더라고요. 베트남분이 좀 많고. 주로 중국 쪽하고 베트남

분들이…. [조사자: 그러면 그 전국적으로 어… 그래요?] 네. 전국적으로 이중언어코치들도 밴드가 따로 있긴 있어요. 거기에 보면 선배들도 있죠. 거기에는 이제, 그러니까 제가 힘들면은 선배들한테 좀 물어보고 이제 하기는 하지만, 각자가 자기 방법이 있긴 있어요. 근데 자기 특기에 맞게 서로가 이렇게 해나가는 거죠 뭐. (웃음) 위에서 지침이 교재가 좀 그렇다 보니까 선생님들이 그냥 각자가 한번은 교육할 때마다 가면은 "나는 이런 걸로 이렇게 이렇게 했다" 그러고 나는 "이런 걸로 이래이래 했다"고 하면은 (웃음) 다 각자 다 방법이 있더라고요. 살아가는 방법이. [조사자: 그래서 그걸 서로 공유하고….] 네. 그 제가 음… 박사님한테 아, 제가 이거 사진을… 오늘 이럴 줄 알았으면 가져올 걸 그랬네요. 교재 한 거를 지금 계속 하고 있는데, 어머님들 그 교재를 너무 좋아해요, 교구를. 그러니까 저는 우리 이중언어가 2011년생부터 2017년생 사이 아이라야지 돼요. 그러니까 어린 유아들이죠. 큰애들은 안 돼요. 그러니까 왜냐하면 모국어를 아이한테 그… 뭐지 도입시킬라면은 뭐… 아무래도 어릴수록 통문장으로 들어오기가 쉽지만 크면은 그게 안 되잖아요, 우리는. 어린애들 그러니까 뭐 기어다니는 애들도 있고 막 뭐 그냥 뭐 세 살짜리 아이들도 있고 (웃음) 이렇게… 근데 제가 이거를 사진을 너무 핸드폰에 많아 가지고… 찍었던 거 같은데…. 이렇게 이렇게 하거든요? 이렇게… (핸드폰 사진을 보여주는 중) [조사자: 아… 네… (핸드폰 사진을 보는 중)] 뭐 아이들 이렇게 아이들은 직접 막 그림 그리면서 상상력 키우기도 하고, 이렇게 엄마가 아이랑 같이 오면은 이렇게 만들기도 하고… 이렇게 교구를 만들어요. 부직포 같은 이렇게 동물 이렇게 만들어서 이거를 이렇게 보드판처럼 비슷하게 직접 다 손으로 만들고, 거기다 이제 엄마 나라 말로 된 문자… 그거를 이제 코팅해가지고 그 아이랑 같이 놀게. 그다음에 아이들이 좋아하는 이 동물도 만들어가지고 같이 그 연결시켜서 놀게 이렇게 음… 근데 그거가 아주 인기가 좋았었어요. 지금도 하고 있는데…. [조사자: 네… 그러면 이제 선생님이 얘기하는 거는 이 아이들이 이중언어를 여기에서 이렇게 교육했고, 유치원이나 학교에 가서 이게 연결될 수 있는 그… 제도 기반이 마련되야 하고, 부모가 자기가 떳떳하게 자기 자녀들한테 모국어를 활용해서 할 수 있는 그런 인식이 좀 바뀌어야 하고 이런 거를 말씀해주셨잖아요? 그럼 혹시 중국에서도 이런 제도가 있어요?] 아… 중국은 워낙 소수민족이 많은 나라잖아요? 이제… 그런데 아직 중국은 (기침) 어… 제가 봤을 때는 그래요. 저는 근데 주관적이잖아요? [조사자: 네, 그렇죠.] 객관적이진 않은데… 어… 약간 독재주의가 (웃음) 좀 있어요. 아직 중국은. 네… 각 소수민족들이 우리가 소수민족들이 그… 문화를 존중하는 것도 있지만, 소수민족들이 우리 중국어를 배워서 다문화지만 소수민족이 많지만 문화를 한족 문화를 이제 많이 도입시키는… 이제 그런 경향이 있어요. 이제 그런데 그렇다 해가지고 거기에 막 거기에 전통적인 뭐 문화 같은 거나 그거까지 무시하는 건 아닌 것 같아요. 소수민족이 그거는 인정해주면서 어… 그… 그 소수민족의 문화도 어… 문자도 가르치게 해요. 어… 그거는 니네들 원하면 가르쳐라. 그런데 전체적인 거는 중국 쪽을, 다 법률 같은 거 모든 것을 중국 쪽으로 따르게끔 하는 거죠. 약간 강제성을 좀 띠고 있는 것 같아요. [조사자: 음… 네. 요즘에는 중국에서 뭐… 뭐를 해야지 취업이 잘돼요?] 어… 저도 이제 중국에서 온 지가 한 10년이 됐잖아요? 이제 그러다 보니까 지금… 10년 전 하고는 완전히 많이 지금 또 10년이라는 게 엄청나죠.

▶ 중국에서의 생활을 접고 한국에서 재혼하다

[조사자: 선생님은 그때 중국에서 대학교 졸업하고 뭐 하셨어요?] 어…

졸업하고 원래 어… 학교 쪽으로 나갈라고 그랬어요. 근데 그… 중국 그때 당시에는 어… 선생들에 대한 대우가 너무 안 좋았어요. 중국 같은 경우는. 그래서 그때 당시 또 어… 많이 외국 쪽으로 외국은 아니지만 외지 쪽으로 빠지는 경향이 많아서 저도 선생을 할라 하다가 그만두고 그냥 한국 기업이나 이런 데서 많이 통역 같은 거? 뭐 하면서 많이 있었었어요. [조사자: 그럼 선생님 고향은 어디세요?] 흑룡강. [조사자: 흑룡강?] 네…. [조사자: 조선족이시고요?] 네네. [조사자: 그러면 부모님하고 계속 한국말로 했어요?] 예. [조사자: 그게 이중언어지.] 예. (웃음) 저는 이제 우리 친정엄마 아버지는 어… 한국 그러니까 할아버지가 한국에서 있다가 이제 전쟁 때 일본 이제 일제시대 때 그쪽으로 넘어간 1세고, 저는 이제 3세고 그렇죠. [조사자: 그럼 어렸을 때는 다 할아버지 할머니 엄마 아버지들하고 다 한국어로 이야기했고?] 예. 우리 동네가 다 고려인들 동네예요. 그래서 중국어는 학교에서 초등학교에 가서부터 배우는 거고. 일상 먹는 거라든가 이런 의식주는 다 한국 방식하고 똑같애. 김치, 된장, 뭐 간장 이런 거 메주 해가지고 뭐 된장을 빼고 이거 뭐 이렇게 하는 거… 김치 텁텁해요. [조사자: 그러면 지금 이제 아까 자녀가 3명인데 나이가 많다 보니까 재혼인가…?] 재혼이에요. 근데 제가 저도 처음에는 이렇게 와가지고…. [조사자: 처음에 결혼으로 왔어요? 아니면 일로 왔어요?] 결혼으로 왔었어요. 그러니까 처음에 우리 신랑한테 소개로 이렇게 왔는데, 저는 애 하나고 우리 신랑 애 둘이에요. [조사자: 으응… 그러면 애기도 같이 데리고 왔어요?] 네. 처음에는 저 혼자 왔다가 국적… 국적을 따고 나서 이제 애도 여기 와서 같이… 저 애도 이제 크기는 컸어요. 저는 학교 나오고 나서 바로 이제… 결혼을 했었거든요. 그래가지고 어… 지금 현재는 그 저 딸은 중국에서 그… 미술대학 다니고 있어요. [조사자: 대학교 다녀요?] 네. 컸어요. [조사자: 오… 어머… 벌써?] 네. (웃음) [조사자: 그러면 아저씨 애기 아들 둘은….] 아들 아… 아들 하나 딸 하난데, 이제 그… 딸은 만 27세죠. 일본에서 그… 면세점? 면세점 다니고 있어요. 일본 오사카 거기서 면세점에서 일하고. 그다음 이제 아들은 군대 금방 이제 갔다 와서 이제 사회 적응하고 있는 중이고. [조사자: 지금 같이 살아요?] 네. 같이 살아요. 근데 어… 저는 이거를 그냥 처음에는 당당하게 얘기를 했어요. 근데 한국… 한국 이제 저도 이제 음… 한국에 주위에도 한국인들 이제 친구들 있잖아요. 처음에는 얘기했는데 친한 한국 이제 이웃이 저보고 얘기 이렇게 이거는 아직까지 한국에서는 이런 문화를 조금 이해 못 한다. 그래서 얘기하지 말라 해가지고 그담부터는 이제 숨기게 됐어요. 그래서 저는 이제 센터에 와서도 누가 먼저 물어 안 보면 잘 안 할라 그래요. 왜냐면 그 어… 재혼이라는 거를 잘 받아 안 주는 게 일단 다른 시각으로 본다. 자, 이래가지고 제가 그다음에 처음에는 "어 그냥 저는 재혼으로 왔어요, 여기 아들 딸…." [조사자: 진짜 주관적인 거예요. (웃음)] 그래서 당당하게 말 못 하고 있었던 거예요…. 여기 센터 와서도 그냥 솔직히 우리 선생님들하고도 그런 얘기는 안 했어요. … 얘기하지 말라 그래서…. [조사자: 미술 교육은 딸이 선택한 거예요?] 예… 걔가 어릴 때부터 미술 전공…. [조사자: 여기서 한국에서 학교 다니다가 중국으로 가서 미술 한 거예요? 아니면 계속 중국에서….] 아, 아니에요. 중국에서 걔는 학교에서 공부를 했었어요. 했는데 미술에 조금 자기가 소질이 있어요. [조사자: 그러면 중국의 교육하고 한국의 교육하고는 비교할 만큼 잘 아세요? 어떻게 다른 것 같아요?] 다른 것 같아요, 많이. 어떤 점이 다르냐 하면은 어… 중국 같은 경우는 중국도 요즘 교육열이 엄청 높거든요. 자녀가 하나이다 보니까. 근데 학교에서 많이 애들 교육을 많이 책임지는… 거예요. 그러니까 어… 예를 들어서 아이가 학생, 자기 학교의 학생이 학교에서 공부하는데 밖에서 선생이 밖에다가 학원을 차리고 또 한다 그러면 우리는 불법이에요. 안 돼요. 그러니까 학원을 많이 못 다니고 학교에서 다 많이 해야 돼요. 근데 한국에 왔는데 한국에서는 학원에서 많이 하잖아요. [조사자: (웃음)] 학교에서 거의 하는 일 없다고 들었어요. 그래서 어… 차이가 있구나. 중국 같은 경우 아이한테 교육비가 많이 들어가지만 한국보다는 많이 안 들어가요. [조사자: 학교에서 책임지기 때문에?] 예. 학교에서 보면은 이제 그… 어…. [조사자: 그러면 학교에서 정기… 정규적인 교육 시간은 몇 시간이에요? 아침 뭐 몇 시부터 몇 시까지?] 저희 딸 같은 경우는 어… 7시 한 45분이면 학교 도착해야 돼요. 중학교인데도. 도착해서 어… 5시 반 그때 끝나죠. 끝나고 나서 또 있잖아, 저녁에 또 야자 들어가 이렇게…. [조사자: 야자는 개인적으로 돈을 내야 해요? 아니면 학교에서.] 학교에서 다… 그러니까 학교에서 다 책임지고 있는 거예요. 그래서 과외해서 따로 이제 만약에 학원을 다닌다면 미술이나 이런 건 괜찮은데, 뭐 수학이나 이런 걸 선생이 학교에서 내가 학교에 수학선생 하면서 학원 차리면은 알면 다 벌금 들어가고 차단해버려요. 못 하게 해요. 그래서 중국에서는 아직까지 음… 학교에서 많이 책임지고 있는 이제 추세이긴 한데… 그것도 10년 전이니까. 어… 모르겠어요. 지금은… 근데 지금도 그렇게 지금은 현재까지도 중국에는 이제 어… 그렇게 밀폐됐다고 해야 되나. 학교가 아이들 딱 해놓고 의식주 거기서 다 해결해주는 학교가 많아요. 그러니까 학교에서 밥 먹고 자고 어… 토요일 오후 뭐 한 4시부터 이제 밖에 나가서 일요일날 또 몇 시에 딱 들어와야 돼요. 그리고 그 1주일 동안은 계속 학교에만 있어야 돼요. 이렇게. 딱 밀폐식. [조사자: 응… 기숙사 생활을 해야 되고?] 네. 학교 못 나가요. 밖에를 못 나가요. 네네 그렇게. 그러니까 학교에서 그 정도 많이 딱 책임진다는 거죠. [조사자: 그… 미술 전공하는 딸은 나중에 뭐 했으면 좋겠어요?] 어, 걔는 지금 디자인을 이제 지금 디자인 과거든요. 그래서 이제 어… 저는 제가 걔보고 뭐 이거 해라 저거 해라 뭐 관여는 안 해요. 처음에는 많이 관여를 했는데 제가 관여를 한다 해가지고 걔가 그쪽으로 가지는 않더라고요. 그래서 그냥 "네가 하고 싶은 대로 해라. 네가 뭐 나중에…" 걔한테 맡겼어요. [조사자: 그러면 그 딸이 한국에 와서 직장생활… 뭐… 전공하고 연결해서 이렇게 일하는 것도 생각해본 적은 있으세요?] 네. 저는 이제 그렇게 제가 어… 디자인 쪽을 했으니까 한국에 와서든 한국에서도 좋고 중국에서도 좋고 이렇게 음… 그러면 "힘 안 들겠냐?" 그랬더니 아직 자기는 좀 더 배워야 될 것 같다고…. 아무래도 대학만 나와서는 안 되고 조금 더 배운 다음에…. [조사자: 지금 회원 중에 혹은 결혼이주민 중에 혹시 뭐 베트남에서나 필리핀에서 예를 들어 뭐 어… 그… 선생님을 하려고 교육학과를 나왔는데 한국에 오니까 이제 학교 쪽에서는 일하지 못하고 이런 사람들은 없으세요?] 어…. [조사자: 인정을 안 해줘서?] 어… 저 친구… 친구라기보다는 아직까지는 없기는 한데, 예… 저는 인정을 안 해주는 건 참 답답하긴 하더라고요. 네네. [조사자: 그래서 그 만약에 중국에서 예를 들면 간호사를 했어요. 간호학과를 나와서. 그랬는데 한국에 오니까 이게 한국의 병원에 간호사로 취직할 수 없어요?] 없어요. 그쵸. 응. [조사자: 그러면 요런 사람들을 위해 우리가 어떻게 마련해줬으면 좋을까요?] 그러니까 그… 저도 어 중국에서 그 뭐야 한문과를 나왔지만, 어… 한국 회사에서 거의 10년 동안 한국에서 많이 있었거든요. 그래서 한국에 와가지고 처음에 뭐 어… 무역회사도 많이 가봤고 하는데, 다 인정을 안 해주더라고요. 중국에서 일단은 중국인이라서 그때는 안 됐고…. 2007년도까지만 해도 외국인들을 많이 배척을 했었어요, 한국에서도. 많이 보수적이고 제가 보기에는 진짜. 음… 한국 회사 이제 들어가면은 음… 진짜로 안 좋은, (웃음) 조건이 안 좋은 데만 외국인들 받는 데만 들어가서 일했었어요. 처음에는 너무 서러웠어요. [조사자: 진짜 그렇게 차별을 당한 적이 있어요?] 너무 차별을 당했어요. 네. 그래서 처음에 이제 와서는 그나마 ○○학습지에서 중국어를 가르치는 것도 한참 뒤에 일이고, 처음에 와서는 그냥 막일 했었어요. (웃음) [조사자: 무슨 일….] 생산직… 그런데도 생산직을 했었어도 좋은 데도 못 들어가고…. 그때는 나이도 서른… 일곱 정도 됐죠. 근데도 그냥… 진짜 힘든 데 있잖아요? 이제 그냥 그런 데서 그냥 알바로 하다가 그냥… 아 막 하고 있는데, 그 아웃소싱으로 들어갔었거든요? 근데 막 일하고 있는데, 지금 이제 여기가 일이 없대요. 나가래가지고 나가고. (웃음) 그렇게 어이없이 막. (웃음) 어우 너무 서러웠어요, 처음에는. 그러다가 ○○학습지 우연히 알게 되어가지고 이제 중국어 가르치면서 조금 낫긴 나은데, 이제 저는 음… 아직도 어… 중국어나 뭐 다문화도 중국어를 인정을 하니까 받은 거잖아요. 이런 데 제외하고는 아직도 많이 차별을 당한다고 봐요. [조사자: 진짜로 실제로 그렇게 근로자나 뭐 이런 사람들이 차별이나 아니면 그 배제당하고 이런 사실 같은 것도 많이 들어요?] 네. 처음에는 진짜 중국에서 왔다는 말을 당당하게 못 했었어요. 처음에 회사 들어갔을 때는 어… 그러다가 한… 어느 정도 익숙해지면은… 근데 저는 뭐든지 이렇게 숨기면 숨기면은 계속 거짓말되고 또 거짓말되니까 나 그거 싫어요. 그래서 한동안 계속은 아… 나 솔직히 어디서 왔다 이렇게 얘기하거든요? 그러니까 어느 정도 친해진 다음에는 괜찮아요. 근데 처음부터 내가 중국에서 왔다 그러면 저하고 안 친할라고 하겠죠. (웃음) 너무 그런 게. (웃음) 어느 정도 좀 어느 정도 익숙해지고 어느 정도 또 정도 오가고 한 다음에 아… 사실 나는 이렇게 중국에서 왔는데, 이렇게 어떻게 얘기하면 "아, 그랬냐?" 그러면서 근데 모르겠다고 그러면서 이제 그때는 괜찮아요. 차별을 많이 당했어요. [조사자: 혹시 처음에 이제 재혼하고 나서 막 그… 선생님 아저씨하고 남편하고 뭐 다투거나 막 이런 적 있으세요?] 어… 다퉜다면은 동창회 때문에. [조사자: 왜에? (웃음)] 우리 신랑이… 아, 동창회를 우리 이제 고향 같은 경우는 땅이 넓잖아요. 그… 그리고 또 더구나 다 고향이 있는 분들이 거의 없어요. 뭐 지금은 저때도 그랬고 대학을 나온 사람도 선생을 안 하고 다 나왔었거든요. 다 해체되어 있으니까 동창들 한번 만난다는 게 뭐… 5, 6년에 한 번씩 만날까 말까 못 만나요, 너무 멀어가지고. 근데 이제 한국에는 땅이 좁잖아요. 그니까 동창들 자주 만난다 그러더라고요? 근데, 아 동창회를 가는 건 좋아요. 근데 가서 하루 자고 온대요. 그래서 저 정말 그거 이해 못 했어요. (웃음) 아니 갔다가 당일에 오면 괜찮은데 좁은 땅에서 왜 하루 자고 와야 되냐 그거예요, 저는. 그래서 너무 그때 많이 싸웠어요. 처음에. [조사자: 그러면 그 싸움으로 인해 상담도 받아보고 막 이랬어요? (웃음)] 상담까지는 아니고. (웃음) 그때는 금방 와가지고 뭐가 뭔지도 몰랐고. 아, 그냥 뭐 그런데 우리 신랑이 그런 방법을 택하더라고요. 저를 완전히 이해 못 하는 건 아니에요. 그래서 동창회를 몇 번 같이 가더라고요. 같이 가줬어요. 그래서 이런이런 사람들이고 이러이렇게 운영을 한다. 그 사람들 보여주는 거죠. 아, 그렇구나. 뭐 별 그런 건 없구나. 이제 그담부턴 뭐 어 그냥 가, 그럼 알았어 이제. (웃음) 그때 그것 땜에 싸우고 그담에는 거의 우리는 뭐 아이 때문에, 애 때문에 싸운 건 거의 없어요. 돈 때문에도 싸운 건 없고. 서로가 어… 그냥 서로가 좀 조심하고. 그리고 두 번째 만나다 보니까 처음에 서로가 한 번씩 다 실패를 했었잖아요. 이제 그러다 보니까 아… 음… 이런 면에서 난 또 처음에 '이런 면에서 좀 잘해줬을걸' 이 생각이 들면서 또 신랑한테 잘해주고 우리 신랑은 사별이에요. 그래서 우리 신랑은 사별인데 그… 그럴 줄 알았으면 더 잘해줬을걸 계속 그 마음이 있을 거 아니에요. 그래서 저한테 잘해주고 그러다 보니까 솔직히 우리는 정말로 지금까지 이렇게 싸운 거는 없었어요. 그리고 아이들 때문에도 정말 잘 온 것 같아요. [조사자: 그러면 지금 딸은 중국에서 누구랑 있어요?] 학교 지금 그러니까 제가 아까 얘기했다시피… 기숙사 생활을 하고. 그 기숙사 생활인데, 그냥 학교에서 자율적으로 풀어놓지를 않아요. 그니까 제가 보내는 거죠. 걔는 어 중학교도 그렇게 있었어요. 할머니하고 있었지만 왜냐면 학교에서 이제 막 어… 늦게까지 막 야자를 해야 하는데 우리 고향은 시골이에요. 근데 학교는 약간 읍내에 나가야 있는데, 늦게 왔다 갔다 할 수가 없으니까 걔는 중학교 때부터 거의 기숙사 생활을 했고 막 밀폐된 학교에서….

▶ 중국동포의 역사가 담긴 교과서를 만들어보는 건 어떨까

[조사자: 그러면 선생님 친척들은 한국에 많이 와 계세요?] 예. 거의 다 나왔어요. [조사자: 거의 다 나왔어요? (웃음) 어머니 아버지는 중국에 계시고?] 네. 나오셨다가 들어가셨어요. 이제. [조사자: 음… 그랬구나. 한족은 왜 우리 조선족하고 차별을 둬요? 막 이런 것 때문에 불만이 많던데….] 네. 글쎄 그렇다 그렇다고요. 근데 어… 저는 글쎄 그거는 조금 그렇지만 한족들 생각했을 때는 조금 서럽겠지만, 어… 또 저는 보수적이다 보니까 어… 아무래도 우리는 조상이 여기서 있었잖아요. 좀 어떻게 보면은 좀 우리도 맨 처음에… 우리 할아버지한테 많이 들어서… 우리 할아버지 할머니한테서. 한국에 맨 처음에 넘어왔을 때 너무 많은 설움을 당했대요. 그 중국인들은 한족이다 서럽다고 하지만, 우리가 맨 처음에 거기에 갔을 때는 난민으로 그 사람들은 난민으로 취급했을 거 아니에요. 고려인들, 고려 땅에서 온 난민. 이렇게 취급했어요. 그래서 우리 할아버지가 그러는데, 그

때 당시에는 우리는 진짜 그 사람들이 중국 사람들이 사람으로 치지도 않았대요. 그냥 어… 우리도 그때 많은 사람들 넘어갔었잖아요. 그러니까 그런 동네였어요. 그 중국 동네 옆에서 고려인들이 왔으니까 가만히 안 둘 거 아니에요. 그래가지고 그냥 빽하면 와가지고 막 가축 뺏아가고 그냥 막 난민들 그냥 막 때려 부수고 그냥 사람 취급도 안 하고 예쁜 여자 뺏어가고 막 난리도 아니었대요. 그렇게 있다가 길림성에 연변자치구 있잖아요. 거기는 우리보다 더 많아요. 고려인들이 엄청 많아요, 거기는. 아마 제가 알기로는 몇백? 만 명이 있댔나 그랬었어요. 이제 그분들이 단합해가지고 한번 중국 동네를 다 막 친 거예요. 이제 그 방망이로. (웃음) 뭐… 『춘향전』에 나온 그 방망이라고 생각하시면…. [조사자: 네네. (웃음)] 그 당시 중국 사람들 조선족 항상 고려인들 이게… 그거를 막 무찌르다시피 했대요. 이제 그 뒤로부터는 이제 아 고려인들한테 이렇게 막 함부로 못 했대요. 난민으로 안 보고 이제 함부로 못 하고 '아, 이 사람들도 솔직히 무서운 존재구나' 이거를 인식을 시켜줬나 봐요. 이제 그 뒤로부터는 중국 사람들이 우리보고 하는 이제 대대로 내려오면서 그 별명이 있어요. 고려인 최고라고 혹시. (웃음) [조사자: (웃음)] 고려인 최고. [조사자: 고려인 몽둥이 어어….] 네. 사실 그게 나쁜 말은 아니에요. 고려인 최고. 우리… 우리는 많이 당해봤기 때문에 그 선조들이 했겠죠. 근데 이제 아래로 내려오면서 이제 별명이 되어버렸어요. 그래서 (웃음) 우리 어디 물건 사러 가면은 아, 저 사람들, 저 고려인 최고, 까오리 빵즈들 어쩌고저쩌고 이런 말 많이 하거든요. (웃음) [조사자: 아… 그래요… (웃음)] 많이 우리는 설움을 당했었어요. [조사자: 그런데 그렇게 자리 잡고 거기서도 설움을 받았는데, 이제 한국에 와서도 사실은 그… 그… 고려 어… 저기 중국 조선족들이….] 또 중국 국적이라고 해가지고 또 외국인 취급받고, 이제 그거 조금 서러운 거죠. 우리 입장에서는 근데. [조사자: 이번에 왜 영화… 그게 뭐더라? 그… 그… 구로동 나온 거 영화 있었잖아요. 그거 보셨어요? 조선족이….] 그 영화 있었어요? 저 일하다 보니까 영화에도 관심이 없어서… (웃음) [조사자: 아, 그렇구나. (웃음) 혹시 요즘도 그렇게 설움을 받는다는 얘기는 들었어요? 뭐 인식이 안 좋아서 이렇게….] 어디 한국에 와가지고요? 많이 들었죠. 정말 많이 들었어요. 그리고 더구나 또 우리 저는 생각하기에는 우리 조선족들이 와가지고 좀 잘못한 것도 있다고 봐요. 그 좀 막 범죄 저지르고 다니는 사람들 땜에 같이 우리가 또 이렇게 또 음… 인식이 나빠져서…. [조사자: 한두 사람들 때문에…. 그러면 그… 조선족의 인식을 좀 개선하기 위해 우리가 어떻게 해주면 좋을까요?] 어…. [조사자: 미디어 이런 데서 뭐 조선족들이 조금 막 안 좋은 행동을 한다 뭐 이런 게 하나둘 비쳐짐으로 인해 온 조선족들이 욕을 먹잖아요. 이런 것들을 이제 바꾸기 위해 우리가 어떻게 하면 될까요?] 어… 글쎄 그거를 위해 조선족들이 어… 이러이런 민족이다, 이러이런 사람들이다. 이거를 알릴 수 있는 뭐 프로그램이나 뭐 자연스러운 뭐… 행사장소이나 이런 데서도 좀 프로그램 많이 하면 좋겠고. 뭐… 특히나 한국인들 같은 경우는 이제 애들 같은 경우는 교육 같은 것도 많이 이렇게 넣어가지고 아, 우리 고려인들은…. [조사자: 아… 책 속에….] 예예. [조사자: 그 조선족의 이야기를 쭉 역사를 넣어서….] 어떤 이유로 이렇게 넘어왔었고 그러다가 어떻게 왔다. 그담에 중국에만 있는 게 아니라 우즈베키스탄도 고려인들이 있더라고요. 뭐 조선족이라 하면 중국 사람만 말하는 게 아니잖아요. 그러니까 각 나라에 있는 고려인들이 이렇게 생긴 거다. 사실은 한국 땅에서 넘어간 사람들이고 이러이렇게 돼서 이렇게 됐다. 이거를 음… 좀… 교육을 통해서도 그렇고 행사 어르신들 같은 경우나 지금 현재 성인들 같은 경우는 프로그램이나 뭐… 어디 무슨 행사 같은 데 있잖아요. 뭐… 뭐…

○○축제나 이런 행사 같은 데서도 뭐 어떻게 뭐… 해가지고 방법을 생각을 바꿀 수 있는 프로그램을 하면 좋지 않을까…. [조사자: 그리고 또… 뭐 다큐멘터리?] 네, 다큐멘터리 이런 것도. 네 그렇게 해서…. [조사자: 혹시 그… 저기 중국 조선족들을 위해… 제가 지금 계속 조선족, 조선족 하는데 그거는 나쁜 뜻이 아니라 제가 이제 그 요거를 하다 보니까. 그런데 중국동포를 위해 자원봉사하는 거 있으세요?] 어… 저는 지금 현재까지는 살기가 바쁘니까 없는데, 있다면 하고 싶어요. 그런 프로그램이나 자원봉사 이런 데 있다면 전 전적으로 나서고 싶어요. 그분들 위해 그분들 자식을 특히나 우리 그… 교포, 동포들, 2세들 한국에 와서 있는 2세들 중국어를 거의 못 해요. 왜냐면. [조사자: 그러면 그 사람들을 위해 우리들이 어떻게… 선생님도 그렇지만 우리가 어떻게 하면 좋을까요?] 어… 진짜 그 사람들을 위해서라면 학교에 중국어 같은 거 기본으로 있었으면 좋겠고… 지금 거의 다 있다고 알고 있거든요? 중국어는. 근데 어… 그거를 중요성을 어떻게 강조할 수 있는 거… 뭐… 어… 특히나 학교에 선생들 같은 경우도 이렇게 인식을 좀 바꿔서 선생님들 지금 많이 개선이 됐지만, 아직도 이제 음… 한국을 이걸 생각하고 황제 이런 인식을 아쉽게 남아 있는 것 같애요. 인식을 바꾸시는…. [조사자: '한국을 이거'라면 한국을 제일로 생각하고…. (웃음)] 네. 그러니까 항상 말로는 중국어가 있다고 하지만 그거 다 제2외국어잖아요? 그냥. 배워도 되고 안 배워도 되고. 음… 이렇게 되다 보니까 뭐 중요한 건 알지만, 그래도 너희들이 여기 왔으니까 그리고 우리가 항상 우선이다 뭐 이렇게 있잖아요. (웃음) 이런 게…. [조사자: 중국동포 2세에 대한 특별한 교육을 어떻게 마련한다면 한 가지 뭐가 있을까요?] 어… 동포 2세들을 위한 교육이라고 하면은… 음… 아무래도 뭐 학교, 뭐… 학교겠죠? 뭐 네. 지금 차이나타운에는 중국 화교 학교가 있어요. 이제 그런 학교가 따로 뭐뭐 된다

면은 가능하다면은 있어가지고 아이들이 학원도 좋고 학교도 좋고 수시로 와서 이렇게 중국어를 배울 수 있게끔. 그러니까 한국인들도 배우지만 교포나 다문화가정의 아이들은 좀 우선을 줘가지고 뭐 학비를 싸게 한다던지 뭐 이렇게 뭐 이렇게 좀 대우를 줘서 배울 수 있는 게 있으면 좋지 않겠나. 왜냐하면 저도 예전에 중국어 가르쳐봐서 알지만 학비가 비싸요. 중국어도 외국어다 보니까 학비가 막 한 달에 네 번 가고 10만 원, 12만 원씩 해요. 그러면 어려운 가족들은 사실 영어 해야 되고 학원들 많잖아요. 그러다 보면 중국어는 제2외국어다 보니까 먼저 자르더라고요 제가 보니까. [조사자: 아… 영어를 먼저 가르치죠. 중국어를 가르치지는 않는다는….] 네. 그렇죠. 그렇다 보니까 이제 어려우면은. 그니까 중국어 뭐 이런 학교나 제일 중요한 게 아이들이다 보니까 아무래도 학교 시설이 좀 잘되어 있어야지. 뭐 아니면 학교 내에 중국어 따로 이제 뭐 중국어 따로 하는 부서가 있어가지고 뭐 다문화는 우선적으로 뭐 이제 면비를 해준다던지 뭐 이렇게…. [조사자: 음… 면비… 그 면제.] 네. (웃음) 중국어로는 무료.

▶ 한국 사회에 바라다

[조사자: 네. (웃음) 이제 끝으로 다문화가족지원센터에 이렇게 있다 보니까 사실은 상담 같은 거를 많이 간접적으로 볼 것 같아요. 어떤 상담이 가장 많나요?] 어… 상담 오시는 분들. 저는 상담 전문은 아니지만. 음… 부부 갈등? 부부 갈등이 좀 많은 것 같더라고요. 그담에 그… 아이가 중도 입국한 아이들 때문에 상담. [조사자: 그런 아이들도 많이 있어요?] 많이는 보지 못 하고 한두 번은 봤거든요. 우리 센터가 좀 작다 보니까 회원이 많지 않으니까 상담원들도 많지는 않아요. [조사자: 그 부부 갈등 때문에 상담을 오게 되면 상담받고 효과적으로 잘 해결이 되나요?] 어… 상담 선생님 따로 계

세요. 상담 전문 선생님을 따로 초대해서 하는 거라서 아주 효과가 좋다고 그래서 그… 상담하시는 분들은 계속 연결성으로 오시더라고요. [조사자: 오… 그러면 그 상담을 한 번 받으면 계속 상담을 받을 수 있는 거예요? 아니면 뭐 몇 회 제한되어 있어요?] 아마 제한되어 있는 걸로 알고 있어요. [조사자: 아… 그러면 뭐 사후처리 이런 거는 어떻게 뭐 연계가 잘되고 있어요?] 사후처리 같은 것은 아직까지 제가 알기로 잘 안 되고 있는 걸로 알고 있어요. 우리는 왜냐하면 상담도 그렇고 모든 게 다 실적으로 따져야 되기 때문에 어… 그게 이제 사후처리가 좀 미비한 게 있을 수밖에 없다고 생각해요. 좀 이런 거 좀 지침도 그렇고 좀 바뀌었으면 좋겠어요. 그러니까 다문화가정 우리가 다문화다 보니까 다른 분들 다 한국어 선생, 한국 선생이에요. 저하고 ○○○하고는 외국어 선생이잖아요. 베트남에서 오신 분도 그렇고 중국에서 오신 분도 그렇고 우리한테 와가지고. 어… 교육 문제 말고도 뭐 출입국사무소에서 뭐 어떻게 해야 하는지, 뭐 아니면은 고부갈등으로 부부 갈등으로 싸웠는데 어디 갈 데 없다던지 이런 실제적인 면에서는 도움이 별로 안 돼요, 솔직히. [조사자: 음… 실적 위주다 보니까.] 그 우리는 교육 위주고 지침대로 내려오는 대로 해야 되기 때문에 이제. 그런데 다문화센터에서 보면은 다문화가정에 실제적으로 힘든 거 뭐 어려운 걸 진정 친정으로 생각하게끔 되야 되는데, 그게 조금 부족하다고…. 아직까지는 좀 개선을 해야 할 것 같아요. [조사자: 선생님, 오늘 정말 이렇게 귀한 시간 내주셔서 어… 그… 이중언어에 대해 제가 오늘 확실하게 이해한 것 같아요. 저도… 그런데 선생님 혹시 저한테 뭐 해주고 싶은 얘기 없어요? 아무거나 괜찮아요. 뭐 하고 싶은 이야기… 저라고 이야기하지만 조금 우리나라 정부? 이런 쪽에….] 어… 저는 하고 싶다면은 다문화가정이나 결혼이민자에 대한 이제 그… 교육 방법이 지금 바뀌고 있다고 저는 생각해요. 예전에는 어…

한국 문화를 결혼이민자들이 무조건 따라라 뭐 이런 식으로 도입했는데, 지금 많이 바뀌어가지고 뭐… 그 나라의 그 엄마 나라 모국어를 뭐 살리고 그 문화를 뭐 살릴려고 하는 노력이 많이 보이긴 하는데, 아직까지 어… 연구하시는 분들도 그렇고 지침서 쓰시는 분들도 그렇고 직접 어… 선생님 같은 경우는 직접 이렇게 만나가지고 하잖아요? 근데 정부에다는 하고 싶다면은 직접 실천하는 실천, 그러니까 현장에서 일하는 사람, 선생님이나 어… 직원들하고 직접 어… 생각같이 좀 지침서를 쓰면 안 되겠냐 문서도 그렇고…. 그렇게 해야지 실제 다문화가정이나 자녀들한테 도움이 되는 이런 프로그램이 나오지 않나 싶어요. 그냥 책상에 앉아서만 이렇게 생각하고 있으면은 실제 거리하고는 좀 멀거든요. 근데 우리 지침서 보면 다 그래요. 거의 다가 현실하고 좀 안 맞아요. 그래서 좀 우리 현장에서 일하는 분들 선생님들하고, 그 지침서나 공무원들하고 지침서 이제 1년 되면 지침서 쓰잖아요. 이제 그분들하고 같이 좀 어떻게 하면 안 되겠나…. [조사자: 아, 그러니까 그 지침서 쓰는 사람들은 책상에, 현실을 모르니까….] 네, 현실을 모르니까 지침서에만 쓰니까는 지침이 너무 현실하고 떨어져 있어요. 그대로 따르다 보면은 회원들은 회원대로 지치고 회원들이 오히려 즐겁게 다문화가정으로 인해 내가 이렇게 혜택을 받는다고 생각해야 하는데, 강제적으로 온다고 막 생각을 하거든요? 예. 그러다 보니까 너무 현실적으로 안 맞는 게 많아요. 그래서 조금 현실 부합되는 지침이나 교육내용이나 이런 것들이 나왔으면 좋겠다 이런 바램이에요. (웃음) [조사자: 또 다른 거는 없고요?] 네, 다른 거라면은 뭐 어쨌든 너무 이렇게 신경써주셔서 너무 고맙죠. 이렇게. (웃음) [조사자: 인권 같은 것도 한번 생각해보신 적 있으세요?] 아, 인권 같은 것도… 네. 왜냐면 다문화가정에 대한 차별이 아직도 있다고 봐요. 네. 많이 나아지긴 했는데 어… 사회적인 면에서 특히 취업 면에서 너무 어려움을 겪고 있거든요. 그래서 어… 취업 면에서 예를 들어서 현재 이 한국에 오기 전에 본토에서 어떤 직업을 했으면 아까 선생님이 박사선생님이 말씀하셨지만, 여기에서도 그걸로 좀 어떻게 그 직업을 연결될 수 있게끔 어떻게 그거… 가능하게끔 해주면 안 되겠나…. 지금 다문화가정에서 온 분들 거의 다가 취업 때문에 엄청 머리를 앓아요. 힘들어해요. 여기 와서는 거의 중국에서 진짜. (전화가 옴. 전화벨 소리) 잠깐만요. 중국에서 어떤 한 분은 좀 어르신이긴 했었어요. 연세가 있으신데 선생님처럼 박사선생님이셨어요. 근데 여기 와서 저랑 같이 현장에서 일했어요. (웃음) 그러니까 너무 저는 억울했어요. 저는 억울한 것 없는데 그 선생님이 생각하면 너무 억울한 거잖아요. 인재를 못 알아주니까. 그런 거는 조금 개선이 되었으면 좋겠어요.

▶ 한국에서 중국어로 인정받는 사람이 되고 싶다

[조사자: 마지막. 선생님은 앞으로 음… 가장 하고 싶은 것, 아니면 내가 어떠한 교육을 받아서 어떻게 뭐를 해보겠다 이런 거 있으세요?] 아… 저는 어차피 중국어니까 중국어로 한국에서 인정을 받고 싶어요. 그래서 좀 더 배워서 어… 저는 또 가르치는 게 좀 저하고 맞다고 생각해서 뭐 크게는 몰라도, 어 근데 아직 여기서 인정을 안 해주니까 여기서 학교를 좀 더 다녀가지고 좀 뭐 중국어 쪽으로 뭐 강사를 한다던지 학원을 차린다던지 하고 싶어요. [조사자: 어… 중국에서 중문학과를 나왔지만 한국에서 인정을 안 해주니까.] 네. 그러니까 여기 학교에서 대학에서 좀 더 다니고 인정받는 뭐 자격증이나 해서 졸업증을 따가지고 여기서 더 앞으로 한다면 하고 싶어요. [조사자: 아름다운 꿈이 이루어지길 빕니다.] 네, 감사합니다. (웃음)

10장

적극적이고 진취적인 삶을 살아가다

연구참여자는 중국 실업계학교에서 유아교육을 전공했다. 이후 한국에 결혼이주여성으로 와서 ○○대 중문과에 입학하며 2016년도에 졸업했다. 남편과 시부모와의 갈등을 겪으며 자신과 비슷한 환경의 이주여성을 돕기 위해 다문화상담사 자격증 공부를 했다. 이후 자격증을 취득하는 등 적극적이고 진취적인 면모를 가진 여성이다. 아이가 학교에서 학교폭력에 노출되었을 때도 학부모들을 모아 학교에 찾아가거나 교육청에 민원을 제기하는 등 적극적으로 대처한다.

자녀를 이중언어 수업 과정에 보내는 한편, 자신 또한 중국 이주여성들과 동아리를 결성하여 지역사회에 봉사하면서 이중언어 사용을 즐거워하며 적극 장려하고 있다. 또한 이주여성과 다문화가정 자녀들을 위한 사회의 지원이 더욱 많아졌으면 하는 바람을 가지고 있다.

[주제어] 중국동포, 인권, 교육, 언어, 상담, 복지

1. 중국에서의 삶 이야기

중국에서 유아교육을 전공하다

나는 중학교 졸업 후 실업계 고등학교로 진학했다. 중국에서는 일반적으로 중학교 3학년 2학기 때 취업하거나 실업계 학교로 진학한다. 실업계 학교에서는 학생들을 모집하러 홍보 오는데, 나는 후자에 속해 진학한 경우다. 그곳에서 유아교육을 전공했다. 일반계 고등학교로 진학하고 싶었지만, 그때 중국 돈으로 한 학기당 50위안이 들었다. 당시 50위안은 꽤 큰돈이었고 우리 집은 그럴 형편이 안 되다 보니 더 이상 공부를 하지 못했다. 그런 점이 오래도록 아쉬움으로 남았다. 이런 교육적 측면은 한족이나 소수민족 어느 쪽이 더 싸고 도와주는 것 없이 비슷했던 것 같다.

중국의 인구억제 정책 때문에

내가 어렸을 때 한족은 아이를 1명만 낳을 수 있었다. 조선족은 그나마 2명까지 낳을 수 있었는데, 3명 이상은 벌금을 내야 했다. 나와 동생이 있는 상태에서 셋째 아이가 생긴 바람에 어쩔 수 없이 엄마가 유산해야 했다. 그게 1980년도 일이다. 한국의 국가 정책으로서는 이해하지 못할 당시 상황이다.

2.
한국에서의 삶 이야기

한국에서 ○○대 중문과를 졸업하다

한국에서 취업하려면 어느 정도 학력과 자격증이 필요했다. 그래서 ○○대에 들어가 2016년도에 졸업했다. 힘들었지만 그동안 고생한 보람은 있다. 중국에서 유아교육 관련 전공했다. 한국에서도 관련된 일을 하고 싶었는데, 그러려면 자격증이나 학력이 필요했다. 그래서 ○○대 유아교육학과에 들어가려고 했다. 그런데 유아교육학과 경쟁률이 해마다 높아서 들어갈 수 없었다. 경쟁률도 심하고 어렵기도 해서 중문과로 시작하고 나중에 기회가 되면 넘어가거나 편입할까 생각하고 지금까지 쭉 온 상태다. 중국에서 실업계 고등학교까지만 다녀서 대학교에 들어가면 1학년부터 다시 공부를 시작해야 했다. 중국에서 대학을 졸업했다면 3학년으로 편입해서 4학년 때 자격증을 바로 딸 수 있다고 들었다. 계속 공부하지 못한 아쉬움, 그로 인해 한국 대학교에 편입하지 못한 상황들이 속상했지만 중문과를 졸업하고 나니 그 모든 아쉬움이 다 사라졌다.

취직할 때나 학교에서 중문과 관련 일할 때 이력서에 ○○대 졸업 이력을 쓰면 인정을 많이 해줬다. 주위의 아는 언니들도 교원자격증이나 대학 졸업장이 있어도 ○○대에 다시 들어가 공부한다. 그 이유는 중국에서의 자격증을 한국에서 인정을 안 해주기 때문이다. 한국 자격증을 따기 위해 다시 4년이라는 시간을 보내야 하는 상황이 안타깝다. 중국에서의 자격증을 인정해줬으면 좋겠다.

한국 문화와 중국 문화의 차이를 느끼다

중국 학제도 한국처럼 초등학교 6년, 중학교 3년, 고등학교 3년이다. 중학교 3학년 2학기 때는 취업을 나가거나 실업학교로 간다. 내 경우 실업학교 유아교육학과에 진학하여 3년 교육과정을 마치고 취업했다. 중국에서 2003~2004년까지 유치원 교사로 재직했다. 한국에서는 중국 유치원에서 일한 경력이 인정되지 않았다. 이후 고용센터에서 6~9개월 디딤돌 과정을 거친 후 인천 ○○에 있는 어린이집에 취업했다. 한국 어린이집에서 일하며 느낀 점은 중국은 거의 주입식으로 하는데 한국은 놀이 문화로 아이들을 가르친다는 것이다. 일례로 아이에게 벌을 줄 때 중국에서는 잠깐 서 있게 한다든지 하는데, 한국은 '생각하는 의자'에 앉혀놓는다는 것이다. 그런 부분에서 문화 차이를 느꼈다.

아이의 학교폭력 피해에 적극적으로 대처하다

우리 아들은 현재 초등학교 2학년이다. 성격도 밝고 학교생활을 잘한다. 그런데 같은 반에 욕설도 심하고 폭력적인 아이가 있다. 아이들과 선생님들에게까지 함부로 하는 학생이다. 학부모 간담회를 가졌지만, 학교 측에서는 뾰족한 대책이 없었다. 학교에서는 조용하게 넘어가려는 분위기여서 주위 엄마들에게 연락해서 학교에 찾아갔다. 처음에는 심각한 상황이 아니었고 담임선생님도 비슷한 또래 자녀가 있어서 좋게 넘어가려고 한 것 같았다. 그 학생이 폭력을 행사하면 제지하지 않고 오히려 다른 학생들한테 화장실로 숨으라고까지 했다. 가만있으면 안 될 것 같아 교장선생님께 말씀드렸다. "아니 담임선생님이 어떻게 학생들 앞에서 걔를 제지하지 않고 다른 아이들에게 피하라고 해요? 이건 옳은 방식이 아닌 것 같네요"라고. 그리고 다른 학부모들이랑 함께 교육청에 직접 찾아가기도 하고, 전화로 해결방안과 상담이 있는지 문의했다.

아들이 "엄마, 걔가 날 때렸어" 했을 때, 아들이 활달하고 그 아이 역시 활달해서 서로 부딪히는 부분이 있겠거니 했다. 그런데 그 아이가 갑자기 화를 내며 폭발한다고 했다. 나중에 보니 부모가 이혼한 상태고 외조부모님이랑 살고 있었다. 아이 할머니는 기본적인 케어만으로 교육이 다 되는 줄 아는 분이셨다. 그러다가 참관학습 참석 후 손자가 심각하다는 것을 아셨다. 그 학생은 결국 ADHD보다 더 심한 진단을 받았다.

한번은 아들이 사물함을 열다가 뒤에 있던 그 아이를 다치게 했는데, 아들 배를 때려서 "엄마, 창자가 튀어나올 것처럼 아파요"라고까지 말했다. 그 친구가 사랑받고 싶고 친해지고 싶어서 그랬을 수도 있다고 얘기했지만, 아들은 매일 한숨 쉬면서 힘들어했다. 어떤 때는 다른 엄마가 얘기해줘서 상황을 알 때도 있었다. 한번은 아이가 쪽지에 '죽고 싶다'라는 글을 남겨 깜짝 놀란 적도 있다. 담임선생님께 학생 엄마의 연락처를 요구했지만, 개인정보보호의 이유로 대신 교장선생님 연락처를 받았다. 남편한테 얘기하면 큰일이 생길까 봐 얘기하지도 못했다.

추석 지나 간담회가 열렸는데, 그 학생 엄마를 비롯한 다른 학부모님들이 많이 참석했다. 학부모들의 많은 항의가 있었지만, 교장·교감선생님은 해결하겠다는 말만 되풀이했다. 급기야 한 아빠가 왜 교장선생님이 말귀를 못 알아듣냐며 화를 냈다. 해결책을 듣고자 간담회에 갔는데 학교 측에서는 아무런 입장을 내놓지 않으니 오히려 더 답답했다. 이대로는 안 되겠다 싶어 또 학부모들을 소집했다. 3학년이 되면 또 반이 달라지고, 그러면 그 영향을 받을 아이들을 위해 미리 알려야겠다고 생각해서 이번에는 다른 반 엄마들까지 소집했다.

3.
이중언어 장려자

지역 동아리 활동과 이중언어 뮤지컬을 하다

작년에 중국 이주여성들과 함께 '라이중국어'라는 동아리를 만들었다. 그래서 지역사회에 봉사활동으로 중국어도 가르치고 행사가 있으면 참여도 했다. 동아리의 금전적 지원은 복지관에서 해준다. 가입 인원이 5명 되면 동아리 인정을 해준다. 작년에는 30만 원을 지원해줬는데, 올해는 조금 삭감돼서 25만 원 지원받았다. 그 대신 지역 활동에 봉사하러 가면 그만큼의 지원은 해준다. 이번 '두레마루 축제'* 때도 참가해서 동아리에 대해 홍보도 하는 등 즐거운 시간을 보냈다.

일요일에는 중국어 수업 동아리를 한다. 요즘 이중언어로 연극, 뮤지컬을 준비하고 있다. 12월에 문학경기장 옆 소극장에서 연극 발표를 계획 중이다. 분량이 많으면 1막이라도 하기로 했다. 아이들은 중국어로 하고,

---

* 옛날 공동작업을 위한 조직인 '두레'와 온 가족이 담소를 나누던 '마루'를 합쳐서 이름 지어진 축제로 지역주민들이 서로 협력해 함께 만들고 즐기는 마을잔치 같은 축제다. 출처: https://happy-namdong.tistory.com/6160 [인천광역시 남동구]

우리는 한국말로 하고. 너무 재미있을 것 같아 기대된다. 그 대신 한국말이 좀 서투르다는 점은 있다.

자녀에게 이중언어 수업을 시키다

집에서 아들과 대화할 때 중국어로 할 때도 있고 한국어로 할 때도 있는데, 아들이 오히려 중국어로 하자고 한다. 아이가 토요일마다 ○○교대 글로벌 브릿지(Global Bridge)* 과정에 참여하는데, 이중언어로 중국어 2시간 하고 동아리랑 멘토링 수업까지 받고 오면 오후 3시가 넘는다. 한국연구재단에서 주최하는 글로벌 브릿지 과정인데, 전국 몇 개 대학교에서 실시한다. 매년 5월에 시작해서 다음 해 2월 말에 끝난다. 보통은 함께 가지만 내가 시간이 안 될 때는 아이 혼자 가기도 한다. 한번은 친정엄마가 데리고 간 적이 있었는데, 중간쯤에서 아이 혼자 갈 수 있다고 할머니 혼자 집으로 돌아가라고 했다. 혼자 되돌아온 친정엄마는 길을 헤맸다. 시청에서 2호선으로 갈아타야 하는데, 그냥 밖으로 나온 바람에 지하철을 못 타고 버스를 타고 집으로 온 일이 있었다.

글로벌 브릿지에서는 거의 중국 여성들이 중국어를 가르친다. 동아리 멤버 선생님의 소개로 과정을 알게 되었다. 2학년부터 모집하는데 이름, 나이 등 간단한 레벨테스트를 한 후에 반 편성을 한다. 거기에서 배운 중국어를 가끔 집에서 사용할 때가 있다. 주로 맛이나 음식에 대해 배우면 집에 와서 얘기한다. 본문을 읽고 음성 파일로 보내는 숙제가 있는데, 매주 하니까 실력이 느는 것 같다. 나는 교포다 보니 집에서 한국말을 많이

---

* 2011~2018년까지 이루어진 사업으로 다문화가정 학생의 잠재능력을 적극 계발하고 글로벌 인재로 육성하기 위해 영재 교육 등 특별프로그램을 제공했다. 즉, 4개 분야(수학 · 과학, 글로벌 리더십, 언어, 예체능)로 구분된 글로벌 사업단 운영을 통해 우수 다문화 학생을 발굴하고 육성하기 위한 정부 사업이었다.

쓰는 편이다. 그런데 한족 엄마들은 집에서 중국말이 편하니까 중국말로 아이들과 대화한다. 음성 파일 올릴 때 보면 아이 발음이 중국 발음에 가깝다. 엄마가 한족인지 조선족인지에 따라 아이들의 이중언어에도 차이가 난다.

자녀에게 엄마의 모국어를 가르쳐라

엄마는 한족 엄마인데 아이한테 중국어를 사용하지 않아서 아이가 중국어를 모르는 경우가 있다. 그 엄마의 경우 한국말을 잘 못하는데, 아이가 유치원 가서 한국말을 못 할까 두려워서 중국말은 아예 안 썼다고 한다. 남편과 시부모님 반대도 있어서 더욱 중국어를 사용하지 않았다고 하는데, 아직도 그런 집이 있는지 의아했다. 또한 중국 출신임을 알리기 싫어하는 엄마도 있다. 아는 언니도 아이가 4학년인데, 그 아이는 엄마가 중국 사람인 걸 여태까지 몰랐다고 한다. 중국에 한 번도 안 갔기 때문에 더욱 그랬다. 그러다가 교회에서 우연히 엄마가 중국어를 안다는 것을 느꼈다고 한다. 그제야 그 엄마는 중국말을 할 줄 알고 중국 사람이라는 것을 말했다고 한다. 옛날에는 중국 사람이다, 교포다 하면 인정해주지 않으니까 창피해서 말을 하지 않은 경우가 있다. 자녀가 학교에서 한국말이 서툴면 친구들로부터 "재네 엄마는 중국 사람이래" 하며 왕따 당할까 봐 그런 이유에서도 하지 않았다. 자녀가 스트레스받지 않으면 괜찮지만 스트레스받아서 학교 가기 싫어하면 부모 입장에서는 힘들기 때문이다. 지금은 글로벌 시대여서 많이 바뀌었다. 우리 아들은 엄마가 중국인이라고 자랑할 것이다.

다문화 강사로 활동하다

아들이 1학년 때 학교에 다문화 강사로 나갔다. 학부모 재능기부 프로그램이 있었는데, 그때 1학년 4개 반 수업에 들어갔다. 올해는 바빠서 못 갔더니 아들이 왜 안 오냐고 하며 기다리는 눈치다. 갔다면 아들이 좋아서 기가 살았을 텐데 하는 아쉬움이 있다. 나는 중국 결혼이주여성들이 잘 못하는 한국말을 애써 하려고 하지 않았으면 좋겠다고 말해주고 싶다. 글로벌 시대인 만큼 엄마의 장점을 살려 아이한테 중국말을 가르치면 오히려 더 낫지 않을까 생각하기 때문이다.

요즘 중국에서는 공무원이나 교사 쪽 취직이 잘되는 것 같다. 그러나 중국에서 교사를 하다가 한국에 오면 교사 하기가 쉽지 않다. 자격 때문이다. ○○대에서 공부하고 자격증 땄어도 자격증으로서 인정이 안 되는 것이 문제다. 한국에서 대학을 졸업했으면 이 사람은 교육할 수 있다는 것을 인정해주면 좋겠다. 개인적으로 요즘은 복지사 자격증 공부를 하고 싶다. 앞으로 구청이나 정부 기관에서 다문화 쪽 사람들을 더 많이 쓰지 않을까 생각하기 때문이다. 그래서 도전해볼 가치가 있다고 생각한다. 그런데 향후 계약직으로 운영될까 하는 문제점이 있다. 지난번 시청에서 5년 계약직 채용공고가 나서 지원했다. 나를 포함하여 2명이 면접을 갔는데, 이전 사람을 쓰기 위한 형식적 절차가 아닌가 하여 화가 났다. 그래서 구청에 민원을 넣었는데, 기존의 사람도 채용 가능하다는 답변을 들었다. 그렇지만 나는 그러면 안 된다고 생각한다.

아들의 꿈을 지지하다

아들은 과학을 좋아한다. 글로벌 브릿지에서 대학생과 멘토링을 하는데, 아들이 신청한 과목은 과학과 수학이다. 과학을 좋아해서 남편이 과학책도 사주고 집에서 실험도 한다. 수사대, 국제수사대 되는 것이 꿈이란다. 아들의 꿈이 이루어졌으면 좋겠다. 하지만 꿈은 늘 바뀐다는 것을 안다. 아들이 놀 때 보면 연극이나 노래를 잘한다. 동아리 뮤지컬 수업 때도 한국 노래를 제일 잘한다. 목소리도 고음으로 잘 올라가고 중국 노래도 가사를 바꾸었는데, 먼저 외워갈 정도로 열심히 한다. 그래서 음악에도 소질이 있음을 깨달았다. 학교에서도 역량을 발전시킬 수 있는 시스템이 있으면 좋겠는데, 아직은 없는 것 같아 아쉽다.

연구재단에서 학부모 상대로 글로벌 브릿지 개선점에 관한 인터뷰를 했다. 나는 아이들이 배운 중국어를 실제로 사용할 기회가 있으면 좋겠다는 대답을 했다. 배우기만 하면 쓸모없다고 생각한다. 학교에서 중국어 동아리를 만들어 다른 학생들에게 가르칠 수 있는 자리가 마련되면 좋겠다. 그렇게 되면 온전히 아이들만의 동아리가 되어 좋을 것 같다는 생각이 든다. 그런 차원에서 학교에서 동아리나 반이 별도로 운영되게 제도적으로 지원해주면 좋겠다.

4.
차별을 경험하다

남편과 시부모와의 갈등을 겪다

한국에서의 차별은 전보다 많이 나아졌지만, 여전히 집 밖으로 나오지 못하는 엄마들이 있다. 남편과 시어머니가 집에 있기만을 요구하고 밖에 나가는 걸 싫어하거나 이해하지 못하는 경우가 있다. 텔레비전 다큐멘터리에서도 시부모와의 갈등이 나오는데, 그런 부분이 많이 아쉽다. 어린 나이에 결혼해서 놀고 싶은 마음도 이해해주면 좋은데 집에만 있으라 하니 오히려 역효과가 나는 것 같다.

한국에서 진로상담으로 취업 성공 패키지를 받은 적이 있다. 초창기에 그것을 받고 나서 마음이 많이 열렸던 것 같다. 그전에 먼저 다문화상담사 자격증 공부를 했다. 집에서 책 사서 공부하고 시험 보러 갔다. 당시 아이가 어렸는데 그냥 공부했다. 책값으로 50~70만 원 정도 들었다. 남편과 시부모와 이런저런 갈등이 있었다. 갈등 이유는 경제적·문화적 차이 등 여러 가지다. 이를테면 시어머니는 내게 얼굴이 왜 그렇게 까맣냐고 하셨다. 중국 사람들은 원래 까만데 그런 말을 들으면 속상하다. 성격도 강하셔서 나랑 잘 맞지 않았다. 지금은 서로 많이 이해하려고 노력한다. 동네 가까이 살면서 자주 뵙곤 하는데, 시간이 약이라는 생각이 든다. 그러한 이유로 다문화상담사 자격증을 따서 나와 같은 처지의 고통받는 결혼이주여성들한테 조금이나마 도움이 되고 싶었다. 그런데 막상 자격증을 땄지만 일자리를 구하기는 어려웠다. 그러다가 지인을 통해 ○○대와 취업 성공 패키지 얘기를 들었다.

취업 성공 패키지 교육기관의 교육 이수와 디딤돌 교육을 통해 어린이집에 취업했다. 그때 아들이 18개월이어서 많이 울었지만 어린이집에 보냈다. 9시 출근 4시 퇴근이었다. 지금 생각하면 그때의 취업 성공 패키지를 너무 잘했던 것 같아서 감사하다. 적성에 맞는 일을 찾을 수 있는 시간이 되어서 더욱 좋았다. 당시 외국인 신분이었지만 국가사업이어서 취업이 잘됐다. 어린이집 보조교사로 근무했고, 급여도 70만 원 정도 받았다. 무엇보다 경력에 도움이 돼서 참 만족했다.

다문화가족지원센터 상담사에게 차별을 경험하다

다문화가족지원센터에서 상담받은 적이 있다. 남편과 사이가 안 좋아서 받았는데, 상담사의 자질이 필요하다고 생각한다. 상담을 받으러 간 사람은 위로받고 싶고 다른 좋은 방법을 설명해주길 원한다. 그런데 나의 상담사는 한국 남자, 즉 남편의 편을 많이 들어줬다. 두 번 정도 상담받고 그 뒤에 또 도움 될까 싶어 같이 밥도 먹고 이야기 나눴는데, 자꾸 내가 잘못했다고 했다. 한국에는 유교적 문화가 있으니 남편한테 따르라 하고, 내가 잘못했다고 하니 상담받기 싫었다. 내가 힘들어서 상담받는 건데, 이건 아니라고 생각했다. 물론 도움받아서 많이 치유된 친구들도 주변에 있다.

다문화가족지원센터 홈페이지가 활성화되었으면 좋겠다. 홈페이지를 통해 이주민들이 모든 정보를 한꺼번에 얻을 수 있으면 좋겠다. 특히 취업 알선 같은 홍보가 잘되어 있으면 하는 바람이다.

요즘 가끔 교회에 나간다. 처음에는 마음이 힘들어서 가게 되었다. 중국은 종교를 가질 수 없었는데 한국은 그렇지 않다. 남편이랑 갈등이 있어서 이틀 정도 집을 나간 적도 있었다. 남편의 욱하는 성격 때문에 조금 힘들었다. 개인적으로 2012년도가 기억에 많이 남는다. 그해는 좋은 일도 많았고 나쁜 일도 많았다. ○○대도 입학했고, 어떤 행사에서 고향에 갈 수 있는 방문 티켓도 받았다. 좋은 일들이 생기다가도 잘 안 풀리는 해였다.

남편과 싸워서 이틀 동안 집을 나갔을 때 이주여성쉼터에 갔다. 그곳에서는 휴대폰도 꺼야 하고 외출도 자유롭지 못해서 감옥에 들어간 느낌이었다. 외출도 안 되고 뭐도 안 되고 하는데 무엇을 어떻게 해결해줄 수 있는지, 해결할 방법은 있는지 궁금하고 답답했다. 그렇게 몇 개월 동안 서로 연락이 안 되면 자동이혼이 된다고 들었기 때문이다. 그때 다문화가족지원센터 상담사가 찾아와 얘기했다. 처음에는 잘 인지하지 못하고 있었는데, 계속 쌓이고 쌓여서 마음이 힘들어졌던 것 같다. 이주여성들은 이 부분을 창피하게 여겨서 밖으로 드러내지 못한다. 집에서 혼자 끙끙 앓고 힘들어한다. 하지만 그것은 잘못된 생각이다. 남편의 폭력과 폭언이 있으면 참지 말고 과감히 신고하라고 얘기해주고 싶다. 경찰의 도움을 받아 물리적으로라도 제압해야 한다고 생각한다. 나 또한 남편의 폭력이 있었을 때 신고하고 경찰이 출동하니까 훨씬 나아졌다. 서로 맞춰가야 하는 부분이 있기도 하지만, 아닌 부분은 확실하게 조치를 취해야 한다.

한국 사회에 바라다

나는 주로 텔레비전보다 핸드폰을 많이 보는 편이다. 핸드폰으로 중국 뉴스나 트렌드가 어떤 것인지 살펴본다. 요즘 중국 사람들에게 한국 화장품이 굉장히 인기 있다. 그래서 휴대폰 웨이신에 올려 한국 화장품을 중국에 보내는 사업도 한다. 또 화장품 다단계 업체도 중국으로 많이 들어간다고 들었다.

한국 사회에 바라는 점이 있다면, 글로벌 시대인 만큼 '글로벌'이라는 말을 잘 살렸으면 하는 것이다. 이주여성들이 한국에 잘 정착하고 나아가 이주여성들이 자립할 수 있는 대안을 모색했으면 좋겠다. 그러기 위해서는 취업이나 창업에 있어 다양한 지원이 있기를 바란다. 또한 다문화가정 자녀들의 꿈이 맘껏 펼쳐질 수 있는 장이 마련되면 좋겠다. 동아리 활동도 좋고 아이들이 꿈을 펼칠 수 있는 특기 같은 것들을 개발할 수 있는 계기가 마련되면 좋겠다. 경제적인 어려움 때문에 아이의 특기를 포기하지 않고 살릴 수 있도록 학원비 지원이 되면 좋겠다.

5.
전사록 요약

〈연구참여자 정보 및 특성〉

출생연도	1979년생	이주연도	2008년
국적(이주 전/현재)	중국 조선족/대한민국	학력	대졸
가족	남편, 아들	직업	중국어 강사

▸ ○○대를 졸업하다

한국에서 일을 하려고 하면 자격증 같은 게 필요하고, 한국은 어느 정도 학력이 있어야지 취직이 가능하더라고요. 그래서 ○○대에 들어갔어요. 2016년도에 끝났어요. 한동안 고생한 보람은 있죠. 원래 중국에 있을 때 유아 전공했어요. 한국에서도 관련된 일을 하고 싶었는데, 그것을 하려면 자격증이나 학력이 필요하잖아요. 그래서 ○○대 유아교육학과 전공하려고 했어요. 근데 유아교육학과가 매년 경쟁률이 높아서 들어갈 수 없었어요. 중국에서 대학교가 아닌 직업고등학교를 다녀서 1학년부터 다시 공부를 해야 하는 상황이에요. 만약 중국에서 대학을 졸업했다면 3학년으로 편입해서 4학년에 자격증을 바로 딸 수 있다 하더라고요. 저는 그게 안 돼서 1학년부터 시작했어요. 대신 중국 유아교육학과를 다니려고 했었는데, 경쟁률이 심하고 어렵다고 하니까 중문과로 시작하고 나중에 기회가 되면 넘어가거나 편입할까 생각하면서 지금까지 쭉 왔어요. ○○대 대학교 졸업장을 받고 나니까 취직할 때나 학교에서 중문과에 관한 일을 할 때 이력서에 ○○대학 졸업을 넣으면 인정을 많이 해주는 것 같아요. (친구들 보면 방통대를 많이 들어가고 있잖아요. 예를 들어 중국에서 유아교육학과 졸업했어요. 그런데 ○○대를 다시 들어가더라고요. 왜 이런 현상이 생긴다고 보세요?) 주위 아는 언니들도 보면 교원 자격증이나 대학 졸업장이 있어도 ○○대에 다시 들어가 공부하는 거예요. 중국에 있는 자격증을 한국에서 인증을 안 해주는 것 같아요. 한국 자격증으로 다시 공부하라고 하니까 4년이란 시간을 헛되게 보내야 하는 상황이고, 그것을 왜 인정을 안 해주는지 참 안타까워요. 중국은 초등학교 6년. 중학교 3년. 중학교 3학년 2학기 때는 취업이나 실업학교 학생들 모집해요. 저 같은 경우는 실업학교 같은 식으로 유아교육전공학과 3년 다니고 취직을 했죠. 중국에 있을 때 2003~2004년까지 유치원 교사 했어요. 한국 오니까 중국 유치원에서 일한 경력이 인정 안 됐구요. 이후 고용센터 6~9개월 디딤돌 과정 거쳐서 ○○에 있는 어린이집에서 일했어요. 중국 학교랑 한국 학교 차이가 조금 있는 것 같아요. 어린이집 같은 경우 중국은 거의 주입식으로 하는데, 한국은 놀이 문화로 아이들을 가르치는 그런 부분이 조금 달라요. 그리고 중국에서는 잠깐 서 있게 하는 식으로 벌을 주는데, 한국은 '생각하는 의자'에 앉혀놓더라구요. 이런 부분에서 차이를 느꼈어요.

▶ 아이의 학교폭력에 맞서다

[조사자: 아이가 몇 학년이에요?] 초등학교 2학년이요. 성격도 밝고 학교생활 잘하고 있어요. 그런데 같은 반에 욕설도 심하게 하고 폭력적인 아이가 1명 있어요. 우리 아이뿐 아니라 다른 아이들, 담임선생님에게 피해를 주고 심지어 교감선생님 멱살까지 잡았다고 해요. 그래서 학부모 간담회도 가졌는데, 학교 측에서는 대책이 없었어요. 조용하게 넘어가려는 분위기였어요. 이건 아니다 싶어서 카톡으로 주위 엄마들 모았고 학교 찾아가자고 했어요. 처음에는 심각한 상황은 아니었나 봐요. 담임선생님은 천사 선생님이세요. 선생님 본인도 2학년 자녀가 있으니까 좋게좋게 넘어가는 거예요. 그날그날 무사히 보내면 담임으로서 임무를 다한 것 같이. 폭력 행사하는 아이를 제지하지 못하고 오히려 아이들한테 "너희들 재 폭발할 때면 다 화장실에 숨어" 이렇게 하는 거예요. 제가 그것을 교장선생님께 얘기했어요. "아니 담임선생님이 어떻게 학생들 앞에서 걔를 제지하지 않고 다른 아이들에게 피하라고 해요? 이건 옳은 방식이 아닌 것 같네요" 라고. 그리고 다른 학부모들이랑 함께 교육청에 찾아가고 제가 전화도 하고 그랬어요. 이것을 어떻게 해결하고 상담을 어떻게 받아야 하는지에 대해서요. [조사자: 처음에 그것을 어떻게 알았어요?] 처음에 "엄마, 걔가 날 때렸어." 몇 번 그랬어요. 우리 아이가 활달한 편이고 걔도 활달한 편이니 부딪히는 부분이 있겠거니 했죠. 그런데 갑자기 폭발한대요. 나중에 보니까 가정 상황도 안 좋더라고요. 엄마 아빠는 이혼한 상태고 그 아이는 외조부모님이랑 살았어요. 할머니는 아이가 먹고 자고 놀고 그것으로 교육이 다 되는 줄 아는 분이셨구요. 그러다 학교에서 할머니 모시고 와서 아이 참관학습 시키셨는데, 그제야 아이가 심각한 것을 느끼셨대요. 병원 가서 진단받았는데 ADHD 그것보다도 더 심각한 결과가 나온 거예요. 화

가 나면 수업하다가도 뛰쳐나갈 정도로. 한번은 우리 아이가 사물함을 열다가 뒤에 있던 걔를 다치게 했나 봐요. 그래서 우리 아이 배를 때렸대요. “엄마, 창자가 튀어나올 것처럼 아파요” 그러는 거예요. 선생님께도 전화 왔어요. ○○이가 그렇게 했는데 서로 사과하고 끝났다고. 그냥 좋게 넘어가는 거죠. “그 친구가 사랑받고 싶고 너랑 친해지고 싶어서 그랬을 수도 있다”고 이런저런 얘기를 하는데 우리 애는 매일 한숨 쉬고 그래요. 어떤 때는 우리 아이랑 걔가 싸운 거 다른 엄마가 얘기해줘서 알아요. ○○이는 말을 안 해요. 그러니 저는 모르죠. 저녁에 물어보면 그런 상황인 것을 말하죠. 언제는 애가 “엄마 아이들이 쪽지를 썼대요.” 그러는데 거기에 ‘죽고 싶다. 자살하고 싶다’ 이런 표현이 있는 거예요. 그중에 ○○이가 있는 거예요. 저는 일 갔다가 깜짝 놀랐죠. 담임선생님이 찾아오셨어요. 그 집 어머님 연락처 달라고 했어요. 그런데 개인정보 함부로 못 주니까 교장선생님 연락처 달라고 했어요. 남편한테도 얘기를 안 했어요. 말하면 폭발할까 봐. 교장선생님 전화가 왔어요. 아니 빨리 조치를 해야 하는 것 같은데 아직까지 계속 이러고 있냐고, 아이들이 이제 2학년인데 걔 따라 지금 배우고 있다고, 말을 안 하는 아이들이 옆의 아이들이 영향을 주고 있는 것을 그냥 보고만 있냐고 항의했어요. 그랬더니 추석 지나서 간담회 하겠다고 대답하셨어요. 그래서 간담회가 열렸는데, 제가 요구한 화요일이 아닌 그 집 엄마가 올 수 있는 수요일로 해놓은 거예요. 갔더니 걔랑 직접 부딪힌 아이 엄마도 오고 아닌 엄마들도 왔어요. 간담회 하면서 저희가 그랬어요. 아이들이 지금 2학년인데 어떻게 4년을 그 아이와 더 다녀야 하냐고. 교장선생님, 교감선생님이 처음에는 진지하게 얘기 들어주고 받아주셨어요. 그런데 계속 뾰족한 조치가 안 나오니까 엄마들이 계속 자리에 앉아 있는 거예요. 뭔가 해결책을 제시해줘야 하는데 “네, 저희가 해결해보겠습니다." 이렇게만 계속 말씀하니까 답답하죠. 그래서 어떤 아빠가 왜 교장선생님이 말귀를 못 알아듣냐며 화를 냈어요. 그런데도 차분하게 "응" 그러시는 거예요. 간담회 갔다가 오히려 더 답답해졌어요. 해결책을 마련하기 위해 간담회 모이는데, 학교에서는 아무런 입장 밝히지 않으니 화가 나는 거예요. 이대로는 안 되겠다 싶어서 또 모였어요. 이번에는 다른 반 어머님들도 다 모셨어요. 3학년 되면 또 반이 달라지고 그러면 또 그 영향을 받을 아이들을 위해 미리 알려야겠다고 생각했어요.

▶ 동아리 활동을 하다

[조사자: 무슨 동아리 해요?] 작년에 시작한 '라이중국어'라고 중국 이주여성 동아리 활동이 있어요. 지역사회에 봉사활동으로 중국어도 가르치고 행사 있으면 참여도 해요. [조사자: 집에서 ○○랑 뭐로 대화하세요? 중국어요? 한국어요?] 중국어로 할 때도 있고 한국말 할 때도 하는데 ○○이가 오히려 엄마 중국어로 하자고 해요. 아이가 토요일마다 ○○교대 글로벌 브릿지(Global Bridge) 과정 수업에 가거든요. 이중언어로 중국어 2시간 하고 동아리랑 멘토링 수업까지 받고 오면 오후 3시 넘어요. 한국연구재단에서 주최하는 글로벌 브릿지 과정인데, 전국 몇 개 대학교에서 한대요. 매년 5월에 시작해서 다음 해 2월 말에 끝나요. 주로 제가 데리고 가는데, 제가 시간 안 될 때는 혼자 가기도 해요. 한번은 친정엄마가 데리고 갔어요. 중간쯤에서 아이가 혼자 갈 수 있다고 할머니한테 집으로 돌아가라고 한 거예요. 근데 문제는 우리 엄마가 집을 헤맸어요. 시청에서 2호선으로 갈아타야 하는데 그냥 밖으로 나온 거예요. 그래서 지하철 못 타고 버스 타고 왔어요. 글로벌 브릿지 가면 10시부터 12시 반까지 2시간 반 정도 중국어 수업을 들어요. ○○○대 중국어 선생님들이 가르치는데, 거의 중국여

성들이에요. 저희 동아리 멤버 선생님이 소개해줘서 여기 과정 알게 됐어요. 모집은 2학년부터 하고 이름, 나이 등 간단한 레벨테스트 한 후에 A반, B반으로 들어가게 돼요. 거기에서 배운 중국어를 가끔 집에서 사용할 때가 있어요. 맛이나 음식에 대해 배우면 집에 와서 얘기를 하더라고요. 본문 읽고 음성 파일 보내라는 숙제도 있어요. 매주 하니까 효과는 조금 있는 것 같아요. 일요일에는 또 중국어 수업 동아리 하거든요. 요즘 저희가 준비하는 것이 이중언어를 이용한 연극, 뮤지컬이에요. 12월에 문학경기장 옆 소극장에서 연극 발표해요. 많으면 1막이라도 하기로 했어요. 아이들은 중국어로 하고 우리는 한국말로 하고. [조사자: 너무 잘하시는 거예요. 이렇게 엄마들이 적극적인 반면에 또 이중언어를 안 가르치는 엄마들도 계시잖아요. 이런 것은 어때요? 그 엄마들은 왜 안 가르친대요?] 그 부분이 좀 아쉽기는 해요. 저 같은 경우는 교포다 보니 집에서 한국말을 많이 쓰는 편이에요. 그런데 한족 엄마들은 집에서 중국말이 편하니까 중국말로 아이들과 대화를 해요. 그래서 음성 파일 올릴 때 보면 아이 발음이 완전 중국 발음이에요. 엄마가 한족과 조선족에 따라 아이들의 이중언어도 좀 차이가 나더라구요. 대신 한국말은 좀 서툴러요. 어떤 엄마는 한족 엄마인데 아이한테 중국어 사용을 안 해서 애가 중국어를 모르더라고요. 그 엄마도 한국말을 잘 못하는데, 아이가 유치원 가서 한국말 못할까 두려워서 중국말은 아예 안 썼대요. 남편과 시부모님 반대도 있었다는데 아직도 그런 집이 있더라고요. 그런가 하면 중국 출신임을 알리기 싫어하는 엄마도 있어요. 제가 아는 언니도 아이가 4학년인데 그 아이는 엄마가 중국 사람인 걸 몰랐대요. 중국에도 한 번도 안 가고. 그러다가 교회에서 엄마가 중국어를 한다는 것을 느꼈고, 그제서야 엄마가 중국말 할 줄 알고 중국 사람이란 것을 말했대요. [조사자: 그것은 엄마가 잘못된 것이지 애가 잘못된 것이 아니잖아요?] 옛날에는 창피해서 안 했겠죠. 중국 사람이다, 교포다 하면 인정을 안 해주니까. 아이도 학교에서 왕따 당할까 봐 그런 부분 때문에 안 했겠죠. 아이가 학교 가서 한국말이 서툴면 친구들이 "쟤네 엄마는 중국 사람이래" 하잖아요. 물론 스트레스받지 않으면 괜찮은데 스트레스받아서 학교 가기 싫다거나 그러면 부모 입장에서 좀 힘들 것 같아요. 지금은 워낙 글로벌, 글로벌 하니까 많이 바뀌었어요. 우리 아이 같으면 우리 엄마 중국인이라고 자랑할 거예요.

▶ 이중언어강사 활동을 시작하다

○○이 1학년 때 학교에 다문화 강사로 나갔어요. 봉사활동으로 학부모 재능기부 프로그램이 있었는데, 그때 1학년 4개 반에 수업 들어갔어요. 올해는 바빠서 못 갔더니 아이가 왜 안 오냐고 하더라고요. 갔으면 아이가 좋아서 기 살았을 텐데 아쉬워요. [조사자: 중국 결혼이주여성들한테 해주고 싶은 말, 이중언어를 어떻게 공부를 가르치면 효과적이고 좋다, 노하우라든가 이런 것 있으세요?] 잘 못하는 한국말을 애써 하려고 하지 않았으면 좋겠어요. 글로벌 시대인 만큼 엄마의 장점을 살려 아이한테 중국말을 가르치면 오히려 더 낫지 않을까 생각하거든요. 요즘은 중국에서는 아무리 봐도 공무원 쪽 취직이 잘되는 것 같아요. 선생님이나 이런 쪽 학교 선생님 이런 것. [조사자: 중국에서 학교 선생님 하다가 한국에 오면은 학교 선생님 하기 쉬워요?] 그것이 쉽지 않죠. 자격증 때문에 어쨌든 한국에 자격증이 인증이 돼야 하니까 다들 ○○대에서 공부 또 하고, 자격증 땄어도 또 하고 그것이 조금 문제인 것 같아요. 한국에서도 대학을 인정해줬으면, 공증할 수 있으면 공증해서라도 이 사람은 교육할 수 있다는 것을 해주면 좋을 것 같아요. 요즘은 사회복지 자격증 공부하고 싶어요. 이것을 배우고 하고 싶어

요. 앞으로는 구청이나 이런 기관들에서 다문화 쪽 사람들을 더 많이 쓰지 않을까 싶거든요. 이것도 나쁘지 않아 도전해볼 필요가 있다고 생각해요. 근데 문제는 국가 공인 이것인지 계약직으로 계속 돌릴 것인지예요. [조사자: 만약에 구청이나 다문화과에서 채용할 때는 계약직이 있죠. 지금 시청에서 계속 공무원으로 하고 있고 ○○라고 알죠? 베트남 그 친구도 계속 일을 하고 있는데 사실 5년 지나면, 5년이 만기예요. 그런데 ○○○ 같은 경우에는 운이 좋은 건가 다시 채용됐거든요. 5년 끝났는데도요. 그래서 보면은 정식 공무원 채용은 한국 국적을 가져서 경찰공무원 요즘 뽑고 있잖아요. 그런 경우에는 100% 정식 공무원이 되는 것이고 공무원 시험을 안 보고 특채를 하는 경우에도 정식 공무원이 되는 경우가 있어요. 시청이나 구청 이런 데서 뽑으면 5년 계약직, 그것만 해도 정말 많이 달라진 것이긴 해요. ○○○ 선생님한테 그거 한번 물어보세요. 정식으로 그렇게 하냐, 아니면 5년 계약이냐 어떻게 해서 다시 재임용되었나에 대해서요.] 5년 계약이라 해서 지난번에 끝났잖아요. 그래서 채용공고가 났어요. 저도 지원을 했거든요. 물론 면접상에서나 어쨌든 그렇긴 하겠지만, 저랑 ○○랑 2명인데 면접을 갔거든요. 근데 웃기는 것이 일부러 특출한 사람이 나오면 안 쓸지 모르지만 일부러 그 선생님을 쓰기 위한 것이 아닌가 싶었거든요. 이건 형식상이니 너무 화가 나서 구청에다가 민원 넣었거든요. "이것은 형식상의 문제이다. 그냥 너희가 뽑겠으면 그냥 쓰고 하지 무슨 공고를 내고 지원을 하라 하고 이것은 잘못된 것이다" 그랬거든요. 답이 왔는데, 기존에 있던 사람도 쓸 수 있다는 그것이 있었다고 하는데, 저는 그것은 아니라고 생각해요.

▶ 아들의 꿈을 믿고 지지하다

[조사자: ○○이는 나중에 크면 무슨 공부 시키고 싶으세요?] 우리 ○○이

가 요즘에 과학적인 부분을 많이 좋아하거든요. 글로벌 브릿지 멘토링을 지난주부터 시작했는데, 대학생들이 와서 멘토링 수업을 일대일로 해요. ○○이가 신청한 것이 과학이랑 수학이에요. 국어는 자신이 있는데 수학은 자기가 조금 떨어진대요. 선생님한테 물어봤더니 집중을 안 할 때가 있다 보니 그렇다고 했대요. 과학을 좋아해서 아빠가 요즘 과학책도 사주고 집에서도 실험하고 이런 것을 하거든요. 뭐 하고 싶냐고 물어봤는데 자기는 수사대, 국제수사대 그것을 한다는 거예요. 과학하고 경찰관이 된다고 맨날 그 소리를 하는데, 그 꿈이 이루어졌으면 좋겠다. 하지만 꿈은 바뀌잖아요. 아이가 놀고 하는 것 보면 연극이나 노래 이런 것들을 되게 잘하거든요. 동아리 뮤지컬 수업받을 때 한국 노래를 제일 잘해요. 목소리도 고음으로 올라가고 중국 노래도 가사를 바꾸었는데 먼저 외워가요. '음악적인 부분도 소질이 있구나' 하고 생각했어요. 학교에서 그것을 좀 키울 수 있는 시스템이 있으면 좋겠는데, 아직은 없는 것 같아요.

▶ 한국 사회에 바라다

지난번 연구재단에서 교수님들 오셔서 어머님들 세 분이랑 글로벌 브릿지 인터뷰했어요. 글로벌 브릿지 과정이 어떻게 더 진행되었으면 좋겠냐고 물어서 제가 그랬어요. "애들이 중국어를 와서 배우긴 하는데, 이 중국어 배운 것을 어딘가 뭔가 자신감 있게 써먹을 수 있는 그런 기회를 주셨으면 좋겠다." 배우기만 하면 뭐해요? 학교나 이런 데나 어딘가 써먹을 데가 없대. 아니면 학교에서 중국어 동아리를 한다거나 이렇게 하면은 이 배운 아이들이 가르칠 수 있는 부분들이 되잖아요. 내가 한마디라도 가르쳐주고, 그러면 아이들이 단어 하나라도 알아오고 하면은 우리 반에 누가 중국어 잘해서 이런 것 배웠다 아이들만의 동아리가 되거든요. 그런 부분들을 더 노출했으면 좋겠다 싶더라고요. 학교에서 그런 동아리나 반이 별도로 운영되게 제도적으로 지원이 되었으면 좋겠어요.

▶ 예나 지금이나 차별은 힘들다

[조사자: 중국은 56개 민족, 그중에 한족이 96%인데 혹시 중국에는 한족하고 소수민족하고 차별 제도, 법 이런 것이 있어요?] 옛날에는 있긴 했는데요. 제가 어렸을 때는 한족들은 아이 낳는 부분에서도 1명만 낳는다고 하고 조선족들은 그나마 2명 낳았거든요. 3명까지 낳으면 벌금을 내죠. 저 아마 78년 79년도인가 모르겠어요. 저도 맏이고 동생이 있고 하나 더 있었는데, 80년도 그쯤인 것 같아요. 저희 엄마가 아기를 하나 유산했다고 그러더라고요. [조사자: 지금은 실제로 둘 낳을 수 있는 거나 마찬가지예요? 그래서 똑같이 된 거예요? 그러면 교육에서 한족은 100% 돈을 내야 하고, 소수민족은 조금 더 싸고 도와주고 그런 것은 있어요?] 그런 것은 없는 것 같아요. 근데 제가 학교 다닐 때는 그것이 있었던 것 같아요. 이 호구라는 것이, 이 ○○동이라는 동네에 내 호구가 없잖아요. 다른 동네에 있어요, 그러면 여기 학교에 다닐려면 돈을 내야 해요. 그때는 학교가 다 조선족 학교만이 그렇게 된 것 같아요. 대신 내가 중국 학교를 갈려면, 중국에서는 안 한 것 같아요. 조선족 학교에서는 그때 돈으로 5학년 때, 6학년 때 그때니까 4년인가 그때 여기 없었거든요. 지방에 그래서 한 학기에 50위안, 중국 돈 50위안을 내야지 공부를 할 수 있는 거예요. 근데 그 돈을 어떻게 감당해요. 형편이 힘들고 하는데 학교는 다니고 싶은데, 그런 부분이 있었던 것 같아요. 그때는 50위안 큰돈이죠. 그래서 공부를 못 했던 적이 있었던 것 같아요. [조사자: 아이가 다문화가정 자녀잖아요. 혜택을 받는다든가 이런 제도들이 있어요?] 그런 것은 없어요. 지금 학교에는 없는 것 같아요. [조사

자: 주변에는 아직도 한국에서 차별해서 마음 아파한다든가 이런 사람이 있어요?] 전보다 많이 좋아지긴 했었는데, 아직까지 집에서 나오지 못하는 엄마들이 있지 않나 싶어요. 남편분들이 못 나가게 한다던가, 집에만 있어라, 애기 봐라, 시어머니는 왜 밖에 나가냐 그러고. 그런 것을 이해를 해줬으면 좋은 부분인데, 그 문화를 알아야지. 다큐멘터리 이런 것도 보면은 시부모와 갈등 부분이 많이 있잖아요. 서로 그 나라를 가보면 조금 이해가 되긴 하는데, 조금 안타까운 부분이 있는 것 같아요. 어린 나이에 결혼했으니 나가 놀고 싶고 이런 부분이 있는데, 괜히 집구석에 있으라니 더 역효과가 나죠. 아직 그런 데가 많이 있어요.

▶ 취업 성공 패키지를 받다

[조사자: 한국에 오셔서 힘들어서 상담을 받아보거나 이런 적은 있으세요? 진로상담이나 가정상담 이런 거 받아본 적 있으세요?] 진로상담은 취업성공 패키지 받아본 적 있어요. 초창기에 그것을 받고 나서 제 마음이 많이 열렸던 것 같아요. 2010년도 그때니까요. 그전에 다문화상담사 자격증 공부를 했거든요. 집에서 책 사가지고 공부하고 시험 보러 갔어요. 2009년도쯤에 ○○이 아기 때 그냥 공부했어요. 그때 돈으로 책값만 70몇만 원 냈나? 50몇만 원 냈나? 왠지 그때는 갈등 부분들이 있었어요. 시부모와 갈등, 애아빠한테도 이런저런 갈등이 있었어요. 그래서 내가 다문화상담사 자격증을 따가지고 이렇게 고통받는 사람들한테 조금 도움이 되고 싶었어요. 싸운 이유는 경제적인 부분도 있고, 아니면 문화적 차이도 있어요. 시부모 사이에서도 서로 안 맞는 부분이 있다 보니까 그래서 자격증 공부를 했고 땄거든요. 근데 문제는 따면 뭐해요. 그것을 가지고 취직을 이어주는 기관이 없잖아요. 말로는 "자격증을 따면 다 해결해줘요" 하는데, 해

결은 안 해주고 본인이 직접 어떤 기관에 찾아가야만 일자리를 구할 수 있다는 거예요. 그러다가 한 분을 알게 되었는데 그분이 그러시는 거예요. ○○대도 다니고 공부하라고. 취업 성공 패키지 이런 것도 있다고 설명을 해줬어요. ○○은행 맞은편에 취업 성공 패키지 교육해주는 기관이 있었어요. 거기에서 1주일인가 교육을 받고 수료를 하고, 제가 이제 디딤돌 교육으로 해서 어린이집으로 출근했죠. 그때 ○○이 18개월이었는데 어린이집 보냈어요. 울고불고 그러고 저는 일하겠다고 아침 9시에 가면은 4시인가 끝났어요. 그때가 아마 지금 생각하면 너무 취업 성공 패키지가 고마웠던 것 같아요. 나한테 어떤 일거리가 맞는 것인지 돌이켜보는 시간이고요. [조사자: 그때는 신분이 외국인 신분이었을 것 아니에요. 그때도 잘 받아줬어요?] 네, 왜냐하면 이것은 국가 기관에서 하는 것이라 두 가지인가 세 가지가 있었어요. "나라에서 지원해주는 돈으로 교육을 받으실 거예요? 아니면 내가 직접 일을 해서 돈을 벌 것이에요?" 둘 중에 하나인데 저는 "어린이집 가겠다. 가서 실습도 하겠다" 그래서 보조교사로 근무했었거든요. 그때 아마 70몇만 원인가 받았었는데, 그것도 이제 경력에도 도움이 되고요. 그때는 만족했어요.

▶ 상담자에게 차별을 경험하다

[조사자: 요즘에는 주위에 보면 시부모나 남편하고 싸워서 상담받는 사람들 많잖아요. 그 사람들은 어떻게 상담받고 나서 만족하게 되었는지, 아니면 만족을 못 하니까 별도의 무언가가 필요한지 이런 것에 대해 얘기해줄 수 있어요?] 저도 다문화센터에 가서 한 번 받아본 적 있어요. 남편이랑 사이가 안 좋아서 받아봤는데, 저는 상담사마다 문제가 있지 않나 싶긴 한데요. 왜냐하면 상담을 받으러 왔으면 이 사람의 마음을 치유해주고 다른 좋

은 방법을 이렇게 가라 설명해주면 좋잖아요. 그런데 저의 상담사는 한국 남자의 편을 많이 들어주는 거예요. 두 번인가 제가 받고 나서 그 뒤에도 또 도움이 되나 싶어서 밥도 같이 먹고, 아픈 마음을 이렇게 했었다 이렇게 하는데 이분은 자꾸 내가 잘못했다고 말하는 거예요. 한국 남자들이 문화가 이러니까 이런 식으로 따르라고, 내가 잘못했다고 말하는데 그 뒤로 제가 상담을 안 받아요. 이것은 아닌 것 같다고. 내가 아파서 상담을 받는 건데요. 물론 도움을 받아서 지금 많이 치유되는 친구들도 주변에 있어요. 또 본인이 고쳐야 하는 부분도 있어서 고치는 부분도 있고요. [조사자: '중국에는 이런 것이 있는데, 한국에는 없어서 불편해' 이런 것은 없어요?] 그런 것은 아직까지 못 느꼈던 것 같아요. 한국에 처음에 왔을 때는 차별받긴 했죠. 우리 시어머니는 나보고 그랬어요. "얼굴이 왜 이리 까마냐?" 중국 사람들은 얼굴이 다 이렇게 까만데. 우리 시어머니가 특별하니까 그랬어요. 성격이 조금 강한 편이라서 저랑 많이 부딪혔죠. 지금은 서로 이해하는 부분이 있고요. 같이는 안 살고 우리 동네 가까이 살아요. 명절 때 뵙곤 하는데, 시간이 문제인 것 같아요. 시간이 약이고요.

▶ 정보를 잘 찾다

[조사자: ○○에는 친구들이 많이 있죠? ○○하고 ○○지역하고 서울에는 이런 것이 있는데, 인천에는 이런 것이 없어. 인천에도 이런 것이 있었으면 좋겠다는 것 있어요?] 서울에서 다문화가족 지원해주는 부분들이나 그런 것이 다른 부분이 있었던 것 같아요. 다문화센터를 통해 들었던 것인데, 서울에는 이런 지원이 있고 인천에는 없는데 이런 것이 있었던 것 같아요. 저희 인천에 다문화가족지원센터는 되게 활성화하고 잘하는데, 친구는 서울에 있으면서도 이용을 안 해서 모르더라고요. 활성화되는 데가 있냐

면 안 되는 지역은 안 되어 있더라고요. [조사자: 선생님은 어디서 그렇게 정보를 잘 찾아요?] 정보요? 물론 친구들 통해서도 알 수 있고요. 아니면 주위에도 남편도 어떨 때 "이런 것 있다." 인터넷상에서도 찾아보고요. [조사자: 우리는 "인터넷 한 곳에 들어가면 여기 취업 구인·구직 이렇게 한 사이트가 쫙 있으면 좋겠다"라는 말을 되게 많이 듣거든요. 그래서 어떤 함께 사는 이주민들이 이용할 수 있는 한 사이트가 있다면 거기에서 모든 정보를 듣는다면 좋겠다고요.] 맞아요. 그런 사이트가 아마 다문화가족지원센터를 통해 여기 프로그램을 홍보하고 이렇게 돌아가지 않을까 생각을 해요. 그렇게 하면 취업도 그렇고 유아 전공 이런 것도 그렇고 사이트 하나 딱 있으면 좋죠.

▶ 여성쉼터에서 이틀을 묵다

[조사자: 종교 이런 것 있어요?] 지금 교회 그냥 가끔 다니고 있죠. 조금은 마음이 아프고 이런 부분들이 있다 보니까 왠지 모르게 조금 끌리더라고요. 남편이랑 안 맞는 부분이 있어서 이틀인가 집도 나갈 때도 있었고요. 남편이 조금 성격이 욱하는 부분이 있어요. 그래서 조금 시달렸죠. 아니다 싶어서 그랬던 것인데요. 2009년도인가? 2012년도에요. 좋은 일도 많았고 나쁜 일도 많았던 한 해요. 2012년도에 ○○대도 입학할 때이고, 무슨 행사 나가면 자기 고향에 갈 수 있는 방문 티켓 같은 것도 받고요. 그때는 잘되다가도 안 되는 일이 있었죠. 집 나갔을 때 이틀 동안 이주여성쉼터 갔었어요. 근데 거기는 감옥에 들어간 느낌. "여기 들어오면 핸드폰도 다 꺼야 하고 밖에 외출도 못 하고" 이렇게 얘기를 하는 거예요. 제가 느꼈던 것이 "여기서 그러면 그동안 해결이 아무것도 안 되고 외출도 안 되고 뭐도 안 되고 하는데, 해결해줄 수 있는 방법이 뭐예요?" 물어봤어요. 그러면 그냥 연락을 단절하면은 그것이 시간이 길어지면 자동으로 넘어간

다고 들었거든요. 해결할 수 있는 무엇인가가 나온다고 하는데, 그 기간이 얼마큼 되는가 그 안에서 감옥 생활할 수밖에 없잖아요. 그냥 갇혀서 아무것도 못 하고 연락도 못 하고 그 연락이 안 되면 몇 개월인가 지나면 그것이 신고를 낸다나 뭐라 했었거든요. 이 사람이 기억이 잘 안 나는데 연락이 안 되고 이러면 자동이혼 그런 식으로 해준다고 하더라고요. [조사자: 자동이혼이 6개월인가 서로 연락을 안 하면 되는 것으로 알아요. 왜 이틀 동안이나 있었어요?] 안타까운 부분이 거기를 왔어요. 찾아왔어요. 서구인가 동구에 와서 어쨌든 잘 해결할 수 있게끔 ○○아빠도 성격 탓이지 나쁜 사람은 아니라고 상담사가 얘기를 하더라고요. 불러서 얘기를 하고요. 근데 처음에는 제가 몰랐던 것인데요. 부딪히는 부분들이 계속 쌓이고 이러잖아요. 엄마들이 이것을 창피하다고 밖에다가 내보내지 않잖아요. 그냥 집에서 나만 앓고 힘들단 말이에요. 근데 알고 보니까 이것은 아니다. 아빠가 폭력을 쓰고 욕하고 하면은 어딘가에 단체에 신고를 하고 과감히 하라는 것을 말하고 싶거든요. 과감히 얘기를 해서 경찰서의 도움을 받던 어쨌든 제압을 할 수 있는 능력을 키워줘야겠지 않나 싶더라고요. 저도 나중에는 이것은 아니다. 신고하면 경찰이 출동하고 하니까 훨씬 나아졌죠. 서로 맞춰가는 부분들이 있곤 하지만, 아닌 부분은 확실하게 조치를 해야 하는 것이죠.

▶ 인터넷으로 중국과 소통하다

[조사자: 모국의 소식을 한국에서 어떻게 들어요? 뉴스 같은 거 자주 봐요? 중국 뉴스?] 그냥 지금은 그렇죠. 뉴스 보면은 중국에 환경 어떻게 이런 것들 많이 나오잖아요. 그런 것을 보고, 아니면 친척들 오는 편으로 듣는다든지 거의 그런 게 다죠. 휴대폰으로 한국에서 이런 일이 있다고도 알

려줘요. 중국에 문자도 할 수 있고, 요즘에 보면은 장사 같은 것도 핸드폰으로 많이 하잖아요. 화장품 장사도 웨이신으로 올려서 여기 물건을 중국에 보내거나 이런 부분들이 많이 있더라고요. [조사자: ○○ 선생님은 시간이 나면 텔레비전을 봐요? 아니면 핸드폰을 하고 놀아요?] 핸드폰을 많이 보는 편이긴 하죠. 중국에 요즘 뉴스 같은 것도 보고, 중국에 요즘 인기 그런 뉴스 같은 것도 보고요. [조사자: 중국에서 요즘 뭐 하면 돈 많이 벌 수 있는데, 한국에서 요즘 뭐 하면 돈 많이 벌 수 있는데 이런 것도 잘 알겠네요?] 그것이 이제 물론 조금 차이가 조금 있지 않을까요? 나라마다의 차이나 요즘에 이슈되는 것이나 있긴 하지만요. 요즘에는 중국 사람들이 한국 화장품이 인기이다 보니까 화장품 많이 팔고, 또는 다단계 업체라고는 하는데 이런 것들 해서 많이 들어간다 하더라고요.

▶ 더욱 진취적인 삶을 살다

[조사자: 우리 연구실에 ○○○이라고 ○○에서 온 석사과정생이 하나 있어요. 그런데 이 친구가 결혼이주여성들의 동아리 활동에 대해 관심이 많아요. 자원봉사도 하고 동아리 활동을 해서 자기만족만 하는 것이 아니라 그걸로 사회를 변하게 만드는 것이 자원봉사잖아요. 그런 쪽으로 관심이 많아서 내가 언제 선생님 소개하고 싶은데 괜찮아요?] 그래요. 동아리가 지원을 받거든요. ○○복지관에서 지원을 해주는 부분이 있어요. 거기에 가입하고 5명이 되면 동아리 인정을 해주니까 작년에는 30만 원을 주었는데 올해는 25만 원인가 되더라고요. 줄어들어가지고. 대신 지역 활동에 봉사하러 간다든지 그러면 그만큼의 지원을 또 해줘요. 이번의 구청 앞에서 두레마루 축제 같은 것도 저희가 동아리 나갔거든요. 나가서 과일꼬치, 중국의 탕수육 만든다고 했어요. 물론 이렇게 하진 않았지만, 꼬치 끼워서 발라서 주긴 했었

거든요. 구청장님이랑 한 바퀴 돌고 했었어요. [조사자: 저희 사업단이나 아니면 한국 사회가 "우리를 위해 이렇게 해줬으면 좋겠어요" 이런 거 있으면 하나만 부탁해요.] 글로벌 시대라고 하지만 글로벌에 대한 이 말을 살려서 이주여성들이 한국에서 잘 정착하고 그리고 뭔가를 이주여성들이 할 수 있는 자리를 마련해주고 우리 아이들이 생활을 어떻게든 잘해나갈 수 있는, 자기 아이들의 꿈이 미래다 보니까 아이들의 꿈이 펼쳐질 수 있는 자리를 마련해주었으면 해요. 일단은 취업이라고 할까요? 아니면 창업할 수 있으면 창업할 수 있는 기회를 지원을 해준다든지 이런 부분들. 물론 거의 경제적이 대부분이니까 그런 경제적 어려움을 덜어줄 수 있는, 뭔가 이분들의 능력을 살릴 수 있는 기회를 주면 좋겠어요. 아이들은 이 동아리 활동도 좋고, 뭔가 아이들이 꿈을 펼칠 수 있는 그런 특기 같은 것 이런 것들을 개발할 수 있었으면 좋을 것 같아요. 왜냐하면 특기라면, 어쨌든 경제적인 어려움이다 보니까 아이한테 이런 특기가 있는데 가려면 비싸고 학비 같은 것도 학원비도 가려면 얼마나 비싸요. 그런 지원이 안 되다 보니까 그냥 넘어가는 것 같아요.

11장

다문화가정에 도움되는 사람이 되고 싶다

1. 불법체류자였던 이주 초기
2. 이중언어 코칭
3. 나와 같은 이주여성에게 공감하다
4. 전사록 요약

연구참여자는 중국 길림에서 2002년도에 일하러 한국으로 이주했다. 한국에 와서 불법체류 상태로 식당에서 일했다. 체포될까 두려워 밖에 나가지도 못하고 식당의 주방에서만 지냈다. 가장 먼저 배운 한국어는 라이터, 상추, 배추 등 식당에서 사용하는 용어였다. 중국의 엄마한테 전화하고 싶어도 전화카드를 어디에서 파는지, 어떻게 사용하는지 몰라서 못 했다.

노무현 대통령 시절 일시적으로 불법체류 동포들에게 자진신고를 하고 귀국하면 다음에 합법적으로 나올 수 있게 해주는 법이 생겼다. 그 법에 의해 중국에 들어갔다가 다시 한국에 왔다. 한국에서 남편을 만나 결혼했고, 자원봉사로 시작한 통역 때문에 다문화가족지원센터 통역사로 일하고 있다. 현재 결혼이주여성들이 그들의 자녀에게 이중언어를 가르칠 수 있는 이중언어 코칭을 하고 있다. 그러나 정작 사춘기에 들어선 열두 살인 연구참여자의 아들은 엄마 나라 말을 못 하는 것이 아쉽고 안타깝게 생각한다. 다문화가정 자녀들이 왕따를 당하는 것은 엄마가 무능력해서가 아니라 당당하지 않기 때문이고, 엄마가 당당하지 않은 것은 우리 사회의 결혼이주여성에 대한 편견 때문이라고 생각한다.

우리나라는 두 가지에 대해 고민해야 한다. 첫째, 사춘기 다문화가정 자녀들이 엄마와 대화하며 교육에 임할 수 있는 지침이 필요하며, 둘째, 결혼이주여성 중 고령자와 사별 여성들이 많은데 이들이 치매에 걸리면 한국어를 하는 것이 아니라 모국어를 하는데 향후 이 문제에 대한 대책을 세워야 한다고 한다.

[주제어] 중국, 동포, 교육, 이중언어, 상담, 복지

1.
불법체류자였던 이주 초기

처음으로 배운 한국어는 '라이터'

17년 전 한국에 처음 왔을 때 한국말을 하나도 몰랐다. 그때 친척들이 많이 왔는데, 사촌언니도 같이 와서 서울에 살았다. 근로 비자 3개월짜리여서 이후에는 불법체류자로 숨어 지냈다. 자진신고를 하고 귀국하면 다시 한국에 나오게 해준다는 법이 잠깐 생겼다. 그래서 중국으로 들어갔다가 1년 후에 다시 나왔다. 남편은 4년 후에 만났다. 그때가 노무현 정부였는데 너무 감사하다. 처음에는 잡혀갈까 봐 길거리에서 중국어도 마음대로 못 했다. 식당에서 일했는데 전화카드를 어디에서 사야 할지 몰라 한 달 후에나 엄마랑 통화할 수 있었다. 그때 엄청 힘들었다. 3개월 동안 말도 못 하고 눈치로 대충 이해하면서 일했다.

처음으로 배운 한국말이 '라이터'다. 주방장님이 맨날 "라이터, 라이터" 찾으니까. 처음 배운 말이 '안녕하세요'도 아니고 주방에 있는 깻잎이나 배추, 시금치 이런 단어들이었다.

나의 이야기를 글로 쓰다

언젠가 인천 연수원에서 내 이야기를 쓴 적이 있다. 일하느라 바빠서 아직 완성하지는 못했지만 책으로 나와서 뿌듯하다. 옛날 일 하나하나 추억하면서 재밌거나 화나거나 힘들었던 일을 글로 쓰니 좋았다. 엄마는 이렇게 살아왔다고 나중에 아들이 크면 보여주려 한다. 힘들게 겪었던 일들, 그때의 생각과 감정들을 글로 표현하니 정말 감동이다.

그때 가장 어려웠던 일은 언어였다. 생각나는 에피소드가 많다. 이를테면 '눈'이다. 바깥에 내리는 눈과 내 얼굴의 눈을 어떻게 구별할 수 있을까. 한국 사람은 왜 이렇게 부르는지. 중국에서는 다 따로따로인데, '배'도 그렇다. 과일 배, 사람 배, 사람이 타는 배. 정말 구분하기 어려웠다. 어떻게 구별해서 사용할 줄도 몰랐다. 또 '눈깔사탕'. 한국 사람들은 진짜 눈깔 있는 사탕을 먹는 줄 알았다. 무서웠다. 비슷한 예로 '할머니 뼈해장국'인데, 할머니 뼈로 만든 해장국인 줄 알고 깜짝 놀랐다. 지금은 오래 살아서 찜질방에서 "시원하다" 해도 다 이해한다.

나의 급여는 여전히 최저임금 수준이다

이곳에서 일한 지 6~7년 됐지만, 월급은 7년 전과 똑같아 기분이 안 좋다. 작년보다 오른 부분은 올해 최저임금이 올랐기 때문이다. 그래서 따지고 보면 여전히 최저임금 수준이다. 7년 전에도 120만 원 받았는데, 지금도 120만 원이다.

1년에 한 번씩 계약하고 있다. 7년 일했으니 7번 계약서를 쓴 거다. 우리 같은 경우 보통 10개월 일한다. 다시 말해 우리 외국 사람들의 이중언어강사 근로기간은 10개월이다. 12개월 일하면 퇴직금을 줘야 하니까 10개월밖에 계약하지 않는다. 두 달은 쉬는 거다. 올해 처음으로 12개월 일했다.

처음에는 반일제부터 시작했다. 반일제로 하니까 60만 원, 세금 떼고 나면 50몇만 원밖에 안 됐지만 그때는 그렇게라도 일할 수 있다는 게 너무 좋았다. 열정도 있었고. '아, 내가 선생님이 될 수 있구나' 하는 생각과 그동안 하고 싶었던 일이어서 열심히 했다. 경험도 쌓을 수 있고 월급이 오르는 기대도 있었다. 그런데 막상 월급 받으면 또 최저임금 수준이어서 실망한다. 내 경력은 7년이지만 신입 직원들과 월급이 똑같다. 내 심정이 어떨지 이해할 수 있을까? 여긴 경력직이나 신입직이나 급여 차이가 없는 것 같다. 4대 보험은 돼서 그나마 다행이다. 근무 시간은 아침 9시부터 저녁 6시까지다. 출근은 조금 일찍 하는 편이다. 행사가 있을 땐 9시, 10시에 퇴근할 때도 있다. 전엔 야근수당이 없었는데 지금은 야근수당이 생겼다.

의사소통으로 인한 어려움이 발생하다

전에는 결혼이주여성들이 인터넷 카페나 인터넷 이용하기가 어려워 소식 받기가 힘들었다. 근데 요즘은 카톡이나 페이스북, 또 센터에서도 많이 홍보하고 있다. 현재 다문화가족지원센터와 건강센터가 통합되었다. 전에는 다문화가족지원센터 카페 따로, 건강센터 카페 따로 있었다. 건강센터 프로그램 카페는 전국 건강 통합 카페였다. 만약 카페에서 잘못 열면 찾고자 하는 곳이 아닌 다른 곳이 나와 또 '○○구'를 쳐서 들어가야 하는 번거로움이 있었다. 결국 정보를 찾는 것도 시간이 걸렸다. 지금은 통합센터로 들어간다. 센터 소식을 그곳에 올려놓아서 다문화 카페는 거의 사용하지 않고 있다. 다문화가정은 카페 회원 가입도 힘들다. 전에는 다문화가정은 다문화 카페, 프로그램을 따로 신청했다. 전화로도 신청 가능했다. 그런데 지금은 다문화가정과 일반가정 프로그램이 같다. 그러면 일반가정은 카페를 자주 이용하니까 바로바로 찾을 수 있다. 남는 공간에 다문화가정을 채워야 하는데 다문화가정 사람들은 들어오질 않는다. 카페에 안 들어가니 신청하지 못하는 거다. 심지어 전화 신청도 안 한다. 그래서 사람들은 소식을 모르니까 더 나오지 않는다. 다문화가정과 일반가정이 프로그램을 같이하기란 쉽지 않다. 언어소통이 안 될뿐더러 일반가정과 친해지기가 쉽지 않기 때문이다. 언어적 요인이 1순위다. 결혼이민자한테 누군가 말 한마디 걸어주고 챙겨주면 많이 오는데, 그렇지 못한 실정이다. 친구와 같이 올 때면 어떻게든 힘들어도 온다. 그런데 지금은 시대가 많이 달라져서 결혼이민자는 그렇다 치고 다문화가정 아이들이 크니까 이제는 이 애들한테 많은 관심이 필요하다.

다문화가정에 대한 편견이 줄어들다

다문화 상담 지원사업이 있는데, 아이들 상담과 한국 정착 프로그램이 주를 이룬다. 요즘 사춘기 자녀들 때문에 고민하는 부모들이 많다. 학교에서의 부적응, 부모들이 아이들에게 대처하는 방법 등 그런 게 조금 많이 필요하다. 부모교육을 해야 하는데, 대상자들이 안 올 때 난감하다. 엄마들이 와서 제일 많이 하는 상담은 자녀의 사춘기와 양육이다. 자녀와 친구들 싸움이 부모싸움으로 번지는 경우도 있다고 한다. 한국 엄마들과 부딪힘으로 확대되는데 빨리 해결되었으면 좋겠다. 의사소통이 잘 안 되다 보니 해결하기도 어려운 것 같다. 엄마들은 자기 자식이 맞으면 속상해한다. 한국 엄마들은 자기들끼리 얘기하면서 더 부풀려진다. 그러다 보면 서로 오해가 더 생기고 소통에 어려움이 생긴다. 결혼이주여성들은 속상하고 화나니까 센터에 와서 얘기하며 푼다. 센터에는 상담 선생님도 있고 자원봉사 선생님이 있는데, 엄마들이 찾아오면 이야기를 들어주며 풀어준다. 뭘 어떻게 해야 하는지 알려주기도 한다.

한국도 인식의 변화가 있어서 다문화가정에 대한 편견이 많이 줄어들었다. 초등학교 다문화 강사 갈 때 엄마 나라 문화를 알려준다. 얼마 전에는 필리핀 집과 태국 집을 비교해보는 수업이 있었는데, 어떤 아이가 중국 전통옷을 당당하게 입고 왔다. 또 어떤 아이는 필리핀 아이였는데, 영어도 잘하고 그러다 보니 아이들이 서로 얼마나 잘 놀았는지 모른다. 10년 전 강의 나갔을 때와는 아주 다른 느낌이었다. 인식 개선과 함께 한국도 많이 변화했다는 걸 느꼈다.

2.
이중언어 코칭

이중언어 코칭을 하다

나는 중국 출신 결혼이주여성이다. 2011년 8월 16일부터 지역 다문화가족지원센터에서 근무를 시작했다. 그때는 '이중언어 영재교실'이라는 사업이 있었는데, 전국에 열풍이 불었다. 그러다가 2015년도부터 '이중언어 환경조성사업'으로 바뀌었다. 이중언어 영재교실은 그 대상이 아이들이고, 엄마의 모국어를 가르치는 거다. 이를테면 나는 중국 사람이니까 유치원이나 초등학교에서 어머니가 중국 출신 배경인 자녀들에게 중국어를 가르쳤다. 모아놓고 중국어를 가르치는 식이다. 그때는 참 재미있었다. 엄마 나라 언어를 배우러 오는 애들도 많았고, 센터에 찾아오는 결혼이주여성들도 많았다. 그러던 중 2015년도부터 시범사업으로 바뀌면서 많이 힘들었다.

시범사업은 2014년부터 전국 6개 센터에서 조금씩 시작됐다. 그때 내가 일하는 센터는 해당이 안 되어 사업이 없었다. 영재교실은 3년밖에 하지 않았다. 인턴으로 일하며 센터 일을 많이 배웠다. 센터에서는 시범사업을 하지 않아 '나도 한번 해볼까?'라는 생각으로 시작하게 되었다. 이중언어 환경조성사업이 이 사업을 한 번에 만들었다. 그것을 바탕으로 한 지침이 내려와서 2015년도에 정식으로 들어갔다. 처음에는 3개 반이었고, 지침서 3개 받아서 준비과정을 거쳐 알려줬다. 영재교실은 다문화가정 아이들 대상이고, 이중언어 환경조성사업은 결혼이주여성들, 즉 엄마들 대상이다. 엄마 나라 언어를 아이들한테 어떻게 가르칠지 그 가르치는 방법을 가르치는 거다. 놀이나 언어를 어떻게 전달하는지 방법을 코치해주는 거다. 여러 가지 방법을 알려준다. 처음 2015년도에는 3개 반밖에 안 되었다. 내가 직접 준비하는 과정도 있었고, 아이들과 함께해서 더욱 즐거웠다. 열심히 해서 2015년도에 전국 최우수상도 받았다. 그래서 더 열심히 해야겠다고 생각했는데, 2016년부터 6개 반으로 2배 더 늘려서 지침이 내려왔다. 너무 정신이 없었다. 나는 경력이 있어 가능했지만, 신입은 힘들어했다.

성과 위주로 사업이 진행되다

2016년도까지는 대상자들이 많아서 6개 반 운영하기가 괜찮았는데, 올해는 모집이 조금 힘들었다. 2015년도 지침은 인원 제약 없이 최소 5명 이상이었다. 그때는 6명, 8명, 10명 정도 왔다. 엄마랑 아이가 같이 와서 했는데 너무 재미있었다. 그런데 올해 6개 반을 하니까 지치고 힘들다. 또 사업성과 보고를 해야 해서 많이 하고 싶어도 혹시 다음번에 모집이 안 될까 봐 대기자를 남겨놓는 편이다. 실적 때문이다. 그게 아니면 우리도 더 열심히 하고, 오는 대로 받아서 그걸 이어서 가면 되는데, 다음 반에 모집이 안 될까 봐 조금씩 대기자를 남겨놓는다. 대기자들한테는 미안할 뿐이다.

이쪽 ○○구는 다문화가정이 조금 많다. 그래서 스트레스가 덜한 편이다. 그런데 ○○○ 같은 지방 센터들은 조금 힘들다. 담당자가 내게 전화해서 다 땅 파고 있는데 어떻게 그 많은 사람을 채우냐고 하소연한다. "여기는 농촌이라 다문화가정들이 이웃해서 살지 않고 다 따로따로 산다", "지금 김장철이어서 배추 캐고 있다. 근데 어떻게 센터 와서 수업을 듣냐"고. "어떻게 40가정을 완성하겠냐"고 하면서 울고 난리다. 농촌의 형편을 고려하지 않고 도시와 똑같이 40가정 하라는 지침이 내려온다. 물론 똑같지 않으면 우리처럼 도시에 있는 사람은 '왜 우리만 많이 해야 하는가?' 하고 억울함이 있을 수 있다. 그런데 실제로 지방은 형편을 고려해서 좀 줄여줘야 한다. 지방은 힘든 부분이 많기 때문이다.

이 사업에서는 담당자가 교육할 수 있도록 보수교육이나 교재, 교구, 교안 등을 제공해주긴 한다. 그러나 교수님들이 하던 방식은 한국 사람을 대상으로 하는 강의다. 따라서 실무자가 실제로 현장에서 필요로 하는 것은 좀 부족한 편이다. 그 부분이 좀 아쉽다. 전국에서 최우수상 받은 후 2016년, 2017년 영재 담당 양성과정 할 때 내가 직접 가서 강의했다. 교수 강의와 나의 강의는 차이가 있다. 교수 강의는 현실성이 떨어진다. 그런데 나는 실제로 필요한 교구를 어떻게 만들고 엄마들이 어떻게 놀아줘야 하는지에 대해 강의하니까 거기 온 사람들이 다 좋아한다. 어떻게 해야 하는지 방법을 말해주고 가르쳐주니까 만족도가 높게 나왔다.

센터에서 일하며 느끼는 것이 많다

초창기 다문화가족지원센터는 결혼이민자들에게 친정 같은 느낌이었다. 그래서 다문화가족지원센터 존재 자체가 감사했다. 결혼이민자들은 같은 나라 사람끼리 만나고, 친해지고, 먹고 싶은 음식도 같이 만들어 먹을 수 있어서 참 좋았다. 처음에는 그런 게 없어서 소통할 기회가 없었다.

한편 어려운 사람이 많아도 겉으로만 봐서는 나와 같은 이중언어 교사나 센터 직원들은 잘 모른다. 그런데 방문교육지도사들은 직접 그들 가정으로 가기 때문에 형편을 잘 안다. 정말 정확히 잘 안다. 그래서 중요한 역할을 하고 있다고 할 수 있다. 그런데도 초창기부터 지금까지 쭉 최저임금을 받고 있어서 안타깝다. 방문교육지도사들은 결혼이주여성들의 친정 엄마나 다름없다.

현재 결혼이주여성들은 사춘기 자녀와 대화하는 방법과 교육에 관한 상담을 제일 많이 한다. 학령기 자녀가 입학해도 주위에서 누가 알려주는 사람이 없어서다. 가장 큰 문제는 한국어다. 요즘은 학교에서 '가나다라' 한글 기초를 가르치지 않는다. 그러다 보니 '우리 아이는 한국어도 아직 깨우치지 못했는데, 가나다라 배우려면 어떻게 해야 할까' 하는 걱정들이 많다.

다문화가정 아이들 대부분은 한국에서 태어났다. 그럼에도 따로 모아 공부시키면서 다문화가정 자녀라고 구분하는 것이 싫었다. 학교에서 다문화가정 아이들 대상 안내문을 보내왔는데, 기분이 안 좋았다. '한국에서 태어나 한국 아이들과 똑같이 자라고 있는데, 굳이 이렇게 따로 모아놓고 해야 하나' 하는 생각이 들었다. 그래서 선생님께 전화해서 말씀드렸다. 만약 나중에 이런 것이 있으면 다른 애들 보지 않게 편지봉투에 밀봉해서 보내달라고. 선생님과 통화한 후로는 안내문이 편지봉투에 밀봉해서 왔다. 내 아이가 다문화가정 아이라고 대놓고 하는 게 받아들이기 힘들었던 것 같다.

자녀에게 이중언어를 가르쳐라

교육할 때 엄마들한테 얘기한다. 엄마가 한국어 못한다고 자신감 떨어지지 말라고. 우리는 한국어를 잘 못해도 이중언어를 할 수 있는 사람들이다. 엄마들이 하려고만 하면 한국어 센터에서 얼마든지 공부할 수 있다. 엄마들이 열심히 노력하는 모습을 자녀들에게 보여줘야 한다. 그런 엄마의 모습을 자녀들도 따라 한다. 엄마들이 스마트폰만 보면 아이들도 마찬가지로 스마트폰만 본다. 엄마는 아이들의 거울이다. 엄마들 한국어 못해도 괜찮다. 아이들은 엄마와 상호작용을 가장 많이 하기 때문에 어렸을 때부터 엄마의 모국어를 가르쳐주면 받아들이기 쉽다.

그런데 아직 자신의 모국어를 안 가르치는 엄마들이 많다. 가정에서 시어머니들이 반대하기 때문이다. 그래서 이중언어 환경조성사업을 한다. 이중언어는 가정환경이 가장 중요하다. 베트남 이주여성들에 의하면 시어머니는 며느리 말 듣기 싫다고, 시끄럽다고, 또 손자가 한국말 못할까 봐 걱정돼서 며느리에게 모국어 사용하지 말라고 한단다. 그런 경우 많이 아쉽다. 중국 한족 엄마들은 한국어를 잘 못한다. 그래서 아이와 중국어로 대화한다. 어차피 주변 환경이 한국이어서 나가면 다 한국말 하게 된다. 그러면서 아이는 자연스럽게 이중언어자로 자라가는 거다.

그런데 유치원에 가거나 학교에 가면 이 언어들을 잊어버리게 되고 사용하지 않게 된다. 따라서 유치원이나 학교에서도 이중언어를 똑같이 사용할 수 있는 그런 환경을 만들어주면 좋겠다. 엄마들 생각도 바뀌면 좋겠다. 엄마들 스스로가 한국어를 못하니까 자신의 자녀도 한국어를 못할까 봐 걱정한다. 예를 들면 어떤 엄마가 가정에서 모국어 사용을 금하니까 자녀한테 익숙하지 않은 한국어로 의사소통을 했다. 정확하지도 않은 발음으로 아이를 가르쳤다. '우유'를 '우유'라고 하지 않고 '이유'라고 하면 아이의 발음도 정확하지 않다. 그래서 그 아이는 현재 센터에서 언어발달 치료를 받고 있다. 이건 정말 시간 낭비다. 가정에서 엄마의 모국어를 사용해도 유치원 가면 한국어를 사용하게 되니 한국어에 대한 걱정은 안 해도 되는데 말이다.

부인한테 자기 나라 말을 쓰지 못하게 하는 남편들도 있다. 남편들은 자녀가 한국말을 잘 못할까 봐 걱정한다. 그런데 이건 엄마의 성향과 어느 정도 연관이 있다. 엄마가 활발하면 한국어가 능숙하지 않아도 아이와 계속 대화하면서 아이의 언어발달이 빠르다. 반면 우울하고, 말을 잘 안 하고, 자녀들과 같이 노는 방법도 모르는 엄마들이 많다. 그런 경우 아이들이 걱정되고 답답한 마음이다.

어떤 조선족 엄마는 한국어가 유창해서 아이가 어렸을 때 엄마가 중국 사람이라는 것을 몰랐다. 아이가 초등학생이 된 후 어느 날 엄마가 친구랑 중국어로 대화하는 걸 처음으로 듣게 되었다. 충격받은 아이가 엄마는 무슨 말 하냐고, 어떤 나라 사람이냐고 하면서 엄마와 대화를 안 하게 됐다. 그런 엄마가 창피해서 대화도 안 하고 피한다는 말을 들을 때 속상하다. 아이가 알게 됐을 때 단호하게 엄마의 나라, 문화를 알려주고 대화하면 좋겠다.

창피한 일인데, 우리 아이는 중국어를 잘 못한다. 내가 맨날 바빠서 제대로 가르쳐주지 못했다. 모든 일 다 제쳐놓고 아이에게 이중언어부터 가르칠 걸 하고 후회한다. 한국에서 오래 살다 보니 한국말이 유창해졌다. 한국 엄마들도 내가 외국인 줄 몰랐다. 지방에서 올라와 약간의 사투리를 쓰는 정도로만 생각했다. 그래서 중국에서 왔다는 얘기를 하지 않았고 할 생각도 없었다. 그때는 다문화가족지원센터도 없었다. 아이가 다섯 살 무렵 센터에서 공부하면서 모국어 가르치는 방법을 공부하고 싶었다. 친한 엄마들도 자기 아이들에게 중국어 가르쳐달라고 했고 그래서 자격증을 취득했다. 아무튼 우리 아이가 이중언어를 잘 못한다는 것이 많이 아쉽다.

3.
나와 같은 이주여성에게 공감하다

혼자 된 결혼이주여성의 노후를 걱정하다

지금의 결혼이주여성들은 한국에서 오래 살아왔다. 쉽게 왔다가 이혼한 경우가 더러 있는데, 중국 여성의 경우 자존심이 강해서 먼저 알려주지 않는다. 생활이 어려우면 센터에 요청해서 도와달라고 하면 되는데, 센터에서 도와줄 수 있는데, 그 요청을 하지 않는다.

초창기 결혼이주여성으로 일본에서 가장 많이 왔다. 20~30년 전에 한국에 온 여성들이 있다. 현재는 나이가 많이 들어 남편과 사별한 경우도 있다. 결혼이주여성에 관한 정책을 10년 이상 해서 정착이 잘됐지만, 그들의 자녀와 혼자 된 이주여성에 대한 관심이 필요하다고 생각한다. 혼자 된 이주여성의 노후가 걱정된다. 다문화가정의 경우 일반적으로 남편의 나이가 많기 때문에 남편은 죽고 결혼이민자만 남게 된다. 남편이 받은 대출 문제, 가계 지출 문제, 나아가 부동산 처리까지 생활의 모든 것이 문제다. 그래서 당황하게 되는데, 나는 그런 일들을 도와주기 위해 다문화가족지원센터 내에 다문화가족노인인력센터를 운영하고 싶다.

직장생활을 하는 결혼이주여성들은 그나마 괜찮은데, 대부분 어렵게 살아온 사람들이다. 직장도 없고 돈도 없고 나라에서 지원해준다 해도 많지 않은 금액일 테고. 자녀가 3~4명이 있는 집도 있는데 혼자서 키우기는 힘들다. 정말 상상이 안 간다. 또 그들이 아프거나 특히 치매에 걸렸을 때를 생각해봤다. 치매에 걸리면 모국어가 많이 나온다. 그러면 병원에서 의사소통도 안 된다. 제대로 치료할 수나 있을지 걱정이다. 다문화가정 병원이 생기면 좋겠다. 결혼이민자들이 들 수 있는 보험이 따로 있었으면 좋겠다는 생각도 한다. 결혼이민자 정착에 대한 정책은 있지만, 노후 정책이 없기 때문에 미리 준비해야 한다.

중국이나 필리핀 그리고 베트남은 이주여성들 간의 교류가 활발하다. 센터 내 프로그램을 통해 자주 모여서 음식을 해 먹거나 체험활동을 한다. 재미있으니 열심히 나오게 된다. 그런데 일본 사람들은 그렇지 않다. 아는 친구가 있어도 센터에 한 달에 한 번 올까 말까 하는데, 아는 사람이 서너 명밖에 안 되니 자주 안 온다. 보통 일본 사람은 다 따로 살고 조용한 스타일이다.

다문화가정에 관한 잘못된 방송문화를 비판하다

안산에 중국 사람들이 많이 사는 동네가 있다. 영화에서 보면 중국 사람들은 폭력적이고 맨날 싸움만 한다. 중국에서 살았을 때를 기억하면 사람들이 명절에 친구 만나서 술 마시면 꼭 이런 사건이 생겼다. 그래도 영화에서 너무 조선족에 대해 안 좋게 나오면 화가 난다. 조선족에 대한 이미지가 안 좋아지니까. 영화 감독이 왜 그렇게 했는지, 왜 하필 조선족을 콕 집어서 폭력적으로 그렸는지 불만이다. 사실 중국동포가 좋은 일도 많이 한다. 연말에 봉사활동 많이 하고 있는데, 그런 모습들은 나타나지 않아 불만이다.

한국 방송도 마찬가지다. 어느 방송 스페셜 프로그램이었는데, 중국의 못사는 모습만 나온다. 중국은 땅도 넓고 살기 좋은 도시에 잘사는 사람들도 많은데, 왜 굳이 나도 안 가본 산골이 방송에 나오는지. 그래서 '중국동포는 다 힘들게 사는구나' 생각하게 한다. 「러브 인 아시아」 프로그램도 마찬가지다. 잘사는 사람도 많은데, 못사는 집을 섭외한다. 리허설할 때도 못사는 것처럼 종이에 대사를 다 써놓는다. 예를 들면 시어머니랑 안 싸웠는데 싸웠다고 하는 거다. 우리 다문화가족지원센터에서 오래 일한 베트남 통역 선생님이 있는데 이미지도 좋다. 그런데 텔레비전에서 고부갈등이 나왔는데, 대본에 시어머니랑 싸워야 하고, 버릇없이 나오는 거였다. 방송에 나온 이후 센터에서 엄청 욕을 많이 먹었다. 선생님이 이런 사람이었냐, 시어머니한테 그렇게 하냐 하면서. 한국 사람에게 다문화가정에 대한 원래 이미지도 안 좋은데 그렇게까지 해야 하는지 이해가 안 갔다. 실제로는 그런 이미지 아니고 따뜻하고 좋은 사람도 많다. 그래서 「러브 인 아시아」라든지 「다문화 고부열전」이라든지 안 보기 시작했다. 다문화가정 사람들은 그런 거 정말 안 좋아한다. 한국 사람들이야 가끔 보고 또 시청률 올리기 위한 방편이겠지만, 굳이 다문화가정을 그렇게 취급하는 것은 옳지 않다고 생각한다.

센터에 가끔씩 섭외가 들어오는데, 우리는 안 하고 싶다고 얘기한다. 처음에는 '고향 집에도 못 가는 어려운 다문화가정 도와주는구나' 하고 감사한 마음이었다. 그런데 점점 심해져서 보기 싫어졌다. 캄보디아 결혼이주여성이 「러브 인 아시아」에 나왔는데, 텔레비전에서 시어머니랑 사이가 안 좋게 나와서 지금 시어머니가 우울증 걸린 느낌이라고 한다. 촬영한 것을 후회한다고 한다. 동네 사람들 다 알게 되니까 좋은 것도 보여주지만 안 좋은 모습들이 사람들 이미지에 남는다. 가뜩이나 어려운데 시어머니와의 관계가 더 안 좋게 된 거다.

자녀교육을 위한 바람과 방법

학교 안에서 다문화가정 아이들과 일반가정 아이들이 다 같이 참여할 수 있는 이중언어 프로그램이 신설되면 좋겠다. 현재 ○○교육청에서는 학교마다 중국어 선생님을 많이 배치하는 정책을 시행하고 있는데, 이보다 더 많은 이중언어강사가 학교마다 배치되면 하는 바람이다. 나는 다문화가정 아이들만 우선시해달라고 하지 않는다. 다만 공평한 기회를 주었으면 하는 것이다. 이를테면 초등학교 졸업 후 중학교 진학할 때 과정들을 어떻게 지나왔는지가 궁금하다. 어떤 절차를 거쳤고, 주변 친구들과는 어떻게 소통해야 하는지, 그리고 진학할 때 이사 문제 등 다 궁금하다. 아이들이 어렸을 때는 이중언어교육이 가능하지만, 커갈수록 학습적인 면에서 교육하기가 어렵다. 특히나 진로교육에 있어 이야기해줄 수 있는 부분이 많지 않다. 한국 사회에 대해 자세히 잘 모를뿐더러 언어표현에 한계가 있기 때문이다. 어쨌든 아이들이 어려서부터 꿈을 가지고 제대로 된 교육을 받으면 좋겠는데, 요즘 아이들은 꿈이 없는 것 같아 안타깝다.

학교 영재반에서 다양한 활동을 하던 아이가 어느 날 피아노를 배우고 싶다고 했다. "남자애가 무슨 피아노냐. 엄마 아빠도 음악적 감각에는 소질이 없는데, 다니던 태권도나 잘 다녀라" 하며 보내주지 않았다. 6개월이 지나 울며 다시 얘기했다. "엄마, 나 피아노 꼭 배우고 싶어." 그 얘길 듣고 심각하게 고민했다. '아이가 하고 싶어 하는 걸 뒷받침해주지 못하면 나중에 엄마를 원망하지 않을까' 하고. 그래서 일단은 한 달만 연습 삼아 다녀보라고 했다. 음표만 알면 다행이라고 생각했다. 그런데 웬걸. 스마트폰 피아노 치기에 푹 빠져 자기가 좋아하는 노래는 악보도 안 보고 칠 정도다.

현재는 학교에서 바이올린반에 들어갔다. 그래서 진로도 음악 쪽으로 정했다. 이전까지는 피아노를 만져본 적도 없는 아이인데, 그렇게 좋아하고 스스로 노력하니까 너무나 감사하다. 나는 늘 일하느라 아이한테 제대로 신경도 못 써줘서 미안한데, 아이한테 너무 고맙다. 그래서 아이에게 실망시키지 않는 부모가 되도록 늘 노력하려고 한다. 부모가 맞벌이하느라 자녀한테 제대로 신경 못 써주는 건 다문화가정 아이들은 누구든 비슷하다. 그래서 아이들이 진로를 빨리 찾고 결정하는 것이 중요한 것 같다.

선배 결혼이주여성으로서 공감하다

처음 한국 왔을 때 나를 바라보는 시선이 안 좋거나 편견이 가득했다면, 또 나쁜 사람을 만났다면 나는 벌써 중국으로 돌아갔을 것이다. 아이들 어렸을 때 동네 엄마들도 마찬가지다. 그러나 자연스럽게 친구가 되고 서로의 자녀들을 위해 점심을 챙겨주고 같이 키우게 되면서 더욱 가까워졌다. 만약 "니네 엄마 중국 사람이다" 이런 말을 들었다면 속상해서 한국 떠났을 거다. 그러면 나는 지금 여기까지 오지도 못했을 것이다.

센터에서 일하며 목소리도 커지고 자신감이 많이 생겼다. 그래서 다른 사람들 이야기를 들을 때 공감이 많이 가는 편이다. 나야 연애결혼했고 결혼 전 남편이 사는 모습을 미리 보고 결정한 결혼이지만, 그렇지 않은 결혼이주여성의 이야기를 들을 땐 공감이 많이 간다. 말도 통하지 않지만 오직 남편 하나 믿고 머나먼 나라까지 왔고, 왔어도 그들에게 시어머니든 가족 누구 하나 관심 가져주지 않고, 이야기하고 싶어도 소통이 안 돼서 그럴 수도 없었던 그런 속상한 얘기들을 들으면 충분히 공감 간다.

중국에서 온 한 이주여성은 지하에서 1년 동안 애들 교육만 시키며 살았다고 한다. 작은 창문 하나 바라보며 숨어 지낸 거나 다름없다. 지하에서 나와 센터를 알고 찾아와서는 펑펑 울었다. 필요한 건 오직 중국말인데, 그 중국말을 1년 동안 어디서도 듣지 못하고 지냈으니 감옥살이나 다름없던 거였다. 밖에 나오면 의사소통이 안 되고, 그렇다고 중국 사람인 걸 티 내긴 싫고, 남편은 항상 출근하고 혼자 집에 있으니 우울감이 깊어졌다.

그런 이야기를 듣고 깨달은 건 결혼이주여성으로 온 배경, 즉 연애결혼인지 아니면 중개업소를 통한 결혼인지가 결혼이주여성의 초창기 삶을 많이 좌우한다는 거였다. 결혼이주여성들이 결혼 전 연애도 하고 상대에 대해 많이 알고, 또 한국 드라마를 보고 너무 많은 환상을 가지지 않았으면 하는 당부를 하고 싶다.

국제결혼 중개업소의 민낯을 드러내다

국제결혼 중개업소의 가장 싫은 점은 거짓을 말한다는 거다. 그들은 어떻게든 결혼을 성사시키는 것이 목적이기 때문이다. 예를 들면 10명의 나란히 서 있는 베트남 신붓감 중 마음에 드는 여자를 골라 결혼이 성사된다면, 이 모든 과정이 3일 안에 다 이루어진다고 하는 어이없는 말을 한다. 사람이 물건도 아닌데 그게 가능한 일인지 모르겠다.

가족이 많은 가난한 베트남 신부는 매달 10만 원씩 친정으로 보내기로 결혼중개업소에게 약속을 받는다. 그런데 남편은 그런 약속한 적 없다고 한다. 왜 자꾸 돈 얘기 하냐고 하면서 싸움이 시작되는 거다. 사실 한국 남자도 알고 보면 어렵게 사는데, 결혼중개업소에서 남자 연봉이 많다고 거짓말하는 거다. 남편도 아내에게 살갑게 대해주면 좋은데 그렇지 않고 책임도 안 지니 결혼이주여성 입장에서는 너무 힘들다. 다문화가 이루어진 지 10년인데, 현재 한부모 가정도 많아지고 따라서 앞으로 이 사람들이 어떻게 될지 정말 걱정스럽다.

작년까지는 한부모 사업을 했다. 올해는 센터에 후원이 들어올 때만 챙겨주거나 어떻게 살고 있는지 관심을 보이는 정도다. 그런데 나는 결혼이민자 한부모 가정 프로그램이 따로 필요하다고 생각한다. 한부모 결혼이주여성들은 친밀감이 형성되면 속마음을 얘기하겠지만, 누구도 관심을 가져주지 않으면 센터에 찾아오지 않는다.

다문화가정의 날에 대한 홍보가 많아지면 좋겠다

내가 사는 인천 ○○구에는 다문화가정이 많아서 다문화가정의 날*이 있다. 올해로 3회째인데, 많은 시민이 참여하고 있다. 다문화가정을 위한 취지는 좋은데 사실 홍보가 잘되지 않아 정작 다문화가정의 참여율은 낮다. 요즘은 다문화가정에 대한 사람들의 인식이 많이 개선돼서 '다문화가정의 날' 같은 축제를 좋아한다. 마치 우리를 기억해주고 기념해주는 것 같다.

사회복지사 자격증을 취득하고 싶다

앞으로 내가 정말 하고 싶은 것은 사회복지사 자격증을 따는 것이다. 사실 온라인으로 공부하다가 포기한 적 있다. 중간시험, 기말시험이 너무 어려웠고 혼자 하려니 쉽지 않았다. 직장 다니느라 공부할 시간도 없었다.

---

* 인천광역시 남동구는 2015년부터 매년 10월 20일을 '남동구 다문화가정의 날'로 정하고, 지역주민과 다문화주민의 사회통합을 위해 다양한 행사를 개최해오고 있다(출처: NDNnews http://www.ndnnews.co.kr).

센터에서 7년 동안 일한 경력이 많이 도움 될 것 같다. 무엇보다 늘 적은 급여 때문에 속상했다. 사회복지사 자격증이 있으면 그나마 수당이 붙으니 꼭 따고 싶은 거다. 1년에 한 번씩 계약하는 시스템도 고용의 불안정으로 다가오니 스트레스가 크다. 그래서 12월, 연말이 되면 기분이 많이 안 좋다. 안정적으로 열심히 일하고 싶은데 아쉽기만 하다. 돈 생각하면 여기서 계속 일하기 힘들다. 그나마 센터에 날 보고 오는 결혼이주여성들이 있기 때문에 힘내서 일하고 있다. 그들과 소통하면서 보람을 느끼고 혼자 위안 삼으며 일하고 있다.

나의 바람은 다문화가정 아이들이 일반가정 아이들과 차별 없이 평범하게 잘 자랐으면 하는 것이다. 엄마 세대들이야 자기 선택이든 희생이든 어쩔 수 없이 결혼이주민으로 왔다 쳐도 그들의 자녀는 양육이 잘되었으면 좋겠다. 그러기 위해서는 사회에서 다문화가정 아이들에게 많은 관심을 가져주면 좋겠다.

초창기 다문화가족지원센터를 추억하다

지금은 성당에 안 다니지만 처음에는 다녔다. 남편은 여전히 잘 다니고 있다. 그때는 아는 사람이 없어 성당 사람들 만나 교제하는 것이 즐거웠고, 가면 마음이 편해서 자주 나갔는데 일하면서부터 못 나가게 됐다. 교회에서 챙겨주고 마음 편하게 해주면 좋은데, 와서 문 두드리고 신앙을 강요하는 건 다문화가정들이 안 좋아한다.

초창기 때는 센터 방문이 정말 친정 가는 것처럼 좋았다. 다 가족처럼 따뜻하게 대해줬다. 어떻게 지내는지 안부 묻고 안아주고 인사하고 정말 따뜻했다. 그래서 그땐 '한국 사람들이 이렇게 따뜻한 사람들이구나' 하고 느꼈다. 그런데 지금은 사람들도 바뀌고 다들 자기 업무만 하다 보니 이전과는 아주 다르다. 내가 센터에 오고 싶어서 올 만큼 마음 편한 곳이었는데, 지금은 그렇지가 않다.

실적 위주의 다문화가족지원센터 사업은 힘들다

여가부에서 사업 지침이 내려올 때 우리 같은 현장 실무자의 목소리도 반영했으면 좋겠다. 실적 위주로 많이 요구하다 보니 센터 직원들은 많이 힘들다. 실제로 주말이나 휴일에도 쉬지 못하고 출근하는 경우가 많았다.

센터나 지역의 특성을 고려하지 않고 일괄적으로 내려오는 지침도 있다. 예를 들어 총 회원이 200~300명밖에 안 되는 센터가 있는데, 그런 곳은 정말 지방이다. 7세 이하 아이들 엄마 대상 사업이면 그중에는 이혼하거나 가출한 사람도 포함되어있다. 그 사람들을 제외하고 나면 남는 사람들이 없다. 게다가 사정이 생겨 프로그램에 참석하지 못하는 사람들을 위해 인원 확보까지 해놔야 한다. 경력이 있는 사람은 이걸 잘 활용하는데, 신입이나 초보 선생님들은 많이 힘들어한다.

4.
전사록 요약

〈연구참여자 정보 및 특성〉

출생연도	1978년생	이주연도	2002년
국적(이주 전/현재)	중국 조선족/대한민국	학력	대졸
가족	남편, 아들	직업	가족센터 이중언어 코칭

▶ 이중언어 코칭을 하다

[조사자: 반갑습니다, 선생님. 이곳 다문화가족지원센터에서는 언제부터 근무했어요?] 2011년 8월 16일부터 근무 시작했어요. 그때는 '이중언어 영재교실'이라고 처음 사업을 시작했는데, 전국에 열풍이 불었어요. 그러다 15년도부터 이중언어 환경조성사업으로 바뀌었어요. 이중언어 영재교실은 아이들 대상으로 엄마 나라 언어를 가르치는 거예요. 제가 중국 사람이니까 유치원이나 초등학교에서 중국 애들 모아놓고 중국어 가르쳐주는 거죠. 그때는 재미있었어요. 엄마 나라 언어 배우러 오는 애들도 많았고, 센터에 찾아오는 엄마들이 많았거든요. 그런데 15년도부터 어찌저찌

시범사업으로 바뀌어서 우리도 힘들었어요. 시범사업은 2014년부터 조금씩 전국 6개 센터에서 시작했어요. 그때 우리 센터는 해당 안 돼서 사업이 없었어요. 그때 저는 인턴으로 일했어요. 영재교실은 3년밖에 안 했어요. 그다음 인턴으로 1년 일하고, 인턴하면서 센터 일 많이 배웠어요. 근데 센터에서 시범사업을 안 하니까 '나도 한 번 해볼까?' 하고 한 번 시도해봤죠. 이중언어 환경조성사업이 이 사업을 한 번에 만들었어요. 그것을 바탕으로 지침이 내려와서 2015년도에 정식으로 들어갔어요. 그때는 반 3개, 지침서 3개 받아서 준비과정 거쳐서 사람들한테 많이 알려줬어요. 영재교실은 다문화가정 아이들을 대상으로 하는 거고, 이중언어 환경조성사업은 엄마들 대상이에요. [조사자: 부모 대상이요?] 네, 부모 대상. 여러 나라 엄마들, 엄마 나라 언어를 아이들한테 어떻게 가르치는지 가르치는 방법을 가르치는 거예요. 놀이나 언어를 어떻게 전달하는지 방법을 우리가 코치해주는 거예요. 여러 가지 방법을 알려줘요. 근데 처음 했던 15년도에는 3개 반밖에 안 됐어요. 내가 준비하는 과정도 있으니까 재미있었어요. 애들도 같이하고. 영재교실에 있을 때는 내 경험으로 하니까 좋았어요. 열심히 해서 2015년도에 전국 최우수상도 받았어요. 그래서 더 열심히 해야겠다 생각했는데, 2016년부터 6개 반으로 두 배 더 늘려서 지침이 내려왔어요. 그래서 정신이 없었어요. 준비과정도 없이. 나는 경험상으로 이어가겠는데, 처음 오는 사람은 뭐가 뭔지 모르고 센터업무 하기 힘든 거죠.

▶ 성과 위주로 사업이 진행되다

[조사자: 6개 반을 운영할 만큼 엄마들이 그렇게 많이 와요?] 2016년도까진 괜찮았는데, 올해는 그냥 조금 모집이 힘들었어요. 15년도에는 인원 제약 없이 최소 5명 이상이다 이랬는데, 그때는 막 6명, 8명, 10명까지

올 때도 있었어요. 엄마랑 아기랑 같이 오고, 같이했는데 너무 재미있었어요. 그런데 올해 6개 반을 하니까 지쳐요. 그리고 사업을 할 때 성과 보고를 해야 하니까 우리는 많이 하고 싶어도 또 혹시 다음 반에 사람 없을까 봐 조금 조금씩 하고 있는 거예요. 그 실적 채우려고. 원래는 어느 정도 실적 해놔야 하는데, 사람들이 센터마다 다 이거 실적 완성하려고 노력하는 게 있잖아요. 그거 없으면 우리도 더 열심히 하고, 반마다 오는 대로 받아서 그걸 이어서 가면 되는데, 이 반 끝나고 다음 반에 사람 없을까 봐 조금씩 남겨서 대기해놓고 다음 반으로 이어서 하고 그래요. 올해도 그렇게 하는데, 대기자들한테 조금 미안하지요. [조사자: 스트레스받겠어요.] 그래도 저희 ○○구는 다문화가정이 조금 많아요. 그래서 좀 괜찮죠. 그런데 ○○○ 같은 지방 센터들은 조금 힘들어요. 담당자가 나한테 전화해서 "다 땅 파고 있는데 어떻게 그 많은 사람을 채우냐"고 막 그래요. "다문화가정들 다 따로따로 살아요. 지금 김장하려고 배추 캐고 있어요. 근데 어떻게 센터 와서 수업을 듣냐"고. "어떻게 사십 가족을 완성하겠냐"고 하면서 울고 난리예요. [조사자: 도시랑 시골, 사정 반영하지 않고 똑같이 40가정 하라고 지침이 내려와요?] 똑같아요. 물론 올해도 만약 안 똑같이 하면 우리는, 도시에 있는 사람은 '왜 우리만 많이 해야 하는가?' 막 이런 또 억울함이 있겠죠. 근데 실제로 지방은 좀 줄여줘야 해요. 지방 가면 진짜 힘든 거 많아요. 그게 좀 있어요. [조사자: 담당자가 교육할 수 있도록 보수교육이나 교재, 교구, 교안 같은 거 다 제공해줘요?] 해주긴 해줘요. 근데 다 교수님들이 하던 방식은 한국 사람을 대상으로 하는 강의예요. 우리가 실제로 현장에서 필요로 하는 거는 좀 많이 없어요. 그거는 좀 아쉬워요. 저도 최우수상 받은 다음에요. 2016년, 17년 영재 담당 양성과정 할 때 제가 가서 강의했어요. 그 교수님 강의랑 제 강의는 차이가 있지요. 교수님들은 현실하고 안 맞아요. 근데 저는 실제 필요한 교구를 어떻게 만들고 엄마들이 어떻게 놀아줘야 하는지에 대해 강의하니까 거기 온 사람들이 다 좋아하지요. 어떻게 해야 하는지 방법을 말해주고 가르쳐주니까 만족도가 좀 높게 나왔어요.

▶ 최저임금에 실망하다

[조사자: 여기에서 일한 지 6년, 7년 되었으니까 월급도 많이 올랐겠어요?] 월급요? 아이, 머리 아파요. 7년 전하고 똑같아요. 올라가는 거는 작년보다 올해 최저임금 올라갔잖아요? 그래서 올라가는 거잖아요. 그런데 따지고 보면 우리는 똑같아요. 최저임금 수준이 똑같아. 7년 전에도 120만 원 받았는데 지금도 120만 원이에요. [조사자: 계속 계약직이에요? 정직원이 아니라?] 1년에 한 번 계약하고 있어요. 7년이니까, 7번 계약하고 쓰고 있는 거죠. 보통 우리는 10개월 일해요. 우리 외국 사람들 같은 이중언어는 10개월이에요. 12개월 일하면 퇴직금을 주어야 하니까요. 10개월밖에 계약을 안 해요. 두 달 쉬는 거죠. 그래서 돈이 없어요. 그런데 올해 처음으로 12개월 일했어요. 처음에 시작할 때는 반일제부터 시작했어요. 반일제 하는데, 그때는 60만 원, 뭐 세금 떼고 나면 50몇만 원 돼요. 그때는 내가 그렇게라도 입사할 수 있는 게 너무 기뻤어요. 그 열정. '아, 내가 선생님이 될 수 있구나.' 내가 하고 싶은 일이었으니까. 그냥 그 열정으로 했어요. 어, 그래도 몇 년 동안 경험도 쌓을 수 있다고 생각하고 했어요. 월급도 조금 오르면 좋겠다고 조금 기대도 할 때 있어요. 조금 올라갔으면 얼마나 좋을까. 그런데 월급 받으면 또 최저임금이구나 하고 실망하죠. [조사자: 지금 7년 됐으니까 경력이 굉장히 많고 신입사원들도 들어오고 그럴 거 아니에요? 신입사원들하고 그러면 선생님하고 월급 차이는 있어요?] 똑같아요. 신입사원들하고 내 월급이 똑같아요. 그러니까 내 심정이 어떨지 이해가 가

지요? 우리는 처음 오는 사람도, 오래된 사람도 월급이 똑같아요. 4대 보험은 돼요. [조사자: 출퇴근 시간은 어떻게 되세요?] 아침 9시부터 저녁 6시까지요. 출근은 좀 일찍 하죠. 갈 때도 만약 행사가 있다면 6시에 퇴근 안 하고 9시, 10시에 퇴근할 때도 있어요. 야근할 때 전에는 수당 없었는데 지금은 야근수당 있어요.

▶ 의사소통으로 인한 어려움이 발생하다

[조사자: 다문화가족지원센터에서 결혼이민자를 대상으로 복지 같은 것도 제공하고, 한국어 교육도 하고 여러 가지 프로그램을 운영하잖아요? 그래도 엄마들이 바라는 거나 엄마들이 가장 힘들어하는 건 뭐예요?] 옛날에는 소식 받기 좀 몰라서 그게 힘들었어요. 카페, 인터넷 이용하는 게 힘든 거죠. 근데 지금 시대는 카톡이나 페이스북이며, 센터도 많이 홍보하고 있는데, 그런데 음, 뭐냐면 지금 다문화센터하고 건강센터하고 통합되었잖아요. 옛날에 보세요. 옛날에 다문화센터 카페 따로 있고, 건강센터 카페 따로 있어요. 그런데 건강센터 프로그램 카페는 그냥 따로 카페 아니고, 전국 건강, 종합 통합 카페 있어요. 그러면 우리도, 저희 지금까지도 막 여는 데는 잘못 열면 다른 곳도 다시 또 ○○구 쳐서 들어가야 하고, 찾는 것도 시간이 걸리고, 그러면 지금 통합센터 정식으로 들어가잖아요. 그러면 센터 소식 거기서 올려줘요. 그래서 다문화 카페는 지금 거의 사용 안 하고 있어요. 생각해보세요. 다문화가정들은 카페 회원 가입까지도 힘들어요. 네, 뭐 지금은, 옛날에는 다문화가정은 다문화 카페, 그 뭐지 프로그램은 따로 신청하면 돼요. 뭐 전화 신청도 되고. 그런데 지금은 다문화하고 일반가정하고 같은 프로그램 같은 사람 와도 돼요. 그러면 일반가정은 카페를 많이 하니까, 바로바로 찾으니까. 남는 빈 공간에 다문화가정 채워야 하는데,

다문화가정 사람들은 맨날 안 들어와. 카페 안 들어가니까 신청을 못 하는 거예요. 심지어 전화 신청도 안 받으니까. 그래서 사람들은 소식을 모르니까, 나오기 힘들고. 그다음에 다문화가정이랑 일반가정이 같이 또, 많이 같이 한 프로그램 하는 거는 쉽지 않아요. 언어소통도 안 되고, 그다음에 또 일반가정하고 같이 친해지려는 거는 쉽지 않잖아요. 특히 언어, 1순위 언어잖아요. 두 번째는 결혼이민자한테 누가 한마디 걸어주면, 좀 챙겨주면 많이 오는데, 혼자 오는 거는 안 해요. 친구하고 둘이 올 때면 어떻게든 힘들어도 와요. 그런데 요즘에는 시대 많이 지나갔잖아. 결혼이민자는 그렇다 치고 다문화가정 애들도 많이 크니까 이제는 이 애들한테 많은 관심이 필요해요. 다문화 상담 지원사업이 있는데, 그건 뭐, 애들 상담도 해주고, 한국 정착하는 프로그램을 많이 하고 있는데. 그래도 요즘 애들 사춘기 많이 오잖아요. 그 학교에서 적응 생활, 적응하는 부모들 애들 대처하는 거, 그런 거 조금 많이 필요한 거죠. 근데 부모교육 하려면 대상자들 또 안 와요. 제일 힘들어요. 엄마들이 와서 제일 많이 하는 상담은 사춘기라든지 자녀 양육이에요. 엄마들한테 친구들 싸우는 거 들어봤는데, 엄마들이 한국 엄마들하고 어떻게 좀 부딪히는 것도 있고, 어떻게 좀 빨리 잘 해결해야 하는데 어렵네요. [조사자: 왜 부딪힌대요? 한국 엄마들하고?] 아니, 애들이 놀다가 싸우잖아요? 그럼 부모싸움 되는 거죠. 어떻게 좀 해결해야 하는데, 그런데 언어도 있고, 아이 엄마들이 다 내 새끼 맞으면 또 속상하잖아요. 엄마들이 한국 엄마들한테 얘기하면 저쪽 한국 엄마들도 뭐라 뭐라 하고, 이거 소통이 좀 안 되는 거죠. 그래서 속상하니까. 분노도 있고, 그러면 여기에 와서 얘길 좀 하면서 푸는 거죠. 센터는 상담 선생님도 있고 자원봉사 선생님이 있어요. 엄마들이 찾아오면 그거 풀어주죠. 한 번, 열 번 뭐, 몇 번 정도 있어요. 엄마들 뭐 어떻게 해야 하는지 알려주기도 하고. [조사자: 혹시 학교에서 "베트남에서 왔어. 아니면 니네 엄마 중국 사람이야." 이렇게 하는 사례들이 많이 있어요?] 전에보다 좀 많이 줄어들지 않았을까. 한국도 좀 많이 변화가 있긴 있어요. 줄어들긴 했지만 아직도 여전히 있긴 있어요. 있긴 있는데, 근데 저도 학교에서 다문화 강사로 많이 활동하고 있잖아요. 그 초등학교에 가서 엄마 나라 문화를 알려주러 가잖아요? 며칠 전에도 갔는데, 필리핀의 집하고 태국의 집이 어떤지, 어떤 애가 중국 전통옷 입고 당당하게 입고 오고, 또 1명은 필리핀 아이였어요. 영어도 잘하고, 그러다 보니까 아이들이 얼마나 잘 노는지. 내가 10년 전에 강의 나갔을 때하고는 완전 다른 느낌 받았어요. 뭐 인식개선, 한국도 많이 변화했다는 걸 느꼈죠.

▶ 처음으로 배운 한국어는 '라이터'

[조사자: 처음에 왔을 때, 좀 많이 힘들지 않았어요? 선생님 처음에 왔을 때 한번 생각해보세요.] 처는 한국에 처음 올 때 한국말 하나도 몰랐어요. 친척들 많이 왔는데, 사촌언니도 같이 왔어요. 같이 서울에 있었어요. 일하러 먼저 들어왔죠. 17년 전에는 그때는, 3개월만 비자 진짜고 그 후에는 다 불법이어서 다 숨어서 살았죠. 그때 언젠가 자진신고를 해서 들어가면 다시 나오게 해준다는 법이 있었어요. 그래서 그때 자진신고하고 중국으로 들어갔다가 1년 후에 다시 들어와서 그런 다음에 마음 편하게 살았죠. 남편은 4년 후 만났어요. 그때는 외국인신분증 다 있으니까. 다 정상 있고. 연애하고 이렇게 살아남았네요. 집이 달랐는데 진짜. [조사자: 초기에 나오신 중국동포는 10명이면 8명은 다 이 과정을 겪었어요. 다 산업연수생으로 오셨다가, 불법체류에 있다가 노무현 대통령 되면서….] 와, 그때 노무현 대통령이 중국 조선족 살렸죠. 너무 감사하죠. 처음에는 일단 다 숨어서 살았

죠, 그 당시는. 길거리에서 내가 중국어 하고 싶어도 마음대로 못 했어요. 잡혀갈까 봐. 밤에 9시 되면 그때는 먹고살려고 하니까 식당에서 일했어요. 또 밤에 9시에 엄마랑 통화해도. 나한테 한 달 후에 우리 엄마 통화하게 되었어요. 전화하고 싶어서 카드를 사야 하는데, "카드 사줘" 이런 말도 안 되는데, 카드도 어디서 사는지도 모르는데, 말할 줄 모르니까. 엄마한테 통화할 수도 없고, 어떻게 전화하는지도 모르고. 엄청 힘들었어요. 나 3개월 말 안 했어요. 진짜 말 한마디도 못 하고. 그냥 눈으로 눈치로 일했죠. 오케이 말 이렇게 눈 어떻게 이렇게 하는지. 제가 처음으로 배운 한국말이 '라이터'예요. 주방장님 맨날 "라이터, 라이터" 찾아. 그 '라이터'가 처음 배운 한국말이에요. 처음 배운 말이 '안녕하세요'도 아니고. 주방에 있는 깻잎이나 배추, 시금치 이런 거 먼저 배웠어요. 그때는 24살이니까. 그때는 눈에 띄어서 빨리 배운 것 같아요. 3개월 후에 이 말이 반말인지 존댓말인지 모르잖아요. 3개월 되니까 말이 나오기 시작했죠.

▸ 나의 이야기를 글로 쓰다

아들한테 내가 힘들게 산 거 가끔씩 얘기했어요. 그런데 내가 어릴 때 기억은 까먹었나 봐요. 옛날에는 그 뭐지, 어디, 인천 연수원에서 내 수기, 내 이야기를 구구절절 썼어요. 일하느라 바빠서 아직도 완성 못 해서 아쉽긴 한데 책으로 나왔어요. 쓸 시간도 없고 그런 생각도 없고. 그때 쓸 때는 그것만 집중하니까. 옛날의 이야기도 꺼내면서 하나둘 생각나는 거. 화나는 일, 뭐 재밌는 일, 조금 어려운 일 있잖아요. 하나씩 다 글자로 쓰며 가니까. 책으로 나오니까 뿌듯하더라구요. 나중에 우리 아들 크면 보여주려고 해요. 엄마 이렇게 살아왔다고. 책이 집에 있어요. 많지는 않은데 나중에 필요하면 한 권은 드릴게요. [조사자: 주세요. 꼭 주세요. 저도 지금 계획하고 있는 게 이런 거예요. 좀 우리, 글은 잘 쓰지 않아도 되는데, 꾸준히 쓸 사람들 한 10명 정도만 모아서 이런 것들을 써서 책으로 내주고 싶어요.] 왜냐면 어떻게든 이쪽 오는 사람들은 진짜 쓰는 거, 자기 겪는 일이잖아요. 진심으로 그 마음을 무슨, 옳다는 문제가 아니라. 그 마음을 글로 쓰는 거잖아요. 무슨 일이 있었는지, 어떻게 느끼는지, 그 생각하는 거를 다 글자로 표현하니까. 진짜 감동이더라고요. 나중에 우리 몇 명 같이 모여 있는 곳 있어요. 그래서 사선을 넘어왔구나… 재밌는 얘기들 많아요. 그때 가장 어려웠던 일은 언어죠, 뭐. 재밌는 에피소드가 많아요. 나는 한국말 배울수록 더 무서워. 처음에는 모르고 배웠는데. 뭐, '눈' 바깥에 내리는 눈하고, 내 얼굴 눈하고, 내리는 눈하고 어떻게 같이 구별할 수 있을까. 한국 사람 왜 이렇게 붙여놓을 수 있는가. 중국에서 다 따로따로인데, '배'도 그래요. 과일 배, 사람 배, 사람이 타는 배. 아우, 진짜 머리 아팠어요. 어떻게 구별해서 사용할 줄 모르고, 왜냐하면 모르니까. 그다음에 단어만 이렇게 알고 있었는데, 처음에 이해 못 했어요. 그다음에 나중에 한국말 조금 이해하니까. 무슨 눈깔사탕. 윽, 한국 사람 왜 눈깔, 진짜 눈깔사탕. 진짜 눈깔 있는 사탕 먹는 줄 알았어요. 무서워서, 할머니 뼈해장국, 할머니 뼈로 만든 해장국인 줄 알고 깜짝 놀랐어요. [조사자: 진짜, 책에서나 볼 얘기를 그대로 경험했네요.] 진짜 알 수 없는 거라서, 모르니까. 지금은 오래 살았으니까. 찜질방 가면 더운 데인데 "시원하다" 그거 말하는 거 이해하는데, 처음에는 "왜 더워죽겠는데 왜 시원하냐?" 이러잖아요.

▶ 센터에서 일하며 느끼는 것이 많다

[조사자: 선생님은 한국 사람들보다 더 이제 한국 사람인데요, 뭐. 오히려 한국 사람들보다 활동할 기회도 많고, 그쵸?] 네. 센터 일 하면서, 물론 또 일

반가정들보다 좀 2개, 3개 하니까, 프로그램도 많으니까, 같이 부딪힐 일이 많으니까. 기회 좀 많이 되는 것 같아요. 저도 경험 많이 쌓았죠. 프로그램들 어떻게 나가는지. 처음에 들어왔을 때는 컴퓨터 배운 적 없었지, 뭐 어떻게 애써야 하는지, 무슨 이 업무상에서. 부딪히지 안 해봤으니까. 어떻게 하는지. 근데 그 당시는 힘든 것도 모르고 그냥 재밌었어요. "내가 이거 해냈다. 이거 해냈다" 하면서. 이거 한 가지로 그냥 쭉 가는 거죠. "나도 이거 할 수 있구나" 이러면서. 다문화가족지원센터는 진짜 결혼이민자가 오는 거는 진짜 친정 오는 느낌이 있는데, 지금은 조금 덜 그럴 것 같은데, 처음 초창기 때 진짜 다문화가족지원센터 생기는 것 자체도 감사하죠. 결혼이민자들 와서 자기네 나라 사람도 만나고, 친해지고, 막 먹고 싶은 음식이 있잖아요. 같이 또 만들어보고. 처음에는 그런 거 없었잖아요. 다 따로따로 살아가지고. 지금은 어떻게 할까. [조사자: 그래서 좀 많이 어려운 점 이런 거 많이 좀 얘기해주세요.] 실제로 어려운 사람은 진짜 많아요. 물론 저희 센터에서 이야기지만, 그 대상자들 오잖아요? 그거는 겉으로 보는 거잖아요? 이 사람들 내가 잘 몰라요. 물론 센터에서 얼굴 몇 번 봤는데, '아, 이 사람 여기 우리 센터 회원이구나.' 와서 얘기해요. 근데, 그 사정을, 뭐 사정 우리는 맨날 다 얘기할 수도, 물어볼 수도 없는 거잖아요? 그냥 표정 봤을 때는 '아, 괜찮구나' 아님 '힘들구나' 이 정도예요. 이런 거 좀 잘 보살펴야겠다는 거 잘 몰라요. 근데 실제는 그 한국에서는 방문지도사 아시죠? 그 선생님은 집으로 가서 가르치는, 그 선생님은 제일 정확히 알아요. 정말 중요한 역할을 하고 있는 거죠, 우리 직원보다. 왜냐면 실제로 결혼이민자들 사는 것을 집으로 가서 진짜로 눈으로 보니까. 어떻게 사는지, 가정이 어떻게 살고 있는지, 어떤 어려움이 있는지. 그런데 그 선생님들 진짜 최저임금 받고 있어요. 80만 원, 한 가정에 20만 원, 4가정이면

80만 원 받고 있어요. 만약에 네 가정이면. 가정 수로 따져서 월급 받고 있는데, 제일 속상하죠. 저희 센터에 제가 좋아하는 선생님이 있어요. 초창기부터 지금까지 해요. 그 선생님도 진짜 결혼이주여성의 친정엄마로 가는 느낌이 들어요. [조사자: 그 선생님들이 가정방문 후에 엄마들 얘기, "내가 담당한 가정이 이렇게 어렵다" 그런 얘기를 공유는 해요? 같이?] 그거는 저는 많이 모르는데, 한국어 담당 선생님, 방문 담당 지도사 선생님 담당이 따로 있어요. 그분들도 매달 한 번씩 만나서 회의하니까 서로 알지요. 누구 집에 뭐 하는지, 어떤 게 어려웠는지 다 나와요. 물론 큰 사건이 있으면 진짜 상담을 필요로 했을 때, 우리한테 선생님이 요청하면 우리도 가서 도와주고 하죠.

▶ 내 아이가 다문화가정 아이로 낙인찍힐까 봐 두렵다

[조사자: 여기 ○○에서 제일 큰 상담 받아본 게 뭐예요?] 저는 상담 담당이 아니라서 그렇긴 한데, 그냥 지금 내가 보니까 결혼이민자 애들 사춘기 다 컸으니까, 초등학교 다 들어갔으니까. 애들하고 대화하는 방법 상담을 제일 많이 해요. 그리고 교육 어떻게 시켜야 하는지도요. 교육, 초등학교 가기 전인 엄마들도 불안해해요. 학교를 가면 어떻게 해야 할지 모르고 안내하는 사람도 없으니까. 친구들 어떻게 사귀는지도 걱정되고. 최우선은 한국어, 한국어도 아직 깨우치지 못했는데. 어떻게 학교에 들어가서 지금 뭐 학교에서 가나다라 가르쳐주지 않잖아요. 바로 넘어가는데, 그 우리 애들 아직도 이해 못 했는데 가나다라 배우려면 어떻게 할까. 옛날에 초등학교 들어갔을 때, 엄마들은. 다문화 애들 따로 한국어 교육시키나, 근데 막 중도입국 학생들은 좀 필요하겠죠. 그거는 필요과정인데, 근데 나는 내 생각은 우리 애들은 대부분은 한국에서 태어난 애들이잖아요. 근데 뭐, 따로

모여서 공부하면서 '다문화가정 자녀다' 이런 거 좀 받아들이기 힘들었어요. 그래서 저도 초등학교 들어와가지고 안내문 받았어요. 다문화가정들 애들 다 불러서 따로 이렇게 모여놓고 뭐 신청해라. 음, 그리고 종이를 그냥 가지고 오더라고. 그래서 내가 기분이 좀 안 좋더라고요. 나도 우리 아이, 한국 아이 똑같이 지금 크고 있는데, 왜 굳이 이렇게 따로 불러놓고 해야 하나. 우리 아기 지금 성적이 떨어지는 게 아니고, 뭐가 상담을 필요로 하는 게 아닌데 왜 이렇게? 그래서 나중에 선생님한테 따로 전화했어요. 혹시나 다문화가정 안내 뭐 이런 거 우리도 보라고 안내해주는 건데, 근데 대놓고 안내문에 아이 이름까지 써놓고. 외부 종이 신청서 다문화가정 애들 줘라. 이렇게 하는데, 그런데 거기에 이름까지 써놓고 꼭 이 학생 줘야겠다. 나쁜 뜻은 아니었겠죠. 그런데 내가 봤을 때는, '내 입장은 우리 아이한테 줄 때는 어떻게 줬을까, 대놓고 ○○이 이름 불렀을까.' 막 이런 생각하니까 속상하더라고요. 혹시나 다른 애들이 우리 아이 바라보는 시선은 어떨까? 하고 생각하니까 '어? 이거 다문화가정 애들만 가는 거야?' 애들은 모르니까 물어볼 수도 있잖아요. 그러면 우리 아이 상처받을까 봐. 그래서 내가 선생님한테 얘기했어요. 만약 나중에 이런 것이 있으면 다른 애들 보지 않게 편지봉투로 밀봉으로 보내달라고. 이 안내문을 우리 ○○이한테 따로 주면 안 되냐? 아이는 아직도 아무것도 모르니까. 이렇게 좀 바로 주는 것은 좀 그렇다. 그렇게 학교에 전화한 후에는 편지봉투로 이렇게 해서 날아오더라고요. 처음에 다문화가정 애라고 그렇게 대놓고 그렇게 하니까 좀 받아들이기 쉽지 않더라고요.

▶ 자녀에게 이중언어를 가르쳐라

[조사자: 아이가 학교 들어가서 혹시 그, 엄마가 중국인이라고 해서 아이

들 사이에서 얘깃거리가 되고 이런 적은 없었어요? 좀 안 좋은 경험?] 저희는 없었어요. 친구들은 좀 있어요. 특히 한국어 못하는 엄마들. 그거 좀 가족을 들어봤는데. 엄마, 그래서 항상 내가 교육받을 때, 엄마들 얘기하거든요. 엄마가 한국어 못한다고 자신감 떨어지는 거라고 생각하지 말라고. 우리는 한국어를 잘 못해도 이중언어 하고 있는 건데, 엄마들 노력하면 한국어 센터에서 공부하면 되니까. 엄마는 노력하는 모습을 좀 많이 애들한테 보여줘라. 엄마 노력해야지 애들도 따라 하는데, 맨날 엄마들 스마트폰만 보게 되면, 애들도 마찬가지로 그거 보게 되는 거다. 애들은 엄마의 거울이잖아요. 그러니까 애들 맨날 공부 열심히 해라. 그런 말 하지 말라고. 엄마들 스스로 노력해야지 애들도 하는데, 못하는 거 억지로 시키면 애들도 스트레스받거든요. 애들도 상처받고 차라리 엄마들 한국어 못해도 괜찮아요. 차라리 어렸을 때 태어난 아기들부터 엄마 모국어를 사용해서 엄마 언어 가르쳐주면 애들도 받아들이기 쉽잖아요. 제일 오래 같이 상호작용 되니까. 그럼 만약에 내 아이가 이중언어로 키웠을 때, 이 아기가 다시 크면 그런 문제 다 사라지는 거예요. 그래서 계속 그런 얘기하는 거예요. 그래도 지금도 자기 언어를 안 가르치는 엄마들이 많아요. 가정에서 시어머니들이 반대를 해요. 그래서 이중언어 환경조성사업을 하잖아요. 이중언어라는 게 가정환경이 가장 중요해요. 이 가족 환경을 물론 내가 외부라서 어떻게 가르치는 방법 하겠지만. 이 언어라는 거는 꾸준히 해야지 할 수 있는 거잖아요. 환경이 중요하죠. 나랑 열 번 만나서 공부했다고 아이가 천재여서 이중언어 할 수 있는 거 아니잖아요. 그런 것이 아니면 생각을 바꾸려고 하는 건데. 아직도 반대하는 시어머니들이 많아요. 베트남 엄마들 얘기 들어보니까. 시어머니는 며느리 말 듣기 싫다고, 시끄럽다고. 또 아이가 한국말 못할까 봐. 먼저 모국어 사용하지 말라 이런 생각이 있어요. 그 얼마나 아쉬워요. 아이는 스펀지 머리인데, 배우면 다 할 수 있는 건데. 그래서 어휘력은 지금 보니까, 중국 엄마들 같은 경우 한족들 있잖아요. 한국어를 못해요. 그러면 어렸을 때, 중국어 모국어로 했어요. 어차피 한국에서 사는데, 외부 나가면 다 한국말을 하는데, 아이는 이중언어자로 자연스럽게 커요. [조사자: 그런데 문제는 이 아이가 엄마하고는 집안에서는 중국말로 한단 말이에요. 그런데 유치원에 가거나 학교에 가면 이 언어들을 잊어버리게 되고, 사용하지 않잖아요. 유치원이나 학교에서도 이중언어를 그냥 똑같이 사용할 수 있는 그런 환경을 만들어줘야죠.] 그럼 얼마나 좋을까요? 그런 이중언어 유치원을 하나 만들어줬으면 좋겠어요. 한국은 어쨌든 지금 많이 변하고 있는데, 엄마들도 생각을 바꿨으면 좋겠다. 이런 거 먼저 생각해요. 그래서 엄마들은 나는 여기서 한국어를 못하니까. 우리 아이도 한국어 못할까 봐 걱정하고 있는 거예요. [조사자: 못하는 한국어를 굳이 하지 말고 모국어로 얘기하라는 거지요?] 네, 어떤 엄마가 집에서 엄마 나라 말 못하게 하니까 애들한테 그 못하는 한국어를 했어. 발음 정확하지도 않은데 애들 가르쳐줬어요. 그런데 지금 생각해보니까 '우유' 이 말을 '우유'라고 하지 않고 '이유' 이렇게 했어요. 그러면 애들도 발음 정확하지도 않고, 그래서 센터 와가지고 언어발달 치료받고 있어요. 그러면 시간 다 낭비잖아요. 차라리 그냥 집에서는 모국어를 사용하고, 나가면 유치원에서 한국말 하니까. 아이가 크면 한국어 걱정 안 해도 돼요. 애들 다 스스로 배운다니까요. 부인한테 자기 나라 말 쓰지 못하게 하는 아빠들도 있어요. 그래서 저도 지금 이중언어 사업하면서 가정방문도 하고 있어요. 시부모가 제일 좀 힘들고, 남편들이 자녀 걱정하고 있는 거는 한국말 잘 못할까 봐. 그런데 이거 엄마 성향이랑 관계가 있어요. 만약에 엄마가 좀 활발하면 좀 어떻게든지 말을 잘 못해도 애들한테 계속 이렇게 대화하면, 아이는 언어를 좀 빨리 트는 거죠. 엄마가 우울하고, 말을 잘 안 하고, 애들하고 같이 노는 방법도 모르는 분이 많아요. 그래서 저도 엄마들한테 놀면서 그거 애들하고 놀면서 대화하는 방법을 많이 가르쳐요. 동작도 하면서 노는 거 같이해요. 엄마들이 어떻게 노는지 방법을 모르는 거야. 너무 아쉬워요. 그런 거 보면. 이 애들이 크면 나중에 어떻게 될까 그런 생각하면 답답해요. 이런 생각을 하면 힘들어요. [조사자: 사춘기 맞은 애가 학교에서 그런 경우도 있었거든요. "엄마 우리 학교에 오지 말라"고. 친구들이 엄마 베트남에서 온 거 알게 될까 봐. "나는 엄마 학교에 오는 거 싫다"고 이렇게 하는 애들도 있대요. 그래서 이 엄마가 실제로 자기 애 학교를 한 번도 안 간 엄마도 있더라고요.] 옛날에 좀 들어봤어요. 조선족 엄마도 마찬가지야. 중국 조선족인데, 한국말은 유창하니까 한국어로 계속한 거지요. 어렸을 때는 엄마가 한국말을 유창하게 하니까 엄마가 중국 사람이라는 것을 몰랐어요. 그런데 애들 초등학교 들어가니까, 크니까. 어느 날 엄마들 방에서 친구랑 중국어로 대화하는 거 들었나 봐요. 처음으로. 그거에 애들 충격 받아가지고. 엄마는 무슨 말 하냐고, 어떤 나라 사람이냐고. 나중에 엄마랑 대화를 안 하는 거야. 그래서 초등학교 들어가서 사춘기 오니까 엄마랑 대화도 안 하고 막 피하는 거야. 창피하다고. 그래서 그런 말 들었을 때, 나도 속상하지 그거는. 근데 왜 교육하면서 그래서 차라리 이렇게 알게 되면 그냥 단호하게 엄마는 이런 나라, 이런 문화 있고 중국어도 유창하고. 애들한테 그 대화 좀 필요한 거죠. [조사자: 선생님 아이는 중국어, 중국 사람처럼 잘해요?] 아니요. 제일 창피한 일인데 맨날 일하지, 시간 안 되지만 맨날 아이를 열심히 가르쳐주고 있어요. 우리 아이한테는 지금 그냥 방치하는 느낌이, 아마 우리 아이도 지금 크니까, 엄마는 나는 왜 중국어는 많이 안 가르쳐주냐고. 어렸을 때는 나는 노력 조금 했는데, 근데 나도 지금 교육하면서 이런 생각, 제가 일하던 생각이 있잖아요. 빨리 알았으면, 나도 진짜 둘째였으면, 둘째 낳으면, 진짜 진작부터 다 때려치우고 애들 이중언어 그냥 교육시키고 컸으면 좋겠다. 이런 생각 든다니까요. [조사자: 그럼 선생님은 처음에 왜 이중언어를 안 가르쳤어요? 엄마 나라 언어를.] 그냥 내가 한국말 그냥 자연스럽게, 한국에서 너무 오래 살다 보니까. 4년 후에 신랑 만나가지고 결혼하고 애 낳았잖아요. 그때는 한국말 유창했어요. 그냥 자연스럽게 내가 한국말 하니까. 그다음에 주변에 외국 사람 없었어요, 그 당시에. 다 한국 엄마들이야. 그럼 한국 엄마들 만나도 나 외국 사람인 줄 몰라서, 그냥 어디서 지방에서 뭐, 올라와서 사투리 말하는지 이러는 줄 알고. 집에서도 친구처럼 지냈어요. 애들도 같이 키우면서. 그때도 나 중국에서 왔다는 얘기를 안 했어요. 얘기할 생각도 없었어요. 그냥 이렇게 친하니까, 별로 물어보지 않으니까 나도 얘기 안 했어요. 그냥 자연스럽게 그때는 애기 데리고 주변에 놀이터 가서 한국말 다 같이 하고, 애들 말도 다 비슷비슷하니까. 같이 그냥 양육하면서 같이 컸어요. 이야기하면서 재밌게 컸어요. 그때는 '무슨 외국 사람 결혼하면 도망간다.' 막 이런 말 이해 못 했어요. 그때는 다문화가족지원센터 이런 것도 없고요. 없었어. 그다음에는 우리 아이가 다섯 살 때까지 공부하면서, 여기서 공부하면서, 동네 엄마들도 친해지니까. "우리 애기 중국어 좀 가르쳐달라고." 그때 생각하는 거야. 내가 모국어 잘하는데 애들한테 가르쳐주는 방법을 몰라요. 그거 어떻게 알아요. '아, 내가 중국어를 한번 해볼까?' 이런 생각에 시작했죠. 그다음에 서울 가서 교육받고 뭐, 1년 공부했어요. 자격증 따가지고. 그리고 유치원 뭐, 몇 군데 자원봉사 시작해가지고, 노력해가지고 가르쳐줬죠. 그런 엄마들 없으면 그런 생각도 안 했을 거예요. [조사자: 지금 아들은 엄마가 이제 다문화 강사고, 이중언어코치니까 얼마나 자랑스럽겠어요?] 지금 우리 아이는 "우리 엄마 선생님이다. 유치원 가서 강의도 하고." 알고 있을 때는 좀 자랑스럽고, 지금도 마찬가지인데, 근데 같이 있는 시간이 많이 없어서 놓쳤어. 지금은 사춘기. 많이 컸잖아. 친구들 같이 놀고. 근데 어렸을 때 많이 노력했어요. 주말에는 막 애기 데리고 놀러 나가려고 하도 많이 놀러 나가가지고. 할 만큼 했어요. 그런데 이중언어를 못 해가지고 아쉬워요. 일상생활, 그냥 조금 집안 얘기는 알아들어요. 그런데 대화는 많이 못 하죠. 나 혼자 행복하겠지만, 그래서 이 에너지를 주변, 결혼이민자 다 행복했으면 좋겠다. 이런 건데, 근데 신기한 사람도 있겠지만, 그건 뭐, 누가 한마디라도 먼저 건네주면 이 사람들도 바뀌지 않을까. 이 생각을 그냥. 친구 없으면 혼자, 특히 방문지도사 선생님들 가잖아요? 센터 와서 프로그램 참여하라고 가면, 오고 싶은 생각 안 해요. 친구가 없으니까. 나 혼자 대상을 찾아가려고 해도 힘들고.

▶ 결혼이주여성의 노후를 걱정하다

[조사자: 여기도 한부모 가정, 보살펴주는 가정 몇 가정 있어요? 여기 ○○구에도? 여기 ○○구에 센터에서 지원해주는 팀이 많이 있어요?] 한부모 사업이 있어요. 그런데 지금은 결혼자들이 오래 살았잖아요. 물론 이게 쉽게 와서 이혼하고 이런 게 조금 있는데, 근데 특히 중국 사람은 자존심이 강해서 자신들이 거의 알려주지 않아요. 다른 나라는 어떻게 좀 와서 하겠는데, 좀 어려우면 센터 와서 어떻게 요청받아서 할 수 있는데, 알면 우리 센터가 어떻게 도와줄 수 있는데, 모르는 거는 너무 많아서. 일본 같은 경우는 초창기 일본에서 제일 많이 왔잖아요. 그래서 남편은 돌아가시고 이런 경우도 있고. 근데 그 사람들도 관심도 필요한데, 근데 나는 걱정도 뭐냐면 지금 물론 다문화 결혼이민자를 10년 했잖아요. 지금 사업이 근데

결혼이민자, 어떻게 또 정착하게 지금 잘했어요. 근데 지금 애들도 컸잖아요. 애들도 지금 관심이 필요하고. 그런데 일본 엄마도 20년, 30년 전에 온 사람이 있어요. 나이 많아졌어요. 그거 그 사람들은 어떻게 해요? 노후는. 남편도 없어. 미래가, 다문화가정도 다 남편은 나이 많잖아요. 그런데 남편은 죽고 결혼이민자만 남았어. 그 사람들은 물론 생활 되는 사람은 괜찮은데, 남편 없이 내가 어떻게 대출받았는지, 돈을 어떻게 썼는지, 부동산 어떻게 하는지, 그런 여러 가지 문제잖아요? 당황, 그거 당황해요. 저도 뭐, 이혼 절차라든지, 이별이라든지. 이런 거 잘 모르잖아요. 어떻게 하는 거예요? 그다음에 나는 다문화가족노인인력센터. 이런 거 하고 싶어요. [조사자: 다문화가족노인인력지원센터?] 네, 물론 다문화가족지원센터. 나이 점점 많아졌어요. 그러면 이분들 노후는 어떻게 하는지, 직장 있는 분들은 괜찮은데, 이 사람들은 다 지금 어렵게 살아왔잖아요. 사는 데 직장 없이 돈이 없고, 나라에서 지원이 얼마나 됐겠어요. 애들도 다 혼자 다 키우고, 일본 사람들 다 3명, 4명이 있는 집도 있는데, 어떻게 살 거예요. 진짜 상상이 안 간다. 그다음에 이 사람들 아팠을 때, 그런 생각해봤어요. 나는. 이 다문화가정들 만약에 치매 걸렸을 때, 모국어 나오고, 한국어 다 까먹었어. 치매가 오면 모국어가 많이 나와요. 치매 그거는 알 수 없잖아요? 그러면 의사들 어떻게 할 거예요? 우리한테 이거 다 제대로 치료할 수 있는지, 그런 거. 다문화가정 병원 따로 있고, 뭐 통일도, 통일 지원을 창출할 수도 있고, 결혼이민자들 따로 보험자리 따로 있었으면 좋겠다는 생각이 들었다니까요. 왜냐면 시기가 지금 왔잖아요. 결혼이민자가 어떻게 정착하는지 이렇게 하는데, 나이 많았을 때는 미리 대처해놔야 해요. [조사자: 이번에 우리 학교 다문화학과 연구실에서 석사학위논문을 쓴 사람이 그거에 대해 썼어요. 그러니까 결혼이주여성들이, 이제 그분도 일본에서 오신 분이야. 그래서 그 사람이 자기가 아는 사람들이 다 일본 여성들이 나이들이 많고, 남편들이 이미 거의 다 경제활동을 할 수 없는 그런 연령이고 하니까, 이거에 대해 논문을 썼더라고요.] 아, 필요해요. 이거 나라별 문화도 있겠지만, 만약 중국, 필리핀, 필리핀이나 베트남은 진짜 활발해요. 센터 무슨 프로그램 있으면, 자기끼리도 다들 모여서 먹을 거라든지 자주 뭘 체험한다든지 열심히 나와요. 재밌어해요. 근데 일본 사람들 경우에는 잘 안 나와요. 자기 아는 친구들 있으면, 우리 센터도 일본 자주 모여 있는데, 그래도 한 달 한 번씩 올까 말까 하는데, 그냥 아는 사람들끼리 몇 명, 3명, 4명밖에 안 되니까. 와서 하고, 보통 일본 사람 많이 안 오는 거지. 다 따로 살고 조용해요. 일본 사람들 조용한 스타일이거든요.

▶ 영화 속 실추된 조선족 이미지에 불만을 제기하다

[조사자: 요즘에 왜 한국 사회에서 중국동포에 대한 이미지가 조금 막, 영화에서 안 좋게 나오잖아요. 그런 거에 대해 어떻게 생각하세요? 작은 일을 너무 확대해서 이렇게 확대해서 하니까, 전체 한국 사회에 거주하는 중국동포에 대한 이미지가 실추되고 이렇게 되는 게 있잖아요.] 물론 조선족들 다 난리잖아요. 데모하네 마네 하면서. 그런데 실제로 많아요. 특히 안산 무슨 이렇게 중국 사람들 많이 사는 동네인데, 물론 영화에서 이렇게 나온 좀, 폭력적으로 뭐, 그렇게 나와서 중국 사람들 맨날 싸움만 하잖아요. 그래서 중국에서 살았을 때는 중국 사람들 막, 꼭 명절 때, 친구 만나서 술 마시면 꼭 이런 거 사건 하나는 일어나요. [조사자: 아니, 그러니까. 사실은 그게 어느 나라나 한국 사람도 좋은 사람이 있고 나쁜 사람이 있고, 싸우는 사람도 있고 안 싸우는 사람도 있어요. 그런데 왜 하필이면 그 영화에서 싸우는 사람들은 한국 사람이 아닌 중국동포로 해서 이렇게 중국동포 사이에 전체 이미지를 떨

어뜨리는 거였잖아요. 이런 거는 조금 안 좋지 않아요?] 저도 그거 봤어요. 조금 불만도 있긴 있는데, 그 뭐지, 영화에서 나오는 장면인데, 그래서 왜 그렇게 선택했는지. 그랬어요. 영화를 봤는데. 그래서 영화 봤을 때는 분노 조금 났죠. 왜 그거 뭐지. 조선족, 중국 사람들 조선족 엄청 많잖아요. 중국 사람들. 그냥 이미지를 쭉 내려가니까. 감독님 왜 그렇게 만들었는지, 좋은 영화도 많은데. 왜 하필 그 중국 사람 중에서 조선족 콕 집어서 그 장면 나오는지. 저도 불만 있어요. 중국동포들이 좋은 일도 굉장히 많이 하거든요. 특히 무슨 연말에 중국 사람들 위해 한국 사람 어떻게, 요새 봉사도 많이 하고 있어요. 많이 하고 있죠.

▶ 다문화가정에 관한 잘못된 방송문화를 비판하다

그런데 특히 한국에서 방송도 마찬가지예요. 저도 그 뭐지, 한국에 처음에 왔을 때는. 꼭 중국의 못사는 이미지를 한국에서 한 채널에서 무슨 스페셜로 나와요. 중국 사람들 그렇게 땅이 큰데, 좋은 도시에 잘사는 사람들 많은데, 왜 굳이 산골에 우리도 안 가봤는데. 거기도 나와가지고, 방송 나와가지고, '아, 외국 사람들 다 이렇게 사는구나.' 그 텔레비전 나오는 거, 요즘에 그 뭐지. 고부갈등하고 또 뭐죠? 전에 나오는 거? 「러브 인 아시아」 그거 지금 없어졌잖아요. 그거 왜, 좋은 방송도. 진짜 잘사는 사람도 많은데, 꼭 뭐지. 섭외할 때, 꼭 집에 못 가는 건 맞아요. 가게 해주고 좋은데, 꼭 못살게 리허설까지 다 하고, 종이에 다 써놓고 이런 대사를. 시어머니랑 안 싸웠는데, 싸웠다고 하고. 이런 거, 그런 거 많이 들었어요. 특히 우리 다문화가족지원센터 베트남 통역 선생님이 있는데, 센터에서 오래 일했어요. 이미지도 좋은데, 그거 텔레비전에서 고부갈등 나와가지고, 그거 뭐 대본에서 시어머니랑 싸워야 되고, 싸가지없게 나오는 건가 봐요.

방송에 쫙 나오니까. 그쪽 지역은 다 아는 사람이잖아요? 그 선생님하고 정이 똑 떨어지고, 센터에서도 엄청 욕했어요. 너는 이런 사람이냐고, 시어머니를 그렇게 하냐고. 이런 거. 한국 사람이 봤을 때는 다문화가정, 원래 다문화도 살기 어려워 죽겠는데, 꼭 그렇게 이미지 그렇게 나와가지고 더 힘들게 만들잖아요. 실제로는 그런 이미지가 아닌데, 따뜻하고 좋은 사람도 많은데. 시어머니한테 잘하는 사람도 얼마나 많은데, 왜 굳이. 그 뭐지. 그렇게 나오는지 이해가 안 가요. 그래서 「러브 인 아시아」라든지 「다문화 고부열전」이라든지 안 보기 시작하더라고요. 외국 사람들 진짜 안 좋아해요. 한국 사람들은 가끔 보겠지만. 다 시청률 올리려고 그런지 모르겠지만, 시청률 오르면 좋겠지만. 꼭 다문화가정을 가지고 그렇게 하는 거는 진짜 보기 싫더라고요. [조사자: 그러면 이런 일 때문에 너무 속상하잖아요. 사실은 제가 봐도 너무 속상해요. 그러면 그거 이렇게 글 올리는 거 있거든요, PD들한테. 한 번이라도 해보셨어요?] 그건 아직… 그런 용기는 없더라고. 아, 물론 내가 나갔을 때 얘기해요. 센터에서 가끔씩 섭외 들어와요. 우리는 안 하고 싶다. 왜 하냐고 우리도 얘기해요. 처음에는 한국에서는 아 진짜 다문화가정을 위해 진짜 고향집에 못 가고, 애 낳아도 집에 가는 차비 없어서. 너무 힘들고 도와주는구나. 감사하는 마음으로 진짜 했어요. 그거 보기 시작했는데, 진짜 점점 심해지고 보기도 싫어지는 거예요. 원래 이런 거 또 아는 사람 물어보게 되면 "실제 나 그렇게 아니야. 사이도 좋아요." 그런데 막 이렇게 시키니까 싫죠. 지난번, 캄보디아 사람이에요. 「러브 인 아시아」에 나왔어요. 그런데 텔레비전에서 시어머니랑 그렇게 싸워가지고. 시어머니도 그렇게 지금 우울증 걸린 느낌이래요. 그래서 "나 이거 왜 촬영했는지" 후회한대요. 동네방네 다 알게 되니까. 좋은 거도 보여주지만, 나쁜 게 더 사람들 이미지에 남는단 말이에요. 가뜩이나 사람은 어려워 죽겠는데, 시어머니랑 관계도 안 좋은, 더 심하게 만들었잖아요. 그거는. 조건 따지는, 물론 한국에서 오래 몇 년 안 가서 그건 이해해줬는데. 꼭 뭐, 시어머니랑 이런 스토리 있어야 하고 그런 거, 이런 거는 좀. 우리도 다문화가정 사람인데, 뭐 이렇게 굳이 해야 하는지 별로 안 좋아해요.

▶ 공교육에 이중언어강사 배치를 희망하다

[조사자: 다문화가정들은 사실 결혼이주여성들 지금 자기가 선택해서 왔잖아요. 이 사람들은 다문화가족지원센터나 건강가정지원센터에서 프로그램 만들어서 어느 정도 자리를 잡게 해주잖아요. 그런데 아이들이 커서 이제 중학생이 되고 고등학생이 된단 말이에요. 이 학생들을 위해 학교에서 좀 어떻게 프로그램을 하면 좋겠다. 이런 생각해본 적 있어요? 선생님 아이도 물론 마찬가지고요.] 음, 그죠. 그런데 프로그램을 만들 때, 이 다문화가정 아이들만을 위한 프로그램이 아니라 학교 학생들 전체 안에 녹아들어가서 같이할 수 있는 프로그램. 이제 예를 들면, 이중언어를 엄마 나라 언어를 잘하니까, 이 특성을 살릴 수 있는 이런, 뭔가가 필요하지 않을까 생각하고 있어요, 저는. 지금도 ○○지역 교육청에서도 학교마다 그 선생님, 중국어 선생님들 많이 있어요. 대부분 중국어 선생님들 많은데, 이중언어강사님이 있는데, 만약에 이중언어, 학교마다 다 해주면 좋겠는데 지금 많지 않아요. 다 소수죠. 다문화가정 애들은 많지만 다문화 강사 인력이 아직 부족한 거죠. 예산이 또 그렇게 안 되니까. 그래서 안 했겠죠? 물론 어떤 학교, 물론 다문화가정뿐만 아니라 일반가정도 같이도 할 수 있는 그거 전체로 하면, 같이 크게 하면 좋잖아요. 우리는 원하는 거 뭐 따로 우리에게 챙겨달라는 거 아니고, 같이 공평하게 가는 걸로. 그걸 최고로 공평하게 저도 생각하고 있는데, 그래서 우리 아이 지금 초등학생 후에는 중학교 들어가요. 이

런 과정을 어떻게 극복했는지, 어떻게 절차 했는지, 주변 친구들, 고등학생들 물어보고 있어요. 중학생들. 이사 문제든지 그런 거. 그런 거 제가 처음에 얘기했잖아요. 막 이중언어교육도 하겠지만, 애들 전체적으로 좋겠는데, 점점 크면 이 애들은 교육을 어떻게 우리도 할 수 없어요. 진로 교육이든지. 엄마들이 아무래도 진로 쪽으로 아이들한테 알려줄 수 없으니까. 이 엄마들이 사실은 한국에 대한 사회를 그, 언어표현에서 좀 부족해서 진로 지도를 못 하는 거지 이게 인지력이나 뭐 떨어져서 못 하는 게 아니거든요. 언어도 어렸을 때, 어떻게 환경도 요인이 있겠죠. 근데 그런 진로를 더 많나 봐요. 요즘 애들은 꿈을 좀 많이 심으면 좋은데, 꿈이 없어요.

▶ 자녀의 진로를 위해 뒷받침해주다

[조사자: 선생님 자녀도 스마트폰 가지고 게임 같은 거 많이 해요?] 스마트폰, 물론 안 노는 건 아니에요. 놀긴 하는데, 그냥 우리 아이 영재반이에요. 어느 정도 수료도 하고. 공부도 좀 잘하는 편이라서요. 초등학교 학교 교육 안에서 외부에서 뭐 이렇게 하는 영재반이 있어요. 그래서 아이가 뭐를 좋아하는지, 1학년 때 보면 꿈 많잖아요. 이것저것 다 해봤는데, 뭐 태권도, 어느 날 아이가 피아노 배우고 싶다고 하더라고요. 그래서 내가, "남자애가 뭔 피아노를 배우겠어." 그래서 저도, 아빠도 뭐 음악 감각, 노래도 못 부르는데. 그건 어떻게 할 거냐. 안 해줬어요. 안 보내줬어요. 태권도 그냥 계속 다녀라. 그것만 하면 된다. 6개월 뒤에 우리 애가 울면서 왔어요. "엄마 나, 피아노 꼭 배우고 싶어" 하면서. 그래서 이거 좀 심각한 문제다. 아이가 하고 싶은데, 내가 또 뒷받침 안 해주면 애가 어떻게 생각하는지. 한번 보내봤어요. 한 달 동안 시도해보고 분명 그 뭐지 도레미 콩나물 몇 개만 알고 온다. 이런 생각 들었죠. 세상에 그 한 달 후에 체험하니까. 나중

에 그 유튜브로 스마트폰 노래, 게임 안 하고, 스마트폰으로 피아노 치는 방법 있잖아요. 그것에만 빠져가지고. 지금은 자기 좋아하는 노래 악보도 안 보고, 1년 반, 거의 2년 됐을 거예요. 지금 이제 막 학교도 막 바이올린 반도 뽑히고 막 이런 거 진로로 정했어요. 자기가 좋아하는 일이니까. 나는 진짜 그런 거 아니거든요. 피아노 만져본 적도 없고, 아이가 그런 거 자기가 스스로 노력하니까 감사하더라고요. 맨날 일하면서. 다문화가정 아이들 누구 집이든 다 똑같아요. 그 진로를 어떻게 빨리 찾느냐가 중요한 것 같아요. [조사자: 엄마가 이렇게 정말 정말 보기 드문 인재를, 이렇게 사회적으로도 활발하게 활동하고 있으니까 아이한테도 좋은 거죠.] 그런 것 같아요. 저도 그래서 나도 엄마들 노력 좀 열심히 하면 좋겠다는 생각하죠. 나도 그냥 오는 게 아니라 노력을 좀 하고, 옆에서 아이 봤으니까.

▶ 선배 결혼이주여성으로서 공감하다

[조사자: 선생님은 사실은 결혼해서, 아니 일하러 왔지만. 여기에서 남편을 만나서 결혼도 했고, 지금도 계속 일하고 있으니까. 어떻게 보면 직장인이거든요. 직장 내에서 인권이나 뭐, 이런 거는 조금 딱히 선생님한테는 없다 하지만, 내가 볼 때는 '어? 이렇게 하면 안 되는데, 저 사람한테는 이런 일이 있지?' 이런 것도 있을 것 같아요.] 없을 수는 없죠. 왜냐면, 내가 처음에 한국 와서도 마찬가지예요. 내가 처음에 한국 왔을 때는 조금 나쁜 사람 만났으면, 그런 나를 보는 눈빛이 싫다 했으면 벌써 이미 중국 돌아갔겠죠. 애 낳을 때, 동네 엄마들 또 이러잖아. 그다음 자연스럽게 친구 되었어요. 지금까지도 애들 방황할 때, 애들 갈 데 없잖아. 동네 엄마들 애들 점심밥도 챙겨주고 이렇게 같이 크고 있어요. 그냥 자연스러워요. 만약 조금 뭐, "니네 엄마 중국 사람이다." 뭐지. 내가 들었을 때는 그랬으면 속상했으면 벌써

가고 여기까지 안 왔을 거예요. 그리고 센터에서 일하니까. 자신감도 펑펑 생기니까. 어디 가서도 큰소리 좀 하면서. 근데 다른 분들 들었을 때에는 공감되고, 만약에 나는 그 위치에 있었으면 어땠을까. 근데 나는 어쨌는지 내가 선택한 결혼인데, 연애하고 나도 신랑 어떻게 살면서 다 보고 내가 결정했는데, 근데 센터 온 후에 이 사람들 속상한 거 어려운 거 얘기 많이 들었을 때에는 공감되는 거지, 아 말은 안 통했는데, 그냥 남편 믿고 따라오는 거고. 집에 와가지고 시어머니든지 누구든지 관심도 없고, 막 말하고 싶은데, 소통하고 싶은데, 말할 줄 모르고. 그 마음이 얼마나 힘들었을까. 어떤 중국 언니가 뭐, 지하에서 1년 동안 애들 교육, 조그만 창문 있어요. 지하 창문. 그거 창문만 바라보고 살아서 숨어 지냈어. 나오는 그 순간, 센터 알고 후에는 펑펑 울었어. 나는 지금 중국말만 필요하데, 중국말을 1년 동안 못 들어가지고 그냥 그, 감옥 같아. 가둬놔가지고. 나오면 한국 사람 때문에. 내가 말을 못 하니까 티낼 수도 없고. 어떻게 했는지, 남편은 맨날 일 나가고 혼자 있는 시간이 너무 우울한 거예요. 그런 초창기 얘기 들었을 때. 그래서 어떻게 오느냐, 환경 어땠느냐. 사람이 어떻게 변화되는구나 이걸 많이 느꼈죠. 그래서 우리 다문화가 좀 많이, 그래서 연애 좀 하고, 좀 많이 알고, 맨날 그 드라마 보지 말라고. 그 환상이 현실 오면 깨잖아요.

▶ 국제결혼 중개업소의 민낯을 드러내다

[조사자: 그래도 요즘에 오는 결혼이주여성들은 그래도 언어를 어느 정도 소통할 수 있는 능력이 돼서 오잖아요?] 그렇죠. 한국은 그거 좀 괜찮았어요. 옛날에는 아무나 시집오고 싶으면 그냥 와서 했는데, 걔는 한국 총각 구하려고 했는데, 지금 사건 너무 많잖아요. 언어 때문에, 그래서 어느 정도 다 조금 한국어 1급 배워놔요. 1급 따야지 그다음 어떻게 좀 소통 좀

할 수 있게. [조사자: 또 경제적으로 또, 연봉 뭐, 얼마? 3200 돼야 올 수 있나요? 2700? 3200?] 그거는 100% 믿을 수 없어요. 아니, 나는 진짜 결혼중개사 제일 싫어하는 게 그거예요. 결혼중개사는 다 거짓말하니까. 결혼 성사만 시키면 되니까. 돈만 벌고 빼고 가면 되니까. 옛날에는 봐봐. 한국 남자 여기 앉아 있어. 베트남 여자 10명 쫙 서가지고 마음에 안 들면 또 가고, 또 10명 쫙 와가지고 1명 찍어오잖아. 그러면 3일 동안 결혼 성사를 다 하고 그럼 데려오고. 그게 가능해요? 사람이 물건도 아니고, 그거 뭐 감정 있겠냐고. 말도 안 돼요. 그러면 결혼중개사는 어차피 둘이 말이 안 통해. 그래도 남편은 벌 만큼 벌어. 그다음에 결혼이민자 특히 지금 마찬가지야. 특히 베트남 사람. 자기 집에 애들 많잖아. 나 하나 희생을 하고 왔어. 남편 만나가지고 거기서 약속했단 말이에요. 중개소한테. 매달 10만 원씩 생활비를 엄마한테 보태준다고 해서 그거 믿고 왔는데, 근데 한국 남자는 "나는 그런 말 안 했다. 못 들었다. 그냥 데려왔어. 그런데 왜 맨날 자꾸 돈 달라고 하냐." 이런 거지. 그러면 싸움이 시작하는 거야. 계속 지금까지잖아요. 그다음에 한국에 병원 가면 말도 배웠으니까. 빨리도 돈 벌어 엄마한테 돈 보내야 했는데, 돈은 일전도 없는데. 그러면 일 나가고 싶죠. 그러면 뭐 어떻게 둘이 또 힘들고 싸우고, 이런 얘기 나오는 거야. 결혼중개소는 진짜, 남편 연봉을, 보면 알면서 다 어려운 사람인데, 뭐 연봉 몇몇인 뭐, 한국 사람 돈이 얼만데 그거, 나가면 다 큰소리치고. 그냥 사람만 데려다 놓고, 아 진짜 어떻게 거짓말해도 남편이 말을 따뜻하게 해주면 좀 덜하잖아요. 그런데 그 데려다놓고 책임도 안 지고. 또 사람 얼굴 변해버리면, 그럼 결혼이민자 뭐 진짜 말할 데도 없어요. 힘들어요. 그래서 지금 다문화 10년인데 이렇게 또 한부모 가정 많아지고, 이 사람들 앞으로 어떻게 되는 건지 걱정이에요. [조사자: 한부모 가정 사업은 어떻게 잘되고 있어요?]

올해는, 작년까지 한부모 사업 한 것 같아요. 올해는 그냥 센터 무슨 후원이 들어오든, 조금만 들어오든지 아니면 프로그램이 좋은 프로가 있으면 조그만 뭐, 저소득 사업이든지 한부모 사업이든지 이런 거 있잖아요. 챙겨주는 거. 좀 관심 있는 척해주는 거지. 가끔씩 뭐, 어떻게 살고 있는지 잘 살고 있는지 물어보고. 따로 필요할 것 같아요. 왜냐면, 물론 자기 센터에서 이용하고 뭐뭐 하겠는데, 결혼이민자잖아. 또 속마음은 친해지면 더 얘기했는데, 그 사람들 누구 관심 안 해주면, 센터 따로 찾아와서 안 해요. 잘 안 해요.

▶ 다문화가정의 날에 대한 홍보가 많아지면 좋겠다

[조사자: 선생님은 진짜 각 지역에 있는 축제, 엄청 많이 참가하잖아요? 축제 가서 ○○구 무슨 축제 있으면 선생님 안 빠지잖아요. 다 가죠? 근데 그 축제 같은 거 가면 좀 좋은 점도 있지만, 좀 안 좋은 점도 있어요?] 다 참석하죠. 우리 ○○구는 다문화가정의 날 있어요. 다문화가정들이 많아서. 시민들 아직 같이 참여 많이 하는데, 올해는 3회긴 했어요. 그런데 진짜 다문화가정을 위해 하는 행사이냐, 아니면 진짜, 물론 주위에 다른 주민들 같이 와서 참여하면 좋아. 근데, 그 생각이 아직 근데 ○○구 살기 좋다고 했는데, 다문화가정의 날 기념 하나 해놨잖아요. 근데 이거 아직 홍보든지, 다문화가정들, 뭐지. 아직 이날을 우리의 날이다 기억을 잘 안 해요. 아, 행사 참여했구나. 이런 거 좀 아쉬워요. [조사자: 만약에 그런 이제 다문화가정의 날 해서, 사실은 내가 왜 다문화가정이라는 그, 국제결혼을 했다는 이유로 다문화가정이라고 해서 일본 사람들 같은 경우에는 다문화가족지원센터를 이용하지 않고 "다문화가정이라는 거 나한테 말하지 말라. 왜 나한테 다문화가정이라고 하냐. 나 지원받고 싶지 않다." 노골적으로 이렇게 얘기하는 일본인도 있어

요. 그러니까 만약에 그러면 다문화가정의 날 이렇게 하면 그 사람들은 진짜로 안 갈 텐데. 만약에 거기에 가면 "내가 진짜 다문화가정이야"라는 거를 또 많은 사람들이 알게 되고, 이렇게 될 가능성이 있잖아요?] 물론 100% 다 그렇다고 할 수 없는데, 그런 사람들 그런 생각도 있는구나. 그건 인정할 수밖에 없어요. 원하지 않으니까. 근데 센터에서 지금 요즘 많이 이용한 사람들은 "우리의 축제다" 많이 알려주면 좋아하는 사람들 많아요. 그다음, 이거잖아요. 많이 대한민국도 변하고 있어요. 뭐 내가 무슨 다문화가정이다. 부끄러워하고 뭐 숨겨서 옛날에 "왜, 내가 다문화가정이, 이 단어를 사용하느냐. 왜 소수를 이렇게 구별을 해야 하느냐." 뭐, 그런 사람이 있어요. 근데 센터에서 행사했을 때에는 "아, 우리 행사구나." 이렇게 얘기해주면 많이 사람이 나와요. 그래서 지금 세 번째 하고 있잖아요. 그거 주위에 주민들 많이 홍보하고 있어요. 같이. '아, 우리나라 이런 거 이런 거 있구나' 하는 건데. 내가 원하는 거는 다문화가정인 날, 이 우리의 날이라는 그, 기념일이나 그 중요성을 알고 있는 거죠. 지금 많이, 대한민국은 어떻게 100% 할 수 없잖아. 저도 처음에는 내가 한국말, 내가 중국말 마음대로 못 했던 때가 있었잖아. 지금은 많이 좋아진 거죠. [조사자: 아니, 선생님 어떻게 그렇게 말이 빨라요? 한국 사람인 나보다 더 빨라.] 아냐, 이거 중국말 할 때도 원래 빨라가지고. 말이 빨라요.

▶ 사회복지사 자격증을 취득하고 싶다

[조사자: 혹시 뭐, 해주고 싶은 얘기 있어요? 아, 나 이런 거 좀 생각하고 있었는데, 오늘 선생님이 안 물어봐서 대답을 못 했다. 이런 거 좀 있었어요? 선생님 뭐, 교육받고 싶은 거 있어요?] 교육? 오래 했으니까. 나도 뭐, 사회복지사 이런 거 따고 싶은데, 물론 공부할 시간이 좀 안 되겠지만. 진짜 따

고 싶은, 진짜 오래 했잖아요. 온라인으로 하다가 중간에 포기했어요. 중간고사, 기말고사 있잖아요. 나 혼자 스스로 힘으로 하려니까 이거 쉽지 않더라고요. 그때는 누가 좀 도와줬으면 좋겠는데, 안 해봤어요. 나 혼자 밤에 맨날 공부 맨날 일하니까 시간이 없잖아요. 그래서 답을 서술형은 진짜 문제가 너무 많아서 답을 안 내고 포기했어. 그래서 저도 7년 했으니까. 사회복지사 자격증을 따도, 센터 월급도 안 됐는데, 사회복지사도 수당도 있는데, 나는 왜 맨날 이렇게 받아야 하는 건지. 그런 거지. 그래서 저도 똑같이 받으면서, 어떻게 최저 아니라도 나도 일 그냥 오래 했으니까, 나도 내 일만 할 건 아니라 센터 여러 가지 일은 내가 다 하고 있으니까. 다른 직업보다 일을 적게 하는 일이 아니에요. 7년이나 했으니까, 다 아니까 도와줄 수밖에 없죠. 그래서 내가 다 알고 있는데, 돈 생각하면 지금까지 안 왔을 거예요. 그래도 좀 더 내 마음에 여기까지 왔는데, 그만큼 보상도 있으면 더 좋았을 건데, 1년에 한 번씩 계약하는 거는 맨날 불안불안 해가지고. 12월달은 기분 나빠가지고 일하겠냐고. 다음 달 내가 있는지 없는지 이게 다 나오는데, 열심히 해도. 진짜 열심히 하고 또 하고 싶은데, 자꾸 이렇게 끊기니까 불안해가지고 그게 좀 아쉬운 거죠. 그럼 뭐 저도, 어떤 언니가 말하잖아. "언니가 있으니까 나도 센터를 찾아오고 이 문도 들어왔는데, 안 그러면 문 앞에도 들어가기 힘든데. 몇 년 와도 언니 계속 여기 있네." 얼굴도 보고 반가워 안녕하세요. 인사해도 막 따뜻하고 기분 좋다고 막 이러니까. 그래서 그 마음으로 계속 보람 있게, 혼자 느끼면서 일하고 있는 거예요. 지금까지. [조사자: 맞아요. 그 사람들한테는 사실 한국이 낯설 듯이 여기에 와서도 아무도 모르고, 다 낯선 사람만 있으면 진짜로 안 오게 되죠.] 그렇죠? 마찬가지로 우리도 다른 기관에서 막 컴퓨터 일만 하고 말 걸어주는 사람 없어 봐요. 다시 그 기관 방문하는 것도 쉽지 않아요. 무슨 특별한 일이 있는 게 아니라면 가고 싶지도 않아요. 그 사람들 보면 무슨 일이 있어서 나를 찾아, 센터를 찾아오는 거잖아요. 그러면 따뜻하게 해줘야지 그 사람들 이야기를 들어줄 수 있고, 안 그러면 진짜 '찾아왔는데 그 누구도 관심 안 가져주고 그 밤에 집으로 돌아가는 길이 얼마나 힘들까' 막 이런 생각이 든다니까. 다문화가정 아이들 좀 많이 관심 가져주면 좋겠어요. [조사자: 애들, 그 맞아요. 이제는 1세대들은 자기 선택이었으니까, 자기 희생이 되었든, 자기의 선택이 되었든.] 다 같이 잘 컸으면 좋겠는데, 그 생각해보세요. 만약에 이 다문화가정 애들은 양육 잘 안 되면 크면, 밑에도 삐딱했는데, 크면 잘 안 됐는데, 물론 자기 가족애들 공부 못해도 괜찮아. 그러면 나중에 사회에 들어갔을 때, 어떤 일이 나왔는지, 주변에서 어떻게 생각해도 모른다니까. 그냥 편견 안 그랬으면 좋겠어. 그냥 한국 아이들처럼 똑같이 이렇게, 평범하게 다 컸으면 좋겠어요.

▶ 초창기 다문화가족지원센터를 추억하다

[조사자: 선생님 종교 있어요?] 아니요. 저는 없는데, 신랑은 성당 다녀요. 저는 일 때문에 안 다니죠, 뭐. 초창기 뭐, 애 키울 때, 그때는 뭐 친구도 없고, 그때는 성당 다니면서 그때도 많이, 아줌마들 많이 만나고 알게 되니까 좋았어요. 그런데 후에 일하니까. 맨날 나오시라고 했는데, 나는 강요는 싫은데, 뭐 좀 내 마음이 편안해서 가는 거잖아요? 가끔씩 가다가, 그런데 점점 더 일이 많아지니까 점점 더 멀어지는 거지. 한 군데만 신경을 쓰지 못하고 있어요. [조사자: 한국에서는 워낙 전도 같은 것을 좀 요란하게 하잖아요. 그런 거 경험 많이 하셨어요? 막 교회에서?] 막 교회에서 와서 문 두드리고 막 하는데, 다문화가정들 별로 안 좋아해요. 잘 챙겨주며 서로가 마음 편하면 좋은데, 막 강요하는 거는 좀 마음에 좀 받아들이기 힘

들죠. 원래 좋은 교회도 많아요. 그거는 다 베풀 수는 없어요. [조사자: 어떤 집은 애기가 이제, 너무 안 자는 애기였어요. 아주 예민한 애기인데, 간신히 재워가지고 조금 애기가 자는 동안 좀 쉬어야지 했는데, 밖에서 똑똑 해서 그래서 애기가 또 안 자고 막 이렇게 했다고. 한국은 왜 그러냐고 저한테 그런 얘기 많이 했거든요. 아, 그런데 저도 보니까, 저도 2005년부터 다문화가정 그 식구들한테 한국어를 가르치고 했잖아요? 그때하고 지금하고는 너무 많이 다른 것 같아요.] 많이 달라졌어요. 한 번씩 센터에 있을 때는, 그때는 그때는 몇 년도부터 했는데. 2013년? [조사자: 아니 그때는 센터장이었지만, 그 남구 다문화가족지원센터가 인천시에서 직영으로 할 때, 하나밖에 없었잖아요?] 그죠. 그때도 좋았어요, 그때는. 근데 지금은 구역별로 다 들어가잖아요? 지금 또 직영 들어가니까. 그래서 다문화가정도 있잖아. 옛날에는 어디 센터 가도 진짜 친정 가는 느낌이다 그랬는데, 다 식구처럼. 초창기 회사는 진짜 따뜻한 사람들, 진짜 한국 사람들 직원이었잖아요. 어떻게 지내는지 안아주고 인사해주고 막 진짜 따뜻했었어요. '한국 사람들 이렇게 따뜻하구나.' 그렇게 느꼈다니까. 지금은 사람 바뀌어버리니까, 자기들 일하는 업무도 힘드니까 그런 마음의 시간 여유도 없다니까. 옛날이랑 완전 차이나. 지금은 그냥 뭐, 프로그램 꼭 있어야지 사람 나와서 좀 하지. 옛날에는 뭐, 내가 오고 싶어서 오고, 수다도 떨고, 컴퓨터 보면 필요하면 사용도 해주고, 마음 편하게 오는 거, 그런 거 자리 많이 없었어요.

▶ 실적 위주의 다문화가족지원센터 사업은 힘들다

뭐든지 지금 대한민국은 실적, 실적, 실적 이렇잖아요. 맨날 연말도 예산, 예산, 예산. 지금 이것만 보고 있으니까, 지금 다문화가정도 뭐가 필요한 건지 뭐가 실제 하는 건지 그런 거는. [조사자: 그런데 사실 모든 프로그램이 여기 현장에서 선생님들이 '아, 다문화가정한테 이런 게 필요하다'라고 해서 만들어지면 참 좋을 텐데, 그게 아니라 위에서 그냥 이거 하라고 하는 경우도 많이 있죠?] 많이 있어요. 그래서 저도 여가부에서 뭐, 우리 이중언어 사업이든, 우리는 현장 뛰는 사람도 기존 사업, 지침 내려오기 전에 우리 말도 들었으면 좋겠다. 무조건 부정적으로 내려오고 밑에 사람 얼마나 힘든지, 실제로 쉬는 날에도 못 쉬고, 주말에 나와서도 일하고. [조사자: 그리고 또 이 프로그램이 내려오면 실제로 현장하고는 이게 또 안 맞고.] 안 맞는 거 많아요. 또, 그래서 다 조사하는지 어떻게 하는지. 또 센터마다 사는 게 다 다르잖아요. 특성도 있고. 이유도 안 고려하니까. 계속 똑같이 쫙쫙 내려오니까. [조사자: 나는 너무 놀랐던 게 여기 도시도 40명인데, 저기 강원도, 강화도도 40명이면 그 선생님은 어떻게 이 40명을 채우라는 거야.] 지난번에 어디 센터지, 총 회원이 200~300명밖에 안 돼요. 200~300명. 진짜 지방이잖아? 그러면 7세 이하 애들 엄마 사업이에요. 그러면 반으로 잘라버려서 초등학생 가는 사람도 있고. 그러면 7세 이하 대상인데, 그러면 이혼한 사람도 있고, 가출한 사람도 있고, 그거 빼고 저거 빼고 남는 사람이 어디 있어. 그 사람들 말이 사실 가족 실적이지. 그러면 열 번, 열다섯 번 와야 돼. 이 한 사람. 센터에서도 열다섯 번 오는 프로그램을 다 못 해요. 이어서 하는 거는, 우리는 이 말도 안 되는 사업을 하고 있잖아요. 그러면 최소한 50명, 70명까지 해놔야지. 이 사람들 한번 하잖아요. 왜냐면 한 번에 올 때 5명 이상 5명 가족 그러면 최소한 내가 8명은 모집해놔야지, 누가 아파서 안 왔어, 누가 재미없어서 안 왔어, 그러면 미리 확보해놔야지. 이런 거 고려해야지 부정적으로 한 번에 일을 이렇게 한다. 아이 진짜, 말도 안 돼요. 그래도 오래 해본 사람은 이 경험상으로라도 어떻게든 하는데, 초기에 하는 사람은 힘들어하죠.

12장

중국 출신 결혼이주여성 생애담의 특성

1. 남편 내 편 만들기
2. 힘들어도 다시 한번, 엄마니까
3. 견뎌내고 이겨내야 하는 삶의 다양한 불편
4. 끝없는 배움과 성장

1.
남편 내 편 만들기

중국 출신 결혼이주여성 비율이 높은 것은 먼저 한국과 지리적으로 가깝게 자리하고 있고, 그에 더해 한자 및 유교 문화의 영향을 받아 타 동남아 국가들보다 문화적 공통점이 많기 때문이다. 이러한 지리적·문화적 요인으로 중국 출신 결혼이주여성들은 남편과의 만남에서는 자유연애, 그리고 지인을 통한 만남의 비율이 높게 나왔다. 실제로 10명의 연구참여자 중 7명은 자유로운 만남 그리고 연애결혼이고, 2명은 지인 소개를 통해 결혼했으며, 1명만 중개업소를 통해 짧은 만남 이후 결혼했다. 이들의 한국 남성과의 결혼과 한국에서의 정착은 그 시기와 순서에 있어 일관되지 않고 다양하게 나타난다. 중국에서 만남, 결혼, 출산 이후 한국으로 이주하기도 하고, 한국에서 학업 또는 취업하여 일하던 중 한국 남자와 만나서 결혼하기도 한다. 이처럼 만남의 경로는 다양했지만, 삶의 어려움은 비슷하게 드러났다. 이들의 결혼생활은 남편과의 적응을 위한 지난한 삶의 현장이었고, 남편을 내 편으로 만들어 건강한 가정을 이루어나가는 과정이기도 하다.

중국 결혼이주여성들은 한국에서 살아가면서 공통적으로 언어적 어려움을 호소했고, 결혼 이후 한국 문화와 중국 문화가 명확하게 차이가 난다는 점을 실제 삶을 통해 깊이 느낀다. 그녀들을 힘들게 하는 것은 외로움. 더욱 힘들게 한 것은 무관심한 남편, 경제활동에 대한 남편의 간섭과 가부장적인 태도, 대화 기술의 부족 등으로 나타났다. 이러한 문화적응의 어려움은 그들의 결혼생활 초기에 자녀 양육과 겹치면서 우울 증상으로 드러나기도 한다. 그들은 남편과의 관계에서 어려움을 겪으며 대부분 일방적으로 견디거나 다문화가족지원센터의 상담을 통해 해결방안을 찾는다. 그중 한 사람만 남편의 폭력을 경찰에 신고하고, 가출하여 쉼터에서 지내면서 남편의 사과를 이끌어내는 적극적인 대처를 했다. 10명 중 4명이 가정불화로 건강가족센터의 전문상담사 또는 가정방문 선생님과의 상담 경험이 있었고, 그들 중 1명만 남편이 주도적으로 대학교 상담프로그램을 신청하여 부부가 함께 상담을 받고 관계를 회복했다. 이를 통해 중국 결혼이주여성들은 남편과의 관계 개선을 위해 적극적으로 사회적 지지를 활용하고 있음을 확인할 수 있었다. 그들은 이러한 방법을 통해 때론 소극적으로 참고, 스스로 마인드컨트롤을 통해 마음 수련을 하면서 남편과 가정을 평화롭게 영위해갈 수 있는 방법을 찾아내고 있었다.

중국 출신 결혼이주여성들은 대부분 경제활동에 활발히 참여하고 있었고, 취업을 위해 다양한 경로를 통해 끊임없이 공부하고 자격증을 취득하면서 역량 강화를 하고 있었다. 이들은 적극적인 태도로 한국 사회에 진입하고자 노력하고 있었고, 이러한 사회 참여를 통한 경제적 능력과 비용 분담으로 남편과의 관계에서 조금은 자율적이고 평등해지고자 노력하고 있었다. 그러나 한국 사회의 남성 중심적 가부장적 가족구조가 이들 결혼이주여성의 사회 활동, 가족 적응은 물론 자아 정체성 형성에 큰 걸림돌이 되는 경우도 있었다. 남편들은 아내의 공부나 취업을 지지하기도 하지만 일부의 경우 아내의 회사 일로 인한 회식, 출장 등에 간섭하고 불만을 표시하는 등 가부장적인 모습을 보이기도 했다. 이러한 갈등 상황 속에서도 결혼이주여성들은 주어진 자리에서 자녀 양육과 더불어 배움과 성장을 통해 상황 개선을 위한 다각적인 시도를 하고 있었다.

2.
힘들어도 다시 한번, 엄마니까

본 저서의 생애사 이야기에 참여한 결혼이주여성들은 대부분 결혼 후 1년 이내에 자녀를 임신하고 출산하면서 양육과정에서 다양한 우울 증상으로 괴로움을 경험한다. 자녀 양육의 어려움은 자녀가 성장하여 학령기가 되어서도 감소하는 것이 아니라 또 다른 형태의 불안과 어려움으로 드러난다. 즉, 다문화가정 출신이라는 낙인이 자녀에게 미치는 그림자 때문에 걱정에 휩싸인다.

일반적으로 국제결혼이주여성의 교육적 관여는 소극적이고 저조하며, 특히 학교 교육 활동 관련 교육적 관여는 더욱 그런 것으로 인식되고 있다. 그렇지만 실제로는 이들의 교육적 관여에 다양한 층위가 존재하는 것으로 보고되고 있다. 자녀교육에 대한 대처 방식이나 교육적 관여 양상에서 개인적 편차가 상당하다는 것이다(류진아, 2011; 조혜영·서덕희·권순희, 2008). 이는 비단 결혼이주여성뿐 아니라 다문화가정 아버지들에게도 자녀의 상황에 대한 두려움과 불안이 동등하게 드러난다. 따라서 일부 아버지들은 결혼이주여성이 자녀 학교를 방문하는 것을 제재함으로써 어머니의 출신

이 밝혀지는 것을 막아보고자 한다. 또한, 결혼이주여성 본인도 편견의 대물림에 대한 두려움으로 학교 상담, 학부모 모임에 참여하지 않으려고 한다. 그럼에도 일부 결혼이주여성들은 적극적으로 자녀의 교육에 관여하고, 학교 선생님 그리고 자녀 친구 어머니들과의 소통에 참여한다. 이러한 경향을 나타내는 결혼이주여성들은 대부분 이중언어교육에 긍정적인 태도를 가지고 있었고, 실제로 이중언어강사로 활동하기도 한다. 또한, 그들의 우려와 달리 자녀들도 학교생활에 잘 적응하고, 친구 관계도 무난했으며, 어머니가 중국 사람이어서 자신이 중국어를 잘할 수 있다고 자랑하기도 한다. 다행스럽게도 적극적으로 자신의 출신을 밝히는 결혼이주여성들은 한국 학교에서 다문화교육이 잘되어 있기에 자녀의 다문화 배경이 그들의 친구 관계에 크게 영향을 미치지 않은 것 같다고 밝힌다.

한국 사회에서 자녀의 학교 교육에 관한 부모의 관심과 기대, 교육적 관여는 자녀의 학업성취에 강력한 영향력을 발휘하는 것으로 밝혀진 바 있다(김경근, 2000; 변수용 · 김경근, 2008; 이세용, 1998). 이러한 부모의 교육적 관여가 갖는 중요성은 한국 사회의 국제결혼가정에도 동일하게 적용될 수 있을 것이다. 실제로 조혜영 · 서덕희 · 권순희(2008)는 다문화가정에서 엄마가 자녀의 학교생활에 적극적으로 개입할수록 자녀의 학교생활에 긍정적인 효과가 있음을 밝혀낸 바 있다. 결혼이주여성들은 자녀에 대한 교육 기대 수준 및 포부 수준이 높은 편이지만(이민경 · 김경근, 2010; 정덕희, 2008), 실질적인 교육지원이나 교육적 관여에는 많은 부담을 느끼는 것으로 알려져 있다(이선미 · 이경아, 2010). 특히 가정 내에서 자녀의 한국어 교육이나 학습지도가 쉽지 않고, 학부모로서 참여하는 학교 활동 등에서 어려움을 겪고 있는 것으로 나타났다(오성배, 2005; 이진숙, 2007; 전홍주 · 배소영 · 곽금주, 2008).

본 저서의 연구참여자들도 청소년기 자녀를 양육하면서 자녀교육에 답답함을 호소하고 있었다. 아들이 엄마가 한국인이길 바라는 모습에 가슴앓이를 하기도 하고, 아이에게 아무런 도움을 줄 수 없다는 부족함에 밤잠을 설치기도 한다. 한국어에 대한 두려움은 담임선생님과의 상담마저 포기하게 만드는 소극성을 보여주기도 한다. 연구참여자들은 대부분 이중언어교육에 대한 열정을 드러내기도 하지만, 아직은 부족한 외국인에 대한 이해로 좌절을 경험하기도 한다. 연구참여자 4는 이중언어교육보다는 엄마가 더 노력해서 한국어를 잘하는 것으로 소통의 어려움을 극복하고 있었다. 연구참여자 6은 적극적인 이중언어교육으로 자녀에게 강한 자부심을 심어주었고, 자녀의 학교폭력에도 적극적으로 대처하는 강인함을 보여주었다. 이들의 이중언어교육은 대부분 가정에서 이루어지고 있었으며, 일부 직장을 다니는 어머니들은 자녀의 이중언어교육에서 적정한 시기를 놓침에 안타까워하기도 했다. 한국의 중국어에 대한 높은 관심은 그들이 자녀교육에서 이중언어교육에 대한 필요성을 느끼게 하는 사회문화적 환경으로 작동되고 있었다.

다문화가정 청소년들은 일반가정 청소년들과 다르게 부모와 자녀가 서로 다른 이중문화를 가진 환경을 경험하면서 성장한다. 다문화가정에서 외국인 어머니의 모국어를 교육하는 이중언어교육은 그들의 자녀들에게 다문화가족의 구성원으로서 긍정적인 인종적 정체성을 갖게 할 뿐만 아니라 이중문화적 역량을 개발하는 데 크게 기여하기 때문이다(정해숙 외, 2013). 이중언어 사회화가 다문화가정 청소년들에게 미치는 가장 큰 긍정적인 요인 중의 하나가 바로 외국인 부모와의 관계와 소통이다. 외국인 부모와 동일한 언어로 의사소통을 할 수 있는 자녀는 부모와 가까운 거리를 유지하게 되고, 정서적으로도 긍정적인 영향을 미치게 된다(고은선·김성훈, 2018). 또한, 이중언어 사회화는 다문화가정 청소년들의 심리사회적 발달에 긍정적인 영향을 미칠 뿐만 아니라 자신이 다문화가정의 자녀라는 것에 대해서도 자부심을 부여하는 요인으로 알려져 있다. 이를 통해 외국인 부모와의 좋은 관계 형성을 통해 위기 상황에서 보호 요인으로 작용하게 된다(허청아, 2014). 이러한 내용은 본 저서의 이주여성들과의 인터뷰에서도 드러나고 있었다. 따라서 이중언어에 대한 적극적인 홍보와 체계적인 교육활동이 이루어져야 할 것이다. 인터뷰를 통해 우리는 중국 출신 결혼이주여성들이 자녀교육에서 느끼는 고민들 그리고 그들의 대처 방식을 알 수 있었고, 강렬한 모성애로 갖가지 상황들을 유연하게 대처해나가고 있음을 알 수 있었다.

3.
견뎌내고 이겨내야 하는 삶의 다양한 불편

이주민들이 증가하면서 한국은 다문화사회에 진입하게 되었으며, 타문화 수용력이 높지 않은 한국 땅에서 영구히 거주하며 가족 구성원이 되는 결혼이주여성의 삶을 보장하고, 인권을 보호해야 할 필요성도 날로 증가하고 있다.

차별의 영향력은 지각된 차별, 즉 차별에 대한 개인의 주관적 경험에 따라 다르게 나타날 수 있고 차별 경험 자체도 다양한 사회적 맥락에 따라 다르게 경험될 수 있다. 단순히 차별 사건의 내용을 넘어서 차별이 어떻게 경험되는지, 즉 그 방식과 의미에 따라 차별로 인한 결혼이주여성의 반응과 행동, 결과가 달라질 수 있다. 일부 연구에서는 한국어 수준이 높은 결혼이주여성일수록 더욱 심한 차별감을 지각한다고 밝히고 있다.

본 저서의 연구참여자인 중국 출신 결혼이주여성이 겪는 차별 경험은 1차적으로 가정에서 일어나고, 다음은 사회에서 일어난다. 가족 내에서의 차별은 주로 남편의 역할 및 경제적 지원에 대한 기대가 못 미치는 것, 문화적 차이에 대한 이해가 없는 것, 가족 갈등이나 자녀 양육에 대한 과도한 비난과 관련해서 발생했다. 시댁과의 갈등 양상은 외모에 대한 언어적 폭력, 종교에 대한 간섭, 시누이나 동서들의 무시 등으로 나타났다. 결혼이주여성들에게 한국 사회의 고정관념과 차별적 대우는 삶의 중요한 스트레스로 작용하고 있으며, 이러한 문제들은 결혼이주여성의 적응을 어렵게 만드는 요인이 되고 있다. 차별은 결혼이주여성의 사회문화적 적응을 방해하고(박순희, 2011), 자존감을 떨어뜨리며(이현승, 2013; Tajfel & Turner, 1986), 한국 사회에서 삶의 질을 낮추는 치명적인 요인으로 작용한다(김한성·이유신, 2013). 특히 배우자와 시댁 식구들의 타문화에 대한 몰이해와 부부간의 문화적 차이의 증가(여성가족부, 2015; 김지영 · 최훈석, 2011)는 가족 내에서도 차별을 경험할 가능성을 높이고 있다. 연구 결과 결혼이주여성의 경우에도 차별은 신체적·정신적 건강에 치명적인 영향을 주고 있는 것으로 밝혀지고 있다(김유균·손인서·김승섭, 2015; 권구영·박근우, 2007).

2015년 실시된 전국다문화가족 실태조사(여성가족부, 2016)에 따르면, 한국에 거주하는 결혼이주여성의 40.7%가 사회적 차별을 경험하는 것으로 나타났다. 차별을 경험한 빈도도 2009년 36.4%(여성가족부, 2010)에서 2015년 40.7%로 한국 사회의 결혼이주여성에 대한 차별은 더욱 증가하는 추세다. 차별 경험을 받은 장소 역시 직장이나 일터뿐만 아니라 거리·동네, 상점·음식점·은행 및 학교·보육시설 등 공공기관에 이르기까지 다양한 장소에서 차별을 받는 것으로 보고된다(여성가족부, 2016). 연구에 참여한 결혼이주여성들도 직장에서 중국에서의 경력에 대한 불인정, 불공정한 대우, 임금차별 등을 호소하고 있었다.

이처럼 본 저서의 중국 출신 결혼이주여성들은 이방인임을 확인시켜주는 차별적 대우를 견디고 맞서면서 삶을 살아내고 있었다. 이 과정에서 결혼이주여성들은 출신국을 숨기거나 인내하고 수용하는 소극적 대처 외에도 직장에서의 부당한 대우에 대해 항의하거나 가족 갈등에 대한 해결 방안을 구체적으로 탐색하기도 하는 등 적극적인 문제해결 의지를 보이기도 했다. 이러한 적극적 삶의 모습은 결혼이주여성들이 정착 과정에서 자신들의 주도적 선택과 행위성을 강조하고, 주장과 타협을 중시하며, 삶을 스스로 선택하고 정착 과정에서의 다양한 역할 속에서 적극적인 노력을 기울이는 것으로 보고한 이경욱(2015)의 연구 결과에서도 확인된다. 또한, 결혼이주여성은 단순한 사회적 약자로 한국에서 불행하게 사는 것이 아니라 남편, 시댁 식구, 주변 한국인 등과 관계를 맺으면서 많은 갈등 상황과 마주쳐도 나름대로 다양한 방법을 사용하여 적절히 대응하며 자신의 삶을 스스로 선택하여 미래를 만들어가는 주체자의 모습을 확인할 수 있다.

한국 사회가 결혼이주여성에 대한 차별 방지를 위한 제도적·정책적 노력을 기울이기에 앞서 한국 사회의 편견적이고 우월적인 태도를 변화시키려는 사회적·교육적 노력이 선행되어야 할 필요성이 있다. 다문화사회에서 이주민은 경쟁자가 아니라 공존의 대상이다. 따라서 타문화에 대해 인정과 존중, 반편견, 다문화 감수성을 증진하는 교육이 학교 및 시민사회 교육과정에서 적극적으로 확대되어야 할 것이다.

결혼이주여성의 차별 문제에 대한 현실적인 대처방안과 전문적인 도움을 제공하는 공식적 지원체계와 조직을 강화하고, 이에 대한 결혼이주여성의 이용 접근성과 인지도를 높임으로써 결혼이주여성들이 차별 문제와 관련해서 다양한 전문기관을 통해 전문적이고 적극적인 도움을 제공할 수 있도록 도울 필요가 있다.

4. 끝없는 배움과 성장

결혼이주여성은 ① 가족을 부양하기 위해, ② 심리적 고립감을 이기기 위해, ③ 대인 관계를 맺기 위해, ④ 한국어를 배우기 위해, ⑤ 자신감 회복을 위해 집 밖으로 나선다. 남편에게 의존했던 시기를 지나 더 이상 의존하지 않아도 되는 시기로 이행하게 된다(김정희, 2018). 이 과정에서 한국어 공부, 자신의 강점을 살릴 수 있는 중국어 공부, 한국 사회에서 인정받는 학력을 갖추기 위해 검정고시, 취업을 위한 다양한 자격증을 취득한다. 그들에게 학습, 취업 등 다양한 경험은 삶의 질을 높이고, 자신감과 문제해결력을 획득하는 다양한 장점이 있다.

본 저서에 참여한 중국 결혼이주여성들의 자기개발은 대부분 다문화가족지원센터의 프로그램을 통해 이루어지고 있다. 실제로 여성가족부(2018) 실태조사에서 결혼이민자·귀화자 중 80.3%가 다문화가족지원센터 이용 경험이 있었다고 밝히고 있다.

중국 출신 결혼이주여성의 자기개발 형태는 다양하게 드러나고 있었다. 한국어 공부 또는 원어민으로서 모국어 전문가가 되기 위한 노력이 있었고, 각종 자격증을 취득하고 검정고시를 보는 등 학력 신장을 통해 자신의 취업문을 넓혀가고 있었다. 따라서 그들의 자기개발 형태에 따라 직업도 이중언어강사, 의료코디네이터, 면세점 등 언어적 장점을 활용할 수 있는 취업 현장이 많이 보였다. 그들 중 일부는 자기개발의 형태로 봉사활동에 열심히 참여함으로써 한국 사회에 기여하는 이주민으로서의 건강한 정체성을 획득하고 있었다. 일부 여성은 자신이 적응하기 어려웠던 경험을 바탕으로 사회복지에 관심을 갖고 복지사로 일하고 싶어 하는 여성도 있었다. 그들의 자기개발은 한국 사회 적응, 더 나은 삶을 향한 끊임없는 노력의 연속이었다.

하지만 이러한 노력이 아직은 가족센터에서 제공하고 있는 프로그램에만 머물러 있었기에 취업 현장이 제한되어 있고, 정규직보다는 계약직에 머물러 있어서 저임금의 불안정한 고용상황에 놓여 있다. 결혼이주여성들은 남편들과의 나이 차이가 있어서 남편의 고령으로 경제능력이 떨어지는 경우 곧 가족의 생계를 짊어져야 하는 초조함도 안고 있었다. 그들은 안정적이고 고정적인 수입이 있는 직장을 원했지만, 가족센터에서 제공하는 프로그램을 통해서는 취업의 제한성이 너무 많았다. 연구참여자들의 이야기를 통해 취업에 대한 갈급함과 취업교육에 참여하는 열정 대비 선택의 폭이 좁고 고용 형태가 불안정한 현실을 알 수 있었다. 이에 대한 정책적·제도적 지원이 시급한 상황이다.

맺음말

"결혼이주여성들이 한국에서 살아가는 모습이 어떠한지 생각해본 적 있는가? 그녀들의 편에 서서 그녀들의 삶에 공감한 적 있는가?"

이 책은 중국 결혼이주여성들이 한국 사회에서 진취적이고 능동적으로 살아가는 경험담을 담고 있다. 이 책을 다 읽고 나면, 위에 제시한 질문에 대한 해답을 얻을 수 있을 것이며, 결혼이주여성들이 한국 땅에서 어떻게 뿌리를 내리고 살아가고 있는지를 생생하게 보고, 듣고, 느낄 수 있을 것이다.

본 저서에 제시되어 있는 여러 사례를 살펴보면 결혼이주여성을 향한 편견과 차별이 여전하다는 것을 알 수 있다. 단지 외국인이라서, 생김새가 달라서, 한국어가 서툴다는 이유만으로 편견과 차별의 대상이 된 결혼이주여성들은 이러한 상황 속에서도 꿋꿋이 자기만의 방식으로 살아가고 있다. 우리 사회에서 소외되었던 존재, 때로는 무시되었던 존재인 결혼이주여성들은 자신의 삶을 변화시켜가기 위한 노력을 끊임없이 해나가고 있다.

중국계 결혼이주민의 디아스포라 구술사는 중국과 우리 사회에서 구축해온 삶의 궤적과 변화의 양상으로 정의하고, 국제결혼 전과 결혼 후 이들의 이주 역사를 복원한다는 의미다. 이주 역사와 정착 과정을 비롯하여 의식주, 직업생활, 가족과 친족, 의례와 신앙생활, 세시풍속과 놀이, 언어생활, 생활 물건 등 삶의 모습이 어떻게 변화해왔는지 그 양상은 삶의 총체다. 중국에서 소수민족으로서의 생활 모습과 생활양식 그리고 그 변화상을 추구하는, 겉으로 드러나는 생활의 구체적인 양태와 저변에 존재하는 구조와 패턴까지도 포함한 시간적 깊이 속에서 변화되어온 양상이기 때문이다.

우리는 자신에게 주어진 길을 걸어가기 위해 매일 새로운 가치를 부여하고 세상에 적응해나가고 있으며, 타인과 어우러져 함께 살아간다. 중국 출신 결혼이주여성들은 새로운 삶에 대한 기대를 안고 결혼을 통해 한국이라는 새로운 환경으로 이주한다. 언어, 문화, 가치관, 주위의 모든 것이 낯설고 두렵지만, 인간이기에 살아남기 위해, 행복한 삶을 위해 다양한 시도를 하고 정체성을 새롭게 재구성해가며 관계를 맺고 매일매일을 살아가고 있었다.

중국 결혼이주여성을 만났을 때 하나같이 "한국말을 잘 못해서 인터뷰하기 어려워요"라고 했다. 그러나 일단 인터뷰를 시작하면 그동안 막혔던 수도꼭지에서 물이 나오듯 쉴 틈 없이 말이 쏟아졌다. 어느 대목에서 말을 끊어야 할지, 언제 자리를 떠야 할지 고민이 되었다. 부모님 이야기는 눈물을 글썽이며 연신 눈물을 삼켰고 다문화, 특히 중국동포의 부정적인 이미지에 관한 부분에서는 흥분을 감추지 못하고 울분을 온몸으로 표현해주었다.

중국 결혼이주여성의 내러티브에는 2000년대 초반에 산업연수생으로 왔다가 중국으로 돌아가지 않고 불법체류자로 숨어다니면서 일한 경험, 당시 회사 사주는 불법체류자라는 것을 알고 싼 임금을 주었지만 불법체류 신분이기 때문에 참을 수밖에 없었던 시절, 일하다가 손을 다쳤지만 불법체류 신분에 보험이 안 되어 병원에 갈 수 없어 아픈 손을 동여매고 일해야 했던 아픈 상처가 고스란히 녹아있다. 공장에서 비인간적이고 비도덕적인 일을 당해도 중국동포였기 때문에 차별을 당해도 차별이라고 느끼지 못하고 일한 지난날, 여름에는 기계의 온도 때문에 찜통이고 겨울에는 바람이 술술 들어와 난로에 손을 녹이면서 일하던 낡은 창고의 작업환경 모습이 그려져 있다.

중국에서 교육학을 전공하고 교직에 있다가 좀 더 나은 삶을 위해 한국의 산업근로자로 와서 한국인 남편을 만나 결혼했지만, '다문화가정'이라는 꼬리표가 붙어 오히려 차별을 받는 자녀를 보면서 눈물을 삼켜야 했고, 엄마가 결혼이주여성이라는 이유로 왕따를 당할까 두려워 교문 밖에서 배웅해야 하던 미안함에 울음으로 대신하던 이주여성을 생각하면 우리 사회의 다문화에 대한 현재를 알 수 있었다.

중국의 위상이 높아졌어도 결혼이주여성은 못사는 나라에서 왔다는 고정관념과 중국동포에 대한 곱지 않은 시선 때문에 힘든 데다가 본국에서의 사회 경험보다는 오로지 학력을 요구하는 한국 사회, 어렵게 대학에 들어가 학위를 취득하자 그제야 취업의 문이 열렸다. 계약직으로 학교에서 방과 후 중국어 강사로, 다문화 강사로 활동하며 성장통을 겪은 이야기가 가슴에 꽂혔다.

삶의 모습은 다양하지만 인간이기에 미숙하고 불안정하며, 또한 이러한 모든 파동 속에서 부단히 새로운 경험을 하고 그 경험을 통해 학습하고 성장한다. 그들은 자신의 주체적 삶의 주인공으로 '이주'라는 변화를 경험하면서 도전하고 넘어지고 다시 일어선다. 물론 그 모습은 다양한 실패와 좌절, 상처들로 얼룩져 있지만 삶에 대한 희망을 잃지 않았고, 실패를 통해 배움을, 부단한 도전을 통해 여러 가지 모습의 성장 서사들을 빚어내고 있었다. 20대 꽃다운 나이에 결혼을 통해 한국이라는 나라에서 삶을 새롭게 빚어가는 그들. 한 남자의 아내로, 자녀들의 어머니로, 며느리로, 한국 사회 다문화 구성원으로 삶의 이야기를 만들어내고 계속 만들어가는 역동적인 모습을 함께 응원하며, 저자 또한 함께 더 좋은 세상을 만들어가기 위해 노력하고자 한다.

중국 결혼이주여성의 내러티브는 상처 치유 과정이다. 이주 이후 고난과 역경을 헤치며 자긍심을 가지고 부끄럽지 않게 살았고, 자녀들의 성장 과정에서 삼켰던 눈물을 다시 쏟아내고, 가슴에 담고 있었던 응어리진 한(恨)을 풀어내는 과정이었다.

다문화교육을 공부하고 있고, 우리 사회가 이미 다문화사회임을 말하지만, 과연 우리에게 그들을 향한 배려와 공감이 진정 있었는지 되묻는 계기가 되기를 바라는 마음이다. 말이 아닌 실천이 중요한 시점이다. 소수의 의견을 듣고, 소수의 의견이라 경시하지 않고 함께 고민하고 실천해나갈 때 우리 사회는 더욱더 '좋은' 사회가 되지 않을까 생각한다. 엄마로서, 여성으로서 주체성을 갖고 살아가는 용기 있는 그들에게, 대한민국을 함께 발전시켜나갈 그들에게 진심 어린 박수를 보낸다.

참고문헌

강현(2012). 「여성 결혼 이민자의 삶의 만족도 영향요인 분석연구: 사회자본을 중심으로」. 고려대학교 석사학위논문.

고상두·하명신(2012). 「독일 거주 이주민의 사회통합 유형: 터키, 이탈리아, 그리스 출신 이주민 집단의 비교분석」. 『국제정치논총』 52(5), 233-256.

권구영·박근우(2007). 「국제결혼이주여성의 정신건강에 영향을 미치는 요인: 전라남도 거주 국제결혼이주여성을 중심으로」. 『사회연구』 8(2), 187-219.

김영란(2006). 「한국사회에서 이주여성의 삶과 사회문화적 적응관련 정책」. 『아시아여성연구』 45(1), 143-189.

김영순(2013). 「다문화사회에서 공존하는 방법: 민주주의와 학교 다문화교육의 관계」. 『학습자중심교과교육학회 학술대회』 3-15.

김영순 외(2017). 『처음 만나는 다문화교육』. 북코리아.

김영순·임지혜·정경희·박봉수(2014). 「결혼이주여성의 초국적 유대관계에 나타난 정체성 협상의 커뮤니케이션」. 『커뮤니케이션 이론』 10(3), 36-96.

김영순·조영철·김정희·정지현·박봉수·오영훈·손영화·박종도·이미정·정경희·김기화·박미숙·오세경·임지혜·황해영(2019). 『중국계 이주민의 다문화 생활세계 연구』. 북코리아.

김영순·최희(2017). 「고려인 여성 Y의 생애 과정에 나타난 한국인의 문화유전자」. 『한국 민족문화』 64, 309-342.

김오남·김경신·이정화(2008). 「결혼이민자 남편의 부부관계향상 프로그램 효과성에 관한 연구」. 『가정과삶의질연구』 26(1), 69-84.

김용신(2011). 「한국사회의 다문화화에 따른 정치사회화 이론의 재해석과 방법적 지향」.

『세계지역연구논총』 29(1), 87-107.

김유균·손인서·김승섭(2015).「결혼이민자의 차별경험과 주관적 건강수준 간의 연관성: 출신지역과 성별 차이를 중심으로」.『보건사회연구』 35(3), 421-452.

김정희(2018).「사회통합을 위한 결혼이주여성의 차별 경험 의미화 과정 연구: 자녀의 학교생활에서의 경험을 중심으로」.『문화콘텐츠연구』 12, 75-99.

김지영·최훈석(2011).「결혼이주여성의 인권침해실태 및 대책에 관한 연구」.『형사정책연구원 연구총서』.

김태원(2012).「다문화사회의 통합을 위한 패러다임으로서의 유럽 상호문화주의에 대한 이론적 탐색」.『유럽사회문화』 9, 179-213.

김한성·이유신(2013).「결혼이주여성의 삶의 만족도」.『한국사회학』 47(2), 177-209.

남승석(2022).「포스트휴먼 마담B의 동아시아 멜로드라마: 탈북민 이주의 여성화, 글로벌시티, 생존회로」.『한국방송학회 학술대회 논문집』, 152-153.

두문영·조진경(2017).「중국결혼이주여성의 문화적응에 관한 생애사 연구」.『여성학연구』 27(1), 109-141.

박선태(2012).『결혼이주여성의 역할 부담감이 삶의 질에 미치는 영향: Double ABCX 모델의 적용』. 대구가톨릭대학교 박사학위논문.

박순희(2011).「결혼이주여성의 사회적 지원이 결혼생활안정에 미치는 영향: 문화적응태도의 매개효과를 중심으로」.『한국가족복지학』 16(1), 89-109.

법무부(2021).『출입국·외국인 정책 통계월보』 2021년 7월호.

법무부 출입국·외국인정책본부(2011).『2010 출입국외국인정책 통계연보』

보건복지부(2005).「국제결혼이주여성 실태조사 및 보건·복지 지원정책방안 보고서」

설동훈(2017).「한국 내 이주민의 권리 보장: 동향과 쟁점」.『월간 복지동향』 230, 5-13.

설동훈·김윤태·김현미·윤홍식·이혜경·임경택 외(2005).『국제결혼이주여성 실태조사 및 보건·복지 지원 정책방안』. 보건복지부.

설동훈·이병하(2012).「덴마크의 이민정책과 추진체계」.『한국이민학』 3(2), 5-23.

여성가족부(2010).「다문화가족지원정책 기본계획(2010-2012)」

______(2012).「제2차 다문화가족정책 기본계획(2013-2017)」

______(2013).「2012년 전국 다문화가족 실태조사 연구」

______(2016).「2015년 전국다문화가족실태조사 분석」

______(2017).「국제결혼중개업 실태조사 연구」

______(2019).「2018년 국민 다문화수용성 조사」

_____(2019).「2018년 전국다문화가족실태조사 연구」

_____(2020).「2020년 결혼중개업 실태조사 연구」

_____(2021).「2021년 가족사업안내(Ⅰ)」

_____(2021).「제3차 다문화가족정책 기본계획(2018-2022)」

_____(2022).「2021년 전국다문화가족실태조사 결과」. 보도자료

왕치앤(Wang Qian, 2012).「중국인 결혼이주여성의 사회통합」. 경북대학교 대학원 석사학위논문.

유현희(2015).「[토론] 다문화 가족의 어린이를 위한 식생활 교육 프로그램의 필요성」. 국생활과학회 학술대회논문집, 35-36.

이경욱(2015).「도시 결혼이주여성의 정착과정 경험에 대한 현상학적 연구」.『한국가족복지학』47, 55-81.

이민자(2016).「중국인 이민자의 미국사회로 통합과 차이나타운(Chinatown)의 역할」.『중소연구』39(4), 143-174.

이영남(2011).『문화적응스트레스가 여성결혼이민자의 부모역할 효능감에 미치는 영향』. 백석대학교 기독교전문대학원 박사학위논문.

이일정·이채원(2021).「중국여성결혼이민자의 문화적응스트레스에 영향을 미치는 요인」.『문화교류와 다문화교육』10(1), 133-157.

이진숙(2007).「국제결혼가정의 자녀양육실태와 아버지의 양육참여에 관한 연구」.『열린유아교육연구』12(6), 21-42.

이현승(2013).「결혼이주여성의 차별경험과 삶의 만족도」. 경북대학교 석사학위논문.

이혜경·정기선·유명기·김민정(2006).「이주의 여성화와 초국가적 가족: 조선족 사례를 중심으로」.『한국사회학』40(5), 258-298.

장인실·박영진(2015),「다문화언어강사의 문화지능과 다문화 교수효능감에 관한 연구」.『다문화교육연구』8(4), 95-115.

전홍주·배소영·곽금주(2008).「결혼이민자 가정에서 이루어지는 자녀 교육지원의 실제와 의미: 필리핀과 일본 어머니들의 사례를 중심으로」.『가족과 문화』20(3), 161-186.

조혜영·서덕희·권순희(2008).「다문화가정 자녀의 학업수행에 관한 문화기술적 연구」.『교육사회학연구』18, 105-134.

주재선·김영란·이동선·정성미·송치선·한진영·장숙랑(2020).「2019년 여성가족패널조사」

최병두(2018).「'시민의 수도'로서 서울의 재 이미지화와 시민정치」.『대한지리학회지』53(4), 445-468.

통계청(2011).「2010년 혼인·이혼 통계」. 보도자료

_____(2013).「2012년 다문화 인구동태 통계」

______(2015). 「2014년 다문화 인구동태 통계」

______(2017). 「2016년 다문화 인구동태 통계」

______(2019). 「2018년 다문화 인구동태 통계」

______(2020). 「2019년 다문화 인구동태 통계」

함진옥(2016). 『결혼이주여성의 문화적응 스트레스 감소 프로그램 효과성에 대한 메타분석』. 원광대학교 대학원 박사학위논문.

황해영·김영순(2017). 「재한 중국동포 결혼이주여성의 일상생활에 나타난 인정투쟁 경험과 의미」. 『교육문화연구』 23(4), 459-479.

Berry, J. W. (1980). Acculturation as varieties of adaptation. Acculturation: Theory, models and some new findings, 9, 25.

Bollini, P., Pampallona, S., Wanner, P., & Kupelnick, B. (2009). Pregnancy outcome of migrant women and integration policy: a systematic review of the international literature. Social science & medicine, 68(3), 452-461.

Carling, Jorgen. 2005. Gender dimension of International Migration. Global Commission on International Migration (GCIM). Global Migration Perspectives No. 35. www.gcim.org.

Castle, S., & M. J. Miller (2003). The Age of Migration (Third Edition). New York and London: The Guilford Press.

Castles, S., & Schierup, C. U. (2010). Migration and ethnic minorities. In The Oxford handbook of the welfare state.

Choi, Susanne Y. P., & Cheung, Y. W., & Cheung, Adam K. L. (2012). Social Isolation and Spousal Violence: Comparing Female Marriage Migrants With Local Women. Journal of Marriagd and Family, 74(3), 444-461.

Djurdjevic, M., & Roca Girona, J. (2016). Mixed couples and critical cosmopolitanism: experiences of cross-border love. Journal of Intercultural Studies, 37(4), 390-405.

Habermas J. (1987). Philosophy as Stand-In and Interpreter. 296-317 in Kenneth Baynes, James Bohman, and Thomas McCarthy (eds.). After Philosophy. Cambridge, MA: The MIT Press.

______(1981). New social movements. Telos, 1981 (49).

Hamad, R., & Lee, C. M. (2013). An assessment of how length of study-abroad programs influences cross-cultural adaptation. Journal of Human Behavior in the Social Environment, 23(5), 661-674.

McKay-Semmler, K., & Kim, Y. Y. (2014). Cross-Cultural Adaptation of Hispanic Youth: A Study of Communication Patterns, Functional Fitness, and Psychological Health. Communication Monographs, 81(2), 133-156.

Park, S. H. (2011). Effects of Social Support on Stable Marriage Life in Married Immigrant Women: -Focused on Mediating Effect of a Cultural Adaptation Attitude. Korean Journal of Family Welfare, 16(1), 89-109.

Rui, J. R., & Wang, H. (2015). Social network sites and international students' cross-cultural adaptation. Computers in Human Behavior, 49, 400-411.

Strauss, A., & Corbin, J. (1998). Basics of qualitative research techniques.

Tajfel, H., & Turner, J. C. (1986). The social identity theory of intergroup behavior. In S. Worchel & W. Austin (Eds.), Psychology of intergroup relations (pp. 7-24). Chicago, IL: Nelson Hall.

법무부 출입국·외국인정책본부. https://www.immigration.go.kr/immigration/index.do

법제처 국가법령정보센터. https://www.law.go.kr/

여성가족부. http://www.mogef.go.kr/

충청남도여성가족연구원. https://cwpdi.re.kr/

통계청. https://kostat.go.kr/portal/korea/index.action

찾아보기

저자소개

김영순(金永洵) kimysoon@inha.ac.kr

중앙대학교를 졸업하고 독일 베를린자유대학교에서 문화변동에 관한 연구로 철학박사학위를 취득했다. 현재 인하대학교 사회교육과 교수 겸 대학원 다문화교육학과장, 인문융합치료학 전공주임으로 재직 중이며, 인하대학교 부설 다문화융합연구소 소장, 다문화멘토링사업단장, BK21FOUR 글로컬다문화교육연구단장직을 수행하고 있다. 또한, 학문 후속세대를 위해 전국의 대학원생을 대상으로 질적 연구방법론 캠프를 열고 있다. 주요 저서로는 『베트남 문화의 오디세이』, 『다문화 사회와 공존의 인문학』, 『다문화 현상의 인문학적 탐구』, 『이주여성의 상호문화 소통과 정체성 협상』, 『다양성 경영과 상호문화 경험』 등이 있다. 또한, 다문화교육 및 교육인류학 분야에서 등재지 이상 학술지 논문 200여 편이 있다.

황해영(黃海英) haying04@hanmail.net

인하대학교에서 다문화교육 전공으로 교육학박사학위를 받았다. 현재 인하대학교 다문화융합연구소 연구교수로 활동하고 있다. 박사학위 논문으로는 『중국동포 결혼이주여성의 생애경험 탐구: 인정투쟁의 내러티브를 중심으로』가 있으며, 공동 저서로 『결혼이주여성의 주체적 삶과 정체성 협상』, 『중앙아시아계 이주여성의 삶: 이상과 현실 사이』가 있다. 또한 「재한 중국동포 단체 리더의 인정투쟁의 의미」, 「중국결혼이주여성들의 한국에서 양성 평등 경험에 대한 사례 연구」, 「다문화가정 부모를 위한 부모교육 프로그램의 동향 연구」, 「중 · 고등학생 자녀를 양육하는 결혼이주여성의 양육스트레스와 대처방안에 대한 연구」 등의 논문을 발표했다.

남정연(南貞連) 417nam@hanmail.net

2014년 문파문학 수필부문으로 등단하였다. 안양대학교에서 『결혼이주여성 대상 한국어교육 수필텍스트 읽기 교수학습 방안 연구』로 석사학위를 취득했다. 이를 계기로 결혼이주여성에 대한 관심의 폭이 넓어져 연구 영역으로까지 이어졌다. 현재 인하대학교 다문화교육학과 박사과정에 재학 중이며, BK21 FOUR 글로컬다문화교육연구단 연구생으로 활동하고 있다. 주요논문으로는 「다문화가정 방문교육지도사의 돌봄 서비스: 실천에 관한 의미 탐색」, 「다문화가족 은퇴 방문교육지도사의 사회적 실천에 관한 생애사 연구」, 「결혼이민자 자녀의 이중언어 교육에 관한 질적 메타분석」 등이 있다.

문희진(文熙振) gmlwls3238@hanmail.net

호남대학교에서 『다문화가정 아동을 대상으로 한 어휘 교육 방안 연구』로 문학석사학위를 취득했다. 이후 호남대학교 한국어교육원에서 강사로 활동하였다. 현재 인하대학교 다문화교육학과 박사과정에 재학 중이며, BK21 FOUR 글로컬다문화교육연구단 연구생으로 다문화교육 관련 연구를 수행하고 있다. 주요 논문은 「결혼이주여성의 통번역 자조모임 참여경험에 관한 사례연구」, 「외국인 유학생의 문화적응에 관한 연구 동향 분석」, 「중국인 유학생의 한국 대학생활 경험에 관한 학습생애사 연구」 등이 있다.

박봉수(朴奉秀) wuligaqi@naver.com

인하대학교에서 영주귀국 사할린 한인의 통과의례 내러티브로 교육학박사 학위를 취득했다. 현재 디아스포라연구소를 운영하고, 인하대학교 다문화융합연구소의 초빙 연구원이다. 공동저서로는 『사할린 한인 한국어 교육자의 생애 이야기』, 『사할린 한인의 다양한 삶과 그 이야기』, 『사할린 한인의 노스탤지어 이야기 탐구』, 『다문화 생활세계와 사회통합 연구』, 『중국계 이주민의 다문화 생활세계 연구』 등이 있다.